매산집

이 책은 2017 · 2018년도 정부(교육부)의 재원으로 한국고전번역원의 지원을 받아 수행된 '권역별거점연구소협동번역사업'의 결과물임.

This work was supported by Institute for the Translation of Korean Classics-Grant funded by the Korean Government.

한국고전번역원 한국문집번역총서 / 성신여자대학교 고전연구소 · (사)해동경사연구소

매산집 10

梅山集

홍직필 지음 洪直弼

연석환 김창효 옮김

일러두기

1. 이 책의 번역 대본은 한국고전번역원에서 간행한 한국문집총간 295·296집에 실린 《매산집(梅山集)》으로 하였다. 번역 대본의 원문 텍스트와 원문 이미지는 한국고전종합DB(http://db.itkc.or.kr)에서 확인할 수 있다.
2. 내용이 간단한 역주는 간주(間註)로, 긴 역주는 각주(脚註)로 처리하였다.
3. 한자는 필요한 경우 이해를 돕기 위하여 넣었으며, 운문(韻文)은 원문을 병기하였다.
4. 맞춤법과 띄어쓰기는 한글 맞춤법과 표준어 규정을 따랐다.
5. 이 책에서 사용한 부호는 다음과 같다.
   ( ) : 번역문과 음이 같은 한자를 묶는다.
   〔 〕: 번역문과 뜻은 같으나 음이 다른 한자를 묶는다.
   " " : 대화 등의 인용문을 묶는다.
   ' ' : " " 안의 재인용 또는 강조 문구를 묶는다.
   「 」: ' ' 안의 재인용을 묶는다.
   『 』: 「 」 안의 재인용을 묶는다.
   《 》: 책명 및 각주의 전거(典據)를 묶는다.
   〈 〉: 책의 편명 및 운문·산문의 제목을 묶는다.

차례

매산집 제27권

잡저雜著

서序

매산집 제28권

기記

매산집

제26권

書서

울진 옥계서원의 유생들에게 답함 임인년[1]

答蔚珍玉溪院儒 壬寅

지금 이렇게 특별히 편지를 보내어 돌아봐 주시니, 저를 생각해 주시는 마음이 두텁습니다. 그러나 단자를 올리는 것은 감히 받아들일 수 있는 일이 아니고 제판(題判)[2]은 더욱더 저의 분수를 벗어난 일이기 때문에 명(命)을 듣지 못하겠습니다. 또 사원(祠院)에는 본디 나라의 금령이 있어서 범하는 자는 저절로 그에 상응하는 처벌을 받게 되니, 어찌 경솔하게 할 수 있겠습니까.

다만 전(田) 공이 환난으로 위급할 때에 대로(大老)를 곁에서 모셨는데[3] 예가 공손하고 정성이 독실하였으니, 이는 이른바 "선비가 궁해

1 임인년(壬寅年) : 1842년(헌종8)으로, 매산의 나이 67세 되던 해이다.

2 제판(題判) : 관부(官府)에서 백성이 올린 소장(訴狀)에 쓰는 판결(判決)을 말한다.

3 전(田) 공이……모셨는데 : 전 공과 대로(大老)는 각각 전선(田銑)과 우암 송시열을 가리킨다. 일찍이 교유가 있어서 송시열이 유배 갈 적에 "늦은 봄 역정(驛亭)에서 나그네 발길 멈추니, 무리 찾는 산새 소리에 깜짝 놀라네. 앞에 펼쳐진 벽해의 깊이 천 척이라 한들 전생이 나를 보내는 정에는 미치지 못하리〔春晚郵亭滯客行, 驚聞谷鳥喚群聲. 前臨碧海深千尺, 不及田生送我情.〕"라는 시를 전선에게 지어 주었다고 하는데, 두 사람의 교유 양상을 구체적으로 살필 수 있는 자료는 보이지 않는다.《宋子大全續拾遺 卷1 贈田士潤【銑】》 전선의 호는 만은(晩隱)으로, 아버지는 묵암(默菴) 전필위(田弼違)이고, 1858년(철종9)에 옥계(玉溪)의 선비들이 별묘(別廟)를 세워 송시열을 모실 적에 그 옆에 전선을 봉향(奉享)하였다.《울진군지(울진군지편찬위원회, 2001)》 대로는 나라에서 지식과 경험이 많은 원로를 가리키는바, 맹자가 일찍이 백이(伯夷)와 태공(太公)을 "천하의 대로이다.〔天下之大老也〕"라고 한 데에서 연유한다.《孟子 離婁上》

야 마침내 절의가 드러난다."[4]는 것입니다. 전 공이 노선생(老先生)에게 정성스럽고 간절한 뜻으로 지어준 시를 받았던 일화를 보고서는 제 가슴에는 스스로 말로 표현할 수 없는 감동이 세 번 반복하여 일어났습니다. 또 일찍이 과거 공부를 그만두고 오직 스승이 전수해 준 것을 지켰는데 진실로 곤궁하게 살면서 자신의 지조를 지켰고 세상에서 버려져도 후회하지 않았으니, 훌륭한 풍도와 절개가 한 구역의 사원(祠院)에 봉안되기에 손색없습니다. 그러나 대현(大賢)을 높이 제사지내는 곳에 어찌 추가 배향할 것을 의의(擬議)할 수 있겠습니까.

오촌(鰲村) 송 공(宋公)[5]의 설을 따라 별도의 사당에 영령을 안치하는 것은 근거가 없지 않으나, 신중해야 할 일이어서 감히 딱 잘라 말씀드리지 못하니, 산장(山丈)에게 여쭈어 재결하십시오. 오직 이분의 가르침을 따라 행하는 것이 사리에 합당할 듯합니다. 이렇게 하면 현자들에게는 "감히 자신의 소견을 믿지 않고 스승을 믿는다."[6]는 것에 해될

4 선비가……드러난다 : 이 내용은 한유(韓愈)의 〈유자후묘지명(柳子厚墓誌銘)〉에 보인다. 《唐宋八大家文鈔 卷15》

5 오촌(鰲村) 송 공(宋公) : 송치규(宋穉圭, 1759~1838)로, 오촌에서 살았기 때문에 이렇게 칭하였다. 송치규는 자는 기옥(奇玉), 호는 강재(剛齋), 본관은 은진(恩津)으로, 송시열의 6대손이며, 과재(過齋) 김정묵(金正默)의 문인이다. 유일(遺逸)로 벼슬에 여러 번 제수되었으나 평생 동안 나아가지 않았다. 그 이유는 스승 김정묵이 억울한 일로 유일에서 삭제되었기 때문이었는데, 김정묵은 송치규의 스승이라는 이유로 1801년(순조1)에 유일이 회복되었다. 72세가 되던 1830년(순조30) 왕의 간곡한 부름을 받아 세손의 시강원 찬선으로 나아가 대사헌 및 이조 참판을 역임하였다. 저서로 《강재집》이 있고 시호는 문간(文簡)이다. 본집 권42에 묘지명이 실려 있다.

6 감히……믿는다 : 이천(伊川) 정이(程頤)가 한 말로, 성현의 경지에 이르지 못한 사람은 통상 성현의 도리에 대해 이해되지 않는 것이 많지만 자신의 소견을 굽히고

것이 없습니다.

그것을 믿고 따라야 한다는 말이다. 《근사록》 권3 〈치지(致知)〉에 정이가 문인(門人)에게 "공자와 맹자의 문인들이 어찌 모두 현철(賢哲)이었겠는가. 진실로 보통 사람들도 많았으니, 보통 사람으로서 성현을 보면 알지 못하는 것이 많았겠지만 오직 감히 자신의 소견을 믿지 않고 스승을 믿었다. 이 때문에 구한 뒤에 얻었는데, 지금 제군은 나의 말에 대해 조금만 자신의 뜻에 합하지 않으면 버려두고 다시는 생각해 보지 않으니, 이 때문에 끝내 다르게 되는 것이다. 곧바로 버려두지 말고 다시 생각해야 하니, 이것이 치지하는 방법이다.〔孔孟之門, 豈皆賢哲? 固多衆人, 以衆人觀聖賢, 弗識者多矣, 惟其不敢信己而信其師. 是故求而後得, 今諸君於頤言, 纔不合則置不復思, 所以終異也. 不可便放下, 更且思之, 致知之方也.〕"라고 답한 말에 보인다.

신계사의 제생에게 답함 계묘년[7]

答新溪祠諸生 癸卯

여러 현자(賢者)가 삼연(三淵 김창흡(金昌翕)) 어른을 위하여 위패를 모시고 영령을 봉안하였는데, 이것이 마구 훼철을 당하여 영양(英陽)의 운곡(雲谷)의 일[8]과 조금도 다를 것이 없었습니다. 운곡사(雲谷祠)는 한 달 안에 중건되었으나, 신계사(新溪祠)는 20년의 오랜 시간을 지체하면서 중간에 일을 뜻대로 성사시키지 못하였으니, 여러 현인들이 마땅히 근심스럽고 답답하게 생각해야 할 것입니다. 사원(祠院)을 새로 창건하는 것은 본디 나라의 금령(禁令)이 있으니, 진실로 갑자기 의논할 수 없습니다. 그런데 신계사는 서사(書社)이고 다시 짓는 것이니, 애당초 법률에 저촉되지 않습니다.

귀하의 고을에 선비들이 죽을힘을 다하여 경영하는 것은 참으로 공적으로는 현인을 사모하고 사적으로는 선인(先人)을 계승하려는 뜻에서 나온 것이어서 털끝만큼도 협잡의 마음이 없습니다. 그러므로 지난번에 제사에 고유한 글과 오늘날 이루기를 권면하는 뜻이 전후로 어찌 다르겠습니까. 부디 빨리 힘써 고찰하고 자문하여 처음을 그대로 이어

7 계묘년(癸卯年) : 1843년(헌종9)으로, 매산의 나이 68세 되던 해이다.

8 운곡(雲谷)의 일 : 경상도 관찰사로 있던 윤광안(尹光顔, 1757~1815)에 의해 주자와 송시열을 배향한 영양 운곡서원(雲谷書院)의 사당이 훼철되어 영정이 철거된 일을 가리킨다. 윤광안의 자는 복초(復初), 호는 반호(盤湖)이고 본관은 파평(坡平)이다. 사당을 훼철했던 일이 문제가 되어 1808년(순조8) 암행어사 이우재(李愚在)의 탄핵을 받아 사문난적이라는 죄명으로 함경도 무산부(茂山府)에 유배되었다.

가지 못한 한탄[9]이 없게 하는 것이 어떻겠습니까, 어떻겠습니까? 사당이 세워져 다시 제사를 올릴 때를 기다린다면 삼가 다시 봉안하는 제문을 기술하여 제현(諸賢)의 간절한 마음에 부응하겠습니다.

이와 관련하여 삼가 들은 것이 있습니다. 삼연 선생께서 일찍이 사원의 폐단을 기술하기를 "각각 사문(師門)을 다투어 제사를 침탈하는데, 진심으로 학문한다는 소리는 아득히 들은 것이 없다."[10]라고 하였습니다. 또 시를 짓기를 "퇴계가 맨 처음 백운사를 지었을 적에 나라와 백성을 살리는 것이 여기에 달려있다고 하셨는데, 술과 고기를 먹으며 질펀하게 놀아 책 읽는 소리 끊겼으니 방탕하게 흐른 폐단을 후대 사람들이 알고 있네.〔退陶初創白雲祠 活國醫民謂在斯 酒肉淋漓絃誦絕 滔滔流弊後人知〕"[11]라고 하였습니다.

부디 이 뜻을 체득하여 주자께서 "어찌 오로지 보고 듣는 것만을 즐기리오. 실로 성현의 문에 들어가기를 바라노라. 명(明)과 성(誠)이

9 처음을……한탄 : 대하는 태도가 시종일관하지 못한 것에 대한 한탄이라는 뜻으로, 《시경》 〈진풍(秦風) 권여(權輿)〉의 "나에게 잘 차린 음식이 가득하더니, 지금은 매 끼니가 넉넉하지 못하네. 아아, 처음을 잇지 못함이여.〔於我乎, 夏屋渠渠, 今也每食無餘. 于嗟乎, 不承權輿.〕"라는 데에서 온 말이다.

10 각각……없다 : 이 내용은 《삼연집》 권19 〈답이참봉(答李參奉)〉에 보인다.

11 퇴계가……있네 : 이 내용은 김창흡의 시 〈갈역잡영(葛驛雜詠)〉에 보이는데, 인용한 시는 총 176수 가운데 61번째 작품이다. 《三淵集 卷14》 백운사(白雲祠)는 백운동서원(白雲洞書院)으로, 지금의 영주시에 있는 우리나라 최초의 서원이다. 1543년(중종 38) 풍기 군수 주세붕(周世鵬)이 성리학을 처음으로 전래한 안향(安珦)을 기리기 위해 안향이 살던 순흥부(順興府)의 백운동에 서원을 세우고 안향을 제향하였다. 1550년(명종5) 퇴계가 풍기 군수로 있을 적에 건의하여 우리나라 최초로 '소수서원(紹修書院)'이라고 사액되었다.

모두 진전되고 경(敬)과 의(義)가 모두 확립되어야 하네."[12]라고 하신 말씀을 구경(究竟)의 법[13]으로 삼기를 크게 바라 마지않습니다. 만약 "지난 일은 어쩔 수 없고 앞으로 잘 계승하면 된다."[14]는 뜻을 알지 못하고, 한갓 제수(祭需)에만 연연하면 선생의 평소 뜻이 아니어서 마땅히 흠향하려고 하지 않으실 것입니다. 이것이 여러 현자(賢者)에게 사전의 경계가 될 것입니다.

12 어찌……하네 : 명(明)은 선(善)을 밝게 아는 것〔明善〕으로 지(知)에 해당하고, 성(誠)은 몸을 성실히 하는 것〔誠身〕으로 행(行)에 해당하며, 경(敬)은 경하여 마음을 곧게 하는 것〔敬以直內〕이고, 의(義)는 의로워 밖을 방정하게 하는 것〔義以方外〕인바, 《중용》 제20장과 《주역》 〈곤괘(坤卦) 문언(文言)〉을 근거한 것인데, 이 내용은 《주자대전》 권1 〈백록동부(白鹿洞賦)〉에 보인다.

13 구경(究竟)의 법 : 구경은 불가(佛家)의 용어로, '궁극에 이르다', '철저하게 체득하다', '완성에 이르다', '최후의 목적' 등의 뜻이 있는바, 여기의 구경의 법은 최고의 목표를 향해 나아가는 방법 혹은 최고의 원리(原理)라는 뜻으로 쓰였다.

14 지난……된다 : 이 내용은 《논어》 〈미자(微子)〉의 "지나간 것은 어쩔 수 없고 앞으로의 일을 잘하면 된다.〔往者不可諫, 來者猶可追.〕"라는 말을 원용한 것이다.

남원 이구동의 유생 노석승 등에게 답함 병오년[15]

答南原尼丘洞儒生盧錫升等 丙午

물어 주신 사당을 건립하는 일에 대해서는 삼가 잘 알았습니다. 수양(首陽)에서 청성(淸聖)을 제사지내는 것[16]과 와룡(臥龍)에서 무후(武侯)를 제사지내는 것[17]은 모두 이름을 인하여 설치한 것인데, 더구나 성인이신 공자에 있어서이겠습니까. 귀하 고을의 노치(魯峙), 이구(尼丘), 부자산(夫子山), 수통천(洙通川)과 같은 여러 이름들이 공교

15 병오년(丙午年) : 1846년(헌종12)으로, 매산의 나이 71세 되던 해이다.

16 수양(首陽)에서……것 : '수양'은 수양산(首陽山)을 가리키고 '청성(淸聖)'은 은(殷)나라 말기의 의사(義士)인 백이(伯夷)를 가리키는데, 우리나라에서는 황해도 유생들이 해주 동쪽 수양산 아래에 '이제사(夷齊祠)'를 짓고 사액을 청하는 상소를 올리자 숙종(肅宗)이 사액한 기록이 《승정원일기》 '숙종 27년 3월 15일'의 기사에 보인다. 해주의 별호가 '수양'이라서 그 동쪽에 있는 산을 수양산이라 이름 붙였다. '청성'은 깨끗한 성인(聖人)이라는 뜻으로, 맹자가 일찍이 이윤(伊尹)과 백이, 유하혜(柳下惠)와 공자의 행적을 열거하고 "이윤은 성인 중에 천하를 구제하기로 자임한 자이고 백이는 성인 중에 깨끗한 자이고 유하혜는 성인 중에 화(和)한 자이고 공자는 성인 중에 때에 알맞게 행한 자이다.〔伊尹, 聖之任者也; 伯夷, 聖之淸者也; 柳下惠, 聖之和者也; 孔子, 聖之時者也.〕"라고 한 데에서 유래한다. 《孟子 萬章下》

17 와룡(臥龍)에서……것 : '와룡'은 삼국 시대 촉한(蜀漢)의 제갈량(諸葛亮)의 호이고 '무후'는 제갈량의 시호이다. 중국 여산(廬山)의 와룡담(臥龍潭) 곁에 있던 '와룡암(臥龍菴)'이라는 암자가 무너져 터만 남은 것을 주자가 55세인 1184년에 사재(私財) 10만 전(錢)을 내어 중수하고는, '와룡'이 제갈량의 호와 같다 하여 옆에 무후사(武侯祠)를 세워 제갈량의 화상을 안치하고 제사한 것을 이른다. 《朱子大全 卷79 臥龍菴記》 《三國志 卷35 蜀書 諸葛亮傳》 우리나라에서는 선조(宣祖)가 평안도 영유현(永柔縣)의 와룡산에 무후사를 세웠다는 기록이 《승정원일기》 '영조 2년 2월 16일'의 기사에 보인다.

롭게 한 곳에 모여 있으니, 이것도 기이합니다.[18] 그 지역에 사당을 건립하고자 하는 여러 현자(賢者)의 뜻이 참으로 성인을 사모하는 고충에서 나온 것이고, 게다가 노성(魯城)의 궐리사(闕里祠)[19]의 선례(先例)가 있으니 또한 근거가 없지 않은데, 사원(祠院)과 서원에는 나라의 금령이 있습니다. 금령을 무릅쓰고 창건하였다가 혹 중간에 훼철되면 일의 체모를 그르칠까 염려스러우니, 이는 사전(事前)에 미리 고려해야 할 점입니다.

중지하지 않고 기어이 하려고 하신다면 응당 세상에 이른바 '영당(影堂)의 체제'라는 것과 같이 하여 위패를 모시고 영령을 안치해야 합니다. 이렇게 하면 조정이 금지하는 것에 혐의쩍을 것이 없습니다. 제가 일찍이 공씨(孔氏)의 부탁으로 인하여 〈궐리지후서(闕里誌後序)〉를 지었으니, 다시 췌언할 필요가 없습니다.

18 노치(魯峙)……기이합니다 : 노치의 '노(魯)'는 공자가 태어난 노나라이고, '이구(尼丘)'는 공자가 태어난 이구산이며, '부자(夫子)'는 공자에 대한 또 다른 존칭이고, '수통천(洙通川)'의 '수(洙)'는 공자가 제자들을 가르쳤던 곳이다. 공교롭게도 공자와 관련된 이름들이 모여 있기 때문에 기이한 일이라고 말한 것이다.

19 노성(魯城)의 궐리사(闕里祠) : 충청도 노성 이구산(尼丘山)에 있는 사당으로, 공자의 영정을 봉안하였다. 1687년(숙종13)에 송시열이 건립을 추진하고, 권상하(權尙夏) 등 송시열의 제자들이 1716년에 사당을 세웠다. 궐리사는 공자가 태어난 마을이 '궐리'이기 때문에 붙여진 이름이다.

소현서원[20] 유생들에게 답함 병오년

答紹賢院儒 丙午

지금 고맙게도 두 현자의 방문으로 여러분들이 굽어 존문해 주신 편지를 받으니, 우러러 지극한 뜻에 감복하여 감사한 마음을 형언할 수 없습니다.

이련(二連) 선생은 우리나라 사람으로 공자께 칭술을 받아 《예기》와 《논어》에 실려 있고 《소학》에 편집되어 찬란하게 우리나라의 큰 빛이 되었고,[21] 귀하 고을의 쌍돈(雙墩)과 이도(二島)가 아직까지도 그 유허(遺墟)를 전하여 청성(淸聖 백이(伯夷))의 사당과 서로 나란히 있는 것도 기이합니다. 귀하 고을의 선비들이 지문하고 상의한 의견이 일치하여 "장차 내년 봄에 사당을 건립하여 위패를 모시고 영령을 안치

20 소현서원(紹賢書院) : 해주(海州)에 있는 서원으로, 원래 율곡 이이가 해주에 은거할 적에 제자들을 가르치던 은병정사(隱屛精舍)인데 1610년(광해군2)에 '소현서원'이라는 사액을 받았다. 주자, 조광조(趙光祖), 이황(李滉), 이이, 성혼(成渾), 김장생(金長生), 송시열의 위패를 봉안하고 있다.

21 이련(二連)……되었고 : 이련은 중국 고대에 효성으로 이름난 소련(少連)과 대련(大連) 형제로 모두 동이족인바, 《예기》 〈잡기 하(雜記下)〉에는 "소련과 대련이 거상(居喪)을 잘하여 3일을 태만하지 않고 3개월을 게으르지 않고 1년을 슬퍼하고 3년을 근심하였으니, 동이의 자식이다.〔少連大連, 善居喪, 三日不怠, 三月不解, 期悲哀, 三年憂, 東夷之子也.〕"라고 보이고, 《논어》 〈미자(微子)〉에는 "일민은 백이와 숙제와 우중과 이일과 주장과 유하혜와 소련이었다.〔逸民, 伯夷、叔齊、虞仲、夷逸、朱張、柳下惠、少連.〕"라고 보이고, 《소학》 〈계고(稽古)〉에는 《예기》 〈잡기 하〉의 내용이 그대로 인용되어있다.

할 것이다."라고 하니, 〈증민(烝民)〉편 첫 장의 뜻[22]을 여기에서 볼 수 있으므로 흡족한 소식에 찬탄을 금치 못하겠습니다. 이 일은 천도와 인륜에 그만둘 수 없는 것인데, 오늘을 기다린 것이 어찌 우연이겠습니까. 부디 빨리 힘을 써서 처음을 그대로 이어가지 못한다는 한탄[23]이 없게 하는 것이 어떻겠습니까, 어떻겠습니까?

장춘(長春) 오 공(吳公)[24]의 경우에는 바로 이런 후 1인인데 아직 한 곳도 제사하는 자리가 없는 것은 또한 사림(士林)의 결전(缺典)이니, 이런 선생의 사당에 배향하는 것은 또한 그만둘 수 없는 것입니다. 편지에서 "이련이 아니면 장춘의 훌륭함을 열 수 없고, 장춘이 아니면 이련의 자취를 밝힐 수 없다."고 말씀한 것은 다시 평할 필요가 없을 듯합니다. 두 유자(儒者)가 사당의 호칭을 물으셨기 때문에 제가 《가어(家語)》 본문의 '달례(達禮)'[25] 두 글자를 가지고 이와 같이 말하였으

22 증민(烝民)편……뜻 : '〈증민〉편'은 《시경》 〈대아(大雅)〉에 수록된 작품으로, '첫 장의 의리'는 "하늘이 여러 백성을 내시니, 사물이 있으면 거기에 합당한 법칙이 있네. 사람은 떳떳한 성품을 간직하여 이 아름다운 덕을 좋아한다.〔天生烝民, 有物有則. 民之秉彝, 好是懿德.〕"는 내용을 가리킨다. 여기에서는 이것으로 소현서원 유생들이 아름다운 마음이 있어서 이련 선생의 훌륭한 덕을 사모하여 사당을 세워 기리고자 함에 빗대었다.

23 처음을……한탄 : 사람이나 일을 대하는 태도가 시종일관하지 못한 것에 대한 한탄이라는 뜻으로, 자세한 내용은 17쪽 주9 참조.

24 장춘(長春) 오 공(吳公) : 오강(吳綱, ?~?)으로, 장춘은 나라에서 내려준 호이다. 오강은 본관이 해주인데, 타고난 효자였으며, 진사가 된 이후 해주의 수양산에 은거했다. 어버이에게 드리려고 심어놓은 약초가 겨울에도 항상 봄과 같이 시들지 않았다하여 세상 사람들이 그를 '장춘 선생'이라 하였고, 이로써 나라에서 '장춘'이라는 호를 내려 주었다고 하며, 그의 후손들을 장춘공파(長春公派)라고 한다. 《海州吳氏族譜》 아들 오운준(吳雲駿, 1534~1591)의 생몰 연대로 판단하건대 중종(中宗) 때의 인물로 보여진다. 《松沙集 卷41 敬菴吳公墓表》

니, 여러분의 의논이 어떠하실지 모르겠습니다.

25 가어(家語)……달례(達禮) : '달례'는 《공자가어(孔子家語)》〈자하문(子夏問)〉에 "자공이 '안자에게 들으니, 소련과 대련이 거상(居喪)을 잘하였다고 하는데, 달리 일컬어지는 것이 있습니까?'라고 물으니, 공자가 다음과 같이 말하였다. '부모의 상에 3일을 태만하지 않고 3개월을 게으르지 않고 1년을 슬퍼하고 3년을 근심하였으니, 동이의 자식으로 예에 통달한 사람들이었다.'〔子貢問曰: 聞諸晏子, 少連大連, 善居喪, 其有異稱乎? 孔子曰: 父母之喪, 三日不怠, 三月不解, 期悲哀, 三年憂, 東夷之子, 達於禮者也.〕"라고 한 데에서 따온 것이다.

성주 유생 이원호 등에게 답함 무신년[26]

答星州儒生李源祜等 戊申

보내주신 편지에서 "숭정(崇禎)의 시대는 이미 오래전의 일이 되었고 《춘추》 한 권도 읽을 수 있는 곳이 없다."[27]고 하였습니다. 지금 이 뜻을 아는 사람이 거의 없는데, 마침내 귀하 고을의 사림에게서 이것을 보니, 온 마음에 탄식이 일고 계속해서 감격의 눈물이 흐릅니다.

시(施)·서(徐) 양 공[28]이 똑같이 천조(天朝)에서 태어나 우리나라에서 공을 세웠습니다. 후손들이 끊어지지 않아서 중국의 의관을 보유하고 함께 대명(大明)의 옛 마을을 지켜, 망배(望拜)하는 제단(祭壇)이 아직 남아있고 추모의 마음을 붙인 재실에 현판이 새로 걸리니,[29]

26 무신년(戊申年) : 1848년(헌종14)으로, 매산의 나이 73세 되던 해이다.

27 숭정(崇禎)의……없다 : 숭정은 명(明)나라 마지막 임금인 의종(毅宗, 재위 1628~1644)의 연호이고 《춘추》는 주(周)나라를 높이고 오랑캐를 물리치자는 '존주양이(尊周攘夷)'의 의리를 강조한 책이다. 이 말은 중국 명나라가 망하여 오랑캐의 세상으로 변한 지 오래되었고 《춘추》를 읽지 못하여 명나라를 높이고 청나라를 배척하는 '존명배청(尊明排淸)'의 의리도 익힐 수 없음을 한탄한 것이다.

28 시(施)·서(徐) 양 공 : 임진왜란 때 원군(援軍)으로 왔다가 성주에 터를 잡고 산 명(明)나라 사람 시문용(施文用)과 서학(徐鶴)을 가리킨다. 시문용은 병법에도 능했을 뿐만 아니라, 천문·지리·의약·복서(卜筮)에도 능했는데, 조선이 오랫동안 태평할 기상이 있는 땅이라고 하여 승전하고서 명나라로 돌아가지 않고 성주에 터를 잡고 살았다. 서학은 시문용이 뽑은 용맹한 장사 가운데 한 명이었는데, 전쟁 중에도 시문용과 함께 목숨을 아끼지 않고 싸움에 임했고 전쟁이 끝난 뒤에도 시문용을 따라 성주에 남아서 살았다. 《蠹窩集 卷15 施都司傳, 徐鶴傳》

29 망배(望拜)하는……걸리니 : 시문용과 서학이 고국인 명나라를 그리워하며 제사

마을 사람들이 본받을 수 있고 풍속이 높아질 수 있는 것이 진실로 훌륭한 말씀과 같습니다. 그런데 양가(兩家)의 후손들이 옛 정의를 생각하지 않고 장단(長短)을 다투어 서로 용납하지 않는 지경에 이르렀습니다. 어찌 이렇게 할 수 있단 말입니까.

옛날에 수양(睢陽)의 전투에 대해 장(張)·허(許) 양 가의 자제들이 두 아버지의 뜻을 알지 못하고 서로 헐뜯고 욕하였는데, 한문공(韓文公)이 아이와 같은 식견이라고 비판하였습니다.[30] 이번에 시·서 양 가의 일이 불행하게도 이와 비슷한데, 이 또한 이치를 제대로 알지 못한 것입니다. 후손들이 서로 잘 지내지 못함으로 인하여 무함하는 말이 그들의 선조에게까지 미친다면 부친과 조부의 나이를 비교하는 것[31]과 거의 같지 않겠습니까.

지냈던 대명단(大明壇)과 시문용과 서학을 추모하여 1834년(순조34)에 사림에서 건립한 재실 풍천재(風泉齋)를 말한 것이다. 이 두 곳은 모두 현재 경북 성주군 용암면 대명마을에 남아있다.

30 옛날에……비판하였습니다 : 원문의 '장(張)·허(許)'는 당(唐)나라 안녹산(安祿山)의 난에 수양(睢陽)을 고수하며 끝까지 항거하다가 순절한 장순(張巡)과 허원(許遠)을 가리키고 한문공(韓文公)은 한유(韓愈)이다. 장순과 허원이 수양에서 항거할 때에 장순은 성이 함락되고서 바로 죽었고 허원은 포로로 잡혀 굴복하지 않다가 죽었는데, 이와 관련하여 한유가 〈장중승전후서(張中丞傳後敍)〉에서, 허원은 성이 함락되었을 때 포로가 되었다가 죽었으니 장순과는 단지 선후의 차이가 있을 뿐인데 두 집안의 자제가 두 부친의 뜻을 제대로 알지 못하고 서로 자기 아버지가 더 의로운 죽음을 맞았다고 주장하며 다투는 것은 재지(才智)가 부족한 아이들의 견해와 다를 바 없다고 비판하였다. 《舊唐書 卷187下 忠義列傳下 張巡》《唐宋八大家文鈔 卷10》

31 부친과……것 : 무의미한 일에 힘을 쏟는 것을 비유한 말로, 《주자대전》 권58 〈답장경지(答張敬之)〉에 "또 성현의 우열을 논하였는데, 이것은 또한 어리석은 사람이 부친과 조부 중에서 누구의 나이가 더 많은가를 비교한 말과 같다.〔又論聖賢優劣, 此亦

옛날의 성현을 숭상하고 거슬러 올라가 지난 자취를 논할 적에, 만일 명분과 의리가 절로 바르다면 본래 일의 허실(虛實)에 연연하지 않는 것은 먼저 큰 것을 확립하면 작은 것이 빼앗지 못하기 때문입니다.[32] 예부터 쌍묘(雙廟)와 쌍비(雙碑), 동지(同誌)와 동전(同傳)[33]이 또한 얼마나 많습니까마는 언제 이렇게까지 다툰 적이 있었습니까.

저 또한 시씨를 통해 서씨를 알고서 단지 한 몸처럼 서로 필요로 하는 관계인 줄로만 믿었으니, 어찌 한집안 사람의 싸움을 다급하게 말리게 될 것이라고 생각한 적이 있겠습니까.[34] 저의 마음은 공정한 저울과 같아 사적으로 이랬다저랬다 하는 것이 없으니, 어찌 그 사이에 누구를 주장하여 고집하거나 비난하는 말[35]을 하겠습니까.

是癡人比較父、祖年甲高下之說.〕"라고 보인다.

32 먼저……때문입니다 : 《맹자》 〈고자 상(告子上)〉에 "먼저 큰 것인 심지(心志)를 세운다면 작은 것인 이목이 능히 빼앗지 못할 것이니, 이것이 대인이 되는 이유이다."〔先立乎其大者, 則其小者不能奪也, 此爲大人而已矣.〕"라고 보이는데, 여기서는 먼저 큰 것을 확립해 놓으면 작은 것에 마음이 뺏기지 않는다는 뜻으로 썼다.

33 쌍묘(雙廟)와……동전(同傳) : 쌍묘는 훌륭한 두 분을 나란히 모신 사당이고, 쌍비(雙碑)는 두 분의 훌륭한 사적을 기록한 비이며, 동지(同誌)와 동전은 훌륭한 사람들을 기록이나 열전(列傳)에 함께 기재함을 이른다.

34 어찌……있겠습니까 : 선대부터 이어온 관계가 남달라 마치 한 집안과 같은 시씨와 서씨이므로 오늘과 같은 불화(不和)를 급하게 조정하게 될 줄은 생각을 해본 적이 없다는 말이다. 《맹자》 〈이루 하(離婁下)〉의 "지금 한집안 사람끼리 싸운다면 풀어 흩뜨린 머리를 채 묶을 새도 없이 갓끈만 매고서 달려와 말리더라도 괜찮다.〔今有同室之人鬪者, 救之, 雖被髮纓冠而救之可也.〕"라는 말을 원용한 표현이다.

35 누구를……말 : 원문의 '적막(適莫)'은 어떤 일에 대해 한쪽으로 치우치지 않아 오로지 주장함도 없고 즐겨 하지 않음도 없어 오직 의리에 따라 행한다는 뜻이다. 공자가 "군자는 천하의 일에 있어 오로지 주장함도 없으며, 그렇게 하지 않음도 없어 의를

듣건대 "선향(仙鄕)의 제현(諸賢)이 이 일에 대해 자기편으로 들어오는 자를 주인으로 여기고 나가는 자를 노예로 여겨,[36] 인물을 평함에 기준이 없어 향전(鄕戰)과 같이 한다."고 하므로 혹 다투려는 마음과 이기려는 기운에서 발단한 것일 수 있다고 생각했습니다. 그런데 편지로 간절하게 말씀해 주셔서 공정하게 듣고 아울러 살펴보니, 말과 이치가 모두 지극합니다. 이와 같아야 '텅 빈 거울과 평평한 저울대'[37]라고 할 수 있습니다. 양가를 조정하여 다시 하나로 정해지게 함은 제현의 책임이니, 진실로 그렇게 한다면 어찌 "노(魯)나라에 군자가 있다."고 말하지 않겠습니까.[38]

명(明)나라 장군 동일원(董一元)[39] 공의 후손 가운데 지리산에 사는

따를 뿐이나.〔君子之於天下也, 無適也, 無莫也, 義之與比.〕"라고 한 말에 보인다. 《論語 里仁》

36 들어가는……여겨 : 원문의 '입주출노(入主出奴)'는 한유(韓愈)가 지은 〈원도(原道)〉의 "들어오는 자를 주인으로 여기고 나가는 자를 노예로 여긴다.〔入者主之, 出者奴之.〕"는 구절을 원용한 것으로, 자신이 속한 편이 주장만을 따르고 다른 편의 주장을 배척한다는 말이다.

37 텅 빈……저울대 : 심(心)의 체(體)가 담연(湛然)하고 허명(虛明)하여 모든 일을 공평하게 볼 수 있는 상태를 비유한 말이다. 《대학혹문(大學或問)》에 "사람의 심(心)이 담연하고 허명하여 마치 텅 빈 거울과 같고 평평한 저울대와 같아서 한 몸의 주체가 되는 것은 진실로 그 진체의 본연이다.〔人之一心, 湛然虛明, 如鑑之空, 如衡之平, 以爲一身之主者, 固其眞體之本然.〕"라고 보인다.

38 어찌……않겠습니까 : 성주 유생들이 시(施)·서(徐) 양가의 싸움을 조정한다면 성주에 어진 사람이 있어서 그렇게 되었다는 평이 있을 것이라는 뜻이다. 공자가 제자 자천(子賤)을 군자답다고 칭찬하면서 "노나라에 군자가 없었다면 이 사람이 달리 어디에서 이러한 일을 취했겠는가.〔魯無君子者, 斯焉取斯?〕"라고 한 말을 원용한 것이다. 《論語 公冶長》

자가 지난 가을에 방문하여 이 일에 대해 함께 말하고 "이것이 어찌 혁장(鬩墻)의 변고[40]와 다르겠습니까. 마땅히 몸소 가서 피차를 조정하여 큰 화기(和氣)를 보전하게 해야 한다고 생각합니다."라고 하였습니다. 그 뜻이 간절한데 조화롭게 될지 모르겠습니다.

39 동일원(董一元) : 명나라 장수로, 정유재란 때 중군 좌도독(中軍左都督)으로 조선에 와서 경상도 사천(泗川)에서 전공을 세우고 1600년에 귀국하였는데, 조선에 남은 그의 후손이 지리산 일대에서 대를 이어간 것으로 보인다.

40 혁장(鬩墻)의 변고 : 형제끼리의 다툼을 말하는바, 《시경》〈소아(小雅) 상체(常棣)〉의 "형제는 집안에서는 서로 다투지만 밖으로는 함께 남의 업신여김을 막는다.〔兄弟鬩于墻, 外禦其侮.〕"라는 데에서 온 말이다.

경렬사의 유생에게 답함 기유년[41]

答景烈祠儒生 己酉

물으신 조목은 삼가 잘 알았습니다. 학교의 예는 응당 나이로 법도를 삼아야 하므로 지난번 귀하 서원의 원유(院儒)들의 물음에 삼가 "구암공(龜巖公)[42]의 자리가 먼저 헌작(獻酌)할 자리입니다."라고 답하였습니다. 그런데 지금 듣건대 구암 공은 연세가 비록 많으나 이미 부위(祔位)에 있고, 판서 공(判書公)[43]은 연세가 비록 적으나 이미 정위(正位)에 있다고 하니, 구암 공이 나이를 굽혀 부위로 내려온 것은 본디 송설공(松雪公 고중영(高仲英))에게 압존(壓尊)되어 부자(父子)분이 나란히 흠향하고 이어서 작헌(酌獻)함이 편치 못해서입니다. 그래서 판서 공을 추존하여 정위에 올린 것입니다.

41 기유년(己酉年) : 1849년(헌종15)으로, 매산의 나이 74세 되던 해이다.

42 구암 공(龜巖公) : 구암은 고경조(高敬祖, 1528~?)의 호로 자는 이원(貽遠), 본관은 장흥(長興)이다. 아버지가 송설(松雪) 고중영(高仲英)이고, 사촌 아우가 임진왜란 때의 의병장인 고경명(高敬命, 1533~1592)이다. 1561년 식년문과에 을과로 급제하고, 1593년 임천 군수를 거쳐 광주 목사를 역임하였다. 주로 지방관을 지냈고, 청렴과 근면으로 이름이 났다. 1645년(인조23)광주의 경렬사(景烈祠)에 제향되었다.

43 판서 공(判書公) : 전상의(全尙毅, 1575~1627)로, 사후에 병조 판서에 추증되어 판서라고 한 것이다. 전상의는 자가 이민(而敏), 본관이 천안(天安)이다. 1603년(선조36) 무과에 급제한 뒤 여러 관직을 지냈고 1627년(인조5) 구성 부사(龜城府使)로서 좌영장을 겸하였다. 이때 이 때 건주(建州)의 야인이 침입하여 안주성을 포위하자 끝까지 항전하다가 전사하였다. 1684년(숙종10) 안주의 민충사(愍忠祠), 광주(光州)의 경렬사(景烈祠), 제주의 귤림서원(橘林書院) 등에 제향되었다.

무릇 자리에 정(正)·부(祔)의 구별이 있으면 헌작의 예는 마땅히 정을 먼저 하고 부를 나중에 하는 것입니다. 또 이미 아버지에게 압존되었다면 자식의 도리로 볼 때 나란히 흠향하는 자리에 차례를 정하여 놓아서는 안 될 듯합니다. 나이를 굽히고 부(祔)로 내려간 것이 이미 당초의 예의(禮意)를 보존한 것이라면 연령의 순서로 작헌의 차례를 다툼은 끝내 후대 사람들이 마음대로 바꾸는 것이 되니, 전날의 의식을 따라 예양(禮讓)의 유풍을 손상하지 말기를 크게 바라 마지않습니다.

저는 서원에 관련된 사람이 아니니, 어찌 감히 이 일에 가부(可否)를 논하겠습니까. 그러나 이미 감사하게도 하문해 주셨기 때문에 감히 받들어 대답하지 않을 수 없었습니다. 황공한 마음 가누지 못하겠습니다.

양동 이씨[44] 문중에 답함 무신년[45]

答良洞李氏門中 戊申

지금 귀하 종가의 두 현자께서 방문해 주어 완연히 노성한 분의 전형(典型)[46]을 받드는 듯하니, 다만 지붕의 까마귀를 사랑하게 될 뿐만이 아닙니다.[47] 이어서 여러분들이 보내주신 편지를 받았는데, 대면하기 전에 먼저 편지를 보내는 것은 옛 사람들이 행한 도리입니다. 지극한

44 양동(良洞) 이씨(李氏) : 경주 양동에 거주하는 여주(驪州) 이씨로, 양동은 회재(晦齋) 이언적(李彦迪, 1491~1553)의 후손들이 모여 사는 곳이다. 이언적은 자는 복고(復古), 호는 회재 또는 자계옹(紫溪翁)이다. 본명은 적(迪)이었는데 중종의 명으로 언적으로 고쳤다. 1514년 문과에 급제했고, 1530년 귀향한 뒤 자옥산(紫玉山)에 독락당(獨樂堂)을 짓고 학문에 열중하였다. 1547년 양재역(良才驛) 벽서(壁書)사건에 연루되어 강계(江界)로 유배되었는데, 유배기간 동안 많은 저술을 남겼다. 경주의 옥산서원에 모셔졌고 문묘에 종사되었으며, 저서로 《회재집》이 있다. 시호는 문원(文元)이다.

45 무신년(戊申年) : 1848년(헌종14)으로, 매산의 나이 73세 되던 해이다.

46 노성(老成)한 분의 전형(典型) : 노성은 정사(政事)를 도모할 만한 옛 신하를 이르고 전형은 옛 법도를 이르는데, 여기서는 외모와 품성이 조상을 빼닮은 자손을 가리켜 말하였다. 《시경》〈대아(大雅) 탕(蕩)〉에 "비록 노성한 사람은 없으나 그래도 떳떳한 옛 법이 남아있다.〔雖無老成人, 尙有典刑.〕"라고 보인다.

47 다만……아닙니다 : 원문의 '옥오지애(屋烏之愛)'는 지붕의 까마귀를 사랑한다는 뜻으로 어떤 사람을 좋아하면 그 집 지붕에 앉아 있는 까마귀까지도 좋아하게 된다는 말인데, 여기서는 이 고사를 인용하여 양동 이씨의 훌륭한 선대를 존경하여 그 후손을 아끼게 되는 것보다 더한 감동을 받았음을 말하였다. 《한시외전(韓詩外傳)》 권3의 "강태공(姜太公)이 무왕(武王)에게 아뢰기를 '사람을 사랑하는 자는 그 사랑이 그의 지붕 까마귀에까지 미치고, 사람을 미워하는 자는 그 미움이 그의 마을 모퉁이의 벽에까지 미칩니다.〔愛其人及屋上烏, 惡其人者憎其胥餘.〕"라는 말에서 유래하였다.

뜻에 우러러 탄복하여 감격스러운 마음을 말로 설명할 수가 없습니다. 삼가 여러분의 체후가 때에 따라 온화함을 알게 되니, 더욱더 공경히 축하합니다. 편지로 말씀하신 뜻은 우러러 잘 살펴보았습니다.

불초가 일찍이 문원(文元 이언적(李彦迪)) 선생의 사우(祠宇)를 옥산(玉山)에서 뵙고는 독락당(獨樂堂)에서 묵었습니다. 주인이 《잠계유고(潛溪遺稿)》[48]를 꺼내어 서문을 요청하였는데, 그사이 벌써 40년이 지났으나 능히 부응하지 못했습니다. 그때 서문을 요청한 노인은 이미 죽었고 젊은이가 거듭 간청해 마지않으므로 7~8년 전에 과연 붓을 잡고 쓴 적이 있습니다. 그때 미처 연조(年條)를 자세히 살피지 못하고는 '사자(嗣子)를 세웠다〔立嗣子〕'라고 함부로 썼었는데, 다시 선생의 연보를 검토해 보니, 역책(易簀)하신 것이 계축년(1553) 11월이고 사자를 양자로 보내어 죽은 아우를 제사지내게 한 것이 이해 4월이었습니다. 그렇다면 이미 선생이 세상에 살아 계실 적에 후사를 정한 것이므로 '후사를 세우다〔立嗣〕'의 '입(立)' 자를 '보(輔)' 자로 바꾸어 고치게 하였습니다.

그런데 이제 듣자하니 "'보사자(輔嗣子)' 세 글자를 '양종사(讓宗祀)'로 바꿨다."라고 합니다. 아래 글에 이미 "종조(宗祧)가 부탁함이 있다.〔宗祧有托〕"라고 말했는데, 윗글에 또다시 "종사를 사양했다.〔讓宗祀〕"라고 한다면 거의 말이 되지 않으니, 이것은 이른바 "조심하지 않고 마음대로 바꾸어 놓았다."[49]는 것이 아니겠습니까. 이 뜻을 잠계의 후손

48 잠계유고(潛溪遺稿) : 조선 중기의 학자 이전인(李全仁, 1516~1568)의 문집으로 전 1책이며, 매산이 1839년에 지은 서문이 실려 있다. 이전인은 이언적의 서자로, 자는 경부(敬夫), 호가 잠계이다.

들에게 말해 주고, '양종사' 세 글자를 빨리 '보사윤(輔嗣胤)'으로 바꾸는 것이 지극히 마땅하고 지극히 마땅할 것입니다. 또 '사양했다〔讓〕'는 한 글자는 명분을 바로잡는 일에 관계되니, 즉시 고치지 않으면 안 될 듯합니다. 잠계의 후손들이 이렇게 '양종사'를 '보사자'로 고치면 그만이니, 굳이 크게 책망하여 친의(親懿 친척의 아름다운 정)를 손상할 필요는 없습니다. 오직 성대한 덕으로 어떻게 포용하시는가에 달려 있습니다.

귀하 종친의 진택보(眞宅甫)가 이 일을 가지고 편지를 써서 보내는 것을 허락하였으니, 이 편지를 보신 뒤에 전해 주시기 바랍니다.

49 조심하지……놓았다 : 원문의 '수분현화(手分現化)'는 제도나 법제를 삼가 따르지 않고 자기 마음대로 변형한다는 뜻으로, 《주자대전》 권46 〈답황상백(答黃商伯)〉의 "다만 자기 손 안에서 변화시키는 것일 뿐이다.〔只是手分世界中, 化現出來耳.〕"라는 말을 원용한 것이다. 이 부분에 대해 《주자서절요기의(朱子書節要記疑)》에 "법제를 따르지 않고 함부로 자기 견해를 내어 마음 내키는 대로 손 가는 대로 아무렇게나 재단해 낸다면, 이것은 만든 옷이 나의 손 안에서 변화한 것이다. 이는 나의 손으로 일단의 세계를 만들어 사물을 변화시키는 것과 같다.〔不遵法制, 妄出己見, 任意任手, 胡亂裁作, 是其所作之服, 從吾手分世界而變化現出也. 是恰似以吾手爲一段世界, 而化出事物也.〕"라고 주하였다. 《朱子大全箚疑輯補 卷46》

김씨 문중에 답함 김희조의 문목
答金氏門中 金爔祖問目

하문하신 의심스러운 예절은 우러러 잘 살펴보았습니다. 세속에서 말하는 '차양(次養)'[50]은 상고할 전고가 없는데, 인평도위(寅平都尉)[51]의 집에서 처음 시작하여 사대부 집안에서 이것을 원용하여 준례로 삼는 자가 있습니다. 그러나 이것은 바른 예가 아닙니다.

존문(尊門)의 종손이 이미 장자 요신(堯臣)을 위하여 후사를 세웠는데, 요신의 계자(繼子)인 면중(勉中)이 또 아들이 없이 죽었으면 마땅히 면중을 위해 후사를 세워야 합니다. 그런데 이렇게 하지 않고 다시 면중의 친아우인 대중(大中)을 취하여 요신의 후사로 세워서 '차양'이라고 이름하였으니, 이것은 그만둘 수 있는데도 그만두지 않은 것입니다.

비록 부득이하나 마땅히 대중이 아들을 낳기를 기다려서 자기 형을 위하여 끊어진 대를 이어야 하는데, 대중이 또 불행히 죽고 아들이

50 차양(次養) : 맏아들이 죽었는데 그의 양자로 삼을 만한 사람이 없을 경우, 일단 맏아들과 같은 항렬의 사람을 양자로 삼되 그가 아들을 낳으면 바로 죽은 맏아들의 양자로 삼아 종통을 이어가는 일을 이른다.

51 인평도위(寅平都尉) : 정제현(鄭齊賢, 1642~1662)으로, 효종의 부마로 인평위에 올랐기 때문에 이렇게 칭하였다. 정제현은 본관은 영일(迎日)이며 우의정 정유성(鄭維城)의 손자이다. 1653년(효종4) 12월 효종의 넷째 딸 숙휘공주(淑徽公主, 1642~1696)와 혼인하여 인평위에 올랐는데, 약관 21세로 요절하였고 그의 아들 정태일(鄭台一, 1661~1685) 또한 모친보다 먼저 세상을 떠났다. 이로 인하여 차양을 들인 듯하나 전말이 자세하지 않다.

없습니다. 그렇다면 종사(宗嗣)를 가려 정할 적에 마땅히 면중의 후사를 세워서 대종(大宗)의 제사를 주관하게 해야 할 듯합니다. 면중이 이미 요신의 내상(內喪 어머니 상) 복을 입고 또 사친(私親 본생부모)의 복을 강복(降服)했는데도 전중(傳重)[52]하지 않고 양자를 세우지 않는다면 이것은 죄가 없이 쫓겨나는 것이니, 가당하겠습니까.

대중이 비록 "할아버지의 명령에 따라 승중(承重)했다."고는 하나, 이것은 섭주(攝主)[53]로서 제사를 받듦에 불과하고 반드시 종(宗)을 옮긴 것은 아닙니다. 그렇다면 '효(孝)' 자를 방제(旁題)[54]하는 것은 종을 빼앗음에 가깝지 않겠습니까. 비록 그로 하여금 종을 옮기게 했다 하더라도, 할아버지 명령을 치명(治命)[55]이라고 여겨서 구차히 따라서는 안 될 듯합니다.

옛날 포은(圃隱 정몽주(鄭夢周))의 종손인 정도제(鄭道濟)가 죽었을 때에 아들이 없었고, 그의 아우 하제(夏濟)가 다음 양자가 되어서 또

52 전중(傳重) : 적자(嫡子)가 질병이 있거나 사망했을 경우에 적손(嫡孫)이 바로 조부를 계승함을 이른다. 적손의 입장에서 승중(承重)이라고 한다.

53 섭주(攝主) : 제사를 대신 주관하는 사람을 이른다.

54 방제(旁題) : 제사를 받드는 사람의 이름을 신주(神主)의 아랫부분 왼쪽에 쓰는 것을 말한다.

55 치명(治命) : 어버이의 유언(遺言)은 치명과 난명(亂命)으로 구분하는데, 치명은 바른 정신이 있어서 사리 판단을 할 수 있을 때에 내린 것이고, 난명은 정신착란 상태에서 내린 것을 말한다. 위 무자(魏武子)가 병이 들어 그의 아들 과(顆)에게 "내가 죽으면 내 첩들을 시집보내라."라고 명하였다가 병이 위독하여서는 "반드시 순장(殉葬)을 해 달라."라고 하였는데, 무자가 죽자, 과가 시집을 보내며 "병이 심하면 정신이 착란한 것이니, 나는 정신이 온전할 때의 치명을 따르겠다.〔疾病則亂, 吾從其治也.〕"라고 한 데에서 유래한다.《春秋左氏傳 宣公 15年》

아들이 없이 죽었습니다. 이것을 도암(陶菴 이재(李縡))에게 여쭙자, 도암이 답하기를 "도제와 하제가 죽은 것이 똑같고 아들이 없는 것도 똑같으니, 종자를 세우고자 한다면 이 기회를 이용해서 잘못을 바로잡지 않으면 안 된다. 지금 마땅히 도제를 위하여 양자를 세워서 선조 제사를 주관하게 해야 한다."[56]라고 하였는데, 이것은 존문의 일과 조금도 다름이 없어서 도암의 정론(定論)은 마치 존문을 위해서 준비한 말씀인 듯합니다.

남당(南塘 한원진(韓元震))도 일찍이 이 예를 논하기를

"두 사람이 다 양자를 세웠다면 예전에 양자로 세운 아들의 아들이 장자의 아들이 되고 뒤에 양자로 세운 아들의 아들이 차자의 아들이 되니, 장자의 아들이 본래 마땅히 승중하여 제사를 받들어야 한다. 이것은 이치와 형세상 자연스러운 것이니, 그 사이에 사사로운 마음을 용납할 수 있는 것이 아니다. 예전에 양자로 세운 아들이 죽었을 때에 후사를 세우지 않고 다시 다른 아들을 세운 것은 아마도 형망제급(兄亡弟及)의 예를 따른 듯한데, 지금에 이르러서 두 아들이 모두 양자를 세운다면 또 마땅히 종법을 중하게 여겨야 한다."[57]

라고 하였으니, 이 말씀이 또한 마땅히 존문에서 받아 써야 할 것입니다.

56 도제와……한다 : 이 내용은 《도암집》 권25 〈포은선생입종의(圃隱先生立宗議)〉에 보인다.

57 두 사람이……한다 : 이 내용은 《남당집(南塘集)》 권21 〈여김상부【갑자오월】(與金常夫【甲子五月】)〉에 보인다. 원문의 '형망제급지례(兄亡弟及之禮)'는 형이 죽고 그 아들이 없는 경우 아우가 형을 대신해서 종통(宗統)을 잇는 예를 말한다. 《增補文獻備考 卷86 禮考 立後》

대중이 이미 출계(出繼)를 했으면 바로 요신의 차자(次子)여서 본종으로 돌아갈 수가 없습니다. 또 마땅히 대중의 양자를 세워서 따로 별종(別宗)을 삼아야 하고, 그렇지 않으면 반부(班祔)[58]도 좋습니다. 이와 같이 한 뒤에야 종통(宗統)이 바름을 얻어서 죽은 자가 모두 유감스러운 바가 없을 것입니다. 이 일은 큰 윤리에 관계된 것이어서 지극히 엄하고 지극히 공경스러우니, 감히 털끝만큼도 협잡하여 선조의 죄인이 될 수가 없습니다. 다른 사람에 있어서도 이러한데, 하물며 대현(大賢)의 제사이겠습니까.

하서(河西) 선생[59]은 호남의 부자(夫子)이니, 예의가 나오는 근원이요 온 전라도 사람들이 보고 본받는 바입니다. 예(禮)는 종통(宗統)의 예보다 더 중한 것이 없으니, 어찌 세속을 따라 구차히 하고 경솔히 할 수가 있겠습니까. 처음에 예를 잃었던 것은 바로 조카 항렬에 양사올 자가 없음으로 인해서 빚어진 것입니다. 그러나 지금은 비견해서 의논하는 자들이 사람이 없음을 걱정하지 않으니, 정도(正道)를 지키라는 말 외에 달리 할 말이 없을 듯합니다.

58 반부(班祔) : 후사가 끊긴 사람의 신주를 조상의 사당에 덧붙여 모시는 것을 말한다.

59 하서(河西) 선생 : 하서는 김인후(金麟厚, 1510~1560)의 호로, 자는 후지(厚之), 또 다른 호는 담재(湛齋), 본관은 울산(蔚山)이다. 1540년(중종35) 별시 문과에 급제하고 홍문관 부수찬 등의 벼슬을 지냈으나 1545년(인종1) 인종이 승하하고 곧이어 을사사화가 일어나자, 병을 이유로 고향인 전라도 장성(長城)에 돌아가 성리학 연구에 전념하였다. 문장과 도학(道學), 절의(節義)를 두루 갖추어 1796년(정조20)에 문묘에 배향되었다.

송강서원의 원유들에게 답함 기유년[60]

答松江院儒 己酉

정문청(鄭文淸) 선생[61]은 하서(河西 김인후(金麟厚))와 고봉(高峯 기대승(奇大升))을 스승으로 삼고 석담(石潭 이이(李珥))과 우계(牛溪 성혼(成渾))를 친구로 삼아서 올바른 학문을 연원으로 삼고 도의(道義)를 절차탁마하였습니다. 아홉 번 죽어도 후회하지 않는 뜻과 어떠한 난관에도 굴하지 않는 기운은 지금과 옛 분들을 차례로 뽑아 보건대 더불어 비견할 사람이 적습니다. 바로 높은 충성과 곧은 절개에 대해 비록 "해와 달과 더불어 광채를 다툰다."고 말하더라도 괜찮을 것입니다.

이 때문에 사계(沙溪 김장생(金長生))와 우암(尤菴 송시열(宋時烈)) 등 여러 노선생(老先生)의 칭찬이 지극하지 않은 것이 없었고, 우리 정묘(正廟 정조(正祖))의 경우에는 먼 시대를 초월하여 특별한 감동을 일으키셨습니다. 그리하여 일찍이 대가(大駕)가 송강현(松江峴)에 임하였을 적에 지명을 묻고 하교하시기를 "옷과 신이 묻혀있는 산소가 지금은

60 기유년(己酉年) : 1849년(헌종15)으로, 매산의 나이 74세 되던 해이다.

61 정문청(鄭文淸) 선생 : 문청은 정철(鄭澈, 1536~1593)의 시호로, 자는 계함(季涵), 호는 송강(松江), 본관은 연일(延日)이다. 1562년(명종17)에 문과 별시에 장원 급제하고 벼슬이 좌의정에 이르렀다. 김인후와 기대승에게 수학하고, 이이·성혼과 종유하였으며 당대 가사문학의 대가로서 시조의 윤선도(尹善道)와 함께 한국 시가사상 쌍벽으로 일컬어진다. 정철의 학문과 덕행을 추모하기 위하여 전라도 창평(昌平)에 창건한 송강서원은 대원군의 서원철폐령으로 1868년(고종5)에 훼철된 뒤 복원하지 못하였다.

비록 옮겨졌으나, 시인 권필(權韠)의 시에서 오히려 보는 듯하다. 어이하면 정문청을 얻어서 나를 보좌하도록 할 수 있겠는가."[62]라고 하셨습니다.

또 하교하시기를

"정송강은 아주 호걸스럽고 준걸스러우며 우뚝이 출중하여 우계와 율곡 등 여러 현자(賢者)에게 추존되었고, 얼음처럼 맑고 옥처럼 깨끗하여 진심으로 봉공(奉公)했다고 일컬어진다. 송강의 글은 준상(俊爽)한 인품이 비동(飛動)하여 자연스럽게 문장이 된 것이다."[63]

라고 하셨습니다. 여기에서 선생의 덕업(德業)과 풍절(風節)을 상상하여 알 수 있습니다.

그리고 경학(經學)에 뿌리를 두고 명의(名義)를 깊이 연구한 것은 바로 선생이 평소 행하신 것입니다. 강계(江界)에서 귀양살이할 적에 위리안치(圍籬安置)한 나무에 《대학장구(大學章句)》를 써놓고 밤낮으로 외고 읽었습니다.[64] 학문을 좋아하여 게을리하지 않았음을 여기

62 옷과……있겠는가 : 이 내용은 《홍재전서(弘齋全書)》 권172 〈일득록 12(日得錄十二) 인물 2(人物二)〉에 보이는바, 석주(石洲) 권필(權韠, 1569~1612)의 시는 〈과정송강묘유감(過鄭松江墓有感)〉으로, 《석주집》 권7에 실려있다. 권필은 자는 여장(汝章), 호는 석주, 본관은 안동(安東)이다. 정철의 문인으로, 제술관(製述官) 등을 역임하였으며, 저서로 《석주집》과 한문소설 〈주생전(周生傳)〉이 있다.

63 정송강은……것이다 : 이 내용은 《홍재전서》 권171 〈일득록 11(日得錄十一) 인물 1(人物一)〉에 보인다. '얼음처럼 맑고 옥처럼 깨끗하여 진심으로 봉공했다.'는 말은 중봉(重峯) 조헌(趙憲, 1544~1592)이 정철에 대해 했던 말인데, 율곡 이이와 우계 성혼이 추존한 내용과 함께 정철의 행장, 시장(諡狀) 등에 인용되어있다. 《松江別集 卷5, 卷6 附錄》

64 강계(江界)에서……읽었습니다 : 이 내용은 문곡(文谷) 김수항(金壽恒, 1629~

에서 볼 수 있으니, 어찌 감히 "도학(道學)이 없는 대신(大臣)"이라고 말할 수 있겠습니까. 덕을 아는 자가 드무니, 그 누가 진실을 알겠습니까. 본 고을의 원(員)은 우리 당(黨)의 선비입니다. 부디 잘 설득해서 태도를 바꾸게 하십시오. 이것이 여러 현자(賢者)를 위하여 원하는 바입니다.

1689)이 지은 송강의 시장(諡狀)에 "강계에 유배 갔을 적에 손수《대학》한 권을 써서 소주(小註)까지 외웠으며, 위리안치해 놓은 나무 기둥을 하얗게 깎아《대학》을 써서 아침저녁으로 보았다. 〔在江界, 手大學一部, 竝小註誦之, 就圍籬, 白而書之, 以朝夕寓目.〕"라고 보인다.《文谷集 卷21》

박씨 문중에 답함 경술년[65]

答朴氏門中 庚戌

오늘 여러분의 말씀을 받아 보고 훌륭한 뜻을 우러러 다 알았습니다. 사암(思菴)[66] 선생은 도학(道學)과 명절(名節), 문장과 사공(事功)을 구비하지 않은 것이 없어서 진실로 본조 낭묘(廊廟 의정부)의 제일인이 되시는데, 후손이 끊긴 데다 징험할 만한 문헌도 없습니다. 현재 세상에 유행하는 유고(遺稿)는 참으로 금 부스러기나 깃털 조각[67]처럼 편린(片鱗)과 같은데, 판본이 이미 망가져서 세상 사람들이 《사암집(思菴集)》의 존재를 모른 지 오래되었습니다. 다행히 눌재(訥齋)[68] 선생의 후손인 이휴보(頤休甫)의 고심(苦心)과 지성(至誠)으로 말미암아 장차 다시 중간하게 되었습니다.[69] 서울에 있을 때에 그가 노고를 다하

65 경술년(庚戌年) : 1850년(철종1)으로, 매산의 나이 75세 되던 해이다.

66 사암(思菴) : 박순(朴淳, 1523~1589)의 호로, 자는 화숙(和叔), 본관은 충주(忠州), 시호는 문충(文忠)이다. 1553년(명종8) 정시 문과에 장원으로 급제하고 벼슬이 영의정에 이르렀다. 극심한 동서(東西) 당쟁 속에서 이이와 성혼을 두둔하다가 서인으로 지목되어 탄핵을 받고 영평(永平)의 백운산(白雲山)에 은거하였다. 저서로 《사암집》이 있다.

67 깃털 조각 : 원문의 '편우(片羽)'는 '길광편우(吉光片羽)'를 줄인 말로, 전설상의 신마(神馬)인 길광의 털 조각인데, 편린으로 전하는 전대 문인이나 예술가의 작품을 비유한다.

68 눌재(訥齋) : 박상(朴祥, 1474~1530)의 호로, 자는 창세(昌世), 시호는 문간(文簡)이다. 박순의 중부(仲父)로, 청백리에 녹선되었으며, 문장이 뛰어나 성현(成俔), 신광한(申光漢), 황정욱(黃廷彧) 등과 함께 사가(四家)로 불린다. 저서로 《눌재집》이 있다.

69 이휴보(頤休甫)의……되었습니다 : 이휴보의 '보' 자는 인물의 자에 붙이는 미칭인

여 거의 손에 못이 박이고 이마가 갈려서 발꿈치에 이를 정도였으니,[70] 저로 하여금 감복하게 합니다. 여러분은 응당 이분의 마음을 마음으로 삼아서 부디 빨리 힘을 합하여 일을 끝마칠 방법을 도모하시기 바랍니다. 어떻게 생각하십니까? 어떻게 생각하십니까?

이어서 듣건대 월봉서원(月峯書院)[71]의 강수청(講修廳)은 본래 선비들의 강학을 위해 만든 것인데, 근년 이래로 이미 자주 강학을 거행하지 못하였다고 합니다. 그렇다면 거기에 남아있는 재물을 간행하는 일에 보충하여 쓰는 것이 사리에 합당하니, 당연히 저의 말을 기다리지 않고서도 여러분 의논이 모두 동일하여 극진히 하지 않음이 없을 것입니다. 월봉서원에서 일을 앞장서서 협조한다면 전라도 전체의 향교와 서원의 사림(士林) 현자들도 마땅히 이 소문을 듣고 흥기할 것이니, 이것이 여러 현자를 위하여 원하는 것입니다.

바, 눌재 박상의 후손인 이휴가 《사암집》을 중간하게 된 경위가 매산이 경술년(1850) 3월에 지은 문집의 발문에 보인다. 《思菴集 重刊跋》

70 손에……정도였으니 : 이휴가 《사암집》의 중간을 위해 지극정성으로 온갖 고생을 감내했음을 말한 것이다. 원문의 '변지(胼胝)'는 하(夏)나라의 우(禹) 임금이 홍수의 폐해를 막으려고 8년 동안 분주히 돌아다닌 고사에서 온 말로, 《사기》 권87 〈이사열전(李斯列傳)〉에 "우 임금이 용문을 뚫고 구하(九河)를 소통시킬 때 손발에 못이 박이고 얼굴이 누렇게 초췌하였다.〔禹鑿龍門, 疏九河, 手足胼胝, 面目黧黑.〕"라고 보인다. '마방(摩放)'은 어려움과 고통을 마다하지 않고 온몸을 바쳐 일한다는 뜻으로, 《맹자》 〈진심 상(盡心上)〉에 "묵자는 겸애를 하였는데 정수리에서 발끝까지 닳아 없어지더라도 천하를 이롭게 하는 일이라면 행하였다.〔墨子兼愛, 摩頂放踵, 利天下爲之.〕"라고 한 말에서 유래한다.

71 월봉서원(月峯書院) : 전라도 광주에 있는 서원으로, 1578년(선조11)에 세웠으며 1654년(효종5)에 사액하였다. 박상, 박순, 기대승, 김장생, 김집(金集)의 위패를 봉안하였다.

함창의 제생에게 답함 신해년[72]

答咸昌諸生 辛亥

오늘 여러분의 말씀을 받아 보고 고상한 뜻을 우러러 다 알았습니다. 위정공(魏鄭公)의 홀(笏)[73]과 배진공(裴晉公)의 띠[74]를 천부(天府 황실

72 신해년(辛亥年) : 1851년(철종2)으로, 매산의 나이 76세 되던 해이다.

73 위정공(魏鄭公)의 홀(笏) : 위정공은 위징(魏徵, 580~643)으로, 그가 후손들에게 전한 홀을 이른다. 위징은 당(唐)나라의 개국 공신으로 자는 현성(玄成), 시호는 문정(文貞)인데, 정국공(鄭國公)에 봉해졌기 때문에 위정공이라고 칭한 것이다. 문종(文宗) 때에 위징의 5대손인 위모(魏謨, 793~858)가 기거사인(起居舍人)이 되었는데, 문종이 위모에게 묻기를 "경(卿)의 집에 조서(詔書)가 적힌 문서 가운데 보존된 것이 있는가?" 하니, 위모가 대답하기를, "오직 선조(先祖)의 옛 홀이 하나 있을 뿐입니다." 하자, 문종이 그것을 속히 올려 보내도록 명하고 "이 홀은 지금 나에게 감당(甘棠) 나무와 같다."라고 한 고사가 전한다.《新唐書 卷97 魏徵列傳 魏謩》 감당 나무는 주(周)나라 소공(召公)이 선정(善政)을 베풀 때 휴식을 취했던 나무로, 백성들이 소공을 흠모하는 마음으로 이 나무를 매우 아꼈다고 한다.

74 배진공(裴晉公)의 띠 : 배진공은 배도(裴度, 765~839)로, 그가 후손들에게 전해 준 띠를 이른다. 배도는 당나라 헌종(憲宗) 때의 명재상으로 자는 중립(中立), 시호는 문충(文忠)인데, 회서(淮西) 지역을 평정한 공으로 진국공(晉國公)에 봉해졌기 때문에 배진공이라고 칭한 것이다. 헌종 연간에 회서 절도사(淮西節度使) 오소양(吳少陽)이 죽고 그의 아들 원제(元濟)가 회서에서 반란을 일으키자, 헌종이 승상 배도를 회서 선위처치사(淮西宣慰處置使)로 삼아 회서를 토벌하게 하였는데, 배도가 길을 떠날 때에 헌종이 친히 통화문(通化門)까지 나가 배도를 보내면서 통천어대(通天御帶)를 하사하고, 신책기(神策騎) 300명을 징발해 배도를 호위하게 하여 대우를 극진히 했던 고사가 전한다.《新唐書 卷173 裴度列傳》 통천어대는 황제가 차고 다니는 요대로 통천서(通天犀)라는 무소뿔로 장식해서 만들었다.

(皇室))에 바치지 못했다면 마땅히 후손들한테 맡겼을 것이니, 지금이 양정공(襄靖公)이 받으신 어필(御筆)[75]을 어찌하여 다른 사람의 방에 들인단 말입니까. 청전(靑氈)[76]은 하찮은 물건인데도 옛사람은 잃지 않기를 원했습니다. 더구나 휘황찬란한 임금님의 글씨는 정신이 사물을 따라 동하고 하늘이 이치를 따라 운행하는 것과 같아[77] 영광이 하늘을 비춤에 있어서이겠습니까.

소식(蘇軾)이 지은 〈영종수서송(英宗手書頌)〉에 "은하수의 글이 녹아서는 감로(甘露)가 되어 떨어지고, 맺혀서는 상서로운 오색구름이

75 양정공(襄靖公)이……어필(御筆) : 양정은 채수(蔡壽, 1449~1515)의 시호로, 그가 성종(成宗)에게 하사받은 어필을 이른다. 채수가 무술년(1478 성종9)에 홍문관 전한(典翰)에서 승정원 동부승지로 초배(超拜)되자, 등급을 뛰어넘은 승진이라는 이유로 사직하였을 때 성종이 친서로 포장(褒奬)하였고, 몇 개월 뒤에 또다시 도승지로 초배되어 사직하자 성종이 친필로 권면한 적이 있는바, 어필은 이때 내려진 것이다. 《立齋集 卷43 贈資憲大夫議政府左參贊…仁川君諡襄靖公懶齋蔡先生行狀》 채수는 자가 기지(耆之), 호가 나재(懶齋), 본관이 인천(仁川)이다. 1469년(예종1) 삼장(三場) 문과에 장원으로 급제하고, 1506년 중종반정에 가담하여 분의정국공신(奮義靖國功臣) 4등에 녹훈되어 인천군(仁川君)에 봉해졌는데, 그 후에 함창(咸昌)에 은거하여 여생을 보냈다. 저서에 《난재집》과 고전소설 〈설공찬전(薛公贊傳)〉이 있다.

76 청전(靑氈) : 푸른 담요로, 집안에 전해 오는 선조의 유물을 비유한다. 진(晉)나라 왕헌지(王獻之)의 집에 도둑 떼가 들어 몽땅 털어 가려 하자, 왕헌지가 침상에 그대로 누운 채 "푸른 담요는 우리 집안의 옛 물건이니, 그것만은 남겨 두지 않겠는가.〔靑氈, 是我家舊物, 可特置否?〕"라고 하자, 도둑들이 놀라 도망쳤다는 고사가 있다. 《晉書 卷80 王羲之列傳 王獻之》

77 정신이……같아 : 이 내용은 《장자(莊子)》 〈재유(在宥)〉에 "정신이 동하고 하늘이 따른다.〔神動而天隨〕"라고 한 말을 인용한 것인데, 서진(西晉)의 곽상(郭象, 252~312)이 "정신은 사물을 따라 움직이고 하늘은 이치를 따라 운행한다.〔神順物而動, 天隨理而行.〕"라고 풀이하였다.

되었네. 융합하여 햇빛에 마르지 않고 맺혀서 흩어지지 아니하여 그 자손들을 비호한다."라고 하였으니,[78] 부디 이 뜻을 알아서 미루어 후손에게 돌려줄 방법을 빨리 도모하여 후손들이 대대로 지키는 보물이 되도록 해 주십시오.

실전(失傳)한 곡절은 제가 참여하여 알 바가 아니나, 비록 오랫동안 타인이 보관하였더라도 즉시 본 주인에게 돌려주어서 선릉(宣陵 성종(成宗))께서 특별히 하사한 성스러운 뜻에 우러러 부응하는 것이 곧 사리에 마땅하니, 누가 그 사이에 이론을 제기하겠습니까.

78 소식(蘇軾)이……하였으니 : 소식이 지은 〈영종수서송(英宗手書頌)〉의 원제는 〈영종황제어서송(英宗皇帝御書頌)〉인바, 가우(嘉祐) 연간에 태상박사(太常博士) 주병(周秉)이 문행(文行)으로 제왕기실(諸王記室)에 선발되어 재직할 때 당시 세자였던 영종(英宗)이 주병에게 경애(敬愛)하는 마음을 담은 글을 직접 써주었는데, 이후에 소식이 주병의 후손을 통해 그 어필을 보고 이 송(頌)을 지었다. 《東坡全集 卷98》

충렬사원[79]의 원유에게 답함 임자년[80]

答忠烈祠院儒 壬子

바로 하문을 받들어서 제향하는 예식이 순히 이루어졌음을 삼가 살피니, 감탄하고 기뻐하는 마음이 절절(切切)합니다. 다만 서원의 일에 도움 드린 것도 없는데 가만히 앉아서 번육(膰肉)을 받으니,[81] 부끄럽고 죄송한 마음 그지없습니다.

도암(陶菴) 이 선생(李先生)이 지은 귀원(貴院)의 학규[82]를 매번 보는데, 여기에 이르기를 "무릇 본원의 선비[83]들이 만일 선생의 학문에

79 충렬사원(忠烈祠院) : 포은(圃隱) 정몽주(鄭夢周, 1337~1392)의 학덕과 충절을 기리기 위하여 지은 충렬서원을 가리키는바, 현재 경기도 용인시 처인구 모현면 능원리에 있다. 조선 선조 9년(1576)에 처음 지었으나 임진왜란(1592)으로 불타 없어져 선조 38년(1605)에 다시 지었다. 이때 정보(鄭保)와 이시직(李時稷)을 같이 모셨다. 고종 8년(1871)에 흥선대원군의 서원철폐령으로 없어졌으나, 1924년에 복원하였다.

80 임자년(壬子年) : 1852년(철종3)으로, 매산의 나이 77세 되던 해이다.

81 번육(膰肉)을 받으니 : 번육은 제사 때 쓴 고기로, 고대 중국에서 종묘에 제사를 지낸 뒤에 천자가 제후 및 대부들에게 이것을 보내어 존중의 의미를 표시하였는데, 여기에서는 충열사원의 원유들이 사원의 제사에 썼던 고기를 존중을 표하기 위해 매산에게 보낸 것이다. 《춘추좌씨전》 희공(僖公) 24년에 "천자가 제사를 지낸 뒤에는 번육을 하사하였다.〔天子有事, 膰焉.〕"라고 하였는데, 그 주에 "유사(有事)는 종묘에 제사하는 것이다. 번(膰)은 제사고기이다. 송나라를 존경하기 때문에 제사 지낸 조육을 하사한 것이다.〔有事, 祭宗廟也. 膰, 祭肉. 尊之, 故賜以祭胙.〕"라고 풀이하였다.

82 도암(陶菴)……학규 : 도암은 이재(李縡, 1680~1746)의 호이고 학규는 〈충렬서원학규(忠烈書院學規)〉를 가리킨다. 이 학규가 《도암집》 권25에 실려있다.

83 선비 : 원문의 '봉액(縫掖)'은 '장보봉액(章甫縫掖)'의 줄임말로, 장보는 관(冠)의

뜻을 두지 않고 선생의 책을 읽지 않는다면 무슨 얼굴로 선생의 사당에 들어가겠는가."라고 하였습니다. 또 이르기를 "상서(庠序)에 유학하는 선비들은 배우지 않으면 안 되니, 이것은 사람이 굶주리면 반드시 밥을 먹고 추우면 반드시 옷을 입는 것과 같아서 단 하루도 빠뜨릴 수가 없는 것이다."[84]라고 하였습니다.

이 말씀이 참되고 간절하니, 귀향(貴鄕)의 여러 선비들이 마땅히 가슴속에 새겨서 잃지 말아야 할 것입니다. 부디 빨리 이 뜻을 체득해서 원재(院齋)에서 회강(會講)을 하여 도암 어른의 지극한 정성과 고심에 우러러 부응하시기를 크게 바라 마지않습니다. 이와 같이 하지 않는다면 또한 어떻게 문충(文忠 정몽주(鄭夢周)) 선생의 망극한 은혜에 보답할 수 있겠습니까. 노력하고 노력하시기 바랍니다.

이름이며 봉액은 소매가 큰 옷인데, 모두 유자(儒者)가 착용하므로 유자를 이른다. 《예기》 〈유행(儒行)〉에 공자가 "저는 어려서 노나라에 살 때에는 봉액의 옷을 입었고, 장성하여 송나라에 살 때에는 장보의 관을 썼습니다.〔丘少居魯, 衣縫掖之衣, 長居宋, 冠章甫之冠.〕"라고 한 데에서 유래하였다.

84 상서(庠序)에……것이다 : 이 내용은 《도암집》 권25 〈충렬심곡양원강유권유문(忠烈深谷兩院講儒勸諭文)〉에 보인다. 상서는 고대에 지방의 학교를 이르는 말로, 은(殷)나라에서는 서(序)라 하였고 주(周)나라에서는 상(庠)이라고 하였는데, 후세에는 학교의 통칭으로 쓰였다.

당진의 제생에게 답함 임자년

答唐津諸生 壬子

보내주신 뜻은 삼가 알았습니다. 구봉(龜峯) 송 선생(宋先生)[85]은 세상에 드문 영웅호걸의 자품을 타고나고, 장구하고 원대하게 전할 문학(文學)의 공부를 거두어서 율곡(栗谷 이이(李珥))·우계(牛溪 성혼(成渾))와 금란지계(金蘭之契)를 맺어 도의(道義)로 도와주는 이웃이 있었고, 이 행적을 사계(沙溪 김장생(金長生))와 신독재(愼獨齋 김집(金集))에게 베풀어서 그 교화가 무궁합니다. 그런데 국법에 속박되고 세속 사람들에게 곤액을 당해서[86] 황왕(皇王 고대의 성왕(聖王))의 정사를 펼

85 구봉(龜峯) 송 선생(宋先生) : 송익필(宋翼弼, 1534~1599)로 구봉은 그의 호이고 자는 운장(雲長), 본관은 여산(礪山), 시호는 문경(文敬)이다. 초시(初試)를 한 번 본 뒤로 과거를 단념하고 학문에 전념하여 높은 경지에 올라 이이(李珥)·성혼(成渾)과 종유하였으며 특히 예학(禮學)에 밝아 김장생에게 큰 영향을 주었다. 정치에도 깊은 식견이 있어 서인 세력의 막후실력자가 되기도 하였다.

86 국법에……당해서 : '국법에 속박되었다'는 것은 얼손(孽孫)이라는 이유로 정거(停擧)되어 벼슬길이 막혔던 것을 가리키고, '세속 사람들에게 곤액을 당했다'는 것은 안당(安瑭)의 후손에게 복수할 대상이 되고 성혼과 이이의 배후 세력으로 찍혀 만년을 떠돌이 생활로 마친 것을 이른다. 송익필은 당초 그의 아우 한필(翰弼)과 초시에 높은 성적으로 합격하였는데 예문관 검열이었던 이해수(李海壽)와 그의 동료들이 얼손은 국법을 무릅쓰고 과거에 응시하게 해서는 안 된다고 상주하여 정거되었다. 송익필의 부친인 송사련(宋祀連)은 서얼 출신으로 정승 안당의 집에 더부살이하였는데, 안당이 역모를 꾸몄다고 모함하여 안씨 가문에 큰 화를 끼치고 그 공으로 공신에 봉해져 높은 벼슬에 올랐으나, 뒤에 모함임이 밝혀져 삭훈(削勳)되었고, 안씨 집안에서는 송사련이 이미 사망하였으므로 그의 아들 송익필을 죽여 복수하려 하였다. 송익필은 말년에 이이

수 있는 뜻을 조금도 드러내지 못하게 했으니, 참으로 애석합니다.

한 줌의 황폐한 무덤이 객지에 붙어 있고 몇몇 잔약한 후손이 타향에서 떠돕니다. 또 한 구역의 제사할 장소가 없어 지방의 현자들이 제사하는 뜻을 붙일 곳이 없으니, 지사(志士)와 인자(仁者)들이 모두 한탄하는 바입니다. 다행히 강당(講堂)이 우뚝이 보존되어 있어서 참으로 기운 것을 붙들어 세우고 무너진 것을 보수하여 현판을 걸고 영령을 모실 수 있다면, 금령을 어기고 처음 시작한다는 이름을 듣지 않고 때에 따라 향기로운 제향을 올릴 것이니, 이것은 진실로 그만둘 수 없는 일입니다. 여러 현자(賢者)의 조처가 덕을 높이고 현인을 숭상하는 고충에서 나왔으니, 또한 어찌 저의 말을 필요로 하겠습니까.

저는 이 어른을 칭송하고 사모하며 유편(遺編)을 높이 모시고서 항상 후사(後事)가 민멸됨을 한탄했는데, 지금 하문해 주시는 편지를 받으니, 오직 권하여 완성하려는 의체(義諦)를 알 뿐입니다. 다만 사원(祠院)의 일이란 매번 재물을 모으는 일로 인해서 구설수에 오르기 마련입니다. 만일 이렇게 되면 선현에게 누를 끼쳐서 신의 노여움이 있을까 두렵습니다. 이와 같이 되면 그만 두는 것이 바른 것이 됨만 못합니다. 그러니 여러 현자가 어찌 이것을 하시겠습니까. 감히 사전에 우려되는 점을 말씀드리니, 삼가 몸소 이해하시기 바랍니다.

가 죽은 뒤에 당화(黨禍)가 더욱 심해지자 서인(西人)의 배후로 찍혀 동인(東人)들의 미움을 받았는데, 끝까지 뜻을 굽히지 않다가 멸문의 화를 당하여 죽을 때까지 떠돌이 생활을 하였고 충청도 신평(新平)에서 별세하였다. 신평은 지금의 충청남도 당진이다. 《국역선조수정실록 22년 12월 1일》《燃藜室記述 卷18 宣祖朝故事本末 宣祖朝名臣 宋翼弼》

족조 춘수공[87] 선용 께 답함 갑술년[88] 정월

答族祖春睡公 善容○甲戌正月

경과(慶科)는 이미 그 시기가 알려졌습니다.[89] 서울을 구경하신[90] 뒤에는 즉시 처음 하시던 일로 돌아와서 어린 아들 및 아버지를 잃은 손자와 더불어 굶주림을 함께 하셔야 하는데, 집사께서는 어찌하여 집안에 계시지 않습니까? 그러면 온 집안 식구들이 어느 분을 우러러 의뢰하겠습니까? 흉년이 이 지경에 이르러서 근심을 감당하기 어려운 일들이 있으니, 부디 깊이 생각해서 후회에 이르지 않게 하시기 바랍니다.

동당시(東堂試)에서 실의(失意)한 것은 비록 지나간 일에 속하나 탄식을 금할 수가 없습니다. 재방(在邦)이 유사(有司)가 되고 집사께서 거자(擧子)가 되었으니[91] 진실로 이미 귀하게 여길 만한 것이요,

87 족조 춘수공 : 홍선용(洪善容, 1752~?)으로 자는 치규(穉圭)이다. 기유년(1789) 식년시에 합격하였으나, 관력은 없다.

88 갑술년(甲戌年) : 1814년(순조14)으로, 매산의 나이 39세 되던 해이다.

89 경과(慶科)는……알려졌습니다 : 경과는 나라에 경사가 있을 때에 특별히 실시하는 과거로, 갑술년 3월 11일에 효의왕후(孝懿王后, 1753~1821)의 주갑(周甲)과 혜경궁(惠慶宮, 1735~1815)의 팔순(八旬) 두 경사를 축하하기 위해 춘당대(春塘臺)에서 정시문과(庭試文科)를 실시하였는데, 이 시험을 실시할 것이라는 소문이 이미 퍼졌다는 말이다. 《承政院日記 純祖 13年 12月 13日, 14年 3月 11日》

90 서울을 구경하신 : 원문의 '관광(觀光)'은 서울의 문물을 구경하는 것으로, 《주역》 〈관괘(觀卦) 육사(六四)〉 효사(爻辭)에 "국도(國都)의 빛남을 구경함이니, 왕에게 손님이 됨이 이롭다.〔觀國之光, 利用賓于王.〕"는 것에서 유래하였는바, 서울에 유학(遊學)하거나 소과(小科)에 급제하여 성균관에 들어감을 지칭하기도 한다.

이로 인하여 한 번의 발해(發解)[92]를 얻지 못했으니 더욱 귀하게 여길 만한 것입니다. 저는 두 분을 위하여 축하하는데, 어찌 도리어 뒤늦게 재방을 허물하겠습니까.

재방은 가슴속에 '사(私)' 자를 완전히 제거하였습니다. 이것은 신명과 하늘에 질정할 수 있는 것인데, 서로에 대해 잘 아시는 집사께서 오히려 유감이 있을 수 있겠습니까. 재방이 지난번에 편지를 보내왔는데, "낙방을 시키자 약한 자들은 눈을 흘기고 강한 자들은 칼을 어루만지지만, 털끝 하나도 동하게 할 수 없다."라고 말하였으니, 또한 그 인품을 볼 수 있습니다. 진솔함에 맡기고 분수에 맡겨 이미 정도(正道)를 얻었으니, 잃는 것을 득으로 여겨 원망하는 바가 없으며 자기 몸을 바르게 하고 남에게 구하지 않아서 평탄함에 처하여 천명을 기다리는 것이, 군자가 현재 처한 자리에 맞게 행하는 도(道)가 될 듯합니다.

족손(族孫)은 노친(老親)이 수천 리 길을 오가셨으나 일찍이 하루도 피곤함을 말씀하지 않으시는 것을 신년의 큰 다행으로 여깁니다. 제가 머물고 있는 지역은 바로 신라 천 년의 유명한 도읍지입니다.[93] 강산이

91 재방(在邦)이……되었으니 : 재방은 이승달(李承達, 1780~1827)의 자인바, 일찍이 홍선용이 동당시(東堂試)에 응시했을 적에 이승달이 시험관이 되었던 일을 두고 한 말인 것 같은데, 언제 어떤 시험이었는지는 미상이다. 이승달은 호는 수우(守愚), 본관은 전주(全州)이다. 이계(李溎)의 아들이고 매산의 처남으로, 종숙인 이송(李淞)의 문하에서 수학하였다. 1803년(순조3) 별시 문과에 급제하고, 직강, 지평 등을 지냈다. 본집 제39권에 매산이 쓴 묘지명이 있다.

92 발해(發解) : 원문의 '해(解)'는 '발해'를 줄인 말로, 초시에 합격한 자가 복시(覆試)에 참여하는 것을 이르는바, 당(唐)·송(宋)시대에 주현(州縣)의 고시(考試)에 합격한 사람을 그 지방 관청에서 경사(京師)로 올려 보내어 회시(會試)에 참여하게 한 것을 '해' 또는 '발해'라고 칭한 데에서 유래한다.

옛날과 달라 구름과 물이 텅 비어서 통일신라의 남긴 공업(功業)을 찾을 길이 없고, 오직 김유신(金庾信)·박제상(朴堤上)[94]의 공렬(功烈)과 설총(薛聰)·최치원(崔致遠)[95]의 문조(文藻 문장)가 남아 있습니다. 그래서 천고를 지나도 여전히 후세에 표출되어 장차 오산(鰲山)·

93 제가……도읍지입니다 : 부친 홍이간(洪履簡)이 계유년(1813) 7월에 경주 부윤(慶州府尹)에 제수되어 현재 재직 중이고, 매산이 근친(覲親)을 위해 경주에 와있기 때문에 이렇게 말한 것이다.《承政院日記 純祖 13年 7月 28日》

94 김유신(金庾信)·박제상(朴堤上) : 김유신(595~673)은 신라의 삼국통일을 주도한 명장이다. 무예와 지략이 뛰어나 당나라와 연합하여 백제와 고구려를 차례로 멸망시켰으며, 다시 신라마저 점령하려는 당나라의 야욕을 분쇄하고 통일 신라 시대를 열어 그 공으로 태대각간(太大角干)이 되었으며 835년(흥덕왕10)에 흥무대왕(興武大王)으로 추존되었다. 박제상(363~419)은 신라 눌지왕(訥祗王) 때의 충신으로 고구려와 왜국에 볼모로 잡혀 있던 왕제(王弟)들을 차례로 고국으로 탈출시켰으나 자신은 왜국을 빠져나오지 못하고 잡혀 있다가 살해당하였다.《삼국유사(三國遺事)》에는 박제상이 김제상(金堤上)으로 표기되어 있다.

95 설총(薛聰)·최치원(崔致遠) : 설총은 신라 10현(新羅十賢)의 한 사람이며, 강수(强首)·최치원과 함께 신라 3대 문장가로 불린다. 자가 총지(聰智)로 원효(元曉)와 요석공주(瑤石公主) 사이에서 태어났다. 천성이 명민했으며 경사(經史)와 문학에 널리 통했다. 구경(九經)을 우리말로 강론하여 유학 발전에 기여했으며, 이두(吏讀)를 정리, 집대성하고 중국 문자에 토를 다는 방법을 만들어 당시 중국어 수학에 도움을 주었다. 문묘에 종사(從祀)되고 홍유후(弘儒侯)에 추봉되었다. 최치원(857~?)은 신라 말기의 학자이자 문장가로 자가 고운(孤雲) 또는 해운(海雲), 본관은 경주(慶州)로, 사량부(沙梁部) 출신 견일(肩逸)의 아들이다. 868년(경문왕8) 12세로 당나라에 유학하여 18세의 나이로 빈공과(賓貢科)에 장원급제한 뒤, 고변(高駢)의 종사관이 되어 881년에 〈토황소격문(討黃巢檄文)〉을 지어 명성이 널리 알려졌다. 885년 신라로 돌아와 말년에는 가족을 이끌고 가야산 해인사(海印寺)에 들어가 동모형(同母兄)인 승려 현준(賢俊)과 함께 지냈는데, 그 뒤의 행적은 알려진 것이 없다. 문장가로도 명성이 높았는데, 저술로는 문집 30권이 있다. 문묘에 종사되고 문창후(文昌侯)에 추봉되었다.

월성(月城)[96]과 함께 영원히 보존될 것이니, 참으로 인물이 걸출함은 땅이 신령스럽기 때문입니다.[97] 신라 시대에는 큰 질박함이 아직 흩어지지 않아서 인문이 창달되지 못했으나 인물의 성함은 삼한(三韓)의 으뜸이 되었는데, 애석하게도 증명할 만한 문헌이 없어서 세상에 다 전해지지 못하고 있습니다.

저는 남쪽 지방으로 온 뒤에 한두 번 문을 나가 차가운 안개 속에서 고릉(古陵)에 조문을 하고 바람 부는 곳에서 창해(滄海)에 임하였습니다. 이어서 일출과 월출을 구경하였는데, 교감(交感)하는 바가 깊어 다만 마음과 눈을 즐겁게 하는 데에 그치지 않았습니다.

96 오산(鰲山)·월성(月城) : '오산'은 금오산(金鰲山)으로 경주의 남산(南山)을 가리키고, '월성'은 반월성(半月城)을 가리킨다. 반월성은 성의 모양이 반달과 같다고 하여 붙여진 이름이라고 하는데, 현재 경주시 인왕동에 성벽 일부와 석빙고(石氷庫)만이 남아있다.

97 인물이……때문입니다 : 원문의 '지령(地靈)'은 산천의 신령스러운 기운을 가리키는바, 걸출한 인물이 많이 배출된 것은 경주의 산천이 신령스럽기 때문이라는 말이다. 초당사걸(初唐四傑) 가운데 한 사람인 왕발(王勃)의 〈등왕각서(滕王閣序)〉에 "물건의 정화(精華)는 하늘의 보물이니 용천검(龍泉劍)의 광채가 우성(牛星)과 두성(斗星)의 자리를 쏘아 비추고, 사람이 걸출함은 땅이 영특해서이니 서유자(徐孺子)가 진번(陳蕃)의 걸상을 내려놓게 하였다.〔物華天寶, 龍光射斗牛之墟; 人傑地靈, 徐孺下陳蕃之榻.〕"라고 보인다. 《古文眞寶 後集 卷2》

족조 사의 선의 께 답함 신미년[98] 7월

答族祖士宜 善義○辛未七月

율동(栗洞)[99]의 산소에는 곁에 선조의 묘소를 지키는 가호(家戶)가 없으니, 신명의 이치와 사람의 정이 서로 편안하지 못할 듯합니다. 좌하께서 자주 가서 성묘하신다면 청소를 완비하고 초군(樵軍)과 목동(牧童)을 감시할 수 있을 뿐만 아니요 우러러 선조의 영혼을 위로할 수 있으니, 소홀히 하지 마시고 소홀히 하지 마시기 바랍니다.

놋젓가락을 만들어서 올립니다. 기제(忌祭)와 묘제(墓祭) 두 제사의 쓰임에 대비하시기 바랍니다. 추석 제수로 돈 100문(文)과 포 10마리를 아버님 말씀에 따라 구하여 올리니, 부디 잘 도착했는지 살펴보시기 바랍니다.

《예기》에 "군자가 비록 가난하나 제기(祭器)를 팔아먹지 않고 비록 추우나 제복(祭服)을 입지 않으며, 집을 지을 적에 구목(丘木)을 베지 않는다."[100]라고 하니, 이것은 효도와 공경심이 지극한 것입니다. 세

98 신미년(辛未年) : 1811년(순조11)으로, 매산의 나이 36세 되던 해이다.

99 율동(栗洞) : 현재 경기도 연천군(漣川郡) 연천읍 상리에 '율동필리핀군참전비'가 있고, 가까운 곳에 청화산(淸華山) 헬기장이 있는 것으로 보아, 그 일대에 있었던 지명으로 보인다.

100 군자가……않는다 : 이 내용은 《예기》 〈곡례 하(曲禮下)〉에 보인다. 이에 대한 설명은 《소학》 〈명륜(明倫)〉에 실린 주석이 자세한바, "제기는 제사를 받드는 것이니, 팔면 제사를 지낼 수 없다. 제복은 귀신을 접하는 것이니, 평소에 입으면 더러워져 불경하게 된다. 구목(丘木)은 무덤을 비호하는 것이니, 집을 짓느라 이것을 베면 이는

가지는 모두 그만둘 수 없는 것인데, 그 중에도 세 번째 일은 더더욱 조심해야 합니다. 더구나 묘소 아래에 거주하는 자손에 있어서이겠습니까. 사람은 토굴이나 나무 위에서 살지 못하는데, 나무에서 살면 넘어지고 토굴에서 살면 병들기 때문입니다. 그렇다면 집을 만들지 않을 수가 없으니, 집은 사람에게 있어 매우 중요한 것입니다. 그렇더라도 구목을 사용해서는 안 되는데, 하물며 장작을 패서 밥을 지어 먹는단 말입니까. 또 더구나 목재를 남에게 팔아서 돈을 취한단 말입니까.

이러한 저의 뜻을 여러 집안사람들에게 말씀해 주어서 죽은 뒤에 지하로 돌아가 선조를 뵐 면목이 있게 하시기 바랍니다. 자손이 된 자들은 진실로 마음과 힘을 함께 하여야 송추(松楸)[101]를 제대로 보존할 수 있으니, 이 일에 어찌 종손과 지손(支孫)의 구별이 있겠습니까. 수백 년 동안 키운 나무가 이미 다 베어져 민둥산이 되었습니다. 마음이 몹시 애통해서 차라리 살고 싶지 않습니다만, 그래도 제가 끝까지 다 말씀드리려고 하지 않는 것은 정의(情誼)가 상할까 염려해서입니다. 오직 우리 사람만이 저의 마음을 아실 것입니다.

싹을 틔운 나무는 장차 10년은 자라야 하는데 더군다나 도끼와 자귀로 벌목한다면 아름다운 구목이 될 수 있겠습니까. 청화산(淸華山)[102]

조상을 업신여기고 사욕(私慾)을 이루는 것이다.〔祭器, 所以奉祭, 粥之則無以祭也. 祭服, 所以接鬼神, 衣之則褻而不敬也. 丘木, 所以庇其宅兆, 爲宮室而伐之, 則是慢其先而濟其私也.〕"라고 보인다. 구목은 묘지 옆에 심은 나무를 가리킨다.

101 송추(松楸) : 소나무와 가래나무로 옛날 선산(先山)에 이들 나무를 많이 심었기 때문에 선영(先塋)을 가리키는 말로 쓰인다.

102 청화산(淸華山) : 경기도 연천군에 있는 산으로, 본집 권44 〈조고 목사 증 이조참

한쪽은 장차 주인 없는 빈산이 되지 않겠습니까. 족하께서는 곰곰이 헤아리시기 바랍니다.

판부군 묘지(祖考牧使贈吏曹參判府君墓誌)〉에 "연천현 동쪽 10리 현계의 가 청화산 아래에 우리 집안 6대 소목의 장지가 있다.〔漣川縣東十里玄溪之上淸華山下, 有吾家六世昭穆之葬.〕"라고 보인다.

족숙 이중 병간 에게 줌 병인년[103] 7월

與族叔彝仲 秉簡○丙寅七月

추위(秋圍)[104]는 중지하시겠습니까? 중지하지 않으시겠습니까? 진(晉)나라 양정(楊旌)이라는 사람이 백모(伯母)의 상복을 입고 있었는데 상복을 벗기 전에 효렴(孝廉)의 천거에 응하자, 그 당시 의논하는 자들이 말하기를

"자최(齊衰)의 상중에 백숙부모를 잃은 애통함이 있으니, 허리에 마질(麻絰)을 차고 남을 대하여 말하지 않으며, 대부(大夫)의 지위에 처하지도 않고 읍재의 관원을 통솔하지도 않는다. 그리고 당시에 전쟁이 없고 당대에 침략하는 오랑캐가 없어서 빙사(聘使)의 명령을 받지 않고 사려(師旅)의 군역을 따르지 않으니, 이럴 때에는 상례를 마땅히 구비해야 하고 슬픔을 다해야 한다."

라고 하였습니다. 또 말하기를

"거자(擧者)들은 모두 포의(布衣)에서 나오니, 또 공선(貢選)[105]의 방도는 구애받지 않는 자리에 있고, 사양하는 마땅함은 마음을 순하게 하는 데 달려있다. 관(官)에는 사양하는 것과 관련한 형벌이 없고 법에는 반드시 과장으로 가야 한다는 제도가 없으니, 그렇다면 평소

103 병인년(丙寅年) : 1806년(순조6)으로, 매산의 나이 31세 되던 해이다.

104 추위(秋圍) : 가을에 보이는 향시(鄕試)를 말한다.

105 공선(貢選) : 지방의 관리가 중앙에 인재(人材)를 천거함을 이르는데, 여기서는 향시에 선발되는 것을 가리킨다.

에도 오히려 겸손하고 사양해야 한다. 더군다나 기년(朞年)의 상중(喪中)에 있어서이겠는가."

라고 하였습니다. 또 말하기를 "심정에 있어서는 상을 소홀히 함이 되고 과거에 있어서는 영화를 탐함이 된다. 예의를 상고하건대 이런 일은 듣지 못했다."라고 하였습니다.

또 말하기를 "시기로 봐서도 마땅히 사양해야 하고 의리로 봐서도 가지 않아야 한다. 더구나 조상의 기년 상을 겸하였으니, 어찌 응시하는 것을 허락할 수 있겠는가. 정(情)에 근거하여 실제를 책한다면, 의(義)에 통하지 않는다."라고 하였습니다. -《의설(議說)》은 여기까지이다.-[106]

백숙부모의 상도 오히려 그러한데 하물며 조부모의 상에 있어서이겠습니까. 이 때문에 정자(程子)의 〈간상학제(看詳學制)〉에 "조부모의 상을 만난 자는 과거에 응시할 수 없다."라고 하셨는데,[107] 주자가 이것을 인용하여 여러 문인에게 답하셨고,[108] 사계(沙溪)가 이것을 따라서 《상례비요》에 기재하였으니,[109] 살펴보면 알 수 있습니다.

106 진(晉)나라……여기까지이다 : 양정(楊旌)은 진나라 무제(武帝) 태시(泰始) 연간(265~274)에 살았던 사람으로, 여기에 인용한 내용들은 모두 《통전(通典)》 권101 〈예(禮) 흉(凶) 주상찰거의【진】(周喪察擧議【晉】)〉에 보인다.

107 간상학제(看詳學制)에……하셨는데 : 〈간상학제〉는 이천 정이가 철종(哲宗) 때 숭정전 설서(崇政殿說書)로 있으면서 손각(孫覺) 등과 함께 당시 국자감(國子監)의 제도를 검토하고 그 개선안을 올린 〈삼학간상문(三學看詳文)〉을 이르는데, 이 내용은 〈삼학간상문〉 가운데 〈논예부간상장(論禮部看詳狀)〉에 보인다. 《二程全書 卷61 伊川先生文 學制》

108 주자가……답하셨고 : 《주자어류》 권85 〈예(禮) 의례(儀禮) 상복경전(喪服經傳)〉에 이천 정이의 말을 인용한 것이 보인다.

109 사계(沙溪)가……기재하였으니 : 《상례비요》 〈성복(成服)〉의 주석 가운데에 이

친 조부모는 지존(至尊)이요 정통(正統)이니, 다른 기년복과 비교할 수 없습니다. 이 때문에 비록 시집간 딸자식들도 감히 강복(降服)[110]을 하지 않습니다. 슬픔을 지극히 하는 방도가 마땅히 친상(親喪)에 버금가서 복이 아직 다 끝나지 않았으면 또한 침소로 돌아가지 않으니,[111] 그 중함이 어떠합니까.

과명(科名)은 부모를 드러내기 위한 것인데, 부모가 상복을 입고 있는 중에 어찌 그 자식이 슬픔을 무릅쓰고 이익을 탐하는 것을 바라겠습니까. 대부분 사람들은 어버이 뜻을 어기기 어렵다고 말하나, 이것은 핑계입니다. 그리고 가령 어버이가 원하는 것이라고 하더라도 마땅히 부모에게 의리로 간언하는 것이 옳습니다. 더구나 부모의 뜻이 아닌 경우이겠습니까.

지금 사람들은 영화로운 명예를 중하게 여기고 윤리와 기강을 가볍게 여기니, 언젠가는 금수(禽獸)가 되고 말지 않겠습니까. 마진(馬晉)의 청담(淸談)하는 선비[112]들도 오히려 예법을 엄격히 하여 양정(楊旌)

천 정이의 말을 인용한 것이 보인다.

110 강복(降服) : 압존(壓尊)과 같은 특정한 이유로 인하여 등급을 내리는 것을 이른다. 예컨대 자식은 부모에 대하여 삼년복을 입어야 하지만 만약 남의 양자로 들어갔다면 생부를 위해서는 삼년복을 한 단계 내려서 기년복을 입는 것을 말한다.

111 침소로……않으니 : 원문의 '복침(復寢)'은 평소 부인(婦人)과의 잠자리를 회복한다는 뜻인바, 상기(喪期)를 마치지 않았으면 복침하지 않는다는 말이다. 《禮記集說 喪大記》

112 마진(馬晉)의……선비 : '마진'은 '사마씨(司馬氏)가 세운 진(晉)나라'라는 뜻이고 '청담'은 청아(淸雅)하고 고상한 담론인데, 특히 위진(魏晉) 시대에 죽림칠현(竹林七賢) 등 많은 풍류인들이 청담을 좋아하였으므로 이렇게 말한 것이다. 이때에는 노장(老莊)의 학문을 숭상하여 현리(玄理)를 담론하던 풍습이 있었는데, 위나라 하안(何

을 배척하였는데, 하물며 군자의 나라인 동방(東方)에서 도리어 그들만 못하단 말입니까. 만일 진(晉)나라 사람이 오늘날 우리나라를 본다면 마땅히 뭐라고 하겠습니까. 부끄러워 낯을 붉히지 않을 자가 별로 없을 것입니다. 집사께서는 장차 이것을 따르겠습니까? 저것을 따르겠습니까? 집사는 효자요 순손(順孫)이니, 선택할 바를 알 것입니다.

晏)·하후현(夏侯玄)·왕필(王弼) 등에게서 비롯되어 진나라 왕연(王衍) 등에 이르러 더욱 성했다고 한다. 이들은 천하 만물이 모두 무(無)를 근본으로 한다 하여, 세상일을 버리고 산림에 숨어 청정무위(淸淨無爲)의 설을 담론하였다.

족형 우필[113] 에게 줌 신사년[114] 11월

與族兄 禹弼○辛巳復月

우리 집안은 승국(勝國)[115] 때부터 유학(儒學)으로 가문을 대대로 이어왔고 존문(尊門) 역시 문장으로 나라를 빛냈는데, 후손들이 영락(零落)하여 전인(前人)의 일을 하지 못하고 있습니다. 그렇더라도 졸렬함으로 자신의 심신을 수양하는 것[116]이 자기 분수에 당연한 것임을 알고 있습니다. 그리하여 집사께서는 60년 동안 곤궁할 때가 있더라도 지조를 지켜서 능히 가법(家法)을 따르니, 이것이 구구한 제가 공경히 복종하는 바입니다.

대가(大哥)[117]가 궁술(弓術)을 배우는 까닭이 진실로 숙수(菽水)의

113 우필(禹弼) : 홍우필(洪禹弼, 1761~1822)로 초명은 상건(尙健), 자는 백강(伯剛), 호는 병수(病叟)이다. 평생 벼슬을 하지 않고 수양과 학문을 하며 일생을 마쳤다. 홍직필의 양자인 홍일순의 생부인바, 가장(家狀)이 홍일순의 《오곡집(鰲谷集)》에 실려있다. 《鰲谷集 卷3 伯父病叟府君家狀》 매산의 〈연보〉에는 우필을 '족제(族弟)'라고 하였는데, 이 글의 제목과 홍일순의 가장에 의거하여 〈연보〉의 '족제'를 '족형(族兄)'으로 교감해야 할 것이다. 《梅山集 卷53 附錄 年譜》

114 신사년(辛巳年) : 1821년(순조21)으로, 매산의 나이 46세 되던 해이다.

115 승국(勝國) : 전조(前朝)라는 말로 한 왕조의 바로 앞 대(代)의 왕조를 이르는바, 고려(高麗)를 이른다.

116 졸렬함으로……것 : 원문의 '졸수(拙修)'는 수양이 제대로 되지 않은 선비가 늦게나마 자각하여 수양해 나간다는 뜻으로, 동파 소식의 〈빈가정소지(貧家淨掃地)〉 시에 "모자라는 선비가 만년에 도를 듣고서, 그저 졸(拙)로 자신을 수양한다.〔下士晩聞道, 聊以拙自修.〕"라고 보인다. 《東坡全集 卷24》

117 대가(大哥) : 같은 항렬 중에 가장 나이 많은 족형(族兄)을 가리키는 말인데,

봉양[118]을 넉넉히 잇지 못해서인 줄 알지만, 삼가 생각하건대 요량(料量)이 부족한 듯합니다. 유가로서 무예를 익히는 자들 중에 성명(成名)한 사람을 본 적이 별로 없습니다. 이미 지조를 잃은 데다 동류(同類)도 아니니, 회수(淮水)를 건너온 귤[119]이 되지 않을 사람이 별로 없습니다. 비록 도모하는 바를 이루더라도 끝내 영화가 될 수 없고 다만 스스로 오점을 남기기에 충분합니다. 자기 하나만 오점을 남기는 데에 그치지 않고, 위로는 선조에게 욕을 끼치고 아래로는 자손에게 누를 끼치니, 이는 하지 않아야 하는 것이라는 말입니다. 병장기는 흉기요 전장(戰場)은 죽는 곳입니다. 가령 국가를 위해서 활과 화살로 위엄을 펴고 창과 방패로 국난을 극복한다 하더라도 끝내 가문을 위하는 계책이 아닌데, 더구나 능히 이렇게 하지 못함에 있어서이겠습니까. 부디 대가(大哥)로 하여금 잡고 있는 활을 버리고 손에서 놓았던 붓을 거두어서

누구인지 자세하지 않다.

118 숙수(菽水)의 봉양 : 콩과 물밖에 없는 가난한 생활 속에서 어버이를 정성껏 봉양하는 것을 말한다. 공자의 제자 자로(子路)가 집안이 가난해서 효도를 제대로 하지 못한다고 탄식하자, 공자가 "콩죽을 끓여 먹고 물을 마시더라도 기쁘게 해 드리는 일을 극진히 행한다면 이것이 바로 효이다.〔啜菽飮水盡其歡, 斯之謂孝.〕"라고 한 데에서 온 말이다.《禮記 檀弓下》

119 회수(淮水)를 건너온 귤 : 남쪽에서 자라는 귤나무를 회수 북쪽으로 옮겨 심으면 귤이 탱자로 변한다는 뜻으로 환경이 변함에 따라 성질도 변하는 것을 비유하는바, 《주례(周禮)》〈고공기(考工記)〉에 "귤나무가 회수를 건너가면 탱자가 되고, 구욕새는 북쪽으로 제수를 넘어오지 못하며, 오소리가 남쪽으로 문수를 건너가면 죽는다.〔橘渡淮則爲枳, 鸜鵒不踰濟, 貉踰汶則死.〕"라고 보인다. 옛날 귤나무를 탱자나무와 접붙였는바, 내한성(耐寒性)이 약한 귤나무를 회수 북쪽으로 옮겨 심을 경우, 귤나무는 겨울철에 동사(凍死)하고 대목(臺木)인 탱자나무에서 싹이 나오므로 이러한 전설이 있는 것으로 보인다.

본분으로 돌아와 책을 읽고 농사에 힘쓰게 하기를 바랍니다. 이는 자손 만세를 위하는 계책입니다. 정의(情誼)로 보면 한 집안이나 다름없어서 감히 외면할 수 없으므로 삼가 저의 정성을 다 드러내어 말씀하니, 짐작하건대 응당 분명히 이해하실 것입니다.

아이[120]가 근친(覲親) 길이 늦은 것은 일의 형세상 어찌할 수 없었던 것이니, 부디 허물하지 않기를 바랍니다. 더 많은 내용은 아이가 입으로 직접 전해 드릴 것입니다.

120 아이 : 양자인 홍일순(洪一純)을 가리킨 것으로, 홍일순이 생부에게 근친하는 길이 늦어지므로 이렇게 말하였다.

종제 익여[121] 익필 에게 줌 갑술년[122] 정월

與從弟翊汝 翼弼○甲戌正月

엊그제 급한 인편을 찾아서 몇 자 써서 부쳤는데, 도착했는가? 그대가 벼슬한 뒤로부터 옛 추억과 새로운 일에 감동되어 슬픔과 기쁨이 마음속에 간절해서 며칠이 지나도 스스로 그치지 못하고 있네. 능관(陵官)[123]이 비록 낮은 벼슬이나 그 임무는 무겁고, 또한 장래에 나가서 백 리 고을의 읍재가 되고 위로 열수(列宿)에 응할 것이니,[124] 어찌

121 종제 익여(翊汝) : 매산의 종제인 홍익필(洪翼弼, 1777～1825)로 익여는 자이고, 호는 수와(守窩)이다. 초명이 용필(龍弼)이었는데 그 때의 자는 윤여(允汝)였다. 1805년(순조5)에 생원시에 합격하고, 창평 현령(昌平縣令)을 지냈다. 본집 권44에 매산이 지은 묘지명이 있다.《梅山集 卷44 從弟縣令君墓誌銘【幷序】》

122 갑술년(甲戌年) : 1814년(순조14)으로, 매산의 나이 39세 되던 해이다.

123 능관(陵官) : 능참봉을 가리키는바, 홍익필이 갑술년(1814) 정월에 광릉참봉(光陵參奉)에 제수되었다.《承政院日記 純祖 14年 1月 7日》 광릉은 세조(世祖)와 정희왕후(貞懿王后) 윤씨의 무덤이다.

124 장래에……것이니 : '위로 열수(列宿)에 응한다'는 것은 무수한 하늘의 별자리 가운데에 낭위성(郎位星)이 있으므로 문관 중 정랑(正郎)·좌랑(佐郎) 등의 낭관은 열수의 정기에 응하는 중요한 자리가 된다는 뜻인데, 문음(門蔭)이나 생원·진사시를 통해 벼슬을 시작한 사람은 통상적으로 고위직에는 오르기 힘들지만 외직의 현감·현령이나 내직의 낭관까지는 오를 수 있다는 말이다. 중국 후한(後漢)의 관도공주(館陶公主)가 아들을 위하여 낭관의 자리를 요구했으나, 명제(明帝)가 윤허하지 않고 여러 신하들에게 이르기를 "낭관은 위로는 무수한 별들에 응하고, 나가면 백 리 고을의 읍재가 되니, 진실로 적임자가 아니면 백성들이 앙화를 입게 된다. 이 때문에 그것을 어렵게 여기는 것이다.〔郎官上應列宿, 出宰百里, 苟非其人, 則民受其殃, 是以難之.〕"라고 한 데서 온 말이다.《史記 天官書》《後漢書 顯宗孝明帝紀》

낮게 여길 수 있겠는가.

짐작하건대 이미 이불을 가지고 가서 능침을 봉심(奉審)하고 산을 순행하면서 자연히 많은 일이 있었을 것인데, 공무를 관장하고 돌아왔는지 모르겠네. 침원(寢園)을 청소하고 소나무와 측백나무를 보호하여 벌채(伐採)를 금함은 바로 그대의 직분에 당연히 해야 할 바인데, 밤낮으로 재주와 힘을 다할 것을 생각하고 힘써 전심(專心)으로 직무를 경영하는가? 이 직분은 벼슬길에 오르기 위해 문을 나서는 첫걸음과 같네. 입신(立身)하여 군주를 섬기는 것이 여기에서 시작되니, 녹사(祿仕)[125]라는 핑계는 대지 말고 자중(自重)에 더욱 힘쓰게나. 그대의 병통은 몸가짐을 경솔히 하는 데에 있네. 신중하지 않으면 위엄이 없으니, 위엄이 없으면 장차 아랫사람을 어떻게 다스리겠는가.

침랑(寢郎)[126]이 된 자들은 매번 제찬(祭饌)을 거두는 것을 급선무로 여겨서 능 안의 하인들에게 모욕을 받고 후인들에게 비판을 받는다네. 그리하여 이것이 작호(爵號)가 되어서 "아무개 수찬(收饌)"이라고 부르면 사람들이 간혹 홍문관의 수찬(修撰)이라고 인식하니,[127] 이는 사

125 녹사(祿仕) : 어버이를 봉양할 녹봉을 얻기 위해 하는 벼슬이라는 뜻으로, 한유(韓愈)의 〈쟁신론(爭臣論)〉에 "옛날 맹자(孟子)가 '벼슬은 가난 때문에 하는 것이 아니지만 가난 때문에 해야 하는 경우도 있다.'고 말씀하였는데, 이러한 벼슬을 '녹사'라고 한다.〔古之人有云: 仕不爲貧, 而有時乎爲貧, 謂祿仕者也.〕"라고 보인다.

126 침랑(寢郎) : '능침의 낭관'이라는 뜻의 원침랑(園寢郎)을 줄인 말로 능참봉의 이칭이다.

127 아무개……인식하니 : 능참봉이 된 자들이 제찬(祭饌)을 거두어들이는 것을 제일 급선무로 삼기 때문에 '수찬(收饌)'이라고 불리는데, 이는 홍문관 수찬(修撰)과 발음이 같아서 사람들이 그 직임을 오인하는 일이 생긴다는 말이다. 제찬은 제수로, 당시 능침에 대한 제수 비용 등이 부족하여 능참봉이 사람들에게 강제로 징수하였으므로

대부가 할 짓이 아니네. 옛사람의 잘못된 관습을 따르지 말고 모든 행동을 정도(正道)에서 나오게 하는 것이 지극히 옳고 지극히 옳네.

만일 밤나무를 잘라서 신주 재목으로 내다팔고 온 산을 뒤져 꽃나무를 채취해서 남의 요구에 응하다가 허다한 죄목에서 한 가지라도 혹 범하게 되면 내 아우가 아니네. 이와 같은 자가 또한 무슨 면목으로 상설(象設)[128]의 앞에 올라갈 수 있겠는가. 선왕(先王)의 성스러운 영혼이 혁혁(赫赫)하게 아래로 굽어보고 계시니, 또한 어찌 천벌을 면할 수 있겠는가. 항상 남이 보거나 듣기 전에 경계하고 두려워해서 위험을 두려워하고 죄를 적게 하는 것을 구경(究竟)[129]의 밑천으로 삼게.

거처하는 재실(齋室)은 매우 깨끗해서 책을 보기에 안성맞춤이니, 반드시 서책을 가지고 가게. 텅 빈 산에서 고요한 밤이 되면 책상을 마주하고 송독(誦讀)하여 고요한 곳에서 얻을 수 있는 공효를 거두기 바라네. 그대는 평소 독서를 좋아하지 않는 습관이 이미 고질(痼疾)[130]이 되었으나, 스스로 병을 만든 자는 또한 자신이 직접 의원이 되어 치료한다는 진실한 이치가 있으니, 이것을 유념할 수 있겠는가? 동우(東隅)에서 잃은 것을 반드시 상유(桑榆)에서 거두는 것[131]이 지극히

생겨난 말이다.

128 상설(象設) : 능(陵)이나 원(園)에 배치된 여러 가지 석물(石物)을 이른다.

129 구경(究竟) : '최고의 목표를 향해 나아간다.'는 뜻이다.

130 고질(痼疾) : 원문은 '정질(貞疾)'로, 《주역》 〈예괘(豫卦) 육오(六五)〉 효사에 "늘 앓는 질병이니, 항상 앓고 죽지 않는다.〔貞疾, 恒不死.〕"라고 보인다.

131 동우(東隅)에서……것 : 동우는 해가 뜨는 곳이고 상유는 해가 지는 곳으로, 각각 인생의 초년과 만년을 뜻하는바, 초년에 못 이룬 성과를 만년에 더 분발하여 이룬다는 말이다. 《후한서》 〈풍이열전(馮異列傳)〉에 "처음에는 비록 회계에서 날개를 드리웠

옳고 지극히 옳네.

고을을 다스리는 것은 암흑 속에서 갈피를 못 잡는 자[132]가 할 수 있는 것이 아니니, 빨리 이 뜻을 간파하여 하루속히 스스로 노력해서 후회하는 일이 생기지 않도록 하게. 반드시 《맹자》 한 질을 가지고 가게. 수백 편을 다 읽어서 융회(融會)하고 관통(貫通)하여 자기 말을 외듯이 한다면 자연스럽게 백성을 구휼하고 덕을 기르는 자료가 될 것이니, 단지 문장력만 길러지는 데에 그치지 않네. 천만번 노력하게.

지만 마침내 민지에서 날개를 떨칠 수 있었으니, 동우에서는 잃었지만 상유에서 거두었다고 이를 만하다.〔始雖垂翅回谿, 終能奮翼黽池, 可謂失之東隅, 收之桑榆.〕"라고 보인다. 이는 풍이가 장군이 되어 처음에는 회계에서 패했지만 뒤에는 민지에서 승리하였으므로 말한 것이다.

132 암흑……자 : 원문의 '흑솔솔지(黑窣窣地)'는 달도 별도 없는 암흑천지의 밤중을 형용한 말로, 사리에 어두워 갈피를 잡지 못하는 상태를 비유한다. 주자가 "사람은 태어날 때 각자 이 이치를 갖추어 태어나는 법이다. 단지 사람으로서 이 이치를 깨닫지 못하기 때문에 암흑 속에 있는 것과 같이 처한 일들에 모두 어둡다.〔人之生, 各具此理, 但是人不見此理, 這裏都黑窣窣地.〕"라고 보인다. 《朱子語類 卷31 論語十三 雍也篇二》

익여에게 줌 신사년[133] 정월

與翊汝 辛巳正月

정월[134]이 된 지 열흘이 넘었으나 아주 먼 세상에 떨어져 있는 것과 같이 소식이 없으니, 내 마음이 남쪽으로 쏠림[135]이 평상시보다 100배나 되네. 멀리 생각하건대 부모님을 모시며 지내는 일상이 더욱더 경사스럽고 크고 작은 권솔들이 모두 길상(吉祥)을 받는가?

그대는 매번 공사(公私) 간에 진 빚을 다 갚기 어렵다는 이유로 수령을 그만두기를 도모하는데, 진실로 진심에서 나온 말임을 알겠네. 다만 〈귀거래사(歸去來辭)〉를 읊고 돌아온 날에는 구덩이가 앞에 놓여있을 것이니,[136] 장차 무슨 방법으로 부모님을 섬기고 처자식을 기르겠는가.

133 신사년(辛巳年) : 1821년(순조21)으로, 매산의 나이 46세 되던 해이다.

134 정월 : 원문의 '헌발(獻發)'은 새해가 오고 봄기운이 발양한다는 뜻의 '헌세발춘(獻歲發春)'과 같은 말로 정월을 비유한다. 《초사(楚辭)》 〈초혼(招魂)〉에 "해가 새로이 이르고 봄기운이 발양하건만, 나만 혼자 쫓겨나서 남쪽으로 가네.〔獻歲發春兮, 汨吾南征.〕"라고 보인다.

135 마음이……쏠림 : 홍익필이 1819년에 전라도 창평 현감(昌平縣監)에 제수되어 있었는바, 창평이 매산이 사는 곳보다 남쪽에 있기 때문에 그리운 마음을 이렇게 표현한 것이다. 홍익필은 이듬해인 1822년에 파직되어 현감 직에서 물러났다. 《承政院日記 純祖 19年 6月 6日, 22年 6月 20日》

136 귀거래사(歸去來辭)를……것이니 : '〈귀거래사〉를 읊고 돌아온다.'는 것은 관직을 그만두고 고향으로 돌아감을 말하고, '구덩이가 앞에 놓여있을 것'이라는 말은 적은 녹봉도 받지 못하여 매우 곤궁한 생활이 시작될 것이라는 말이다. 전자는 도연명이 41세 때 팽택 영(彭澤令)으로 재직하다가 윗사람의 제재가 싫고 전원(田園)이 그리워 부임한 지 80일 만에 벼슬을 그만두고 고향으로 돌아오면서 〈귀거래사〉를 지었던 데에

읍재(邑宰)의 봉급이 비록 적으나 그래도 늙으신 부모를 보양하기에는 충분하니, 어찌 집안에서 밥을 먹어 부황(浮黃)이 든 것[137]과 같겠는가. 율곡 선생이 일찍이 말씀하시기를 "구걸하여 먹기 보다는 차라리 임금의 녹봉을 먹는 것이 낫지 않겠는가."[138]라고 하셨네. 이 말씀이 가난 때문에 벼슬하는 자들의 참된 가르침이 되니, 갑자기 백한(白鷴)을 방생하지 말고[139] 작은 생선을 요리하듯[140] 더욱 힘써서 위로는 분우

서 유래하고, 후자는 《맹자》 〈양혜왕 하(梁惠王下)〉에 "흉년과 기근이 든 해에 군주의 백성들이 노약자들은 전전하다가 죽어서 시신이 구덩이에 뒹굴고, 장성한 자들은 흩어져서 사방으로 간 자가 몇 천 명이나 된다.〔凶年饑歲, 君之民, 老弱, 轉乎溝壑, 壯者, 散而之四方者, 幾千人矣.〕"라고 한 데에서 온 말이다.

137 집안에서……것 : 원문의 '가식(家食)'은 나라의 녹봉을 받지 못하는 평민이 스스로 집에서 끼니를 해결함을 이르고, '함함(顑頷)'은 굶주림 때문에 낯빛이 누렇게 뜨고 여윈 모습을 형용한다. '가식'은 《주역》 〈대축괘(大畜卦)〉 괘사(卦辭)에 "집에서 밥을 먹지 않으면 길하다.〔不家食, 吉.〕"라고 한 데에서 유래하고, '함함'은 굴원이 지은 〈이소경(離騷經)〉에 "진실로 내 마음 성실하고 정결하다면, 오랫동안 굶주려 누렇게 뜬들 어찌 나쁘겠는가.〔苟余情其信姱以練要兮, 長顑頷亦何傷?〕"라고 한 데에서 유래한다.

138 구걸하여……않겠는가 : 이 내용은 《율곡전서》 권11 〈여송운장(與宋雲長)〉에 "한 집안의 수십 명의 식구가 조석으로 먹을 양식이 없으니, 남에게 빌어먹기보다는 차라리 임금께서 내리신 녹봉을 받는 것이 낫다.〔一家數十口, 朝夕絶糧, 與其乞於人, 寧受君賜也.〕"라고 보인다.

139 백한(白鷴)을……말고 : 백한은 새 이름으로, 공무에 매이거나 유배지에 구속된 신세를 비유하는 말인바, 갑자기 수령직을 그만두려고 하지 말라는 말이다. 당나라 옹도(雍陶)의 〈손 명부가 구산을 생각하는 시에 화답하다〔和孫明府懷舊山詩〕〉라는 시에 "가을에 와서 달을 보자 돌아가고 싶은 생각 많으니, 스스로 일어나 조롱을 열고 백한을 방생하네.〔秋來見月多歸思, 自起開籠放白鷴.〕"라고 하였다.

140 작은……요리하듯 : 원문의 '팽선(烹鮮)'은 작은 생선을 삶듯이 한다는 뜻으로, 목민관이 부지런하고 조심스럽게 백성을 잘 다스림을 비유한다. 《노자(老子)》의 "큰 나라를 다스리는 자는 마치 작은 생선을 삶듯이 해야 한다.〔治大國者, 若烹小鮮.〕"라는

(分憂)[141]의 책임에 부응하고 아래로는 전성(專城)의 봉양[142]에 힘쓰는 것이 어떻겠는가?

두 번의 고과(考課)에서 전최(殿最)의 제목(題目)[143]은 모두 실제 행적을 기술한 것인데, 이러한 평가를 이 관찰사에게 얻은 것은 화곤(華袞)[144]을 받는 것보다 더 영광스러운 일이네. 그러나 여기에서 만족하지 말고 항상 관중(管仲)의 '벼슬하는 자는 지위가 성취되는 데에서 게을러진다.'는 경계[145]를 생각해서 더욱 삼가고 해이해지지 않는 것이

데서 온 말이다.

141 분우(分憂) : 군주의 근심걱정을 나누어 맡는다는 뜻으로, 지방관이 되어 백성을 다스림을 이른다.

142 전성(專城)의 봉양 : 전성은 성읍(城邑)을 맡아 다스린다는 뜻으로, 수령이 되어 부모를 봉양함을 이른다.

143 두 번의……제목(題目) : '두 번의 고과에서 전최(殿最)'는 지방관에 대해 관찰사 및 절도사가 1년에 두 차례 관할 관원에 대해 포폄하는 것을 이르고, '제목'은 포폄 결과를 4자 1구나 2구의 계본(啓本)으로 작성하여 왕에게 보고하는 것을 가리키는데, 여기서는 두 차례 모두 높은 등급을 받음을 말한 것으로 보인다. 전(殿)과 최(最)는 각각 고과가 하등(下等)인 것과 상등인 것을 이른다.

144 화곤(華袞) : 고대 왕공(王公)과 귀족의 복장으로, 지극한 영예를 뜻하는바, 진(晉)나라 범녕(范甯)의 〈춘추곡량전 서(春秋穀梁傳序)〉에 "《춘추》의 한 글자의 칭찬이 화곤을 받는 것보다도 영광스럽고, 한마디의 비판이 시장에서 맞는 회초리보다도 욕되다.〔一字之褒, 寵逾華袞之贈; 一言之貶, 辱過市朝之撻.〕"라고 보인다.

145 관중(管仲)의……경계 : 이 내용은 한(漢)나라 문제(文帝)~무제(武帝) 때 활동했던 학자인 한영(韓嬰)이 지은 《한시외전(韓詩外傳)》 권8에 "벼슬하는 자는 지위가 성취되는 데에서 게을러지고, 병은 조금 낫는 데에서 심해지며, 재앙은 게으른 데에서 생기고, 효도는 처자식에게서 쇠한다.〔官怠於宦成, 病加於小愈, 禍生於懈惰, 孝衰於妻子.〕"라고 보이는데, 매산이 어떤 자료를 보고 관중의 말이라고 한 것인지는 자세하지 않다.

옳네.

내가 항상 부모님을 곁에서 모시면서 보니 관아(官衙)의 온갖 공무 중에 소홀히 할 만한 것이 하나도 없었는데, 그 중에도 세 가지 정사[146]는 진실로 큰 것이었네. 만일 심오한 것을 연구하고 기미를 살피지 않는다면 반드시 아전들에게 기만을 당해서 일을 그르치게 되네. 부서기회(簿書期會)[147]와 같이 지엽적인 것에 이르러서도 마땅히 마음과 정신을 집중하여야 일을 제대로 이룰 수 있으니, 소홀히 하지 말기를 간곡하게 바라네.

그대의 평소 규모는 인후(仁厚)함과 자상함이 남보다 더 낫지만 마음을 제어하여 강직하고 과감하게 하지 못하니, 정사를 행할 적에 마음이 항상 유약(柔弱)해지기 쉬워 사사로이 봐주는 일은 많고 분발하여 힘쓰는 일은 적을 듯하네. 그러니 반드시 주재(主宰)를 확립하여 마음을 금석(金石)처럼 견고하게 한 뒤에야 제대로 일을 할 수 있을 것이네. 작은 인(仁)은 큰 인(仁)의 적이요,[148] 삼달덕(三達德)인 지(智)·인(仁)·용(勇)[149]은 진실로 덕을 진전시키고 업(業)을 닦는 방법이니,

146 세 가지 정사 : 원문의 '삼정(三政)'은 나라의 정사 가운데 중요한 세 가지인 전부(田賦), 군정(軍政), 환곡(還穀)을 말한다.

147 부서기회(簿書期會) : 부서는 전곡(錢穀)을 출납하는 장부(帳簿)인바, 1년의 회계를 장부에 기입하여 정해진 날까지 조정에 보고하는 일을 말한다.

148 작은……적이요 : 사람을 너그럽게만 대하는 것은 작은 인(仁)이고 잘못한 점이 있으면 엄하게 지적하여 바로잡는 것은 큰 인(仁)인바, 길게 봤을 때 작은 인은 배우는 사람을 그르치게 할 수 있기 때문에 큰 인의 적이라고 한 것이다. 《朱子大全 卷49 答王子合》

149 삼달덕(三達德)인 지(智)·인(仁)·용(勇) : 달덕은 누구나 마음속에 간직하고 있는 덕을 이른다. 《중용장구》 제20장에 "지·인·용 세 가지는 천하의 달덕이니, 이것

관리가 되어 다스리는 자도 이 중에 하나라도 빠뜨려서는 안 되네. 그대는 공경히 생각하도록 하게.

을 행하는 것은 하나이다.〔知仁勇三者, 天下之達德也, 所以行之者, 一也.〕"라고 보이는 바, '하나'라는 것은 성실을 가리킨다.

종제 성백[150] 윤필 에게 답함 경진년[151] 4월 그믐

答從弟成伯 允弼○庚辰四晦

그대가 창평(昌平)에 머물 적에 내가 《소학》을 읽으라고 권면했으나 내 말을 건성으로 들으니, 나 또한 전혀 재미가 없어서 다시는 '공부하라〔書課〕'는 두 글자를 언급하지 않았네. 그러나 나의 진실한 마음이 잠시도 참을 수 없는 것과 같이 서글프고 애통하니, 이것이 어찌 그만둘 수 있어서 그만둘 일이겠는가. 그대 나이가 40세인데 마음을 쓰는 바가 없기 때문에 매양 《소학》 한 권을 종신의 과제로 삼으라고 요구하였네. 그런데 마치 바람이 귓가를 지나가는 것처럼 생각해서 조금도 유념하지 않으니, 이것은 참으로 자포자기이네. 하루가 1년과 같은 긴 여름을 장차 어떻게 보내려는가?

부디 이 책을 취하여 밤낮으로 외우고 읽어서 오랫동안 인고(忍苦)하여 끊임없이 종사한다면 자연스럽게 즐거움과 기쁜 마음이 생길 것이요, 즐거움과 기쁜 마음이 생기면 그만두고 싶어도 그만둘 수가 없다네. 이것은 바로 주자가 말씀하신 "마음과 뜻이 점점 길들여져 근본이 대강 확립되어 의거할 만한 밑천이 있게 된다."[152]라는 것이니, 능히 이와 같이 힘쓸 수 있겠는가? 한훤당(寒暄堂) 김 선생(金先生)[153]은

150 성백(成伯) : 성백은 매산의 종제(從弟) 홍윤필(洪允弼, 1788~1830)의 자이다. 본집에 묘지명이 있다. 《梅山集 卷44 從弟成伯墓誌銘》

151 경진년(庚辰年) : 1820년(순조20)으로, 매산의 나이 45세 되던 해이다.

152 마음과……된다 : 이 내용은 《주자대전》 권63 〈답손인보(答孫仁甫)〉에 보인다.

50세에도 '소학동자(小學童子)'라고 자칭하셨는데, 《소학》은 사람을 만드는 틀[154]이어서 성인(聖人)을 만드는 터전이 되기 때문이네. 만약 이 뜻을 안다면 비록 스스로 노력하지 않고자 하더라도 될 수 없을 것이네.

가죽신 하나를 만들어 보내는데, 신을 것이 있다고 하여 마음대로 다니지는 말게. 연고(緣故)가 없으면 아무집이나 출입해서는 안 되니, 친척을 방문하는 것 외에는 절대로 한가하게 남을 좇아다니지 말게. 선비는 마땅히 몸가짐을 처녀와 같이 조심해야 하니, 어찌 한 걸음이라도 함부로 동(動)할 수 있겠는가.

153 한훤당(寒暄堂) 김 선생(金先生) : '한훤당'은 김굉필(金宏弼, 1454~1504)의 호인데, 《소학》에 심취하여 '소학동자'라고 자칭하였다. 김굉필은 자는 대유(大猷), 또 다른 호는 사옹(蓑翁), 본관은 서흥(瑞興)으로, 김일손(金馹孫)·정여창(鄭汝昌) 등과 함께 김종직(金宗直)의 문하에서 수학하였다. 1498년 일어난 무오사화에 김종직의 문도로서 붕당을 만들었다 하여 장형(杖刑)을 받고 평안도 희천(熙川)에 유배되었는데, 김굉필이 이때 《소학》을 열심히 공부한 것으로 유명하다. 2년 뒤에 순천(順川)으로 이배(移配)되었다가 1504년 갑자사화에 무오당인이라는 죄목으로 죽임을 당하였다. 문묘에 종사되었고, 저서로 《경현록(景賢錄)》, 《한훤당집》 등이 있으며, 시호는 문경(文敬)이다.

154 사람을 만드는 틀 : 이 내용은 《주자어류》 권7에 "후생 가운데 초학자들은 우선 《소학》부터 읽어야 하니, 이것은 인간을 만드는 틀이다.〔後生初學, 且看小學之書, 那是做人底樣子.〕"라고 보인다.

서종형 석여 석필 에게 답함 병자년[155] 4월

答庶從兄奭汝 奭弼○丙子四月

"일녕(一寧)의 공부는 한창 진전되고 있다."고 하는데, 능히 끝을 처음처럼 하는 신중함이 있습니까?[156] 이 아이의 글재주는 거의 타고난 듯하니, 진실로 힘을 크게 쏟는다면 장차 옛날의 글재주 있는 사람과 같게 될 것입니다. 그대는 반드시 스스로 이 일을 주장하여 맹장(猛將)이 적병(敵兵)들을 무찌르고 혹독한 옥리(獄吏)가 옥사(獄事)를 심문하는 것과 같이해서 크게 성취시키시기를 바랍니다.

과거 공부가 비록 하찮은 일이지만 전심치지(專心致志)하지 않으면 잘할 수 없습니다. 공부를 잘하고 잘하지 못함은 그대가 사세히 알지 못할 것이나, 엄중하게 훈도하고 독려하는 것은 그대를 말미암아야 하지 않겠습니까. 주자가 일찍이 말씀하시기를 "학문을 함은 마치 물을 거슬러 올라가는 배를 저어 감에 노 젓는 것을 한 번이라도 방만(放漫)히 하고 느슨히 할 수 없는 것과 같다."[157]라고 하셨습니다. 과거 공부하는 것도 이와 같아 느긋하게 놀고 희학(戲謔)하면서 성취할 수 있는

155 병자년(丙子年) : 1816년(순조16)으로, 매산의 나이 41세 되던 해이다.

156 능히……있습니까 : 이 내용은《노자(老子)》64장의 "사람들이 일을 처리할 적에 언제나 거의 성공 단계에서 실패한다. 처음 시작할 때처럼 끝까지 신중히 한다면, 곧 일에 실패하는 일이 없게 될 것이다.〔民之從事, 常於幾成而敗之. 愼終如始, 則無敗事.〕"라는 말을 원용한 것이다.

157 학문을……같다 : 이 내용은《주자어류》권8〈학2(學二) 총론위학지방(總論爲學之方)〉에 보인다.

것이 아니니, 이 뜻을 일녕에게 말해 주는 것이 지극히 옳을 것입니다.

이 아이가 일찍 서당 스승에게 나아가 배워서 부형의 가르침을 받지 않았기 때문에 법도의 단속에서 풀어져 있어 행동거지가 분방하니, 진실로 이미 근심할 만합니다. 그런데 그대가 회초리로 때리고 꾸짖는 것도 너무 급하여 점진적이지 않으니, 이렇게 하면 은혜를 해치는 근심이 없지 않겠습니까.[158] 공자는 부자간에 허물을 숨겨주라는 가르침[159]을 남기셨고 맹자는 책선(責善)하지 말라는 경계를 드리우셨으니, 이것을 생각하지 않으면 안 됩니다.

그대도 공무의 여가에 반드시 《논어》와 《맹자》 두 책을 가지고 일과로 정하여 송독해서 마음을 일깨우고 안목을 밝히는 자료로 삼아야 할 것이니, 이 또한 몸으로 솔선하는 가르침[160]이 될 것입니다. "지극히 중요한 것으로는 자식 교육만한 것이 없고 지극히 즐거운 것으로는

158 그대가……않겠습니까 : 이 내용은 《맹자》 〈이루 하(離婁下)〉의 "책선은 붕우 사이의 도리이다. 부자가 책선함은 은혜를 해침이 큰 것이다.〔責善, 朋友之道也, 父子責善, 賊恩之大者也.〕"라는 말을 원용한 것이다.

159 부자간에……가르침 : 부자간이 상대의 허물을 서로 숨겨주는 것이 천리(天理)와 인정(人情)의 지극함임을 말한 것으로, 섭공(葉公)이 공자에게 아비가 양을 훔친 일을 자식이 증명하는 것을 가지고 곧다고 하자, 공자가 "부모는 자식을 위하여 숨기고 자식은 부모를 위하여 숨기니, 곧은 도리가 그 가운데 있다.〔父爲子隱, 子爲父隱, 直在其中矣.〕"라고 답한 데에 보인다. 《論語 子路》

160 몸으로……가르침 : '안정(安定) 선생'이라고 일컬어진 송나라 호원(胡瑗)의 고사에 보이는바, 《송명신언행록(宋名臣言行錄)》 전집(前集) 권10에 "소주(蘇州)와 호주(湖州)의 교수가 되었을 적에 규약을 엄하게 정하고는 솔선수범하니, 몹시 더운 여름날이라도 반드시 하루 종일 관복을 입고 지내면서 제생을 접견하곤 하였다.〔及爲蘇湖二州教授, 嚴條約, 以身先之, 雖大暑, 必公服終日, 以見諸生.〕"라고 보이는데, 여기서는 아버지가 몸으로 솔선하는 것이 중요함을 말하기 위해 인용하였다.

독서만한 것이 없다."[161]라고 하였습니다. 이 말이 음미할 만하여 그대를 위하여 외운 것인데, 내 말을 이해할 수 있겠습니까?

일녕의 안팎식구의 먹고 입는 형편을 꼼꼼히 살펴보아서 하소연할 곳이 없을 정도로 힘들게 되지 않도록 하는 것이 매우 마땅하고 마땅합니다. 다른 곳에서 살고 있기 때문에 이렇게 말하는 것입니다.

161 지극히……없다 : 이 내용은《명심보감》등 여러 문헌에 보이는데, 누가 처음 말한 것인지는 자세하지 않다.

석여에게 줌 병자년[162] 8월

與奭汝 丙子八月

정치하는 방법은 모름지기 은혜와 위엄이 병행되고 너그러움과 엄격함이 중도(中道)를 얻은 뒤에야 한쪽으로 치우치는 데에 빠지지 않습니다. 그러나 또한 엄함을 근본으로 삼고 너그러움을 겸하여야 마땅합니다. 지난번에 듣건대 "우연히 죽게 된 자가 있다."고 하므로 너그러운 방도로써 권면했었는데, 삼가 너그러움에 거하여 너그러움을 행하면 가르침이 해이해지는 데로 귀착되기 쉬울까 염려됩니다. 그러므로 또다시 주자의 말씀을 예로 들어 바로잡는 진리로 삼습니다.

주자가 말씀하시기를

> "호령(號令)이 이미 엄격하다면 형벌도 느슨하게 해서는 안 된다. 만일 형벌을 엄격히 하지 않으면 이른바 '호령'은 다만 장벽(墻壁)에 걸려 있는 것일 뿐이다. 도를 따르지 아니하여 나의 다스림을 저지하기 보다는 일벌백계(一罰百戒)하는 것이 어찌 더 낫지 않겠으며, 마지막에 실제를 조사하고 검찰(檢察)하기 보다는 처음에 엄격히 해서 죄를 범하지 않게 하는 것이 어찌 더 낫지 않겠는가."[163]

라고 하셨으니, 이 말씀이 참으로 다스림의 체통을 안 것입니다.

162 병자년(丙子年) : 홍석필이 1815년에 황해도 장연 현감長連縣監이 되어있었다. 《승정원일기 순조 15년, 16년, 17년》

163 호령(號令)이……않겠는가 : 이 내용은 《주자어류》 권108 〈주자5(朱子五) 논치도(論治道)〉에 보이는바, "정치는 호령을 밝게 해야 하니, 굳이 엄한 형벌로 위엄을 삼을 필요는 없다.〔政治當明其號令, 不必嚴刑以爲威.〕"는 물음에 대한 주자의 답변이다.

"살려주는 방도로 사람을 죽인다."[164]고 하고, "형벌은 형벌이 없음을 기약한다."[165]고 하였으니, 이것이 옛날 성왕(聖王)들이 다스림의 첫 번째 의리로 삼은 것입니다. 이 일은 비록 크지만 작은 데에서도 활용할 수 있으니, 고을을 다스리는 자가 빨리 이 뜻을 체득하는 것이 옳을 것입니다. "정사를 할 적에는 반드시 법도가 있어서 간사하고 교활한 향리들로 하여금 사사로움을 용납할 수 없게 하여야 한다. 그런 뒤에야 형벌을 줄일 수 있고 세금을 적게 거둘 수 있다."[166]라고 하였으니, 이는 또 주자께서 평소에 하신 말씀입니다.

엄함을 숭상하는 방도도 마땅히 점진함이 있어야 하고 조리가 있어야 할 것이요, 마른 가지를 꺾고 썩은 나무를 부러뜨리듯이 너무 마구잡이로 처리해서는 안 되니, 비유하면 궁지에 몰린 짐승과 궁지에 몰린 도적을 너무 압박하면 도리어 무는 것과 같습니다. 지난날 금천(衿川)과 해주(海州)의 변고[167]와 근년에 있었던 곡산(谷山)의 일[168]이 모두

164 살려주는……죽인다 : 이 내용은 《맹자》 〈진심 상(盡心上)〉에 "편안하게 해주는 방도로 백성을 부리면 수고롭더라도 백성이 원망하지 않으며, 살려주는 방도로 백성을 죽이면 죽더라도 죽이는 자를 원망하지 않는다.〔以佚道使民, 雖勞, 不怨; 以生道殺民, 雖死, 不怨殺者.〕"라고 보인다.

165 형벌은……기약한다 : 이 내용은 《서경》 〈우서(虞書) 대우모(大禹謨)〉에 "제순(帝舜)이 말씀하였다. '고요야! 이 신하와 백성들이 혹시라도 나의 정사를 범하는 자가 없는 것은 네가 사사(士師)가 되어서 오형(五刑)을 밝혀 오품(五品)의 가르침을 도와 나를 다스려짐에 이르도록 기약하였기 때문이다. 형벌을 쓰되 형벌이 없는 경지에 이를 것을 기약하여 백성들이 중도(中道)에 맞는 것이 너의 공이니, 힘쓸지어다.'〔皐陶! 惟茲臣庶, 罔或干予正, 汝作士. 明于五刑, 以弼五敎, 期于予治. 刑期于無刑, 民協于中, 時乃功, 懋哉!〕"라고 보인다.

166 정사를……있다 : 이 내용은 《주자대전》 권45 〈답요자회(答廖子晦)〉에 보인다.

살펴보아야 할 전철(前轍)이니, 깊이 경계하지 않으면 안 됩니다. 천하의 일은 급하게 하면 실패하니, 힘쓰고 힘쓰기 바랍니다.

167 금천(衿川)과……변고 : 금천의 변고는 1781년(정조5)에 금천 현감(衿川縣監) 신기(申耆)가 읍리(邑吏) 한문욱(韓文郁)을 곤장으로 때려죽이니, 한문욱의 아들 한종운(韓宗雲)이 형제 및 족당들과 함께 칼을 가지고 관정(官庭)으로 들어가 현감을 죽이려 한 일을 말한다. 이후 1783년에 해주(海州)에서 이철(李喆)의 옥사가 발생하자 조정에서 안핵 어사(按覈御史)를 파견하여 진상을 조사하게 하여 신기의 죄상을 밝히고 한종운을 처형하였으며, 관련자들을 정배하였다.
해주의 변고는 창감관(倉監官) 이광성(李光成)이 하리(下吏)가 포흠(逋欠)한 것을 대신 갚는 일로 해주의 옥에 갇혀 태형(笞刑) 15대를 맞은 뒤에 목을 매어 자살하자 그의 아들 이철이 아비에게 형틀을 가하여 감옥에 가둔 판관(判官)에게 복수를 하겠다고 순영(巡營)에 고발하였다가 또다시 칼을 가지고 곧바로 판관의 관사로 들어가 소란을 피운 일을 말한다. 《국역정조실록 5년 4월 21일, 7년 1월 25·28일》

168 곡산(谷山)의 일 : 1811년에 곡산 부사(谷山府使) 박종신(朴宗臣)이 백성들을 가혹하게 다스리고 세금을 혹독하게 징수하였는데, 이를 견디다 못해 곡산부의 백성들이 소란을 일으켜 아전과 백성들이 모두 뿔뿔이 흩어졌고 한 차례 있었던 옥사에서 주륙된 사람이 40명을 넘었던 사건을 가리킨다. 《국역순조실록 11년 윤3월 16일》

석여에게 줌 신사년 원월[169]

與奭汝 辛巳元月

어느덧 해가 바뀌니,[170] 멀리서 생각하건대 영감의 근황이 매우 바르고 길하시리라 여겨집니다. 군영(軍營)이 비록 크고 사람이 많으나 영남에는 벗으로 짝할 만한 사람이 없어서 진영(鎭營)의 관아가 거의 여관(旅館)의 차가운 등잔과 다름없을 정도로 쓸쓸할 것입니다. 앉아서 그 경색(景色)을 생각하면 몹시 근심스럽습니다.

관명을 '토포사(討捕使)'라고 이름하였으면[171] 진실로 도둑을 잡는 것을 정무(政務)로 삼아야 합니다. 그러나 매번 보건대 진영의 교졸(校卒)들이 포악하고 멋대로 행동해서 향촌과 여리(閭里)를 횡행하여 지나가는 곳마다 포학하지 않음이 없어 거의 강도(强盜)보다 심한데, 심지어는 평민을 억압하여 도둑으로 만들기도 합니다. 있는 곳마다

169 신사년(辛巳年) 원월(元月) : 신사년은 1821년(순조21)으로 매산의 나이 46세 되던 해인데, 홍석필이 지난해에 대구 영장(大丘營將)이 되어 당시 재직 중이었다. 《承政院日記 純祖 20年 6月 28日, 21年 6月 30日》

170 해가 바뀌니 : 원문의 '개수(改燧)'는 불씨 만드는 나무를 바꾼다는 뜻으로, 《논어》〈양화(陽貨)〉의 "묵은 곡식이 다 없어지고 새 곡식이 오르며, 불씨 만드는 나무도 바뀌니, 1년이면 그칠 만한 것이다.〔舊穀旣沒, 新穀旣升, 鑽燧改火, 期可已矣.〕"라는 말에서 유래하였다.

171 관명을……이름하였으면 : 홍석필이 맡고 있는 영장은 통상 진영장(鎭營將)이라고 하는 곳으로, 수령이 겸직하여 각 도의 감영(監營)·병영(兵營)에 소속되어 있는 군대를 통솔하는 임무를 담당하는데, 현종 때부터 토포사의 직임도 겸임하여 도둑들을 잡도록 하였기 때문에 이렇게 말한 것이다.

다 그러해서 차마 들을 수가 없는 지경입니다. 이것은 이른바 "가혹한 정사가 호랑이보다 더 사납다."[172]는 것입니다.

혹자가 말하기를 "삼사(三司)[173]가 없으면 도성 백성들이 잘 살 수 있고 진영이 없으면 시골 백성들이 비로소 평안하다."라고 하는데, 이 말이 "말을 깨뜨리고 저울대를 부러뜨리면 백성들이 다투지 않는다."[174]는 논리에 가까우나, 실제를 상고해 보면 옳은 말입니다.

지난 해 영장을 파할 것을 청한 상소문은 참으로 시무(時務)를 안 것입니다. 비록 참으로 '도적'이라고 하더라도, 바로 이들을 부리고 가르치는 데에 적절한 방도가 없었기 때문에 이렇게 된 것이니, 어찌 병이(秉彝)[175]가 나빠서이겠습니까. 윗사람이 도리로 헤아림이 없기 때문에 아랫사람들이 법을 지키지 않고, 군자가 의를 범하기 때문에

172 가혹한……사납다 : 이 내용은 《예기》 〈단궁 하(檀弓下)〉에서 인용한 것으로, 공자(孔子)가 제자들과 태산 부근을 지나가다가 어떤 아낙네가 무덤 옆에서 통곡하고 있는 것을 보고는 어찌 된 영문인지 물었더니, 예전에 호랑이가 시아버지와 남편을 잡아먹었는데 이제는 아들까지 잡아먹었다고 하였다. 그렇다면 왜 이곳을 떠나지 않느냐고 묻자, 여기는 가혹한 정사가 없어서였다고 대답하니, 공자가 제자들에게 "너희들은 기억해 두어라. 가혹한 정사는 호랑이보다도 사나운 것이다.〔小子聽之, 苛政猛於虎.〕"라고 한 데에 보인다.

173 삼사(三司) : 조선시대의 삼사는 보통 언론을 담당한 사헌부·사간원·홍문관을 합하여 부르는 명칭인데, 여기서는 중앙과 지방의 전곡(錢穀)의 출납과 회계의 사무를 맡아 보던 관청인 고려 때의 삼사를 가리킨 것으로 보인다.

174 말을……않는다 : 예법을 없애고 자연에 순응하며 살기를 주장하는 도가(道家)의 말로, 물품의 용량과 무게를 측정하는 말과 저울대 등을 모두 없애면 사람들이 이익을 좇아 다투지 않고 자연에 순응하여 평화롭게 지낸다는 뜻이다. 《莊子 胠篋》

175 병이(秉彝) : 사람이라면 누구나 천성적으로 마음에 가지고 있는 떳떳한 성품으로, 곧 양심을 가리킨다.

백성들이 형벌을 범하는 것입니다.[176] 이는 곧 익숙하여 성(盛)하게 된 것이니, 백성들이 무슨 죄가 있겠습니까.

옛날 맹씨(孟氏)가 양부(陽膚)를 사사(士師)로 삼자 양부가 증자(曾子)에게 물었는데, 증자가 말씀하기를 "윗사람이 도리를 잃어서 백성들이 이반된 지가 오래되었으니, 만약 이반한 실정을 알았으면 불쌍히 여기고 기뻐하지 말라."고 하였으니,[177] 항상 이 뜻을 마음속에 보존하면 판결함에 거의 혼미할 일이 없을 것입니다. 옛날 인인(仁人)들이 백성을 살필 적에 혹시나 다칠세라 한 것처럼[178] 했던 것은 남과 자신을 한 몸으로 여겨서 상하게 할 만한 처지를 그냥 두고 보지 못했기 때문이니, 영감은 공경히 생각하기 바랍니다.

176 윗사람이……것입니다 : 이 내용은 《맹자》 〈이루 상(離婁上)〉에 보인다.

177 옛날……하였으니 : 사사(士師)는 법관으로, 양부가 노나라의 법관이 되어 죄인을 다스리는 방법을 물은 데 대한 증자의 답변인바, 이 내용은 《논어》 〈자장(子張)〉에 보인다.

178 백성을……것처럼 : 백성들을 혹시라도 다칠세라 걱정하여 잘 보살핀다는 뜻으로, 《맹자》 〈이루 하(離婁下)〉에 "문왕은 백성을 볼 적에 행여 다치게 할까 걱정하였다.〔文王視民如傷.〕"라고 보인다.

아들 일순[179]에게 부침 갑신년[180] 6월 23일

寄子一純 甲申六月廿三日

요사이 먹고 자는 것이 편안하냐? 견비통(肩臂痛)과 체증(滯證)은 더 고통스러운 지경에 이르지는 않았느냐? 나의 슬하에는 오직 너 하나밖에 없으니, 어찌 하루라도 떨어져 지낼 수 있겠느냐. 그러나 네가 집에 있을 적에 공부의 조리를 전혀 이루지 못하므로 너로 하여금 책상을 지고 스승을 찾아가게 하였는데, 너는 능히 이런 나의 마음을 이해하여 힘써야 할 바를 알겠느냐?

너는 금년 나이가 이미 약관을 넘었다. 옛 선배 중에 다소 명성이 있는 분들은 이미 이 나이에 간가(間架)를 세우고 이후에는 빈칸을 채워 나갔는데,[181] 너는 아직도 몽학(蒙學)을 면치 못하니, 어느 때에

179 아들 일순 : 매산의 양자(養子)인 홍일순(洪一純, 1804~1856)이다. 매산은 친아들이 일찍 죽어 1818년에 종형(從兄) 홍우필(洪禹弼)의 둘째 아들인 일순을 양자로 삼았다. 홍일순은 자가 헌문(憲文), 호가 오곡(鰲谷)으로 노주(老洲) 오희상(吳熙常)의 문인이다. 1844년(헌종10) 음사로 선공 감역(繕工監役)이 되고 벼슬이 시흥 현령(始興縣令)에 이르렀다. 성리학에 조예가 깊었고, 저서로 《오곡집》이 있다.

180 갑신년(甲申年) : 1824년(순조24)으로 매산의 나이 49세 되던 해이다.

181 옛 선배……나갔는데 : 옛 선배들은 주자의 가르침대로 《대학》으로 간가를 세우고 《논어》, 《맹자》, 《중용》을 읽으며 그 빈칸을 채워나갔다는 말이다. 《대학》 〈독대학법(讀大學法)〉에 "이제 우선 《대학》을 익숙히 읽어 간가를 만들고, 다른 책으로써 메꾸어가도록 하라.〔今且熟讀大學, 作間架, 却以他書塡補去.〕"라고 보인다. 간가는 서가(書架)의 빈칸으로, 비유하면 격물(格物), 치지(致知), 성의(誠意), 정심(正心)은 빈칸이고, 《논어》, 《맹자》, 《중용》 따위를 많이 읽어 공부함은 여러 빈칸을 채우는 것과

장족의 발전을 해서 학문의 문로(門路)를 찾아 선현의 문정(門庭)으로 들어갈지 모르겠다. 생각하면 아득하니, 나도 세월이 늦어져서 이루기 어려울까 염려스럽다.

노주(老洲) 스승[182]은 당세의 대종사(大宗師)요, 내가 일찍이 진실한 마음으로 기뻐하고 복종한 분이다. 너를 보내어 수학하게 한 것은 종신토록 노주께 의귀하게 하고자 해서이니, 글만 배워서는 안 되고 용모·말소리·걸음걸이·응대함도 삼가 배우지 않음이 없어야 한다.

《대학》은 끝마쳤을 것이라 짐작되는데, 이어서 《혹문》을 배우고 있느냐? 《대학》은 바로 학문하는 강령이어서 여러 경서가 모두 《대학》의 주석에 있으니, 《대학》을 통투(通透)한다면 나머지는 대나무가 칼날에 쪼개지듯이 저절로 풀릴 것이다.[183] 그러니 글자마다 상고하여 징험하고 글귀마다 미루어 상세히 해서, 앞에서 알지 못했으면 감히

같다.

182 노주(老洲) 스승 : 노주는 오희상(吳熙常, 1763~1833)의 호이고, 원문의 '함장(函丈)'은 한 길(丈)을 용납할 수 있는 공간이라는 뜻으로, 스승과 강론하는 자리 또는 스승을 의미한다. '함장'은 《예기》 〈곡례 상(曲禮上)〉의 "만일 음식 대접이나 하려고 청한 손이 아니거든, 자리를 펼 때에 자리와 자리의 사이를 한 길 정도가 되게 한다.〔若非飮食之客, 則布席, 席間函丈.〕"라는 말에서 유래한다. 오희상은 자가 사경(士敬), 본관은 해주(海州), 시호는 문원(文元)이다. 1800년(정조24) 천거로 세자익위사 세마(世子翊衛司洗馬)에 제수되고, 황해도 도사 등을 지낸 뒤, 벼슬에서 물러나 광주(廣州)의 징악산(徵嶽山)에 은거하고 이후 찬선(贊善) 등 여러 관직에 제수되었으나 모두 사양하고 나아가지 않았다. 성리학에 조예가 깊었는데, 이황(李滉)과 이이(李珥)의 설을 절충하였다.

183 나머지는……것이다 : 어떤 책이든 손쉽게 이해할 수 있다는 말이다. 《진서(晉書)》 권34 〈두예열전(杜預列傳)〉에 "대나무를 자를 때 몇 개의 마디만 지나가면 모두 칼을 들이대는 대로 곧장 쪼개진다.〔破竹數節之後, 皆迎刃而解.〕"라고 보인다.

그 뒤를 구하지 말고 여기에서 통하지 못했으면 감히 저기에 뜻을 두지 말아야 한다. 이처럼 전일하고 정밀하게 한 뒤에야 공력을 얻을 수 있을 것이니, 이와 같이 공부할 수 있겠느냐?

주자(朱子)의 큰아들 주숙(朱塾)이 학문할 줄을 알지 못한 데다 과거 공부도 하지 못하였다. 그러므로 주자께서 그를 여동래(呂東萊)[184]에게 보내어 우선 시문(時文)[185]을 배우게 하였으니, 더구나 주숙처럼 시문을 하지 않는 너의 경우에 있어서이겠느냐. 주자가 큰아들 수지(受之)에게 보낸 편지[186]가 《주자서절요(朱子書節要)》 가운데에 있으므로 원책(原冊)을 보낸다. 너는 반드시 백 번을 반복해서 보고 연구하여 직접 주자의 면전에서 가르침을 받는 것처럼 해야 한다. 손님과 주인 사이가 오래 지속되어도 항상 싫어하지 않을 방법을 생각하여, 모든 응대에서 일호(一毫)의 사사로운 요구도 하지 않는 것이 지극히 옳고 지극히 옳을 것이다.

다음 달 5일이 될 때까지 먹을 양식과 반찬이 얼마나 부족하겠느냐? 돈 100문과 반찬 한 항아리를 지금 보내니, 옛날 사계(沙溪) 선생이 반찬이 없어서 소금을 삼킨 고사[187]를 항상 생각해라.

184 여동래(呂東萊) : 동래는 여조겸(呂祖謙, 1137~1181)의 호로, 자는 백공(伯恭)이고 금화(金華) 사람이다. 주자, 장식(張栻)과 함께 당시에 동남삼현(東南三賢)으로 일컬어졌다. 학문의 경향이 경사(經史)에 치중하였고 절강학파(浙江學派)를 열었다. 저서로 《동래좌씨박의(東萊左氏博議)》, 《동래집》 등이 있다.

185 시문(時文) : 과거에 응시하기 위하여 공부하는 문체를 이른다.

186 큰아들……편지 : 《주자대전》 속권 8(續卷八)에 한 편 실려 있는 〈여장자【수지】(與長子【受之】)〉를 가리킨다. '수지(受之)'는 주자의 큰아들 주숙(朱塾 1153~1191)의 자이고, 이 편지는 《주자서절요(朱子書節要)》 권19에도 실려있다.

《장릉속지(莊陵續誌)》[188] 두 책과 신국(神麴)[189] 다섯 장과 노주께 올리는 글은 네가 반드시 직접 장석(丈席)[190]에 바치는 것이 옳을 것이다. 계립(季立)[191]도 너의 작은 스승이니, 지극히 존경하는 마음으로 섬겨서 그의 말을 따르기 바란다. 부채 하나와 편지를 그에게 전해 주도록 해라.

187 사계(沙溪) 선생이……고사 : 사계는 김장생(金長生, 1548~1631)의 호로, 일찍이 구봉(龜峯) 송익필(宋翼弼, 1534~1599)을 찾아가서 수학할 적에 밥상에 올릴 간장도 없어서 대신 소금을 삼켜 끼니를 해결하며 힘들게 공부하였던 고사를 말한다. 관련 내용이 《송자대전(宋子大全)》 부록(附錄) 권17 〈최신록 상(崔愼錄上)〉에 보인다.

188 장릉속지(莊陵續誌) : 장릉은 영월(寧越)에 있는 단종(端宗)의 능호이다. 정조(正祖) 때에 조정에서 연대의 고정(考訂)과 상소 등의 내용을 증보하는 《장릉지》이 속수(續修)에 대한 의견이 세기된 뒤에 몇 년간의 작업을 통해 정조 20년(1796)에 새로운 《장릉지》가 완성되었는데, 《장릉속지》는 이것을 가리키는 것으로 보인다. 《承政院日記 正祖 15年 4月 25日, 20年 5月 12日, 21年 3月 4日》 《장릉지》는 단종과 관련된 생전·사후의 사적(史蹟)을 기록한 책으로, 일찍이 윤순거(尹舜擧, 1596~1668)가 편찬한 《노릉지(魯陵誌)》에다가 박팽년(朴彭年, 1417~1456)의 9세손 박경여(朴慶餘)기 권화(權和)와 함께 속지(續誌) 2권을 증보한 뒤에 바뀐 제목이다.

189 신국(神麴) : 밀가루에 다른 한약재를 섞어서 발효시켜 말린 약재로, 비(脾)와 위(胃)를 치료하는 데 쓴다.

190 장석(丈席) : 한 길(丈)을 용납할 수 있는 공간이라는 뜻으로, 스승과 강론하는 자리 또는 스승을 의미한다. 《예기》 〈곡례 상(曲禮上)〉의 '함장(函丈)'의 고사에 함께 보인다.

191 계립(季立) : 박명벽(朴命璧, 1773~1827)으로 계립은 그의 자이고 호는 금호(錦湖), 본관은 영해(寧海)이며, 노주 오희상의 문인이다. 이 해(1803) 진사시에 합격하였고, 이후 사헌부 감찰(司憲府監察)에 이르렀다. 서울에 있을 적에 근재(近齋) 박윤원(朴胤源)의 문인이 되어 매산과 동문으로 절친하였는바, 매산이 찬한 묘갈명이 본집 제35권에 실려 있다.

일순에게 부침 갑신년 10월 그믐날[192]

寄一純 甲申陽晦

《대학혹문》은 이미 근간에 끝마치고 《중용》[193]을 뒤이어 배우느냐? "묻기를 잘하는 자는 단단한 나무를 다루는 것과 같아서 쉬운 것을 먼저하고 어려운 절목(節目)을 나중에 하여, 오랜 시간 축적되면 서로 증명이 되어 이해하게 된다."[194]라고 하였는데, 너는 의심할 줄을 알지 못하니, 어찌 능히 이러한 경지에 이를 수 있겠느냐.

192 10월 그믐날 : 원문 '양회(陽晦)'의 양(陽)은 양월(陽月)로 음력 10월을 이르고, 회(晦)는 그믐날을 이른다. 《주역》의 벽괘(辟卦)로 볼 때 10월에는 9월의 박괘(剝卦 ䷖)의 상구(上九)가 변해서 순음(純陰)의 곤괘(坤卦 ䷁)가 되어 양효(陽爻)가 모두 사라지나, 음양(陰陽)은 잠복해 있을 뿐 없는 경우가 없으므로, 이를 표현하기 위해 10월을 양월(陽月)이라 칭한다.

193 중용 : 원문의 '사전(思傳)'은 자사(子思)가 지은 전(傳)이라는 뜻으로, 《중용》을 말한다.

194 묻기를……된다 : 이 내용은 《예기》 〈학기(學記)〉에 보이는데, 이 부분에 대해 주자는 "이 내용이 가장 좋다. 만약 어려운 것을 먼저 하여 이해하지 못하면, 더 이상 진보하지 못한다. 반드시 쉬운 것을 먼저 하고 어려운 것은 우선 제쳐두어야 하니, 얼마 후에 본 것이 많아지면 저절로 서로 증명이 되어서 이해가 된다. '설(說)' 자를 사람들은 '열(悅)'이라고 말하나 아마도 '설(說)' 자로만 보아야 할 듯하니, '설'은 증명한다는 뜻이다. 다른 사람에 의해 이해하는 것도 '해(解)'가 되고 자기가 스스로 이해하는 것도 '해(解)'가 되니, 이것은 서로 증명하여 깨닫고 이해하는 것인 듯하다.〔此說最好. 若先其難者, 理會不得, 更進步不去. 須先其易者, 難處且放下, 少間見多了, 自然相證而解. 說字, 人以爲悅, 恐只是說字. 說, 證之義也, 解物爲解, 自解釋爲解, 恐是相證而曉解也.〕"라고 주하였다. 《朱子語類 卷87 禮四 小戴禮 學記》

옛날 양구산(楊龜山)이 도보(徒步)로 명도(明道)를 따라가서 배운 지 3일 만에 놀라 땀으로 등을 흠뻑 적시고서 말하기를 "내가 이곳에 오지 않았더라면 일생을 허송할 뻔했다."라고 하였으니,[195] 네가 능히 이런 뜻을 알겠느냐? 《예기》 〈학기(學記)〉에서 말한바 "배움을 편안히 하고 스승을 친애하며 벗들과 잘 지내고 도를 믿는다."는 것을 구경(究竟)의 법[196]으로 삼는 것이 어떻겠느냐?

상고시대부터 성현들이 모두 강하고 굳세고 과감함을 통해서 이루어졌는데, 만약 자애롭고 선하고 유약한 자는 입지(立志)가 견고하지 못해서 끝내 일을 이루지 못한다. 반드시 지기(志氣)를 고무시키고 정신을 갈고 닦아서 산만하고 태만하게 하지 말아야 하니, 그런 뒤에야 비로소 득력할 수 있다. 이 때문에 주자가 일찍이 "도리(道理)를 만약 목숨을 걸고 이해하려고 하지 않으면 끝내 이해할 수 없다."[197]라고 하셨으니, 어찌 편안하고 한가롭게 즐김으로써 미칠 수 있는 것이겠느냐. 천만 번 노력하여 단번에 곧장 바꾸어서 늙은 애비가 밤낮으로 기대하고 바라는 바에 부응하도록 해라.

서아 경순(徐雅敬淳)[198] 이외에 함께 거처하는 자가 몇 명이나 되느

195 양구산(楊龜山)이……하였으니 : 구산은 양시(楊時, 1053~1135)의 호로, 정문고제(程門高弟) 가운데 한 사람이고, 명도(明道)는 정호(程顥, 1032~1085)의 호인바, 이 내용은 《송사(宋史)》 권428 〈나종언(羅從彥)〉에 실려 전한다.

196 구경(究竟)의 법 : 최고의 목표를 향해 나아가는 방법 혹은 최고의 원리(原理)라는 뜻이다.

197 도리를……없다 : 이 내용은 《주자어류》 권101 〈정자문인(程子門人) 총론(總論)〉에 보인다.

198 서아 경순(徐雅敬淳) : 서경순(徐敬淳, ?~?)인바, '아(雅)'는 '아정(雅正)한 선

냐? 능히 서로 좋은 점을 보고 배워 선(善)하게 될 수 있겠느냐?[199] 반드시 도의(道義)를 가지고 서로 절차탁마(切磋琢磨)할 것이요, 혹시라도 세속을 따라 안일하게 지내며 세월을 허송하여[200] "학업을 공경히 하고 여럿이 모여서 공부함을 즐긴다."[201]는 가르침을 어기는 일이 없도록 해라. 언어를 신중히 하고 위의(威儀)를 조섭(調攝)함은 여러 사람과 거처하는 절도가 되며, 시정(時政)의 득실과 인물의 양부(良否)는 더더욱 입에 올려서는 안 된다. 노력하고 노력해라.

비'라는 뜻으로 존중의 의미를 붙인 것인데, 서경순의 정보는 자세하지 않다.

199 능히……있겠느냐 : 교학상장(教學相長)할 수 있는 벗이 될 수 있는지 물은 것으로, 《예기》〈학기(學記)〉의 "대학의 교육 방법에는 좋지 않은 생각을 미연에 방지하는 것을 예(豫)라고 하고, 적절한 시기에 가르치는 것을 시(時)라 하고, 감당할 수 있는 한도 내에서 가르치는 것을 손(孫)이라 하고, 서로 좋은 점을 보고 배우는 것을 마(摩)라고 한다.〔大學之法, 禁於未發之謂豫, 當其可之謂時, 不陵節而施之謂孫, 相觀而善之謂摩.〕"라는 말에서 인용하였다.

200 안일하게……허송하여 : 원문의 '완게(玩愒)'는 '완세게일(翫歲愒日)'을 줄인 말인바, 《춘추좌씨전》 소공(昭公) 원년(元年)에 "조맹은 머지않아 죽을 것이다. 백성의 주인으로 세월을 허송하며 안일만을 탐하니, 얼마나 살 수 있겠는가.〔趙孟將死矣. 主民翫歲而愒日, 其與幾何?〕"라고 보인다. '완(玩)'과 '완(翫)'은 통용된다.

201 학업을……즐긴다 : 이 내용은 《예기》〈학기〉에 "옛날에 가르치는 것은…1년에는 경서의 구두를 떼고 뜻을 분별하는 것을 살펴보며, 3년에는 학업을 공경히 하고 여럿이 모여서 공부함을 즐기는 것을 살펴본다.〔古之教者……一年視離經辨志, 三年視敬業樂群.〕"라고 보인다.

일순에게 답함 갑신년 동지[202] 다음날
答一純 甲申陽復之翌

거듭 손수 쓴 편지를 받고서 근간에 객지 생활이 편안함을 아니, 진실로 그리운 마음에 위로가 된다. 어느덧 동지가 되었으니, 네가 몸을 가리고 재계하는 뜻[203]을 알 수 있겠느냐? '멀리 가지 않고 돌아옴은 몸을 닦는 것이다.〔不遠復 以修身〕'[204]는 내용은 바로 《주역》 〈복괘(復卦)〉 초구효(初九爻)의 상(象)이니, 이것이 너를 위해서 바라는 것이다.

전군실(全君實)[205]의 말을 듣건대 네가 이미 《중용》을 읽기 시작했다고 하더구나. 너는 이 책에 대해 마음과 눈이 모두 생소하여 두서를

202 동지 : 원문의 '양복(陽復)'은 양(陽)의 기운이 회복되었다는 뜻으로, 음력 동지를 이른다. 《주역》의 〈복괘(復卦)〉에서 유래한 것인바, 동지에 양효(陽爻) 하나가 회복된다고 하여 붙여진 이름이다.

203 몸을……뜻 : 동지에는 작은 양(陽)이 막 생겨나고 있으나 음(陰)이 아직 남아 있어서 음과 양이 다투어 안정되지 못하므로 군자가 재계하여 안정되기를 기다린다는 뜻이다. 《예기》 〈월령(月令)〉에 동지 때 경계해야 할 것에 대해 "군자가 재계하여 거처할 때에 반드시 몸을 가려서 몸이 편안하게 하고자 하며, 음악과 여색을 제거하고 기욕(嗜慾)을 금지해서 형체와 심성(心性)을 편안히 하고, 일을 고요히 하고자 해서 음양이 안정되기를 기다린다.〔君子齊戒, 處必掩身, 身欲寧, 去聲色禁耆欲, 安形性, 事欲靜以待陰陽之所定.〕"라고 보인다.

204 멀리……것이다 : 수신(修身)의 방도는 오직 불선(不善)임을 알면 빨리 고쳐 선(善)을 따라야 함을 이른다.

205 전군실(全君實) : 군실은 전최신(全最信)의 자로 보이나, 나머지는 자세하지 않다. 본집 권17 〈박계립에게 주다〔與朴季立〕〉에 의하면, 전최신은 개성 출신으로 마흔이 넘어 노주 오희상의 문하에 출입하며 글을 읽었는데 《소학》을 특히 좋아했다고 한다.

살피지 못해서 몽학(蒙學) 단계의 사람이 글을 배우는 모양과 같을 것이니, 글자마다 글귀마다 하나하나 연구해서 혹시라도 후추를 통째로 삼키거나 수박 겉핥기 식으로 대충 보는 일이 없게 함이 지극히 옳고 지극히 옳을 것이다.

사서(四書) 가운데 이 책이 가장 읽기가 어려워서 초학자가 이해할 수 있는 바가 아니다. 장석(丈席 스승)의 말씀을 한결같이 따라서 사색을 지극히 하여 남김없이 물어서 알아야 한다. 이렇게 한 뒤에야 상자만 사고 구슬은 돌려주는[206] 탄식을 면할 수 있을 것이니, 천만 번 노력해서 나의 지극한 바람에 부응하도록 해라. 《중용혹문(中庸或問)》 두 책을 보내는데, 《중용장구(中庸章句)》는 정문(正文)과 함께 읽고 《중용혹문》은 《중용장구》와 참고해 보는 것이 옳을 것이다.

장석(丈石)의 양성(陽城) 행차[207]는 며칠 뒤에 돌아오신다고 하더냐? 대엿새 동안 비록 배우지 못하더라도 굳이 곧바로 돌아오지 말고 꼿꼿이 앉아서 책을 읽으며 집에 돌아오시기를 기다리는 것이 지극히 옳고 지극히 옳다. 스승 자리가 비록 비었으나 들어가서 소주인(少主人) 형제[208]를 배알하는 것이 마땅할 것이다. 소주인도 너의 스승이니,

206 상자만……돌려주는 : 귀중하게 여겨야 할 것을 천히 여기고 천하게 여겨야 할 것을 귀중하게 여긴다는 뜻으로, 춘추(春秋) 시대 정(鄭)나라 사람이 초(楚)나라 사람에게서 궤〔櫝〕를 사 오면서 그 궤에 장식되어 있는 좋은 구슬들은 모두 본 주인에게 돌려주고 궤만 차지했던 고사에서 온 말이다. 《韓非子 外儲說》

207 양성(陽城) 행차 : 오희상의 《연보》에 "동짓달에 양성에 가서 5대조 천파 공(天坡公)의 조주(祧主)를 매안(埋安)하는 것을 살폈다.〔十一月. 往陽城, 觀五世祖天坡公祧主埋安.〕"라고 하였는바, 이때의 행차를 가리킨다. 경기도 양성은 오씨의 세거지(世居地)이고, 천파(天坡)는 오숙(吳䎘, 1592~1634)의 호이다. 《老洲集 卷27 附錄 年譜 甲申先生六十二歲》

무릇 의심스럽고 모르는 부분이 있으면 또한 찾아가서 질정하는 것이 옳다.

208 소주인(少主人) 형제 : 노주 오희상의 두 아들 오치성(吳致成, 1785~1844)과 오치익(吳致翼, 1790~?)을 가리킨다.

일순에게 부침 을유년[209] 9월 열엿새

寄一純 乙酉九月旣望

너를 보내어 성곽으로 내보낸 지가 이미 열흘이 지났는데 괴롭게도 소식을 듣지 못하니, 밤낮으로 그리운 마음을 잠시도 그칠 수가 없구나. 가을날이 화창하고 아름다운데 객지생활의 재미가 적당하냐? 하루 동안 가을걷이를 살피고서 또한 절로 취미가 생기더냐? 근간에는 《근사록(近思錄)》을 읽고서 옛 선현들이 주경야독한 뜻을 본받느냐?

나는 서울에서 생장(生長)하여 어느덧 반백 년을 살았는데, 사체(四體)를 부지런히 움직이지 않고 오곡(五穀)을 구분하지 못하니,[210] 다만 농사일의 어려움을 알지 못할 뿐만이 아니다. 조만간에 마땅히 너를 데리고 귀농해서 옛날 서유자(徐孺子)[211]가 항상 직접 밭을 갈고 농사지어서 자기 힘으로 수확한 것이 아니면 먹지 않았던 것을 배우고자 하는데, 이것이 네가 이번 걸음에서 명심해야 할 점이다. 네가 능히

209 을유년(乙酉年) : 1825년(순조25)으로 매산의 나이 50세 되던 해이다.

210 사체(四體)를……못하니 : 《논어》 〈미자(微子)〉에 "자로가 따라가다가 뒤처지게 되었는데, 지팡이로 농기구를 멘 장인을 만나 '노인은 우리 선생님을 보셨습니까?'라고 묻자, 장인은 '사지를 부지런히 놀리지 않고 오곡을 분별하지도 못하면서 누구를 선생님이라고 하는가?'라고 하였다.〔子路從而後, 遇丈人以杖荷篠, 子路問曰: 子見夫子乎? 丈人曰: 四體不勤, 五穀不分, 孰爲夫子?〕"라고 한 말을 원용한 것으로, 매산 자신이 농사에 대한 경험이 없음에 빗대었다.

211 서유자(徐孺子) : 후한(後漢) 때의 서치(徐穉)로, 유자는 그의 자인바, 집안이 빈궁하여 직접 농사지어 먹고 살면서도 소명(召命)에 응하지 않아 '남주 고사(南州高士)'라고 칭해졌다. 《後漢書 卷66 陳蕃列傳》

이것을 알겠느냐.

번지(樊遲)가 곡식을 심고 채전을 가꾸는 일에 대해 가르침을 청하자 공자께서 소인이라고 배척하신 것[212]은, 그가 대인의 도를 배우지 않고 다만 서민의 일을 청해서 대·소와 경·중의 구분을 잃었기 때문이니, 곡식을 심고 채전을 가꾸는 것을 배워서는 안 된다고 하신 것은 아니다. 만일 그렇지 않다면 어찌하여 "우(禹)임금과 후직(后稷)이 몸소 농사지어서 천하를 소유하셨다."[213]고 말씀하셨겠느냐. 옛사람이 이른바 "몸소 농사지었다."는 것은 모두 쟁기와 보습을 잡고 직접 농사일을 하였음을 말하는 것은 아니다. 너는 반드시 마음과 눈이 미치는 바를 가지고 밭일을 하고 농사에 힘쓰는 방도를 연구해서 훗날에 득력하는 밑천으로 삼아라.

삼연(三淵 김창흡(金昌翕)) 선생이 일찍이 "세상의 온갖 일이 모두 허구이고, 오직 봄철의 들밭 가운데에서 소를 '이랴' 꾸짖으며 몸소 밭가는 것이 사람의 뜻을 다소 강하게 한다."[214]라고 하셨다. 내가 외우고

212 번지(樊遲)가……것 : 공자의 제자 번지가 일찍이 곡식을 심는 것〔稼〕에 대해 가르침을 청하자 공자가 "나는 늙은 농사꾼만 못하다.〔吾不如老農〕"라고 하였고, 또 채전을 가꾸는 것〔圃〕에 대해 가르침을 청하자 공자가 "나는 늙은 원예사만 못하다.〔吾不如老圃〕"라고 하고는 번지가 나간 뒤에 "소인이로다! 번수여.〔小人哉! 樊須也.〕"라고 말한 내용을 가리킨다. 《論語 子路》 번지의 이름은 수(須), 자는 자지(子遲)이다.

213 우(禹)임금과……소유하셨다 : 이 내용은 《논어》 〈헌문(憲問)〉에 남궁괄이 "예(羿)는 활을 잘 쏘았고 오(奡)는 육지에서 배를 끌 정도로 힘이 세었으나 모두 제명에 죽지 못했습니다. 그러나 우임금과 후직(后稷)은 몸소 농사를 지었는데 천하를 소유했습니다.〔羿善射, 奡盪舟, 俱不得其死, 然禹稷躬稼而有天下.〕"라고 말하며 공자의 의견을 물었는데, 공자가 대답하지 않다가 그가 나간 뒤에 그를 군자라고 칭찬하신 일을 원용한 것이다.

음미하기를 그치지 않는 말씀이므로 또한 너를 위해서 말하는 것이다.

너의 이번 걸음은 어버이를 봉양하고 선조에게 제사하는 물자를 위한 것이어서 관계된 일이 매우 중요하니, 그만 둘 수 있어서 그만 둘 수 있는 것이 아니다. "인생은 부지런함에 달려 있으니, 부지런하면 궁핍해지지 않는다."[215]는 뜻을 더욱 깊이 살펴서 종신토록 부모를 섬기고 처자식을 기르는 계책으로 삼는 것이 지극히 옳을 것이다.

214 세상의……한다 : 이 내용은 《삼연집습유(三淵集拾遺)》 권31 〈어록(語錄)〉에 보인다.

215 인생은……않는다 : 이 내용은 《춘추좌씨전》 선공(宣公) 12년에 보인다.

일순에게 부침 을유년 동짓달 10일

寄一純 乙酉至旬

처음 배우는 자가 전혀 의심할 줄을 모르고 오직 입으로 말하고 귀로 듣는 것을 일삼는다면, 과거 공부[216]하는 자와 별로 다를 것이 없다. 너는 반드시 주자(朱子)의 가르침대로 끝까지 깊이 연구하여 더 공부할 것이 없도록 하면 될 것이다.

비록 학문에 뜻을 두었더라도 살아서 어진 스승을 만나는 것은 바로 100년에 한 번 얻기 힘든 기이한 인연이다. 예부터 영재들이 문로(門路)가 잘못됨으로 인해서 평생을 그르친 자가 또한 많았다. 장석(丈席)이 도를 탁월하게 알고 도를 참되게 이루신 것은 오직 동시대에만 없을 뿐만 아니요, 선철(先哲)에게서 찾아보더라도 또한 짝할 분이 드물다. 내가 이 때문에 성심으로 기뻐하고 복종해서 너를 보내 복종하여 섬기게 한 것이다. 너는 종신토록 장석께 의귀해서 오직 학행(學行)을 받들어야 한다. 이것이 바로 내가 너에게 밤낮으로 간절하게 바라는 바이다.

나는 너에게 몸소 솔선하여 가르쳐줄 수 있는 것이 없으니, 너는 반드시 나를 섬기는 도리로 장석을 섬겨서 글 뜻과 훈고(訓詁) 외에 목소리와 얼굴빛에도 서로 감응하여 심법(心法)을 전수받는 것이 지극

216 과거 공부 : 원문의 '첩괄(帖括)'은 각종 문헌에서 어려운 고사성어 등을 뽑아 기록한 책자로, 과거 시험을 대비하는 사람들이 주로 읽던 참고서의 일종인데, 여기서는 과거 공부를 빗대어 말하였다.

히 옳고 지극히 옳다.

주자께서 큰아들을 보내어 동래(東萊 여조겸(呂祖謙))에게 수업하게 한 것은 바로 시문(時文)을 배우게 한 것인데도 가르치고 경계하신 내용이 아주 간곡하고 간절하니, 읽으면 경계하고 두려워하는 마음이 생긴다.[217] 더구나 성인의 도를 배우는 너에게 있어서이겠느냐.

나는 밤낮으로 시탕(侍湯)하기 때문에 실로 너에게 공부를 가르칠 여유가 없고, 또 부자간에 채찍질을 하여 독려하고 책망하고 싶지 않으므로 너로 하여금 삼여(三餘)[218] 동안 어진 분에게 나아가 배우도록 계획을 세운 것이다. 빨리 나의 간절한 마음을 알아서 부지런히 노력하고 삼가 한 시각도 허송하지 말도록 해라. 낳아주신 부모를 욕되게 하지 않는 일[219]이 이번 걸음에 달려 있으니, 천만 번 더 노력해서 마을 문에 기대어 기다리는 나의 마음[220]에 부응하도록 해라.

217 주자께서……생긴다 : 《주자대전》 속권 8(續卷八)에 1편 실려 있는 〈여장자【수지】(與長子【受之】)〉의 내용에 근거하여 말한 것이다. '수지(受之)'는 주자의 큰아들 주숙(朱塾 1153~1191)의 자이고, 이 편지는 《주자서절요(朱子書節要)》 권19에도 실려있다.

218 삼여(三餘) : 독서하기에 좋은 세 가지 여가(餘暇)로, 삼국 시대 위(魏)나라 동우(董遇)가 "겨울은 한 해의 여가〔歲之餘〕이고 밤은 하루의 여가〔日之餘〕이고 장마철은 한 철의 여가〔時之餘〕이므로 독서를 하기에 매우 좋다."라고 한 데에서 온 말인바, 여기서는 때가 계절상 겨울이기 때문에 이렇게 말한 것이다. 《三國志 魏書 卷13 王肅 註》

219 낳아주신……일 : 자손이 부모와 선조의 덕을 더럽히지 않는 것을 이르는바, 《시경》 〈소아(小雅) 소완(小宛)〉의 "아침 일찍 일어나고 늦게 잠자서 너를 낳은 부모를 욕되게 하지 말라.〔夙興夜寐, 毋忝爾所生.〕"는 글에서 유래하였다.

220 마을……마음 : 자식을 사랑하는 부모의 간절한 마음을 비유한 것으로, 전국 시대 제(齊)나라 왕손가(王孫賈)가 일찍이 민왕(閔王)을 섬기다가 어느 날 민왕이 침입한

연(燕)나라 군대에게 쫓겨 달아나 버렸는데도 왕의 소재를 알지 못한 채 집으로 돌아오자, 그의 어머니가 왕손가에게 이르기를 "네가 아침에 나가서 저녁에 돌아오면 내가 마을 문에 기대서서 너 오기를 기다렸고, 네가 저녁에 나가서 돌아오지 않을 때는 내가 이문에 기대서서 네가 오기를 기다렸다.〔女朝出而晩來, 則吾倚門而望, 女暮出而不還, 則吾倚閭而望.〕"라고 한 데에서 온 말이다.《戰國策 齊策》마을 문은 옛날 마을의 입구에 있었던 문인데, 여기에 글방도 있었다.

일순에게 부침 병술년[221] 동짓달 14일

寄一純 丙戌復月少望

배움은 미치지 못할 듯이 하고도 오히려 잃을까 두려워해야 하는 것이다.[222] 이 때문에 군자가 부단히 힘써 날짜를 아끼고 게을리 하지 않으며 분촌(分寸)의 시간을 다투는 것인데, 너는 그럭저럭 세월을 보내는 것이 고질병이 되었다. 이렇게 된 까닭은 바로 정신과 기백을 품부받은 것이 지극히 약하여 충분히 넓히고 확충할 힘이 없기 때문이다.

마음을 기르고 기운을 길러서 기르지 않는 바가 없게 한 뒤에야 비로소 공업(功業)을 쌓을 수 있으니,[223] 초학자가 대번에 공을 거둘 수 있는 것이 아니다. 그러나 차근차근 힘을 써서 정직함으로써 잘 기르고 해치지 않는다면 비록 호연지기(浩然之氣)가 천지에 충만함에 이르더라도[224] 또한 괴이한 일이 아니니, 오직 스스로 힘쓰기를 어떻게 하느냐에 달려 있을 뿐이다.

221 병술년(丙戌年) : 1826년(순조26)으로 매산의 나이 51세 되던 해이다.

222 배움은……것이다 : 공자가 한 말로, 《논어》 〈태백(泰伯)〉에 보인다.

223 공업(功業)을……있으니 : 《주역》 〈건괘(乾卦) 문언(文言)〉의 "말을 닦아서 그 성실함을 세움이 공업을 쌓는 것이다.〔修辭立其誠, 所以居業也.〕"라는 말을 원용한 것이다.

224 정직함으로써……이르더라도 : 이 내용은 맹자의 제자 공손추(公孫丑)가 '호연지기'에 대해 묻자, 맹자가 답하기를 "그 기(氣)가 지극히 크고 지극히 강하니, 정직함으로써 잘 기르고 해침이 없으면 호연지기가 천지의 사이에 꽉 차게 된다.〔其爲氣也, 至大至剛, 以直養而無害, 則塞于天地之間.〕"라고 한 것을 원용하였다. 《孟子 公孫丑上》

일순에게 답함 기축년[225] 6월 25일

答一純 己丑六月卄五日

《근사록》의 긴 과정(課程)은 멈추지 않고 계속 공부하고 있느냐? 이 책에는 온갖 이치가 실려 있는데 세대가 다소 가까워서 알기 쉽고 따르기 쉬우니, 바로 송(宋)나라의 한 경서(經書)이다. 도리어 사서(四書)보다 더 좋아서 다만 사서의 계제(階梯)[226]가 될 뿐만이 아니니, 반복하여 강론할 적에 오직 삼석(三席)[227]의 참된 가르침을 받아들이고 따른다면 응당 성리(性理)에 대해서 어둡지 않게 될 것이다. 이것이 이른바 "감히 자기를 믿지 않고 스승을 믿는다."[228]는 것이다.

'사단(四端)·칠정(七情)'과 '인심(人心)·도심(道心)' 등의 설[229]을

225 기축년(己丑年) : 1829년(순조29)으로 매산의 나이 54세 되던 해이다.

226 사서의 계제(階梯) : 이 말은 《주자어류》 권105에 "사서는 육경으로 올라가는 계제요, 《근사록》은 사서로 올라가는 계제이다.〔四子, 六經之階梯; 近思錄, 四子之階梯.〕"라고 보인다.

227 삼석(三席) : 세 사람의 자리가 들어갈 수 있는 거리라는 뜻인바, 가르침을 받을 적에 스승과 대하는 거리가 이러했기 때문에 스승을 달리 칭하는 말로 쓰인다. '1장(丈)을 용납한다'는 뜻의 함장(函丈)이 스승을 달리 칭하는 말로 쓰이는 것과 같다. 《禮記 文王世子》《禮記 曲禮上》

228 감히……믿는다 : 이것은 이천 정이가 한 말로, 성현의 경지에 이르지 못한 사람은 통상 성현의 도리에 대해 이해되지 않는 것이 많지만 자신의 소견을 굽히고 그것을 믿고 따라야 한다는 뜻인바, 《근사록》 권3 〈치지(致知)〉에 보인다. 자세한 내용은 14쪽 주6 참조.

229 사단(四端)·칠정(七情)과……설 : 사단·칠정의 관계와 인심(人心)·도심(道心)의 관계에 대한 송대 성리학자들의 논설을 이르는데, 관련 내용들이 《근사록》 제1권

제목으로 삼아 생각하고 의논해서 하나하나 질정하여 구전심수(口傳心授)처럼 하는 것이 지극히 옳고 지극히 옳을 것이다. 함장(函丈)의 춘추가 높아지시니, 덕을 상고하고 학업을 묻는 것을 조금도 게을리해서는 안 된다. 지금 기회를 잃고 이루지 못하면 다시 어느 곳에서 심오한 도(道)와 정밀한 의(義)를 들을 수 있겠느냐. 정성과 노력이 모두 지극하면 기질의 변화를 기약할 수 있음을 네가 스스로 알고 있으니, 뜻과 힘을 분발하고 정신을 갈고 단련해서 전진함은 있고 후퇴함은 없게 할 방도를 도모하도록 해라.

에 보인다.

일순에게 답함 계사년[230] 10월 8일

答一純 癸巳十月八日

빈 당에서 한 번 곡함[231]에 만사가 영원히 끝났다. 얼음 병의 깨끗한 기상[232]을 다시는 볼 길이 없으니, 애통하고 사모하는 마음이 지극하여 더욱더 이 몸을 백 번이라도 바쳐서 대신 죽고 싶은 소원을 견디지 못하겠다.[233] 늙은 가슴이 서글퍼져 스스로 진정할 수가 없으니, 하룻밤이 지났는데도 눈물을 더욱더 거두지 못하고 있다.

스승의 복(服)에 대해 자공(子貢)이 "아버지를 잃은 것과 같이 하되 복이 없게 한다."[234]고 한 것이 바른 예(禮)가 된다. "붕우 간에는 가마

230 계사년(癸巳年) : 1833년(순조33)으로 매산의 나이 58세 되던 해이다.

231 빈 당에서……곡함 : 오희상(1763~1833)이 하루 전인 10월 7일에 고종명(考終命)하였는바, 그 상에 곡하였다는 말이다. 《梅山集 卷45 老洲吳先生行狀》

232 얼음……기상 : 원문의 '빙호(氷壺)'는 얼음으로 만든 호리병에 밝은 가을달이 비친 것과 같이 티 없이 고결한 정신을 뜻하는 '빙호추월(氷壺秋月)'을 줄인 말로, 등적(鄧迪)이 주자(朱子)의 스승인 연평(延平) 이동(李侗)의 인품을 형용한 글인데, 여기서는 이것으로 작고한 오희상의 인품에 빗대었다. 《宋史 卷428 李侗列傳》

233 이 몸을……못하겠다 : 오희상의 죽음에 대한 자신의 몹시 슬픈 마음을 이루 다 형언할 수 없다는 말로, 《시경》 〈진풍(秦風) 황조(黃鳥)〉의 "저 푸른 하늘이여, 우리 좋은 사람을 죽이는구나. 만약 대신하여 죽을 수만 있다면 사람마다 그 몸을 백 번이라도 바치리라.〔彼蒼者天, 殲我良人. 如可贖兮, 人百其身.〕"라는 말을 원용한 것이다.

234 아버지를……한다 : 이 내용은 《예기》 〈단궁 상(檀弓上)〉에 "공자의 상에 문인이 무슨 복을 입어야 할지 의심하였는데, 자공이 말하기를, '옛날 부자(夫子)께서 안연(顏淵)의 상을 당하였을 때 마치 아들의 상을 당한 것과 같이하였으나 복이 없었으며, 자로(子路)의 상을 당하였을 때에도 그러하였다. 청컨대 부자의 상을 당한 지금 아버

(加麻)한다."[235]는 글을 인용하여 마땅히 3개월 동안 가마를 했다가 3개월 뒤에 복을 벗어야 하고, 가마의 복을 벗은 뒤에는 마땅히 심상(心喪)[236]을 해야 한다. 심상은 마땅히 3년을 기준으로 삼아야 하나 정자(程子)와 율곡이 모두 정(情)의 후박(厚薄)과 일의 대소(大小)로 대처하였으니, 3년으로 끊기는 어려울 듯하다.

율곡, 사계(沙溪), 우암(尤菴) 세 선생은 사문(斯文)의 적통(嫡統)이 되시는데, 사계가 율곡을 위하여 복 입은 것과 우암이 사계를 위하여 복 입은 것과 수암(遂菴 권상하(權尙夏))이 우암을 위하여 복 입은 것은 모두 기년(期年)이었다. 기년이란 심상을 말하는 것이요 가마를 말하는 것이 아니다. 조복(弔服) 위에 가마를 하고, 조복은 삼베 도포로 해당시킬 뿐이다.

너와 유문(孺文)[237]이 사용하기 위해 마전한 베로 만든 두건과 마전한 삼으로 만든 단고환질(單股環絰)[238]을 보내니, 편한 대로 크기를

지의 상을 당한 것과 같이 하되 복이 없게 하자.' 하였다.〔孔子之喪, 門人疑所服, 子貢曰: 昔者, 夫子之喪顔淵, 若喪子而無服, 喪子路亦然, 請喪夫子, 若喪父而無服.〕"라고 보인다.

235 붕우 간에는 가마(加麻)한다 : 이 내용은 《의례(儀禮)》 〈상복(喪服)〉에 보인다. 스승과 제자의 사이는 붕우 간에 해당하므로 이렇게 말한 것이다.

236 심상(心喪) : 친척 간이 아니어서 상복은 입지 못하나 마음으로 깊이 애도하고 마치 복상하듯이 처신함을 이른다. 흔히 스승이나 친구의 상에 심상을 행하며, 부재모상(父在母喪)의 경우에도 아버지에게 압존(壓尊)되어 기년복을 입고 1년간은 심상을 행한다.

237 유문(孺文) : 조병덕(趙秉悳, 1800~1870)의 자로, 호는 숙재(肅齋), 본관은 양주(楊州)이며, 매산과 오희상의 문하에서 수학하였다. 1852년에 음보(蔭補)로 지평이 되었고 벼슬이 호조 참판에 이르렀다.

조절하면 될 것이다. 나는 이 어른과 정분이 돈독하여 소대(素帶) 3개월만 하고 그만둘 수 없으므로 또한 가마하고자 한다. 이 편지를 유문에게 보여 주도록 해라.

238 단고환질(單股環絰) : 두건 위에 두르는 한 가닥 삼으로 꼰 둥근 테를 말하는바, 이것을 착용함을 '가마'라고 한다.

일순에게 답함 을미년[239] 8월 4일

答一純 乙未八月四日

네가 과거에 응시한 것은 이미 평소 마음을 저버린 것인데, 만약 보통 사람들의 준례를 따라 죄를 범한다면 배우지 않은 사람과 무엇이 다르겠느냐. 어제 난보(爛報)[240]를 접해보니, 과장(科場)이 엄숙하지 않은 이유로 자교(慈教)가 매우 엄격하였고, 수종(隨從)을 금하는 것을 거듭 언급하여 장차 부형(父兄)을 논죄하겠다고 하셨다.[241] 사람의 자제된 자가 혹시라도 죄를 범한다면 이것은 사람의 도리가 없는 것이니, 네가 어찌 이것을 하겠느냐. 비록 장여헌(張旅軒)이 시험장의 문에서 사람들에게 읍하고 사양했던 것[242]과 같이 하지는 못하더라도 어찌 주

239 을미년(乙未年) : 1835년(헌종1)으로 매산의 나이 60세 되던 해이다.

240 난보(爛報) : 청(淸)나라 조정에서 관원들에게 통보하는 관보(官報)에서 유래한 말로, 조선조에는 승정원(承政院)에서 처리한 사항을 매일 아침 서리(書吏)가 베껴서 소속 군사로 하여금 조정의 관원들에게 배포하게 한 것을 이른다. '조보(朝報)'라고도 하였다.

241 과장(科場)이……하셨다 : 헌종 즉위를 기념하여 8월 6일에 증광(增廣) 별시(別試)를 실시하기로 했는데, 사전에 선비의 풍습과 과장(科場)의 기강을 엄격히 하기 위하여 당시 대왕대비였던 순원왕후(純元王后)가 8월 2일에 이러한 내용으로 하교한 것을 가리킨다. 《承政院日記 憲宗 1年 8月 2日》

242 장여헌(張旅軒)이……것 : 여헌은 장현광(張顯光, 1554~1637)의 호로, 이 내용은 김평묵(金平默)의 문집에 "삼가 매산(梅山) 선생께 들으니, '장여헌(張旅軒)이 처음 한성시(漢城試)에 응시하러 갔을 적에 시험장의 문에 이르러 읍양(揖讓)하였는데, 여러 사람들이 모두 손가락질하며 껄껄 비웃고는 분주하게 발로 차고 밟으며 들어가니, 장(張) 공이 크게 놀라 마침내 곧장 남문(南門)으로 나갔다. 이후로는 과거에 응시하지

먹질과 발길질을 서로 가하여 먼저 들어가려고 다투는 짓을 즐거워할 수가 있겠느냐. 더욱더 삼가고 조심해서 집안과 나라에 죄를 얻지 말도록 해라.

제일 훌륭한 것은 어버이를 욕되게 하지 않는 것이고 그 다음은 자신을 욕되게 하지 않는 것인데, 자신을 욕되게 함은 어버이를 욕되게 하는 것이다. 늙은 아비가 덕이 부족해서 너로 하여금 마음에 득실을 잊게 하지 못하고, 오직 하늘의 위엄을 두려워하고 죄를 적게 하는 것에만 급급하니, 두려움과 부끄러운 마음을 말로 다할 수 없다.

않았다.' 하셨다.〔竊聞於梅山函丈, 張旅軒初赴漢城試, 及門而揖讓, 衆皆呵呵指笑, 奔騰蹴踏而入. 張公大駭之, 遂徑出南門. 自此不赴擧.〕"라고 보인다.《重菴別集 卷2 與李伯欽》

일순에게 답함 무술년[243] 8월 그믐

答一純 戊戌八晦

병사(丙舍)에서 머물면서 송추(松楸)를 바라보고 의지하여[244] 낮에는 가을걷이를 감독하고 밤에는 책을 읽으니, 너에게 있어서는 덕을 진전하고 업을 닦는 기본이 된다. 너는 백원(百原)과 나부산(羅浮山)[245]의 먼 자취를 따라야 할 것이요, 다만 동안풍(董安豐)[246]의 옛 의리를 따라야 할 뿐만이 아니다. 비오는 가운데 고요히 앉아서 마음을 살펴보고 이치를 연구한다면 더욱 효력을 얻기가 좋을 것이니, 어찌 편안히 엎드려 있지 못하고 원숭이와 새처럼 날뛰겠느냐.

자신이 확립되지 못하면 마음이 주장하는 바가 없어서 비록 선(善)

243 무술년(戊戌年) : 1838년(헌종4)으로 매산의 나이 63세 되던 해이다.

244 병사(丙舍)에서……의지하여 : 병사는 선조를 제사하는 재실(齋室)로, 대부분 묘소 아래에 있었고, 송추(松楸)는 소나무와 가래나무로, 주로 묘소 주위에 심었기 때문에 전하여 무덤이나 선영을 가리키는바, 홍일순이 선영이 있는 고향의 시골집에서 가을걷이를 감독하고 있었으므로 말한 것이다.

245 백원(百原)과 나부산(羅浮山) : 백원과 나부산은 각각 북송(北宋)의 학자 소옹(邵雍, 1011~1077)과 나종언(羅從彦, 1072~1135)으로, 그들이 이곳에 들어가서 학문을 연구하였기 때문에 이렇게 불린 것이다. 소옹은 상수역학(象數易學)을 집대성하여 《황극경세서(皇極經世書)》를 남겼고, 나종언은 정이(程頤)와 양시(楊時)를 사사하여 송대 성리학이 이동(李侗)과 주자로 이어지는 교두보 역할을 하였다. 《宋史 卷27 邵雍列傳》《宋史 卷428 羅從彦列傳》

246 동안풍(董安豐) : 당(唐)나라 사람 동소남(董邵南)으로 안풍(安豐)에 은거하여 주경야독하며 부모를 받들고 살았기 때문에 이렇게 불렸다. 한유(韓愈)가 그의 이러한 삶을 두고 〈동생행(董生行)〉을 지었다.

한 일을 하더라도 오히려 사물에 따라 흘러가고 변하게 된다. 그러므로 "천하 만물로써 자기를 흔들리지 않게 해야 한다. 자신이 확립된 뒤에 스스로 천하 만물을 당해낼 수 있다."[247]라고 하였는데, 이 뜻은 정자(程子)가 매우 진실하고 독실히 말씀하신 것으로, 바로 너처럼 좌치(坐馳)[248]하는 자에게 좋은 가르침이 될 것이다. 세상의 득실과 영욕을 모두 몸 밖에 내맡기고 오직 자신에게 있는 것을 다할 뿐이다. 나는 일찍이 온갖 인연을 다 사절하여, 나도 세상을 버리고 세상도 나를 버려서 애당초 세상의 득실과 영욕에 관심을 두지 않았다.

247 천하 만물로써……있다 : 이 내용은 《이정유서(二程遺書)》 권6에 보인다.

248 좌치(坐馳) : 꼼짝하지 않고 앉아서 집중하고자 하지만 외물로 치달리는 잡념이 그치지 않는다는 뜻으로, 《장자》 〈인간세(人間世)〉에 보인다.

일순에게 답함 기유년[249]

答一純 己酉

살펴보건대 《상례보편(喪禮補編)》의 '죽장(竹杖)'조에 "당상관(堂上官)으로 일찍이 판결사(判決事)를 지낸 자와 당하관과 참하관(參下官)으로 일찍이 시종관(侍從官) 이상을 지낸 자와 외관(外官)으로 일찍이 수사(水使) 이상을 지낸 자들은 모두 죽장(竹杖)이 있고, 각품(各品)에서 일찍이 관직을 지낸 자들은 내직(內職)에 견준다."라고 하였다.[250] 이것을 근거해 보면 너와 같은 외직(外職)의 당하관은 죽장이 없을 것이다. 나는 비록 시종관으로 자처하지는 않았으나 이미 최복(衰服)을 받았으니, 마땅히 죽장이 있어야 할 것이다.

내가 기억하건대 옛날 우암(尤菴)의 사판(祠版 신주)이 서울을 지나갈 적에 나아가 길가에서 맞이하였다. 그 때 근재(近齋)에게 여쭈어 국궁(鞠躬)하여 공경을 지극히 하되 배례(拜禮)를 행하지 않았다. 그런데

249 기유년(己酉年) : 1849년(헌종15)으로 매산의 나이 74세 되던 해이다.

250 상례보편(喪禮補編)의……하였다 : 죽장(竹杖)은 대나무로 만든 상장(喪杖)을 가리키고, 《상례보편》은 《국조상례보편(國朝喪禮補編)》의 줄임 말로, 인용한 내용은 《상례보편》 권1 〈복제(服制)〉의 '죽장(竹杖)'조 세주(細註)에 보인다. 《상례보편》은 영조 34년(1758)에 홍계희(洪啓禧) 등이 왕명을 받고《국조오례의(國朝五禮儀)》의 상례에 관한 부분을 보충하고 개편하여 완성한 책으로, 각 항목을 원편(原編) 6권에 나누어 싣고 따로 1권을 만들어 도설(圖說)을 수록하였다. 시종관(侍從官)은 국왕을 지근거리에서 모시는 관원이란 뜻으로 홍문관의 부제학 이하의 관원, 사헌부・사간원의 관원, 예문관의 검열, 승정원의 주서(注書) 등을 일컫는다.

지금 듣건대 "율곡의 사판을 나와서 맞이하는 자들이 모두 배례를 행했다."라고 하니, 여러 사람을 따르는 것이 합당할 것이다.

옛사람은 스승 부인의 상(喪)에 혹 당(堂)에 올라가 절한 자가 있었다. 율곡 어른은 백세(百世)의 스승이니, 비록 배위(配位)를 한 요여(腰輿)에 함께 봉안하였으나 요여 앞에서 바라보고 절하는 것을 굳이 혐의할 필요가 없을 듯하다. 내외를 합폄(合窆)한 묘소에 외인(外人)도 절하는 예를 행하였으니, 요여와 묘소가 어찌 다르겠느냐.

일순에게 부침 신해년[251]

寄一純 辛亥

'회혼(回昏)'[252]이라는 이름이 고례(古禮)에 실려 있지 않고 중국 사람들의 문자에도 보이지 않는다. 우암(尤菴)이 말씀하시기를 "지금 세속에서 행하는 것이 혹시라도 이치에 부합한다면 성인이 반드시 절문(節文)을 제정하셨을 것이다. 자식의 정에 그대로 지나칠 수가 없다면 술잔을 진설하여 축하하는 정도에 그쳐야 한다."[253]라고 하셨으니, 이 말씀이 적정하다.

친척을 부르고 술과 밥을 진설하여 너의 정리를 펴는 것은 나 또한 허락하겠지만, 마련하려고 하는 옷과 이불은 장차 어디에 쓰겠느냐? 나는 삼베 이불 하나를 십수 년 동안 덮었는데 아직도 해어지지 않았고, 평생 동안 명주옷도 입지 않았다. 회혼례를 핑계로 옛것을 버리고 새것을 갖춘다면 장차 남에게 아름답게 보이려고 하는 것이 아니겠느냐. 살날이 얼마 남지 않은 나이에 검소한 상태에서 사치한 데로 들어간다면 마땅히 어떠한 사람이 되겠느냐. 이것을 입을 이치가 만무하니, 다시는 여기에 정신을 허비하지 마라.

251 신해년(辛亥年) : 1851년(철종2)으로 매산의 나이 76세 되던 해이다.

252 회혼(回婚) : '중근(重巹)', '회근(回巹)'과 같은 말로, 부부가 결혼한 지 60년이 되는 해를 이르며, 이때의 잔치를 회근례 또는 회혼례라고 한다. 결혼한 지 60년이 되는 매산의 회혼을 가리킨다.

253 지금……한다 : 이 내용은 《송자대전》 권88 〈답권치도【병인십일월이십팔일】(答權致道【丙寅十一月二十八日】)〉에 보인다.

연회는 비록 안 할 수 없으나 방상(方喪)[254] 중이니, 또한 일을 너무 크게 떠벌리지 말고 조심하는 마음을 보존하는 것이 지극히 옳을 것이다. 천만 번 비용을 절약하여 자금을 조금씩 모으고 모아서 묘비 세우는 일을 빨리 끝낼 방법을 꾀하는 것이 바로 너에게 양지(養志)의 효[255]가 된다.

254 방상(方喪) : 부모의 상을 입는 예로써 임금의 상을 입는 것으로, 《예기》〈단궁 상(檀弓上)〉에 "군주를 섬기되 면전에서 직간(直諫)함은 있고 은미하게 간함은 없으며, 좌우로 나아가 봉양하되 일정한 방소가 있으며, 부지런히 일하여 죽음에 이르며, 복상(服喪)은 부모의 삼년상에 견주어 한다.〔事君, 有犯而無隱, 左右就養, 有方, 服勤至死, 方喪三年.〕"라고 보이는데, 아직 헌종(1827~1849)의 상기(喪期)가 끝나지 않았기 때문에 이렇게 말한 것이다.

255 양지(養志)의 효 : 어버이의 뜻을 헤아려 잘 모시는 효를 이르는바, 증자(曾子)가 아버지 증석(曾晳)을 봉양할 적에 반드시 술과 고기를 밥상에 올렸으며, 상을 치울 때 증석이 "남은 것이 있느냐?"고 물으면 반드시 "있습니다." 하고, 계속해서 "누구에게 주시겠습니까?"라고 여쭈었는데, 맹자가 이러한 증자의 효에 대해 '뜻을 봉양한 것〔養志〕'이라고 하였다. 《孟子 離婁上》

서종질 일녕에게 부침 병자년[256] 5월

寄庶從姪一寧 丙子五月

나 또한 자사(子舍)에 오랫동안 거처했었다.[257] 죄악의 구덩이에 떨어지는 것이 바로 잠시 방심하는 사이에 달려 있으니, 죄악을 면하는 것은 요행일 뿐이다. 너 또한 이것을 경계해야 함을 아느냐? 경계할 단서가 진실로 한두 가지가 아니지만 무엇보다 재물과 여색을 가장 경계해야 한다. 여기에서 사람과 마귀가 판가름 나기 때문이다. 이 두 관문을 통과하지 못한다면 단지 너에게 평생 따라다닐 오명(汚名)이 될 뿐만 아니라 늙은 아버지에게까지 누를 끼칠 것이니, 마땅히 어찌해야 하겠느냐? 하늘에 넘치는 죄악이 잠시 참지 못하는 데서 이루어지니, 너는 공경히 생각하고 공경히 생각해라.

256 병자년(丙子年) : 1816년(순조16)으로 매산의 나이 41세 되던 해이다.

257 나……거처했었다 : 자사(子舍)는 각 고을의 관아에서 수령의 자제가 거처하던 곳을 이르는바, 매산도 부친 홍이간(洪履簡)이 지방 수령으로 있을 적에 자사에 거처했었고, 홍일녕 역시 이 해에 장연 현감(長連縣監)을 맡고 있는 그의 부친 홍석필(洪奭弼)의 자사에 거처하고 있었기 때문에 이렇게 말한 것이다.《承政院日記 純祖 15年 12月 5日, 17年 8月 15日》

일녕에게 답함 정축년[258] 선달

答一寧 丁丑臘月

눈과 얼음이 층층이 쌓였고 영해(嶺海)[259]는 멀고먼데 너를 그 사이로 보내서 부모님 계신 곳을 찾게 하니, 나의 노쇠한 마음이 편치 못하여 오래도록 그리운 마음이 간절하다. 지금 편지를 받고서 아무 탈 없이 돌아가 모시면서 침식이 모두 편안함을 알았으니, 매우 위로되고 위로된다. 너는 우환(憂患)으로 인해서 삼여(三餘)의 공부[260]를 포기하였는데, 아문(牙門)에 이르렀을 적에 이미 계동(季冬)이 임박하였을 것이니, 부지런히 힘써서 상유(桑楡)[261]의 공(功)을 거둘 수 있겠느냐?

요즘 보고 있는 책은 무엇이냐? 너는 경전의 글에 완전히 생소할 것이고 그 중에서도 《서경》, 《시경》 두 책[262]에 더욱 생소할 것이니,

258 정축년(丁丑年) : 1817년(순조17)으로 매산의 나이 42세 되던 해이다.

259 영해(嶺海) : '영남(嶺南)'과 같은 말로, 홍일녕의 아버지 홍석필이 장연 현감으로 있던 중에 이해 8월에 기장 현감(機張縣監)으로 전직되었다. 《承政院日記 純祖 17年 8月 15日》 영해는 중국의 광서(廣西)와 광동(廣東) 지역으로, 그 지역이 북쪽으로는 오령(五嶺)을 의지하고 남쪽으로는 바다에 임하였기 때문에 중국의 영남지방을 가리키는 말이 되었는데, 우리나라에서도 그대로 사용하였다.

260 삼여(三餘)의 공부 : 학문하기에 좋은 세 가지 여가(餘暇)를 이용하여 하는 공부인데, 여기서는 겨울 석 달에 하는 것을 가리킨다. 자세한 내용은 98쪽 주218 참조.

261 상유(桑楡) : 뽕나무와 느릅나무로, 지는 해의 그림자가 이 나무 끝을 스쳐간다 하여 해지는 곳을 이르는바, 흔히 사람의 노년이나 때의 마지막을 가리키는데, 여기서는 겨울 석 달의 마지막을 가리킨다. 자세한 내용은 66쪽 주131 참조.

262 서경……두 책 : 원문의 '벽파(壁葩)'는 《고문상서(古文尙書)》가 공자의 구택(舊

겨울부터 봄에 이르도록 전심치지(專心致志)해서 이 두 책을 다 읽는 것이 지극히 옳고 지극히 옳다. 《서경》은 당(唐)·우(虞)의 시대[263]를 말하고 《시경》은 은(殷)·주(周)의 시대를 말하였다. 하나는 심법(心法)을 전한 것이요[264] 하나는 뜻을 말한 것[265]이어서 공자, 맹자 이하 여러 성현들이 종신토록 외고 본받으셨다. 비록 문장만 취하는 작가들도 이 두 책을 버리면 공력을 얻을 수가 없으니, 두자미(杜子美 두보(杜甫))와 한퇴지(韓退之 한유(韓愈))가 문장으로 천고에 으뜸이 된 이유이다.

과거 공부를 하는 자들이 일삼는 것은 좋은 글귀를 찾고 따오는 데에 불과하나, 《시경》, 《서경》에 익숙하지 않으면 글을 완성할 수가 없으

宅) 벽속에서 발견되었기 때문에 《서경》을 흔히 '벽서(壁書)'라고 칭하고, 한유(韓愈)의 〈진학해(進學解)〉에 "《시경》의 시는 바르면서도 아름답다.〔詩, 正而葩.〕"라고 한 말에 기인하여 《시경》을 흔히 '정파(正葩)'라고 칭하는 데에서 온 말이다.

263 당(唐)·우(虞)의 시대 : 당과 우는 각각 중국 고대의 나라 이름으로, 당은 요(堯)임금, 우는 순(舜)임금의 국호이다.

264 심법(心法)을……것이요 : 심법은 마음을 수양하는 방법으로, 《서경》이 요(堯), 순(舜), 우(禹)가 서로 심법을 전수한 것을 기록하였음을 말한 것이다. 요임금이 순임금에게 선위(禪位)할 적에 "진실로 그 중을 잡으라.〔允執其中〕" 하였고, 순임금이 우임금에게 선위할 적에 "인심은 위태롭고 도심은 은미하니, 오직 정하고 한결같이 하여야 진실로 그 중을 잡으리라.〔人心惟危, 道心惟微, 惟精惟一, 允執厥中.〕" 한 데서 온 말이다. 《論語 堯曰》《書經 虞書 大禹謨》 인심은 사람의 형체에서 나온 마음으로 식욕이나 색욕을 이르며, 도심은 도의에서 나온 마음으로 양심을 가리킨다. 정(精)은 인심과 도심의 사이를 잘 살피는 것으로, 지(知)에 해당한다. '한결같이 함'은 인심과 도심의 구분을 알았으면, 인심은 되도록 억제하고 도심은 받들어 행하는 것으로, 행(行)에 해당한다.

265 뜻을 말한 것 : 《시경》의 시가 작자 자신의 뜻을 읊은 것이라는 말인바, 《서경》〈우서(虞書) 순전(舜典)〉에 "시는 뜻을 표현한 것이다.〔詩言志〕"라고 하였는데, 《시경》〈대서(大序)〉와 《예기》〈악기(樂記)〉에도 이러한 말이 보인다.

니, 너는 반드시 종신토록 외고 읽어서 학업의 밑천을 마련하는 것이 지극히 마땅하고 지극히 마땅할 것이다.

글씨는 육예(六藝)의 하나[266]이므로 선비 된 자가 공부하지 않을 수가 없는데, 나는 평소 노둔하여 해서(楷書)와 초서(草書)의 기법을 알지 못하니, 항상 스스로 부끄러워하고 한탄한다. 너도 필법이 아직 미숙한 단계이므로 세속에서 말하는 '반쪽 선비'이다. 영남에서는 종이가 그리 귀하지 않으니, 독서하는 여가에 습자(習字)를 하되 쉬지 않고 노력해서 적륵(趯勒)[267]의 묘법을 구하는 것이 어떻겠느냐. 이것은 유예(游藝)의 한 가지[268]이다. 평생의 정력을 다하여 한갓 여기에 세월을 탕진하여 뜻을 잃는 지경에 이르기를 바라는 것은 아니요, 너로 하여금 "글씨를 잘 쓰기를 바라서도 아니요, 이것이 바로 학문이기 때문이다."[269]라고 말씀한 정자(程子)의 뜻을 알게 할 뿐이다.

266 글씨는……하나 : 육예(六藝)는 여섯 가지 기예로 예(禮)·악(樂)·사(射)·어(御)·서(書)·수(數)를 이르는바, 서는 문자학(文字學)을 이르기도 하며 후세에는 서법(書法)을 가리키기도 하므로 말한 것이다.

267 적륵(趯勒) : '적(趯)'은 서법의 8가지 방법 중 구획(鉤劃)으로 갈고리처럼 굽은 모양의 획이고, '늑(勒)'은 횡획(橫劃)인데, 전하여 서법을 가리킨다.

268 유예(游藝)의 한 가지 : 유예는 육예(六藝) 속에서 노닌다는 뜻으로, 글씨가 예(禮), 악(樂), 사(射), 어(御), 서(書), 수(數)의 육예에 들어가기 때문에 이렇게 말하였는바, 《논어》〈술이(述而)〉에 "도에 뜻을 두고 덕을 굳게 지키며 인에 의지하고 예에 노닌다.〔志於道, 據於德, 依於仁, 游於藝.〕"라고 한 공자의 말씀이 보인다.

269 글씨를……때문이다 : 이 내용은 명도(明道) 정호(程顥)가 "나는 글씨를 쓸 때 매우 공경하는 태도를 유지한다. 이는 글자를 잘 쓰기를 바라서가 아니요, 이것이 바로 학문이기 때문이다.〔某寫字時甚敬. 非是要字好, 只此是學.〕"라고 한 말에 보인다. 《近思錄》

그 사이에 응제(凝弟)[270]가 뒤이어 두창(痘瘡 마마)을 앓다가 위험한 고비를 넘겨 편안하게 되었으나 남은 근심이 아직도 다하지 않았으니, 더욱 나로 하여금 늙음을 재촉하게 한다.

270 응제(凝弟) : 누구를 가리키는 것인지 미상이다.

일녕에게 답함 신사년[271] 정월

答一寧 辛巳元月

성인인 공자께서 훌륭한 제자들이 많을 때에도 오히려 "인재를 얻기 어렵다."[272]는 탄식을 하셨는데, 하물며 후세 사람들에 있어서이겠느냐. 너와 같은 재주는 또한 항상 있지 않으니, 만약 극진히 확충하고 천명(闡明)한다면 아무리 먼 것인들 이루지 못하겠느냐.

사람의 온갖 행위가 모두 부지런함으로써 얻고 태만함으로써 잃게 된다. 문장을 공부하는 자는 더더욱 강하고 과단성 있게 결단해 나아가야 하니, 이와 같이 하지 않으면 어떻게 일을 이루겠느냐. 옛날 성인이 알지 못하면 분발하여 밥 먹는 것도 잊고 알게 되면 즐거워하여 근심을 잊었다.[273] 이것이 어떠한 정신이며 어떠한 기골의 기운이겠느냐? 모름지기 이 뜻을 체득하여 날마다 부지런히 힘써서 분음(分陰)을 아끼는 것이 지극히 옳고 지극히 옳다.

271 신사년(辛巳年) : 1821년(순조21)으로 매산의 나이 46세 되던 해이다.

272 인재를……어렵다 : 이 내용은 《논어》 〈태백(泰伯)〉에 공자가 "인재를 얻기 어렵다는 말이 맞는 말이 아니겠는가. 당(唐)·우(虞)의 시대만이 주(周)나라보다 성하였으나, 열 사람 중에 부인이 들어 있으니, 남자는 아홉 사람일뿐이다.〔才難, 不其然乎? 唐、虞之際, 於斯爲盛, 有婦人焉, 九人而已.〕"라고 한 데에 보인다.

273 옛날……잊었다 : 옛날 성인은 공자를 가리킨다. 《논어》 〈술이(述而)〉에 "섭공(葉公)이 자로(子路)에게 공자에 대해 물었는데, 자로가 대답하지 않았다. 이에 공자는 말씀하셨다. '너는 어이하여 그의 사람됨이 알지 못하면 분발하여 밥 먹는 것도 잊고 알게 되면 즐거워하여 근심을 잊어서 늙음이 장차 이름을 알지 못한다고 말하지 않았느냐?〔女奚不曰: 其爲人也, 發憤忘食, 樂以忘憂, 不知老之將至云爾?〕"라고 보인다.

너의 경우에는 저술을 제대로 하지 못함을 근심할 것이 없으나, 많은 독서를 하지 않아 능력을 제대로 발휘하지 못한다. 이는 가난한 자가 도말(塗抹 벽을 바름)을 제대로 하지 못하는 것과 같아서 뜻하는 바를 충족할 수가 없어서이니, 모름지기 《맹자》[274]를 익히고 연구하여 천 번을 한도로 삼아 읽는 것이 지극히 마땅하고 지극히 마땅하다. 《맹자》에서 득력한다면 종신토록 써먹어도 다 써먹지 못할 것이다. 《시경》, 《서경》 두 책도 또한 모름지기 순환하여 읽고 외워야 한다. 의리가 참으로 무궁하니, 만약 마음을 다하여 이해하지 않으면 남다른 소견을 얻을 수가 없다. 항상 반복해서 연구하여 평생 학문의 밑천으로 삼는 것이 옳다. 이는 내가 너를 위해 당초부터 가지고 있던 일단(一段)의 고충인데, 네가 능히 이것을 이해하겠느냐?

274 맹자 : 원문의 '추(鄒)'는 맹자의 고향 추읍(鄒邑)을 가리키는바, 맹자 또는 《맹자》를 달리 칭할 때 쓰인다.

서종질 일성에게 답함 경술년[275]

答庶從姪一誠 庚戌

정묘(正廟)의 성(姓)·휘(諱)와 같은 음이라고 하여 '이(二)'와 '성(聖)' 두 글자를 모두 휘한 것[276]은 혐명(嫌名)한 것 중에 혐명한 것이다. 《시경》과 《서경》에도 "너의 사전(私田)을 크게 경작하다.〔駿發爾私〕"라고 하고 "후손을 크게 번창하게 하셨다.〔克昌厥後〕"[277]라고 하였

275 경술년(庚戌年) : 1850년(철종1)으로 매산의 나이 75세 되던 해이다.

276 정묘(正廟)의……휘한 것 : 정묘는 정조(正祖)의 묘호인바, 이름이 '이성(李祘)'인데, '이(二)' 자와 '성(聖)' 자가 성소 이름의 음과 같다고 하여 모두 휘(諱)한 것을 이른다. 《전운옥편(全韻玉篇)》에 '祘'에 대해 "음은 '성'이고 뜻은 '살피다.'이다.〔성, 省也.〕"라고 풀이한 것이 보인다. 정조 즉위년에 정조의 이름 '이산(李祘)'의 '산(祘)'과 음이 같다는 이유로 '산학(算學)'과 '산원(算員)'을 각각 '주학(籌學)'과 '계사(計士)'로 명칭을 바꾸고, '이산'과 음이 같다는 이유로 평안도의 '이산(理山)'을 '초산(楚山)'으로, 충청도의 '이산(尼山)'을 '이성(尼城)'으로 바꾼 기록이 사료에 보이는바, 현재 정조의 이름을 '이산'으로 읽으나, 이 당시에는 '이성'으로 읽었던 것으로 판단된다. 《正祖實錄 卽位年 5月 22日》

277 너의……하셨다 : 이 두 구절은 모두 《시경》에 나오는 말로 각각 주송(周頌)의 〈희희(噫嘻)〉와 〈옹(雝)〉에 보이는데, 앞 구절에서는 무왕(武王)의 이름인 '발(發)'을, 뒤 구절에서는 문왕(文王)의 이름인 '창(昌)'을 휘하지 않고 그대로 썼다. '창' 자에 대해서는 해당 원문에 소식(蘇軾)이 "주(周)나라 사람은 휘(諱)로써 신(神)을 섬겼는데, 문왕의 이름이 창인데도 이 시에서는 '극창궐후(克昌厥後)'라고 말한 것은 어째서인가? 주나라의 이른바 '휘'라는 것은 그 이름을 호칭하지 않았을 뿐이요, 마침내 그 글자를 폐하지는 않았으니, 그 이름을 휘하느라 그 글자를 폐한 것은 주나라 예(禮)의 유폐(流弊)이다.〔周人以諱事神, 文王名昌, 而此詩曰克昌厥後, 何也? 曰: 周之所謂諱, 不以其名號之耳, 不遂廢其文也. 諱其名而廢其文者, 周禮之末失也.〕"라고 주한 것이 보인다.

으니, 옛날 휘법(諱法)에 있어서는 다만 소리 내서 읽지 않을 뿐이요, 또한 책에는 그대로 쓰기도 하였다. 지금 감히 이렇게 하지는 못하나 글자의 음이 서로 같은 것을 함께 휘하게 함은 너무 과한 것이 아니겠느냐. 만약 "세상 사람들의 시기하는 이목에 저촉하여 교묘한 질책을 초래하기 쉽다."고 한다면, '이성(二聖)'을 '양성(兩聖)'으로 고치는 것도 마땅하다.

서족질 일연에게 줌 기해년[278]

與庶族姪一衍 己亥

네가 일찍 부모[279]를 잃었으니 진실로 선민(鮮民)[280]의 인생이다. 또 회수(淮水)를 건너온 귤[281]이 되었으니, 어떻게 살아가느냐? 생각하면 마음이 측은해진다. 세상 사람들 중에 고자(孤子)로 집안을 담당하게 되어[282] 가르침을 받들 곳이 없어서 유혹을 좇아 바깥으로 분주하게 다니면서 종신토록 돌아오지 않는 자들을 살펴보면 모두 이와 같으니, 이는 사전에 대비하는 경계가 된다.

또 사예(射藝)를 하는 자는 대부분 부랑아(浮浪兒)이니, 이후에 무과에 급제하는 것은 기쁨이 될 수가 없고 복전에 자신을 그르치는 것은 더욱더 근심스러운 일이다. 부디 즉시 활을 던져버리고 벼슬의 진취를

278 기해년(己亥年) : 1839년(헌종5)으로 매산의 나이 64세 되던 해이다.

279 부모 : 원문의 '호시(怙恃)'는 《시경》〈소아(小雅) 육아(蓼莪)〉에 "아버지가 아니면 누구를 의지하며, 어머니가 아니면 누구를 믿을까.〔無父何怙, 無母何恃?〕"라고 한 데에서 온 말이다.

280 선민(鮮民) : 부모를 여의고 외롭게 사는 백성을 말하는데, 《시경》〈소아 육아〉에 "부모를 여의고서 외롭게 사는 삶은 죽는 것만도 못한 지가 오래일세.〔鮮民之生, 不如死之久矣.〕"라고 한 데서 유래하였다.

281 회수(淮水)를 건너온 귤 : 사람의 성질이 주위 환경에 따라 변할 수 있다는 말로, 자세한 내용은 62쪽 주119 참조.

282 고자(孤子)로……되어 : 적자(適子)로서 아버지 사후에 그 뒤를 이어받아 가사(家事)를 주관하는 것을 말하는바, 《예기》〈곡례(曲禮)〉에 "고자로 집안을 담당하는 자는 관과 옷에 채색실로 가선을 두르지 않는다.〔孤子當室, 冠衣不純采.〕"라고 보인다.

단념하여 오직 밭에서 열심히 농사를 지어 부모를 봉양하고 처자식을 기름에 근심이 없게 하는 것을 안신입명(安身立命)[283]하는 계책으로 삼기를 바란다. 이렇게 하는 것이 지극히 마땅하고 지극히 마땅하다. 농사하는 여가에 《소학》과 《논어》를 일과로 읽으면 마음을 열고 눈을 밝힐 수가 있고 또한 나쁜 일을 하지 않는 지조를 가질 수 있을 것이다. 천만번 조심해서 항심(恒心)과 항산(恒産)[284]을 잃지 않는 것이 지극히 옳고 지극히 옳다.

집안을 망치는 일이 한 두 가지가 아니지만 잡기(雜技)를 좋아하는 자는 반드시 망하고, 이른바 '골패(骨牌)'와 '지패(紙牌)'[285]는 그 중에서도 심한 것이다. 혹시라도 시골 사람들의 유혹에 마음을 빼겨서 전복(顚覆)하고 실추(失墜)하는 일이 없게 해라. 선비와 농군을 막론하고 만약 실제로 마음을 쓰는 곳이 있다면 거의 잡류가 되지 않을 것이니,

283 안신입명(安身立命) : 몸을 편안히 하고 명을 바르게 확립한다는 뜻이다. 안신은 입신(立身)과 같으며, 입명은 천명을 지키며 올바르게 살아간다는 뜻으로, 《맹자》 〈진심 상(盡心上)〉에 "요절하거나 장수함에 의심하지 않아, 몸을 닦고 천명을 기다림은 명을 세우는 것이다.〔殀壽不貳, 修身以俟之, 所以立命也.〕"라고 한 말을 원용한 것이다.

284 항심(恒心)과 항산(恒産) : 일정하게 유지되는 선(善)한 본심과 일정한 생활을 유지할 수 있는 재산이나 생업을 이르는바, 《맹자》 〈양혜왕 상(梁惠王上)〉에 "일정한 생업이 없어도 언제나 선한 본심을 견지할 수 있는 자는 오직 선비만이 가능한 일이다. 일반 백성의 경우에는 일정한 생업이 없으면 이로 인하여 선한 본심이 없게 된다. 이처럼 선한 본심이 없어지면 방벽(放辟)하고 사치(邪侈)한 행동을 하지 않음이 없다.〔無恒産而有恒心者, 惟士爲能, 若民則無恒産, 因無恒心. 苟無恒心, 放僻邪侈無不爲已.〕"라고 보인다.

285 골패(骨牌)와 지패(紙牌) : 모두 노름의 일종으로, 골패는 나뭇조각에 각각 흰 뼈를 붙인 것이고 지패는 종이로 만든 노름 기구이다.

이것은 너의 취사선택 여하에 달려 있을 뿐이다. 너의 집이 보존되느냐 망하느냐는 온전히 너한테 달려 있고, 두 대(代)의 편친(偏親)도 오직 너를 의지하여 목숨을 이어가고 있으니, 네가 비록 몸가짐을 소홀히 하고자 한들 될 수 있겠느냐.

선철들의 말씀에 "선(善)을 행하는 것이 가장 즐겁고 책을 읽는 것이 아름다우니, 선을 실천하는 방법을 알고자 할진대 반드시 독서를 말미암아야 한다."라고 하였는데, 이것이 진실하고 돈독한 말씀이니, 네가 이와 같이 하기를 원한다.

족손 영관[286]에게 줌 신미년[287] 8월

與族孫永觀 辛未八月

당일에 난보(爛報)를 접하고 도기(到記)[288]의 방목(榜目)에서 장원에 올라있는 그대의 높은 이름을 보았소. 어쩌면 이리도 장하오. 소성(小成)한 지 1년이 못 되어 또 크게 이름을 냈으니,[289] 붕새가 바다에서 날개를 치고 기마(驥馬 천리마)가 발굽을 폈다[290]는 말로도 이 통쾌함을

286 영관(永觀) : 1777~?. 자는 성지(成之)로, 아버지는 통정대부(通政大夫) 초산진 병마절제사(楚山鎭兵馬節制使) 홍시부(洪時溥)인데, 홍직필의 10대조 홍이평(洪以平, 1463~1525)에게서 갈라져 내려온 족친이다. 신미년(1811) 성균관의 학생이었을 적에, 추도기 유생(秋到記儒生)들을 대상으로 명정전(明政殿)에서 열린 시험에 응시하여 제술로 수석을 차지하고 전시(殿試)에 응할 수 있는 자격을 부여받았다. 1813년(순조 13) 증광시 문과에 을과로 급제하고, 대사간, 좌부승지 등을 지냈다.

287 신미년(辛未年) : 1811년(순조11)으로 매산의 나이 36세 되던 해이다.

288 도기(到記) : 성균관에서 공부하는 유생들에게 제술(製述)로써 시험하여 성적이 우수한 2~3명을 뽑아 전시(殿試)에 바로 응시할 수 있는 자격을 주었던 도기시(到記試)를 이른다.

289 소성(小成)한 지……냈으니 : 소성은 과거의 소과(小科)에 합격함을 이르는바, 홍영관이 1810년 식년시에서 생원에 합격한 지 채 1년도 지나지 않아 도기시에 장원하였기 때문에 이렇게 말한 것이다.

290 붕새가……폈다 : 붕새와 기마(驥馬)처럼 뛰어난 재주를 갖춘 인물이 세상에 큰 뜻을 펼침을 비유한 것이다. '붕새가 바다에서 날개를 친다'는 말은 《장자》〈소요유(逍遙遊)〉의 "북해에 물고기가 있는데 이름이 곤(鯤)이고 크기가 몇 천 리가 되는지 모른다. 이것이 변하여 새가 되는데 이름이 붕(鵬)이고 등이 몇 천 리가 되는지 모른다.…… 이 붕이 남해로 날 때는 물을 3천 리를 치고 회오리바람을 타고 9만 리를 날아올라 여섯 달을 가서야 쉰다.〔北冥有魚, 其名爲鯤, 鯤之大, 不知其幾千里也. 化而爲鳥, 其名

다 표현할 수가 없소.

짐작하건대 금첩(金帖)을 가지고 초산(楚山)에 기쁜 소식을 전했을 것이니,[291] 또한 마땅히 가서 뵙고 영화를 고했소? 동인(同人)[292]의 정의는 자연 보통 사람의 심정과 다르기 때문에 기뻐하는 마음이 간절하고, 기뻐하는 마음이 간절하기 때문에 근심하는 마음도 깊소.

존문(尊門)에서는 홍지(紅紙)[293]를 취하기를 지푸라기 줍듯이 하였소.[294] 두(杜)씨 집안의 한 가문에 세 수재가 나온 것과 이(李)씨 집안

爲鵬, 鵬之背, 不知其幾千里也.……鵬之徙於南冥也, 水擊三千里, 搏扶搖而上者九萬里, 去以六月息者也.〕"라는 말에서 원용한 것이고, '기마가 발굽을 폈다'는 말은 중국 삼국시대 때 방통(龐統)이 뛰어난 재주를 가지고도 유비(劉備)에게 인정을 받지 못하여 외직의 낮은 벼슬에 있다가 파직되자, 이에 오(吳)나라 노숙(魯肅)이 유비에게 편지를 보내어 "방사원은 백 리 되는 작은 고을을 다스리는 재주가 아니다. 그에게 치중(治中)·별가(別駕)의 임무를 맡겨야 비로소 기마의 발굽을 펼칠 수 있다.〔龐士元非百里才也, 使處治中別駕之任, 始當展其驥足耳.〕"라고 하여, 유비가 방통을 치중으로 발탁한 고사에서 인용한 것이다.《三國志 卷37 蜀書 龐統傳》 사원은 방통의 자이며, 치중, 별가는 중앙 부서의 요직이다.

291 금첩(金帖)을……것이니 : 집안 어른들이 있는 초산(楚山)에 등과(登科)한 소식을 알렸을 것이라는 말이다. 금첩은 '이금첩자(泥金帖子)'의 줄임 말로, 이금은 아교를 섞은 금분(金粉)인데, 당(唐)나라 때 새로 급제한 사람이 가정에 보내는 편지에다 이금첩(泥金帖)을 첨부해서 등과의 기쁜 소식을 전하였던 데에서 유래한다. '초산'은 평안도에 있는 지명이다.

292 동인(同人) : 마음과 뜻을 함께 하는 사람을 가리키는데, 여기서는 매산 홍직필이 그와 동종(同宗)이므로 이렇게 칭한 것이다.

293 홍지(紅紙) : 홍패(紅牌)를 달리 이르는 말인데, 문과에 급제한 자는 붉은 종이에 이름을 쓰고 이것을 '홍패'라 하였으며, 생원·진사시에 합격한 자는 흰 종이에 이름을 쓰고 이것을 '백패(白牌)'라 하였다.

294 지푸라기……하였소 : 매우 쉽게 취함을 비유한 말로, 《한서》〈하후승전(夏侯勝

의 삼대가 탐화(探花)를 한 것[295]이 아름다움을 독차지하지 못하니, 진실로 우리 문중의 영화가 되오. 그러나 만약 부귀하게 되어 먹고 마시는 것을 취하기만 한다면[296] 영화가 될 수 없고 다만 스스로 오점을 남길 뿐이오.

좌하(座下)는 과거 공부에 얽매여서 책을 읽을 겨를이 없었는데, 지금은 길가는 사람이 젖은 옷을 벗어 버리고 집안의 하인이 몸을 속량(贖良)한 것과 같아서 홀가분하게 자유로운 몸이 되었으니, 이렇게 한가로운 때에 의리의 문자를 취하여 잠심(潛心)하고 가슴속에 새긴 뒤에야 그 축적한 학문의 힘으로 군주를 섬길 수 있을 것이오. "지금

傳)〉에 "하후승이 강의할 적마다 항상 생도들에게 다음과 같이 말하였다. '선비는 경학에 밝지 못함을 근심해야 하니, 경학에 만약 밝다면 고관대작이 되는 것은 허리를 굽혀 지푸라기를 줍는 것처럼 쉽다.'〔士病不明經術, 經術茍明, 其取靑紫如俛拾地芥耳.〕"라고 보인다.

295 두(杜)씨……것 : 수(隋)나라 인수(仁壽) 연간(601~604)에 두정현(杜正玄)·두정장(杜正藏)·두정륜(杜正倫) 3형제가 과거에서 수재(秀才)로 뽑힌 것과 송(宋)나라 때 이소구(李昭遘)·이고경(李杲卿)·이사렴(李士廉) 3대가 모두 20세 전에 과거에서 장원한 것을 각각 가리킨다. 전자는 수나라 전대를 통틀어 겨우 10여 명밖에 없는 수재 가운데 두씨 한 집에서 3명이나 나왔기 때문에 세상 사람들에게 칭송되었다. 후자는 '삼세탐화(三世探花)'라고 불리는데 탐화는 갑과(甲科) 장원 급제자 중 3등을 가리킨다. 《舊唐書 卷70 杜正倫列傳》《古今事文類聚 前集 卷26 仕進部 三世探花》

296 부귀하게……한다면 : 본문의 '포철(哺啜)'은 시험에 장원을 한 뒤에 얻은 벼슬로 먹고 마시는 부귀만 누림을 이른다. 《맹자》〈이루 상(離婁上)〉에 악정자(樂正子)가 제왕(齊王)의 총신(寵臣)인 왕환(王驩)을 따라 제나라에 오자, 맹자가 "그대가 자오(子敖)를 따라 온 것은 한갓 먹고 마시기 위한 것이다. 나는 그대가 고인의 도를 배웠으면서 먹고 마시는 것을 힘쓰리라고는 생각하지 못했다.〔子之從於子敖來, 徒餔啜也. 我不意子學古之道而以餔啜也.〕"라고 보인다. 자오는 왕환의 자이다.

사람들은 천리(天理)의 본원(本原)을 보지 못하고 급급히 공명을 성취하려는 마음이 있다. 그러므로 의론과 식견이 왕왕 낮고 누추하며 다방면으로 이리저리 미루고 지체하다가 결국에는 하나의 사사로움을 성취한다."[297]라고 하였는데, 이는 주자께서 일찍이 애통히 여기고 서글퍼하신 것이오. 만일 그렇게 된 까닭을 궁구해보면 독서를 하지 않았기 때문이오.

좌하가 출신(出身)하여 군주를 섬기는 것이 이로부터 시작되니, 마음을 열고 눈을 밝게 하여 실행에 이로움이 있게 할 방법을 생각하지 않을 수 있겠소. 좌하의 동료들은 언필칭 회재(晦齋 이언적(李彦迪))와 퇴계(退溪 이황(李滉)) 두 선생을 말하는데, 회재와 퇴계가 이리도 훌륭하게 된 이유를 참으로 알고 그렇게 말하오? 두 현자도 보통 사람들과 같을 뿐이오. 다만 책을 읽어서 이지를 밝히고 자기 마음을 미루어 남에게 미쳐서 군주를 요순(堯舜)으로 만들고 백성을 요순의 백성으로 만들려고 했을 뿐이니, 회재와 퇴계의 허다한 공부를 쓰지 않는다면 회재와 퇴계의 진면목을 제대로 보지 못할 것이오. 한갓 그 사람을 높이고 우러러 보기만 하고 그의 책을 외고 본받지 않는다면, 겉만 사모하는 데 가깝지 않겠소.

회재와 퇴계 이하 서애(西厓 유성룡(柳成龍)) · 학봉(鶴峯 김성일(金誠一)) · 우복(愚伏 정경세(鄭經世))과 같은 제공(諸公)이 모두 학문을 통해서 배출되었소. 그러므로 조정에서 벼슬한 사공(事功)이 대부분 자못 볼 만한데, 이는 다만 존형들이 일찍이 칭술한 것을 가지고 말한 것이오. 또한 군이 멀리 다른 사람을 인용할 것이 없고, 바로 존문(尊門)

297 지금……성취한다 : 이 내용은 《주자대전》 권46 〈답반숙창(答潘叔昌)〉에 보인다.

안에 치재옹(恥齋翁)[298]처럼 젊은 나이로 학문에 뜻을 두어 진심으로 도에 나아가신 분과 판결 공(判決公)[299]처럼 일신(一身)을 잊고 대궐문에서 고함쳐 혈성(血誠)으로 인륜을 부지하신 분도 좋소. 이것은 이른바 "요순을 본받고자 할진대 먼저 조종(祖宗)을 본받는다."[300]는 것이니, 늙은 유생의 일상적인 말이라고 여겨서 소홀히 하지 않는다면 참으

298 치재옹(恥齋翁) : 치재는 홍인우(洪仁祐, 1515~1554)의 호로, 자는 응길(應吉)이고, 서경덕(徐敬德)·이황의 문인이며, 성리학에 조예가 깊어 노수신(盧守愼), 김안국(金安國) 등 당대 명사들과의 학문적인 교류가 많았다. 저서로 《치재집》, 《관동일록(關東日錄)》이 있고, 영의정에 추증되었다.

299 판결 공(判決公) : 남양 홍씨 중에 판결사 벼슬을 지낸 인물이 몇 명 있는데, 여기에서 말한 판결 공은 인목대비(仁穆大妃)의 폐모론을 반대하다가 거제에 9년 동안 유배되었던 홍무적(洪茂績, 1577~1656)을 가리킨 것으로, 자는 면숙(勉叔), 호는 백석(白石), 시호는 충정(忠貞)이다. 권신 이이첨(李爾瞻)이 정조(鄭造)·윤인(尹訒) 등을 사주하여 폐모론을 제기하자, 은둔생활을 하고 있던 이원익(李元翼)이 그 부당성을 극력 논박하다가 유배당하였는데, 1615년(광해7)에 생원이었던 홍무적이, 정택뢰(鄭澤雷)·김효성(金孝誠) 등과 잇따라 소를 올려 이원익을 변호하고 폐모론자들의 목을 벨 것을 주장하다가 거제도로 유배되었다. 뒤에 인조반정으로 석방되고 다시 등용되어 판결사, 형조 판서 등을 지냈다.

300 요순을……본받는다 : 이 내용은 송(宋)나라 범조우(范祖禹, 1041~1098)가 편찬한 《제학(帝學)》 권6 〈인종(仁宗)〉에 "요순을 본받고자 할진대 오직 인종(仁宗)을 본받을 뿐이다.〔欲法堯、舜, 惟法仁宗.〕"라고 한 말을 원용한 것이다. 조종(祖宗)은 훌륭한 선조를 뜻한다. 《제학》은 고대의 태후복희씨(太昊伏羲氏)부터 송 신종(神宗)까지 중국 역대 제왕들이 학문을 숭상한 사적을 기록한 것인데, 전8권 중에 3~8권이 송나라 제왕이고, 또 이 가운데 5~7권이 인종에 대한 기록인바, 이로써 범조우가 말한 '인종(仁宗)'을 후대 사람들이 '조종'이라고 바꾼 이유를 추측할 수 있다. 본집 권12의 〈답김성보(答金城甫)〉에도 "범순부가 이르기를 '요순을 본받고자 할진대 마땅히 조종을 본받아야 한다.' 하였다.〔范淳夫言: 欲法堯、舜, 當法祖宗.〕"라고 원용한 것이 보인다. 순부는 범조우의 자이다.

로 우리 문중의 영화가 될 것이오.

선비가 능히 천하의 일을 확립할 수 있는 이유는 뜻이 있기 때문인데, 재주가 아니면 뜻을 이룰 수 없고 학술이 아니면 재주를 도울 수 없소. 옛날 군자가 이 세 가지〔뜻·재주·학술〕를 겸하지 않고서 능히 세상에 훌륭한 일을 한 사람은 없었으니, 어찌 독서하지 않고서 능했겠소. 천만번 노력하기 바라오.

아전 오도연에게 부침 경술년[301]

寄吳吏道淵 庚戌

이제 막 근황이 편안하고 길하다는 것을 알았소. 도필(刀筆)[302]의 수고로움이 독서[303]에 방해가 되지는 않소?

"선철들이 독서를 중요시한 것은 옛 사람들이 경험한 바를 통해서 후인들로 하여금 현재의 성취를 누리게 하고자 해서이다. 독서를 통해서 우매한 자는 밝아지고 의심하는 자는 결단력이 생기며, 겁이 많은 자는 용맹해지고 조급한 자는 온화해지며, 잔인한 자는 너그러워지고 위축된 자는 도량이 넓어지며, 경쟁심이 있는 자는 평온해지고 탐욕스러운 자는 청렴해지며, 거만한 자는 엄숙해지고 시기하는 자는 공평해지며, 게으른 자는 부지런해진다. 이는 바로 절름발이의 지팡이요 맹인의 도우미이며 병든 자의 약이나 다름없다."[304]

301 경술년(庚戌年) : 1850년(철종1)으로 매산의 나이 75세 되던 해이다.

302 도필(刀筆) : 서리(書吏)의 직무를 이르는바, 종이가 발명되기 전에 서리가 붓 대신 칼로 대쪽에 글자를 새겨서 기록하였던 데에서 유래한다.

303 독서 : 원문의 '신점(呻佔)'은 소리를 내어 책을 읽는다는 뜻으로, 본래 스승이 경의(經義)를 풀어 가르치지 않고 단지 책만 읊게 한 것을 가리켰는데, 뒤에 독서 또는 송독을 두루 지칭하게 되었다. 《예기》 〈학기(學記)〉에 "지금 가르치는 자들은 눈앞에 보이는 간독(簡牘)만을 읊을 뿐이다.〔今之教者, 呻其佔畢.〕" 하였는데, 진호(陳澔)는 《예기집설대전(禮記集說大全)》에서 "신(呻)은 읊는 소리이고 점(佔)은 봄이고 필(畢)은 간독이다.〔呻, 吟諷之聲也, 佔, 視也, 畢, 簡也.〕"라고 주하였다.

304 선철들이……다름없다 : 이 내용은 명(明)나라 학자 고반룡(高攀龍, 1562~1626)의 《고자유서(高子遺書)》 권3 〈설류(說類) 시학자(示學者)〉에 보인다.

라고 하였는데, 진실로 능히 노력해서 공효(功效)를 거두는 자는 적소. 장보관(章甫冠)을 쓰고 도포를 입은 자[305]도 오히려 그러한데, 하물며 안목(雁鶩)[306]의 일을 하는 자에 있어서이겠소.

항상 나는 그대를 도서(圖書)가 있는 조용한 호수와 산 곁에 두고 싶으나 그렇게 할 수가 없으니, 오직 그대가 집에 거처하며 학업에 힘써서 처음 발원(發願)한 마음을 저버리지 않기를 바랄 뿐이오. 옛날에 '녹은(祿隱)', '이은(吏隱)'[307]이라고 하였으니, 은둔에도 존비(尊卑)와 귀천의 차이가 있으나 능히 몸과 마음을 지킴은 모두 똑같소. 노력하고 노력하오.

305 장보관(章甫冠)을……자 : 원문의 '장보(章甫)'와 '봉액(縫掖)'은 각각 장보관과 도포로, 모두 유자(儒者)의 복장인바, 《예기》 〈유행(儒行)〉에 공자가 "저는 어려서 노나라에 살 때에는 봉액의 옷을 입었고, 장성하여 송나라에 살 때에는 장보의 관(冠)을 썼습니다.〔丘少居魯, 衣縫掖之衣; 長居宋, 冠章甫之冠.〕"라고 한 데에서 유래한다. 봉액은 소매가 큰 도포 따위이다.

306 안목(雁鶩) : 원문의 '안(雁)'은 아전의 행렬을 빗대어 일컫는 말인 '안목'을 줄인 것으로, 한유(韓愈)가 〈남전현승청벽기(藍田縣丞廳壁記)〉에서 아전들이 일렬로 나오는 모습을 기러기와 오리의 행렬〔雁鶩行以進〕에 비유한 표현에서 유래한다. 《韓昌黎文集 卷13》

307 녹은(祿隱), 이은(吏隱) : 녹은은 집이 가난하여 벼슬살이를 하지만 부귀영달에 욕심내지 않고 은거한 것이나 다름없이 생활하는 사람을 가리키고, 이은은 덕과 재주를 지닌 자가 낮은 직급의 관리로 있으면서 이름을 감추고 근무하는 것을 이른다.

계오[308] 상인에게 답함 갑술년[309]

答戒悟上人 甲戌

정월에 병석(甁錫)[310]을 이끌고 직접 방문해 주셨는데, 이는 허현도(許玄度)가 지둔(支遁)에게 얻은 것입니다.[311] 다만 《남화경》의 첫 편을 자신 있게 강론하고 토론하지 못한 일은 마음에 걸리지 않을 수 없습니다.[312]

308 계오 : 1773~1849. 승려로, 속성은 권(權)씨, 자는 붕거(鵬擧), 호는 월하(月荷)로, 아버지는 모현(慕賢)이고, 어머니는 밀양 박씨(密陽朴氏)이다. 11세에 어버이의 뜻에 따라 출가하여 팔공산에서 월암(月菴)의 제자가 되었으며, 그 뒤 침허(枕虛)에게서 구족계(具足戒)를 받고 우기(祐祈)의 법을 이었다. 유학자들과 교유하면서 필체나 시문으로 이름을 떨쳤다. 77세로 가지산 석남사 연등정사(燃燈精舍)에서 입적(入寂)하였고, 저서는 모두 12권이 있었으나 《가산집(伽山集)》 4권만 전하며, 석남사에 초서로 쓴 천자문 판각이 보관되어 있다.

309 갑술년(甲戌年) : 1814년(순조14)으로 매산의 나이 39세 되던 해이다.

310 병석(甁錫) : 병석(缾錫)으로도 표기하는바, 승려들이 여행할 때 가지고 다니는 물병과 지팡이인데, 승려를 비유하기도 한다.

311 허현도(許玄度)가……것인데 : 현도는 진(晉) 나라 때의 고사(高士) 허순(許詢)의 자로, 동시대의 고승 지둔(支遁)과 불경과 현리(玄理)를 서로 담론하면서 두터운 교분을 유지하였으므로 두 사람은 교의가 깊은 승려와 문사 간을 비유할 때 많이 인용된다.

312 남화경(南華經)의……없습니다 : 지둔이 정리한 《남화경》 〈소요유(逍遙遊)〉에 대한 주석을 당시 교유인물들이 기묘한 이론이라고 찬탄하였는바, 지둔의 이러한 심오한 사상을 계오 상인과 강론하지 못해 마음에 섭섭함이 없을 수 없다는 말이다. 《남화경》은 장주(莊周)가 지은 《장자(莊子)》의 이칭으로, 《남화진경(南華眞經)》이라고도 한다.

거듭 사미(沙彌)를 보내어 불법(佛法)을 베푸신 일은 아마도 스스로 무심(無心)하지 못하여 그런 듯한데, "무심이 바로 도(道)이다."라고 한 옛 선사(禪師)의 말씀과 다른 것이 아닌지요. 어찌 이것을 옳지 않다고 생각하여 취하지 않으시는 것입니까.

한 번 손가락을 튕기는 잠깐 사이[313]에 어느덧 한 해가 다 지나가고 있습니다. 상상하건대 이 사이에, 구름과 노을, 맑은 물과 밝은 달 속에서 마음을 청절(淸絶)하게 가지셨을 것입니다. 그러나 마치 딴 세상과 같이 멀리 떨어져 있어 다시 가까이할 수 없으니, 때때로 보내주신 훌륭한 시문(詩文)[314]을 꺼내어 외고 읊조려 마지않는데, "공과 사는 한 칸 차이로 터럭 하나를 용납하는 곳이요 삼재는 엄히 구분되어 기미를 볼 수 있는 곳이네.〔一間公私容髮處 三才涇渭玩機場〕"라는 시구와 같은 것은 저를 깨우쳐주신 바가 큽니다.

묻건대 추운 날씨에 참선하는 정황(情況)이 더욱 안정되어 여러 움직임을 끝마치고 온갖 경계를 거둔 것이 응당 색상(色相)[315]의 밖에 보존되었을 것이요, 취죽(翠竹)과 황국(黃菊)에서 진실한 풍광을 획득하셨겠지요? 현재 어느 산에 목패(木牌)를 걸어놓고[316] 있습니까? 올

313 손가락을……사이 : 원문의 '탄지지경(彈指之頃)'은 불교 용어로, 한 번 손가락을 튕기는 극히 짧은 시간을 말한다.

314 훌륭한 시문(詩文) : 원문의 '경거(瓊琚)'는 보옥(寶玉)으로 상대방의 훌륭한 시문을 비유한 것인 바, 《시경》 〈위풍(衛風) 목과(木瓜)〉의 "나에게 목과를 주거늘 경거로써 갚는다.〔投我以木瓜, 報之以瓊琚.〕"라는 구절에서 유래하였다.

315 색상(色相) : 육안으로 볼 수 있는 모든 물질의 형상을 이른다.

316 목패(木牌)를 걸어놓고 : 원문의 '괘패(挂牌)'는 목패를 걸고 총채를 잡는다는 뜻의 '괘패병불(挂牌秉拂)'을 줄인 말로, 사찰의 수좌(首座)가 됨을 비유한다. 《주자대

해는 큰 기근이 들었는데, 양식 걱정은 없는지요? 선사(禪師)는 속세를 떠나 법문(法門)에 귀의하여 오온(五蘊)이 모두 공허하고[317] 육근(六根)[318]이 이미 다 없어졌으니, 즐거워 돌아오는 것을 잊고 일생을 마칠 것인지요?

말씀하기를 "성현의 책을 읽어 조금이나마 공(孔)·맹(孟)과 정(程)·주(朱)의 도를 안다."라고 하고, 또 "불교의 폐해가 양주(楊朱)·묵적(墨翟)보다 심하다."라고 하니, 만약 참으로 그렇게 여긴다면 어찌 돌이켜 순수한 데로 돌아오지 않고, 허황하고 무실(無實)한 곳에서 이와 같이 평생을 마치려고 하신단 말입니까?

그렇다면 선사는 묵자(墨者)와 같이 행세하면서 유자(儒者)의 도를 따르는 사람이 아닙니까? 아니면 또한 유학을 마음에 두면서 부처의 자취를 따르는 사람입니까? 자취가 그러하면 마음도 자취와 함께 변화

전속집(朱子大全續集)》 권1 〈답황직경(答黃直卿)〉에 보이는데, 《주자대전차의집보(朱子大全箚疑輯補)》에 "선가에서 조사가 설법할 때의 일로, 목패를 벽 사이에 걸어놓고 조사가 이것을 쳐서 대중을 부른다. '병불(秉拂)'의 '불(拂)'은 총채이니, 조사가 잡는 것인데 설법할 적에 이것으로 지휘한다.〔禪家祖師說法時事. 挂木牌於壁間, 祖師擊之以召衆也. 秉拂拂, 麈尾也, 祖師執之, 說法時, 以指麾也.〕"라고 주하였다.

317 오온(五蘊)이……공허하고 : 오온은 색(色), 수(受), 상(想), 행(行), 식(識)의 다섯 가지 작용이 모여 쌓여서 사람의 신심(身心)을 이루는 것으로, 이 내용은 당(唐)나라 왕유(王維)의 〈능선사비명(能禪師碑銘)〉에 "오온은 본디 공허한 것이요, 육진(六塵)은 참으로 있는 것이 아니로다.〔五蘊本空, 六塵非有.〕"라고 한 말을 원용한 것이다. 육진은 색(色), 성(聲), 향(香), 미(味), 촉(觸), 법(法)으로 구성된 허환(虛幻)한 세계를 뜻한다.

318 육근(六根) : 사람을 미혹하게 하는 여섯 가지 근원으로, 안(眼)·이(耳)·비(鼻)·설(舌)·신(身)·의(意)를 말한다.

되니, 이른바 "이 마음이 있으면 이 자취가 있다."[319]는 것입니다.

이미 형체를 보존하고 마음을 변화하여 수족(手足)을 엄하게 할 수 있음을 안다면, 어찌 용감하게 사좌(獅座)를 거두어 한 번 변하여 도(道)에 이르지 않습니까?[320] 도는 바로 천만 대에 걸쳐 공통적으로 행하는 것이고, 천만 사람이 함께 따르는 것인데, 석씨(釋氏)는 군신(君臣)과 부자(父子)가 없으니, 어찌 군신과 부자가 없으면서 도라고 할 수 있겠습니까.

생생(生生)의 이치[321]를 막아 장부로 하여금 아내를 얻지 못하게 하고 여자로 하여금 시집가지 못하게 함은 사람의 일을 끊는 것입니다. 사람의 일을 끊으면 사람의 일이 생기지 못하고, 사람의 일이 생기지 못하면 인류가 멸종되니, 누구를 위하여 잘 유도하는 문을 열고 상법(象法)의 가르침[322]을 베풀겠습니까. 이것을 공통적으로 행하고 함께

319 이 마음이……있다 : 이천 정이의 말로, 《근사록》 권13 〈변이단(辨異端)〉에 보인다.

320 어찌……않습니까 : '사좌(獅座)'는 부처가 설법하던 자리인 사자좌(獅子座)의 줄임 말로, 전하여 고승(高僧)의 자리를 이르기도 한다. 이 내용은 주자의 〈횡거선생화상찬(橫渠先生畫像贊)〉의 "초년에는 손무와 오기를 좋아하고 말년에는 석씨와 노자에서 피해 왔네. 용감하게 강론 자리를 거두어 한번 변화하여 도에 이르렀네.〔蚤悅孫吳, 晩逃佛老. 勇撤皐比, 一變至道.〕"라는 구절을 원용한 것이다. 《朱子大全 卷85 六先生畫像贊》

321 생생(生生)의 이치 : 만물이 끊임없이 생성되는 이치로, 사람이 자식을 낳아 서로 이어감을 이른다.

322 상법(象法)의 가르침 : 상법은 불법을 이른다. 석가가 죽은 뒤에 제자들이 그를 사모하여 나무로 그의 형상을 조각하고, 그 형상으로 사람들을 가르친 데서 유래한다. 남조(南朝) 양 원제(梁元帝)의 〈내전비명집림서(內典碑銘集林序)〉에 "상교가 동쪽으로 유행하니, 교화가 남국에 행해졌다.〔象教東流, 化行南國.〕"라는 말이 보이는데, '상

따르는 것이라고 이를 수 있겠습니까. 이것을 안다면 마땅히 판결을 내리는 저의 한마디 말을 기다리지 않고 계획을 바꿀 것을 생각할 것입니다.

선사는 모르는 것이 아니요 알고도 하지 않는 것이니, 모르는 것은 죄가 아니나 알고도 하지 않는 것은 바로 죄입니다. 선사와 같이 어진 사람이 또한 어찌 옛것을 좋아하여 새로운 곳으로 나아가지 않습니까? 필시 짧게 자른 두발을 기르고 변환된 모습을 바꾸는 것을 어렵게 여길 것이지만, 만약 참으로 시비(是非)를 판별할 수 있다면 불교를 떠나서 유가에 귀의함이 또한 의리상 참으로 옳은 것이니, 어찌 기왕의 자취를 추구(追咎 지난 잘못을 나무라는 것)하지 않고, 장래의 일을 미리 염려하여 마땅히 해야 할 일을 하지 않을 수 있겠습니까.

명교(名教) 가운데에 절로 즐거운 땅이 있어서[323] 성인이 되고 현인이 되는 것도 이로 말미암아 갈 뿐이니, 무엇을 꺼려서 행하지 않습니까? "누가 요순(堯舜)을 보고 마음을 전했으며 누가 공자·맹자를 보고 설명을 들었겠는가. 단지 분전(墳典)[324]일 뿐이다."라고 하신 것은

교'는 바로 상법을 가리킨다.

323 명교(名教)……있어서 : 명교는 명분과 명칭을 중시하는 가르침이라는 뜻으로, 인륜 도덕을 가르치는 유교를 이른다. 진(晉)나라 말기에 호무보지(胡毋輔之), 사곤(謝鯤), 완방(阮放), 필탁(畢卓), 양만(羊曼), 환이(桓彝), 완부(阮孚), 광일(光逸) 등 여덟 사람이 예법을 돌아보지 않고 매우 방달(放達)하여 팔달(八達)로 일컬어졌는데, 심지어 옷을 다 벗고 알몸을 내놓는 자까지 있었다. 악광(樂廣)이 이를 보고 웃으면서 "명교 안에 절로 즐거운 땅이 있는데, 어찌하여 이렇게 한단 말인가.〔名教中自有樂地, 何爲乃爾也?〕"라고 비판하였다. 《晉書 卷43 樂廣列傳》

324 분전(墳典) : 삼분오전(三墳五典)의 줄임 말로, 삼황(三皇)이 남긴 책을 《삼분》이라 하고 오제(五帝)가 남긴 책을 《오전》이라고 하는데, 유가의 옛 전적(典籍)을 통칭

참으로 훌륭한 말씀입니다. 세대가 멀어지고 사람이 죽고 없어져서 오직 그 말씀이 있을 뿐입니다. 말에서 그 마음을 얻으면 이것이 마음을 전하는 것이고 설명을 듣는 것이니, 선사가 우리의 도를 좋아하여 사모한다면, 반드시 분전에서 구하는 것이 옳습니다.

"세상에 드문 영재들이 석씨에게 잘못 이끌려서, 태어나면 이목(耳目)으로 편안하게 익히는 일에 빠졌다가 자라나면 세유(世儒)들의 불교를 숭상하는 말을 스승 삼는다."라고 하고, "그 쓰임을 한 몸의 작은 것에 가리고 그 뜻을 공적(空寂)에 써서, 큰 것을 말하든 작은 것을 말하든 둔사(遁辭)로 흘러가 중도(中道)를 잃는다."라고 하였으니,[325] 이것이 옛 현인이 매우 안타까워하면서도 구제하지 못한 것입니다. 선사도 당대의 영재입니다. 제가 선사를 몰아서 선(善)에 가게 하여 함께 대도(大道)에 이르고자 하는 것은 바로 마음에 진실로 간절합니다. 선사를 위한 것이 아니요 그 재주를 위한 것이니, 인재 얻기가 어렵다고 한 말이 맞는 말이 아니겠습니까.

선사가 문사(文詞)에 있어 명민(明敏)하고 뛰어나서 필시 백곡(白谷)·인악(仁岳)[326]과 더불어 우열을 가리기 어려울 것입니다. 만약

하는 말로 쓰인다.

325 세상에……하였으니 : 이 내용은 모두 《근사록》 권13 〈변이단(辨異端)〉에 보이는 횡거(橫渠) 장재(張載)의 말을 원용한 것이다.

326 백곡(白谷)·인악(仁岳) : 백곡은 승려 처능(處能, 1617~1680)의 호이고, 인악은 승려 의소(義沼, 1746~1796)의 호로, 두 사람 모두 승가에서 보기 드문 문장가로 평가 받기 때문에 이렇게 말한 것이다. 처능은 속성(俗姓)이 김씨(金氏), 자가 신수(愼守)로, 12세에 의현(義賢)에게 글을 배우다가 불경을 읽고 그 깊은 이치에 감동하여 출가하였고, 유교의 성명설(性命說)·인의설(仁義說)을 가지고 불법을 설명하는 방편

능히 유가 쪽으로 전향한다면 또한 문장을 통해서 도에 들어갈 수 있을 것이니, 어찌 절반의 힘으로 갑절의 효과를 거두지 않겠습니까.[327] 살아서는 바른 도로 돌아간 사람이 되고 죽어서는 도를 들은 귀신이 된다면, 또한 살아서는 하늘을 순히 섬기고 죽어서는 편안해 할 수 있을 것입니다.[328]

하루아침에 산에서 나오면 의귀할 곳이 없고 생계를 이어갈 방법이 없어서 당연히 이 일을 염려할 것이나, 성심(誠心)으로 도로 향한다면 또한 어찌 귀의함을 받아들여 살 곳을 마련해주는 자가 없겠습니까. 천리(天理)로 헤아리고 인사(人事)로 참작해 봄에 하나도 불가(不可)할 것이 없는데, 다만 선사가 불법에 얽매여 능히 하지 못할까 근심스럽습니다.

'명성(明誠)'이라고 한 것은 소싯적 일입니다.[329] 바로 원하는 것은

으로 삼았으며, 저술로는 《백곡집》 2권과 《임성당대사행장(任性堂大師行狀)》 1권이 전한다. 의소는 속성이 이씨(李氏), 이름이 의선(義宣), 자가 자의(字宜)로, 소년 시절 유교 경전에 통달하고 문장에도 능하였는데, 19세 때 용연사(龍淵寺)에서 공부하다가 출가하고, 유(儒)·불(佛)·선(仙) 삼도의 융화를 제창하였으며, 저술로 《화엄사기(華嚴私記)》, 《인악집(仁岳集)》이 있다.

327 어찌……않겠습니까 : 이 내용은 《맹자》 〈공손추 상(公孫丑上)〉에 "지금의 때에 만승(萬乘)의 나라에서 인정(仁政)을 베푼다면 백성들의 기뻐함이 거꾸로 매달린 것에서 풀려난 것과 같을 것이다. 그러므로 일은 옛사람들의 절반만 들이고도 효과는 반드시 곱절이 되는 것은 오직 지금이 그러할 것이다.〔當今之時, 萬乘之國行仁政, 民之悅之, 猶解倒懸也. 故事半古之人, 功必倍之, 惟此時爲然.〕"라고 한 말을 원용한 것이다.

328 살아서는……것입니다 : 이 내용은 횡거 장재의 〈서명(西銘)〉에 "살아서는 하늘을 순히 섬기고 죽으면 나는 편안하다.〔存吾順事, 沒吾寧也.〕"라고 보인다. 《近思錄 卷2 爲學》

329 명성(明誠)이라고……일입니다 : 매산이 젊었을 적에 명성재(明誠齋)라는 당호

여기에 있으나 행함이 있지 못하기 때문에 서재의 편액을 치워 버린 지 오래이니, 나중에 편지를 보내실 때에는 다시 이렇게 말하지 마십시오. '선생'이라는 호칭은 더욱더 쓸 수 없는 것입니다. 유가와 불가가 길이 달라 서로 도모하지 못하니, 그렇다면 이 호칭이 어찌 저에게 올 수 있겠습니까. 하물며 분수상 얻을 수 없는 경우에 있어서이겠습니까.

책력(冊曆)[330] 두 권을 보내니, 여산(廬山)의 오동잎에 대비하시기 바랍니다. 제가 봄에 미관말직을 맡게 되어 힘들게 1천 리를 여행하였으니,[331] 선사와 같이 삼공(三空)[332]을 깨달아 십지(十地)[333]를 초탈한

(堂號)를 쓴 것으로 보인다. 사리를 분명히 아는 것을 명(明)이라 하고, 지극히 진실한 상태를 성(誠)이라 하는바, 《중용장구》 제21장에 "성(誠)으로 말미암아 밝아지는 것을 성(性)이라 하고 명으로 말미암아 성(誠)해지는 것을 교(教)라 이르니, 성(誠)하면 밝아지고 밝아지면 성(誠)해진다.〔自誠明, 謂之性, 自明誠, 謂之教, 誠則明矣, 明則誠矣.〕"라고 보인다.

330 책력(冊曆) : 원문의 '명(蓂)'은 명협(蓂莢)으로 옛날 요(堯)임금 때에 있었던 상서로운 풀인데, 매월 초하루부터 보름까지는 잎이 한 개씩 생기다가 열엿새부터 그믐까지는 매일 잎이 한 개씩 떨어졌다 하므로 책력을 가리키는 말로 쓰이게 되었다.

331 미관말직을……여행하였으니 : 매산이 경주 부윤(慶州府尹)으로 재직 중인 아버지 홍이간(洪履簡)의 임소에 있다가, 이해 2월에 익위사세마(翊衛司洗馬)에 제수되어 서울로 올라온 일을 가리키는바, 본집 〈연보(年譜)〉 갑술년 조에 보인다.

332 삼공(三空) : 불가의 용어로, 번뇌에서 벗어나 증오(證悟)의 경지에 이르는 아공(我空), 법공(法空), 아법구공(我法俱空)의 세 가지 방법을 이르는바, 삼해탈(三解脫), 삼삼매(三三昧)라고도 한다.

333 십지(十地) : 불가에서 보살이 수행할 때 거쳐야 하는 열 단계의 경지로, 환희지(歡喜地), 이구지(離垢地), 발광지(發光地), 염혜지(焰慧地), 극난승지(極難勝地), 현전지(現前地), 원행지(遠行地), 부동지(不動地), 선혜지(善慧地), 법운지(法雲地)이다.

사람은 응당 이 몸을 가엾게 여기실 것입니다. 돌아와서 오래도록 병을 앓았으니, 불현듯 죽을 때가 임박한 듯합니다.[334] 삼소(三笑)의 모임[335]을 이로 인하여 지키지 못합니다. 이 또한 속세의 인연에 걸린 것이겠지요. 도잠(陶潛)과 육수정(陸修靜)의 풍류(風流)에 크게 부끄럽습니다.

334 불현듯……듯합니다 : 원문의 '납지삼십(臘之三十)'은 섣달 30일로 한 해의 마지막 날인바, 《주자대전》 권44 〈답채계통(答蔡季通)〉에 "납월삼십일(臘月三十日)"이라는 말이 보이는데, 《주자대전강록간보(朱子大全講錄刊補)》에 "섣달 30일은 한 해의 마지막이니, 사람이 죽을 시기를 비유한다.〔臘月三十日, 爲一歲之終, 譬人之死期也.〕"라고 주하였다.

335 삼소(三笑)의 모임 : 불제자가 아닌 사람이 절을 찾아가 승려를 만남을 이른다. 진(晉)나라의 혜원법사(慧遠法師)가 동림사(東林寺)에 있으면서 귀한 손님이 오더라도 산문 밖의 호계(虎溪)를 지나오지 않았는데, 여기를 지나기만 하면 문득 호랑이가 울었다. 도잠(陶潛)과 도사(道士) 육수정(陸修靜)이 찾아왔다가 돌아갈 적에 이들을 배웅하면서 함께 이야기하다가 자기도 모르는 사이에 호계를 지나자, 호랑이의 울음소리가 들렸다. 이에 세 사람이 함께 웃고 작별했다는 '호계삼소(虎溪三笑)'의 고사를 원용한 것이다.

매산집

제27권

잡저 雜著
서 序

잡저 雜著

동짓날 스스로 경계한 글 정사년[1]

陽至日自警文 丁巳

내 나이 열일곱에 처음 학문에 뜻을 두었는데, 지금 6년이 되었다. 그러나 6년 사이에 3년은 어머니 상을 치르고 3년은 눈병을 앓는 통에 실로 평안하게 보낸 날이 반달도 채 못 된다. 그러므로 이른바 "경(敬)에 거하여 그 근본을 세우고 이치를 연구하여 그 지식을 지극히 하고 몸에 돌이켜 그 실제를 실천한다."[2]는 세 가지 일 중에 한 가지도 방불

1 정사년(丁巳年) : 1797년(정조21)으로, 매산의 나이 22세 되던 해이다.

2 경(敬)에……실천한다 : 이 내용은 《주자연보(朱子年譜)》 권1에 과재(果齋) 이방자(李方子)가 "선생의 도가 지극한데, 이 경지에 이른 까닭을 따져보면 다른 것이 없다. 또한 '경(敬)을 주장하여 그 근본을 세우고, 이치를 연구하여 그 지식을 지극히 하고, 몸에 돌이켜 그 실제를 실천해야 한다. 경이 또 이 세 가지를 관통하여 시종(始終)을 이루는 것이다.'고 하신 것이다.〔先生之道之至, 原其所以臻斯閫者, 無他焉, 亦曰主敬以立其本, 窮理以致其知, 反躬以踐其實, 而敬者又貫通乎三者之間, 所以成始而成終者也.〕"라고 한 데에 보인다. 이방자는 주자의 제자로, 자는 공회(公晦), 호가 과재이며, 복건성 소무(邵武) 사람이다. 성품이 조심스럽고 단정하나 과단성이 부족하므로 주자가 호를 '과재'로 지어 주었다. 1214년 과거에 합격하여 천주관찰추관(泉州觀察推官)으로 나아가, 수령으로 있던 진덕수(眞德秀)와 도의(道義)로 교유하였다. 저술로 《전도

하게 실행한 것이 없으니, 어찌 슬퍼할 만한 일이 아니겠는가.

내가 타고난 성품이 거칠고 재주가 노둔하여 보통 사람의 축에도 낄 수 없다는 것은 참으로 누구나 아는 사실이다. 그러나 도(道)를 향한 일념(一念)만은 자나 깨나 잊지 못하여 언제나 아침에 도를 들으면 저녁에 죽어도 좋다는 생각이 간절하였다. 그러나 타고난 성품이 거칠기 때문에 존양(存養)·성찰(省察)의 공부를 제대로 실천하지 못하고, 재주가 노둔하기 때문에 궁리(窮理)·격물(格物)에 힘을 다하지 못하였다. 이미 존양·성찰을 하지 못하니, 동(動)함은 많고 정(靜)함은 적다.

그래서 이른바 '정(靜)'할 때에도 정신이 혼몽하여 잡잘 생각을 면치 못하고, 동(動)할 때에는 마음이 천 갈래 만 갈래로 흩어져 일심(一心)을 요란하게 만들어, 끝내 "사물이 오면 순히 응하고 일이 끝나면 나의 마음은 예전과 같다."[3]는 경지에 이를 수 없다. 이 때문에 마음이 스스로 주재(主宰)하는 기능을 잃어서 온몸이 마음의 명령을 따르지 못하였다.

또 궁리·격물하는 공부가 없으면 사서(四書)와 육경(六經) 및 제자백가(諸子百家)에 모두 망연히 아는 것이 없어서 장구(章句)와 훈고

정어(傳道精語)》·《우공해(禹貢解)》·《주자연보》 등이 있다.

3 사물이……같다 : 이 내용은 《퇴계집(退溪集)》 권7 〈진성학십도차(進聖學十圖箚) 숙흥야매잠(夙興夜寐箴)〉의 "일이 이르러 이에 대응하면 행하는 일에서 징험을 하여, 밝은 명이 성대히 빛나 항상 눈이 거기에 있고, 응하는 일이 끝나면 나는 예전과 같아, 마음이 맑은 물처럼 깨끗하여 정신을 모으고 생각을 쉬게 한다.〔事至斯應, 則驗于爲, 明命赫然, 常目在之. 事應旣已, 我則如故, 方寸澹然, 凝神息慮.〕"라는 말을 원용한 것이다.

(訓詁)의 지엽적인 것도 구두(句讀)를 떼지 못하는 경우가 많다. 하물며 고금의 사리에 통달하여 예악(禮樂)의 근원과 도덕의 귀결을 훤히 앎에 있어서이겠는가.

매번 한밤중에 벽을 맴돌면서 옛날의 잘못을 고쳐 새로워질 수 있는 방법을 생각한다. 그러나 상(喪)을 당한 뒤에 질병이 고질이 되어 끝내 크게 진작하고 크게 힘을 써서 황천(皇天)이 선한 본성을 내려주신 지극한 뜻에 부응할 수가 없으니, 이 또한 운명이 궁한 것이다. 오히려 누구를 원망하겠는가.

그러나 내가 간직하고 있는 성(性)은 바로 요(堯)임금·순(舜)임금·탕(湯)임금·문왕(文王)이 모두 소유하셨던 성이요, 내가 읽는 책은 공자·맹자·정자·주자가 모두 읽으셨던 책이다. 요임금·순임금·탕임금·문왕도 이 성을 가지고 계셨는데 어찌하여 그분들만 홀로 요임금·순임금·탕임금·문왕이 되셨는가? 공자·맹자·정자·주자도 이 책을 읽으셨는데 어이하여 그분들만 홀로 공자·맹자·정자·주자가 되셨는가? 저 성인은 어떤 분이며 나는 어떤 사람인가? 훌륭한 일을 하는 자는 또한 이와 같이 될 뿐이다.

상(喪)을 당함과 질병에 걸림은 성현도 면하지 못한다. 그렇다면 이것으로 인하여 자신의 한계를 지어서는 안 됨이 분명하다. 만약 주자의 '삼이(三以)의 공부'[4]에 마음을 전일하게 써서 날로 새롭고 또 새로

4 주자의……공부 : 위에서 인용한 "경(敬)에 거하여 그 근본을 세우고 이치를 연구하여 그 지식을 지극히 하고 몸에 돌이켜 그 실제를 실천한다.〔居敬以立其本, 窮理以致其知, 反躬以踐其實.〕"는 내용에 '이(以)' 자가 세 번 들어가 있는바, 이 구절을 가리킨 것으로 보인다.

워 강건(强健)하고 독실하여 고명(高明)하고 정미(精微)한 경지에 이른다면 학문의 지극한 공효요 성인의 능사(能事)라고 이를 수 있으니, 어찌 세상에서 가장 통쾌한 일이 아니겠는가. 나는 진실로 이렇다 할 장점과 단점이 없으나, 구구한 마음의 목표는 또한 제2등에 있지 않아서 정자(程子)의 "배워서 성인에 이른다."[5]는 한 마디 말씀에 삼가 감동함이 있다.

중봉(重峯) 선생이 "하늘이 남자를 낳은 것이 어찌 우연이겠는가."라고 말씀하였는데,[6] 나는 이 말씀을 여러 번 반복하여 영탄(詠歎)하고 가슴에 새겨 잃지 않기를 도모하나 될 수가 없다. 양(陽) 하나가 처음 생김[7]에 온갖 조화가 새로워지는데도 내가 평소에 한 것을 돌아보건대

5 배워서……이른다 : 이 내용은 《이정유서(二程遺書)》 권22 상(上) 〈이천어록(伊川語錄)〉에 "나라를 다스리되 영원한 천명을 기원하고 몸을 수양하여 장수를 누리고 배워서 성인에 이르는 것, 이 세 가지 공부는 누구나 할 수 있는 일반적인 일이다. 사람의 힘이 하늘의 조화를 이길 수 있음은 틀림없는 일인데, 사람이 하지 않을 뿐이다.〔爲國而至於祈天永命, 養形而至於長生, 學而至於聖人, 此三事功夫一般. 分明人力可以勝造化, 自是人不爲耳.〕"라고 보인다.

6 중봉(重峯) 선생이……말씀하였는데 : 중봉은 조헌(趙憲, 1544~1592)의 호이고, 인용한 내용은 《중봉집》 〈연보(年譜)〉에 보인다. 중봉은 자가 여식(汝式), 본관이 배천(白川)이다. 이이(李珥)의 문인으로 기발이승일도설(氣發理乘一途說)을 지지하여 이이의 학문을 계승 발전시켰다. 임진왜란이 일어나자 옥천(沃川)에서 의병을 일으켜 영규(靈圭) 등의 승병(僧兵)과 합세하여 청주를 탈환하였다. 금산(錦山) 전투에서 분전하다가 끝내 의병들과 함께 전사하였다. 시호는 문열(文烈)이며 문묘에 종향(從享)되었다.

7 양(陽)……생김 : 동지가 됨을 이른다. 《주역》의 십이벽괘(十二辟卦)는 1년의 열두 달을 열 두 괘에 배속시켜 음효(陰爻)와 양효(陽爻)의 성쇠를 나타내었는바, 동짓달의 동지에는 아래에서 한 양효가 생긴 복괘(復卦 ䷗)로 시작하여 섣달에는 임괘(臨卦

전혀 이룬 바가 없다. 그래서 허물과 후회가 태산과 같아 갑자기 뽑아 없애기 어려우니, 부끄러워 죽고 싶다. 그러나 개과천선하여 학문에 뜻을 두었던 초심을 저버리지 않기를 도모한다. 그러므로 이것을 써서 스스로 경계하노라.

䷗), 정월에는 태괘(泰卦 ䷊), 2월에는 대장괘(大壯卦 ䷡), 3월에는 쾌괘(夬卦 ䷪), 4월에는 건괘(乾卦 ䷀)가 되었다가 5월의 하지에는 다시 아래에서 한 음효가 생긴 구괘(姤卦 ䷫)가 되고, 6월은 돈괘(遯卦 ䷠), 7월은 비괘(否卦 ䷋), 8월은 관괘(觀卦 ䷓), 9월은 박괘(剝卦 ䷖), 10월은 곤괘(坤卦 ䷁)가 된다. 동지에 양효 하나가 돌아옴은 사람의 선한 마음이 회복되는 것과 같다고 하여 동지를 명절로 여기고, 이 날 학자들은 스스로 경계하는 글을 지어 맹세하곤 하였다.

세속을 경계하는 글 기축년[8]

警俗 己丑

〈세속을 경계하는 글〔警俗〕〉은 어찌하여 지었는가? 세속의 혼미함을 불러 깨우치기 위해서이다. 화(華)·이(夷)를 구분하는 것은 천하 만세의 큰 준칙이다. 낮고 높은 것이 진열됨에 귀(貴)·천(賤)의 자리를 바꿀 수 없고, 안과 밖이 정해짐에 강역(疆域)의 경계를 넘을 수 없는데, 이러한 연고는 어째서인가? 이적(夷狄)은 사람과 금수의 중간에 해당하므로 끝내 고치기 어렵기 때문이다.

그러므로 오랑캐가 중원을 어지럽히자 대순(大舜)이 오형(五刑)의 법을 드러내었고,[9] 험윤(玁狁)이 매우 치성(熾盛)하자 공자는 무더운 6월에 출병하는 것도 찬미하였다.[10] 이로 인하여 황복(荒服)의 제도[11]

8 기축년 : 1829년(순조29)으로, 매산의 나이 54세 되던 해이다.

9 오랑캐가……드러내었고 : 대순(大舜)은 순임금을 높여 칭한 것이고, 오형(五刑)은 얼굴에 자자(刺字)하는 묵형(墨刑), 코를 베는 의형(劓刑), 발꿈치를 베는 월형(刖刑), 거세하는 궁형(宮刑), 사형인 대벽(大辟)으로, 이 내용은 《서경(書經)》〈우서(虞書) 순전(舜典)〉에 보인다.

10 험윤(玁狁)이……찬미하였다 : 험윤은 흉노족으로, 주(周)나라 선왕(宣王) 때 도성에 침입하자 선왕이 윤길보(尹吉甫)에게 명하여 한 여름 6월에 출병해서 흉노를 무찌르게 하였는바, 《시경》의 〈소아(小雅) 유월(六月)〉은 바로 이것을 읊은 작품이다. 옛날 한 겨울과 한 여름에는 군대를 출동하지 않았으나, 공자가 《시경》을 산삭(刪削)할 적에 이 내용을 삭제하지 않고 그대로 두었으므로 공자가 찬미하였다고 한 것이다.

11 황복(荒服)의 제도 : 고대에 왕경(王京)을 중심으로 주변 지역을 원근에 따라 전복(甸服), 후복(侯服), 수복(綏服), 요복(要服), 황복 다섯 지역으로 나누었는데, 이

를 밝혀서 출입하는 한계를 엄하게 하였으니, 이것이 왕정(王政)의 급선무이다.

또 《춘추(春秋)》의 대의(大義)가 수십 가지인데, 그 중에서도 주(周)나라를 높이고 오랑캐를 물리치는 것이 중대하다. 《춘추》는 예의(禮義)의 큰 종주(宗主)이니, 성인이 만세를 위하여 염려함이 지극히 깊고 원대하다고 이를 만하다.

여진(女眞)과 몽고(蒙古)가 참람하게 중국을 점거하여 온 세상의 인민을 신첩(臣妾)으로 삼은 것[12]은 기수(氣數)에게 빼앗긴 것으로 천리를 거스른 것이니, 하늘과 땅의 자리가 뒤바뀌고 머리와 발의 위치가 거꾸로 되었다는 말로도 그 변고를 다 형언할 수가 없다.

선비가 불행히도 이런 때를 만나 아득한 우주에 세상천지가 참혹해서 깨끗한 지역이 발을 용납할 만큼도 없으면, 오직 마땅히 세상을 피해 영원히 떠나 몸을 숨기고 자취를 없애야 할 뿐이다. 그런데 허형(許衡), 오징(吳澄), 유인(劉因)[13]의 무리는 스스로 공자를 칭송하고

다섯 구역 중 황복은 왕경으로부터 2500리 떨어진 곳으로 가장 멀리 있었다. 《書經 虞書 禹貢》

12 온 세상의……것 : 신첩(臣妾)은 정복자에 대하여 남자는 스스로 '신(臣)'이라 칭하고 여자는 '첩(妾)'이라 칭하는 것을 말하는바, 오랑캐인 몽고족에 의해 세워진 원(元)나라가 송(宋)나라 유민들을 신첩과 같이 복종시킨 것을 이른다.

13 허형(許衡)……유인(劉因) : 허형(1209~1281)은 원나라 세조(世祖) 때 집현대학사 겸 영태사원사(集賢大學士兼領太史院事)를 지내며 수시력(授時曆) 편찬을 주도하였고, 오징(吳澄, 1249~1333)은 원나라의 대문장(大文章)이자 유림의 거두로 한림학사(翰林學士)를 지냈으며, 유인(1249~1293)은 원나라에서 집현학사(集賢學士)를 지냈는데, 모두 송나라 한족 출신으로 이민족의 왕조인 원나라에서 벼슬했던 인물이다. 허형을 예로 든다면, 정주학(程朱學)을 깊이 연구하였고 인재를 양성하는 데 공이 있었

본받는다고 말했으나, 이러한 의리를 알지 못하고 기꺼이 오랑캐를 섬겨 천하 사람을 거느리고 귀의하였다.

설경헌(薛敬軒), 나정암(羅整菴), 고량계(高梁溪) 등 여러 현자(賢者)는 철목진(鐵木眞 테무친)이 중화를 어지럽힌 뒤에 태어났으니,[14] 징계하는 것이 마땅히 지극하지 않음이 없어야 했다. 그런데 세 사람을 대처함에 크게 물리치지 못했을 뿐만 아니라 또 따라서 거의 성인이라고 찬미하였다.[15] 그 유폐(流弊)가 세상에 가득하여 세교에 화를 끼쳤는데, 갑신년(1637)의 변고(명나라의 멸망)를 순치(馴致)하여 지극하게 되었다.

저 건주(建州)의 오랑캐는 화살과 화살촉을 잃어버리는 근심이 없이 가만히 앉아서 어부지리(漁父之利)를 거두어[16] 하루아침에 선왕의 신

던바, 중국에서 허형을 문묘에 모셨으므로 조선에서도 동묘(東廟)에 그의 위패를 모셨는데, 1657년(효종8)과 1681년(숙종7)에 송시열(宋時烈)이 상소하여 문묘에 배향된 허형의 위패를 제거하여 출향(黜享)하였다.《孝宗實錄 8年 8月 16日》《肅宗實錄 7年 12月 14日》

14 설경헌(薛敬軒)……태어났으니 : 경헌, 정암(整菴), 양계(梁溪)는 각각 설선(薛瑄, 1389~1464), 나흠순(羅欽順, 1465~1547), 고반능(高攀能, ?~?)의 호로 모두 명나라 때의 저명한 성리학자이고, 철목진(鐵木眞 테무친)은 몽골제국의 황제 칭기즈칸(成吉思汗, 1162~1227)의 어릴 때 이름으로 원나라를 가리키는바, 설선, 나흠순, 고반능이 원나라가 망한 뒤 명나라 때 태어난 사람들임을 말한 것이다.

15 세 사람을……찬미하였다 : 대표적인 예로 설선이《독서록(讀書錄)》권1에서 허형의 학행에 대하여 "주자 이후 제일인이다.〔朱子之後一人而已.〕"라고 극찬한 것과 같은 따위를 이른다.

16 건주(建州)의……거두어 : 명나라가 남만주 일대의 여진족을 건주여진(建州女眞)이라고 하였는바, 건주의 오랑캐는 후금(後金), 곧 청나라를 가리킨다. 명나라는 농민으로 봉기한 이자성(李自成)에 의해 멸망하였는데, 당시 산해관(山海關) 지역을

기(神器)를 훔쳤다. 그리하여 예악을 없애고 여헌(黎獻)[17]들을 죽이니, 온 천하가 모두 오랑캐로 변하였다. 이것은 금(金)나라나 원(元)나라 때에도 없었던 일이다.

설경헌과 나정암 제인(諸人)은 책임을 피할 수 없으니, 어찌 만세(萬世)를 거느리고 오랑캐에게 귀의한 자라고 말하지 않을 수 있겠는가. 이 일은 진실로 중화와 오랑캐의 분별을 엄격히 하지 않은 데에서 연유하였고, 또한 명나라 고황제(高皇帝)[18]가 그렇게 되도록 계도하였다.

요순(堯舜)과 삼대(三代)의 유민으로서 견양(犬羊)과 같은 오랑캐에게 신하로 복종한 자는 진실로 이미 자신의 지조를 잃어서 법과 의리의 주벌을 피할 수가 없다. 그런데 고황제가 오랑캐인 원나라를 위해서 죽은 여궐(余闕)과 같은 자를 사당을 세워 장려하고서 위소(危素)를 보내어 사당을 지키게 하는 데까지 이르렀으며, 또 채자영(蔡子英)을 변방으로 보내어 옛 군주를 따르게 하였다.[19] 이것은 오랑캐를 섬기는

맡고 있던 오삼계(吳三桂)가 항복하여 청나라가 무혈입성(無血入城)하였으므로 어부지리를 거두었다고 말한 것이다.

17 여헌(黎獻) : '백성 중에 어진 자'라는 뜻으로, 《서경》〈우서(虞書) 익직(益稷)〉에 "왕의 덕이 천하에 빛나 저 바다 끝에 사는 창생에게까지 이르면 만방의 백성 중에 어진 이〔萬邦黎獻〕가 함께 왕의 신하가 되려고 할 것입니다. 왕은 이에 등용하면 될 뿐입니다."라고 보인다.

18 고황제(高皇帝) : 명나라를 건국한 주원장(朱元璋, 1328~1398)의 시호로, 1368년부터 1398년까지 재위하였고, 묘호(廟號)는 태조(太祖)이다.

19 고황제가……하였다 : 여궐(余闕, 1303~1358)은 원나라 때 한림학사, 감찰어사 등을 역임하고, 홍건적(紅巾賊)이 일어났을 때 안경(安慶)을 지키며 끝까지 항전하다가 전세가 꺾이자 자결한 인물인데, 명나라 태조 주원장도 그의 충절을 기려 사당을 만들어 관리하게 하였다. 《元史 卷143 余闕列傳》《明史 卷1 太祖本紀》 위소(危素,

것을 공통적이고 변함없는 법칙으로 여긴 것이다.[20]

군주가 창업하여 전통(傳統)을 드리울 적에는 마땅히 대경대법(大經大法)을 유지해서 사람의 표준[21]을 세워야 하는데 맨 처음의 조처가 이와 같이 상도(常道)에 반하였으니, 오늘날 중국이 오랑캐에게 나라를 빼앗기는 화[22]를 초래함은 당연한 것이다. 이것은 이른바 "화와 복은 들어오는 문이 따로 없어서 오직 사람이 부르는 대로 온다."[23]는

1303~1372)는 원나라 때 한림학사를 역임하고 문명을 날렸는데 명나라가 개국한 이후 망국(亡國)의 신하로 시종의 반열에 들 수 없다고 하므로 주원장이 화주(和州)로 귀양 보내 여궐의 사당을 지키며 생을 마치게 하였다.《明史 卷208 危素列傳》 채자영(蔡子英, ?~?)은 원말명초의 인물로, 원나라가 망하고 나서 도망 다닐 적에 주원장이 그의 재능을 탐내어 사로잡아 높은 벼슬을 내리고 극진한 대우를 해주었으나, 끝까지 사양하고 옛 군주를 그리워하는 탄식으로 날을 보내자, 변방으로 가서 옛 군주를 따르라고 명하였다.《明史 卷124 蔡子英列傳》

20 오랑캐……것이다 : 원문의 '상경통의(常經通誼)'는 《한서(漢書)》 권56 〈동중서전(董仲舒傳)〉에 "《춘추》에서 천하통일을 중시한 것은 천지의 변함없는 법칙이요, 고금의 공통적인 의리이다.〔春秋大一統者, 天地之常經, 古今之通誼.〕"라고 보이는데, 여기서는 이를 원용하여 여궐, 위소, 채자영에게 오랑캐 나라인 원나라를 섬기게 한 조처가 천자국인 명나라를 섬기게 해야 하는 대통일의 공통적이고 변함없는 법칙에 어긋나는 것임을 말하였다.

21 사람의 표준 : 원문은 '인극(人極)'으로, 사람이 살아가면서 지켜야 하는 기강(紀綱), 강상(綱常)과 같은 도리를 가리키는바, 염계(濂溪) 주돈이(周敦頤)의 《태극도설(太極圖說)》에 "성인께서 이를 정하여 중정인의로 정(靜)을 주장하게 하시고 인극을 세우셨다."라고 보인다.

22 오랑캐에게……화 : 원문의 '육침(陸沈)'은 육지가 물에 잠긴다는 뜻으로, 중국이 외적(外賊)에게 침입을 당하여 망함을 비유하는바, 남조(南朝)의 송(宋)나라 사람인 유의경(劉義慶)의 《세설신어》에 "환공(桓公)이 개탄하였다. '끝내 신주(神州)로 하여금 육침을 당하여 백 년 동안 폐허가 되게 하였으니, 왕이보(王夷甫) 등 여러 사람들은 책임을 면할 수 없다.'"라고 보인다.《世說新語 卷下之下 輕詆》

것이다.

혹자가 다음과 같이 물었다. "그렇다면 금나라와 원나라의 옛 신하가 된 자는 순국할 수가 없는가? 사람은 각각 자기 군주를 위할 뿐이니, 자기 군주를 위하여 죽는 것을 어찌하여 불가하다고 말하는가?"

이에 나는 다음과 같이 대답하였다.

"옳을 듯하나, 옳지 않다. 부락(部落)을 위하는 자라면 죽는 것이 당연하고 죽으면 마땅히 조정에서 표창을 해야 하지만, 엄연한 중화 사람으로서 오랑캐를 위하여 순국한 것은 바로 이른바 '죽지 않아야 할 경우에 죽는다.'는 것이니, 단지 용맹을 손상할 뿐만이 아니다.[24] 어찌 충성을 인정할 수 있겠는가. 중화와 오랑캐의 구분이 군신 간의 의리보다 더 중하다.

이 때문에 여유량(呂留良)[25]은 젊어서 건주의 오랑캐를 섬기다가 뒤늦게 잘못을 깨닫고서 의리를 명분으로 삼아 스스로 은둔하자, 군자가 '처음에는 잘못하였으나 뒤에는 바르게 했다.'고 하였으니,

23 화(禍)와……온다 : 이 내용은 《춘추좌씨전》 양공(襄公) 23년에 그대로 보인다.

24 엄연한……아니다 : 오랑캐 족속이면서 오랑캐를 위해 죽는 것은 옳지만 중화의 사람이면서 오랑캐를 위해 죽는 것은 만용을 부려 죽는 것이나 다름없다는 말로, 《맹자》 〈이루 하(離婁下)〉의 "얼핏 보면 죽을 만하고 자세히 보면 죽지 말아야 할 경우에 죽으면 용맹을 상한다.〔可以死, 可以無死, 死, 傷勇.〕"라는 말을 원용한 것이다.

25 여유량(呂留良) : 1629~1683. 호는 만촌(晩村)이고 출생지는 절강(浙江)으로, 명나라가 멸망한 후 명나라의 재건을 도모하였다. 청나라 순치(順治) 10년(1653) 과거에 급제하여 제생(諸生)이 되었으나 벼슬에 대한 뜻을 접고 은둔하였으며, 강희(康熙) 연간에는 응시하라는 명을 거부하고 승려가 되었다. 주자학을 위주로 학문하고 화이(華夷)의 분별을 엄격히 했다. 옹정제(雍正帝) 때 일어난 문자옥(文字獄)으로 인해 1732년(옹정10)에 부관참시(剖棺斬屍)를 당하고 문집도 금서가 되었다.

응당 백세(百世) 뒤에도 의혹 받지 않을 훌륭한 의논이다. 가령 신하가 되어 복종하여 금수와 같은 오랑캐의 백성이 되었더라도 홍무(洪武)의 세대와 같이 훌륭한 진인(眞人)[26]이 나온다면 또한 마땅히 서로 이끌고 바른 데로 돌아갈 것이니, 이것이 거취의 분별을 아는 자이다.

성(姓)이 다른 두 임금을 섬겼다 하여 절개를 잃었다고 단정할 수가 없으니, 명나라에서 벼슬을 한 송경렴(宋景濂)과 유백온(劉伯溫)[27]이 이런 경우이다. 오랑캐의 대신이었던 자들은 다만 죽을 때까지 스스로 은둔하여 지조를 잃은 자신을 속죄해야 할 뿐이다."

또 물었다. "그렇다면 우리 조선조가 청나라 사람에게는 어떻게 해야 옳은가?"

나는 다음과 같이 대답하였다.

"정축년 남한산성의 일[28]은 군신 상하가 함께 사직(社稷)을 위해서 죽는 것이 진실로 제일의 의리가 되는데, 곧장 수행하지 못한 것은 권도(權道)를 행하여 국가의 보존을 도모하기 위해서였다.

26 홍무(洪武)의……진인(眞人) : 홍무는 명나라 태조의 연호이고, 진인은 참다운 사람인데, 여기에서는 참으로 훌륭한 군주란 뜻으로 주원장과 같은 인물을 가리킨 것이다.

27 송경렴(宋景濂)과 유백온(劉伯溫) : 경렴과 백온은 각각 원말명초의 문인인 송렴(宋濂, 1310~1380)과 유기(劉基, 1311~1375)의 자이다. 송렴은 어려서부터 학식과 문장이 뛰어나 원나라 때 사관(史館)에 천거되었으나 응하지 않았고, 명나라가 건국된 뒤에 《원사(元史)》의 수찬관으로 초빙되었다. 유기는 원나라 말기에 진사가 되었으나 벼슬을 사양한 후, 명나라 초에 초빙되어 주원장의 모사로 활약하였다. 《明史 卷128 劉基列傳, 宋濂列傳》

28 정축년……일 : 정축년은 1637년으로, 남한산성에서 조선이 청나라의 대군에 항거하여 싸우다가 끝내 인조가 청 태종에게 치욕적으로 항복한 일을 가리킨다.

3백 년의 종국(宗國)이 그대로 남아있고 4천 리의 강토가 예전과 같으니, 그렇다면 억지로 힘써 하늘을 두려워하여 나라를 보존하는 계책[29]을 행한 것은 바로 부득이해서였을 뿐이다. 원통한 마음을 품고 애통함을 견뎌 백세(百世)를 하루처럼 여겨야 하니, 하루라도 이러한 의리를 잊으면 이는 사람의 마음이 없는 자이다.

그러나 사람들은 보고 듣는 것에 익숙해져 태연히 일상적인 것으로 여겨서 더 이상 와신상담(臥薪嘗膽)의 뜻을 가진 자가 없다. 심지어는 '청나라 황제가 요순보다 낫다.'고 말하는 자가 있는가하면 '부모의 나라가 매우 가까이 있다.'고 말하는 자도 있는데, '권의(權宜 임시적인 편의)'라는 말이 생긴 이래로 또한 이처럼 극심한 경우는 있지 않았다.

또 남한산성에서 하성(下城)했던 한 가지 일은 마땅히 나라를 위하여 숨겨야 한다. 그러므로 모두들 '하성'이라고 말하지 않고 '강화(講和)'라고 말하였는데, 요즘은 '나라가 항복했다.'고 말하는 자가 있다. 정통(正統)이 없어진 이후로는[30] 공사 간의 비지문(碑誌文)

29 하늘을……계책 : 이 내용은 《맹자》 〈양혜왕 하(梁惠王下)〉의 "작은 나라를 가지고 큰 나라를 섬기는 자는 하늘을 두려워하는 자이니, 하늘을 두려워하는 자는 나라를 보전한다.〔以小事大者, 畏天者也. 畏天者, 保其國.〕"라는 말을 원용한 것이다.

30 정통(正統)이……이후로는 : 원문의 '무통(無統)'은 천하가 분열되고 할거하여 통일되지 않음을 이르는바, 명나라 숭정(崇禎) 17년(갑신년, 1644) 3월에 이자성이 북경을 함락하면서 의종(毅宗)이 자결하고 명나라가 망하게 된 이후를 가리킨다. '무통'은 《주자어류》 권105 〈논자주서(論自注書) 통감강목(通鑑綱目)〉에 "무통(無統)의 때가 있으니, 예컨대 삼국(三國), 남북조(南北朝), 오대(五代) 때에 천하가 분열되어 서로 임금과 신하 노릇을 할 수 없어 모두 통일되지 못한 것과 같다."라고 한 데에서 온 말이다.

에 모두 '숭정(崇禎)'의 연호를 썼는데, 지금 곧바로 거짓 연호[31]를 쓰는 자가 있다. 또 이업(李鄴)이 금원(金源 금나라의 별칭)에 대해 했던 것처럼 책을 짓고 의론을 세워 오랑캐의 형세를 과장하는 자도 있다.[32]

목은(牧隱)이 원나라의 제과에 급제한 것[33]은 몸의 잘못을 면치 못할 듯하다. 그런데 혹자는 이것을 잘못이라고 여기지 않으며, 심지어는 목은이 원나라를 생각한 것을 가지고 양유정(楊維楨)에게 견주는 자도 있으니,[34] 이렇게 여기는 자들은 모두 《춘추》의 의리를

31 거짓 연호 : 원문은 '위호(僞號)'로, 청나라의 연호를 말한다. 명나라 멸망 이후 우리나라 학자들이 명나라의 연호인 '숭정(崇禎)'을 써서 정통에 대한 의리를 지켜왔는바, 그에 상대하여 이렇게 칭한 것이다.

32 이업(李鄴)이……있다 : 북송 휘종(徽宗) 때 급사(給事)인 이업이 금나라에 사신으로 갔다가 돌아와서 "금나라 사람은 말을 타는 데는 용과 같고 걷는 데는 호랑이와 같으며 물을 건너는 데는 물개와 같고 성에 올라가는 데는 원숭이와 같다.〔金人, 上馬如龍, 步行如虎, 渡水如獺, 登城如猿.〕"라고 과장하였는데, 매산 당대에도 이업이 금나라의 형세를 과장한 것처럼 청나라의 형세를 치켜세우는 사람들이 있다는 말이다. 이업은 금나라의 형세를 네 가지 비유로 과장했다고 하여 후대에 '사여급사(四如給事)'로 불렸다. 《星湖僿說 卷23 經史門 四如給事》

33 목은(牧隱)이……것 : 목은은 이색(李穡, 1328~1396)의 호로, 1353년(공민왕2) 과거에 장원한 후 정동성(征東省) 향시(鄕試)에도 장원하고서 1354년 원나라 제과에서 대책문(對策文)으로 제2갑(甲) 제2명(名)으로 발탁된 기록이 있는바, 이를 두고 한 말이다. 《陽村集 卷40 牧隱先生李文靖公行狀》 이색은 자가 영숙(穎叔), 본관이 한산(韓山)으로, 삼은(三隱)의 한 사람이다. 원나라에서 과거에 급제하고 귀국하여 우대언(右代言)과 대사성 등의 벼슬을 지냈으며, 문하에 권근(權近), 김종직(金宗直), 변계량(卞季良) 등을 배출하였다. 조선 개국 후 태조가 여러 번 불렀으나 절개를 지키고 응하지 않았다. 시호는 문정(文靖)이며, 저서로 《목은시고(牧隱詩藁)》, 《목은문고(牧隱文藁)》 등이 있다.

익히지 않은 자이다."

또 물었다. "이것은 당연하지만 저들이 이미 성심으로 우리를 대하니, 우리도 마땅히 성심으로 응해야 한다. 저들이 장차 망하게 되면 우리는 어떻게 저들을 대처해야 하는가?"

이에 나는 다음과 같이 대답하였다.

"저들은 중국을 여관방과 같이 여긴다. 하루아침에 갑자기 전란이 발생하면 틀림없이 원 순제(元順帝)처럼 도망하여[35] 우리에게 길을 빌릴 것이다. 그러므로 우선 이와 같이 은혜를 베풀어 훗날의 도움 받을 경우를 대비하는 것이니, 저들이 겉으로 작은 인의(仁義)[36]를

34 목은이……있으니 : 양유정(楊維楨, 1296~1370)은 원나라 태정(泰定) 4년에 진사에 급제하여 잠시 벼슬하였던 것을 이유로 명나라 태조가 불렀을 때 두 조정에서 벼슬할 수 없다고 하며 고사한 인물인바, 어떤 사람이 조선 개국 후에 태조의 부름에 나아가지 않고 절의를 지킨 이색을 이러한 양유정에 빗대었다는 말이다. 성해응(成海應, 1760~1839)의 《연경재전집(硏經齋全集) 외집(外集)》 권55 〈시화(詩話) 목은시(牧隱詩)〉에 "목은이 만년에 여주(驪州)에서 살 적에 원나라가 망하였다. 일찍이 시를 짓기를 '사해가 분열된 지가 몇 년이 지났나. 옛날에 노닐던 홍취가 아득하네. 근래에는 중원의 소식 없으니 일개 서생은 옛 도성에서 지방으로 나왔네.〔四海分崩問幾年, 舊遊情興墜茫然. 中原近日無消息, 一箇書生出日邊.〕'라고 하였는바, 쓸쓸히 고국을 그리워하는 마음이 있다. 일찍이 원나라의 제과에 응시하였기 때문에 정치(情致)가 절로 이와 같았으니, 마치 양철애(楊鐵崖)와 같다."라고 하였다. 여기에서 매산이 칭한 사람이 성해응인지는 확실하지 않다. 철애는 양유정의 호로, 그에 관한 기록은 《명사》 권285 〈양유정열전〉에 보인다.

35 원 순제(元順帝)처럼 도망하여 : 원 순제는 원나라의 마지막 군주로, 명나라 태조 주원장에게 쫓겨 달아나다가 응창(應昌)의 홍라산(紅螺山)에서 죽은 것을 이른다.

36 작은 인의(仁義) : 원문은 '후혈(呴孑)'로, 작은 은혜를 베푸는 모양을 뜻하는 '후후(煦煦)'와 작은 지조를 지키는 모양을 뜻하는 '혈혈(孑孑)'에서 온 말인바, 성인(聖人)의 공평하고 정대한 인의와는 달리 작은 뜻이 내포된 인의이다. 한유(韓愈)의 〈원도

베푸는 것이 어찌 진실한 성심에서 우러나온 것이겠는가.

하늘이 오랑캐의 예덕(穢德)을 싫어한 지가 오래되었다. 저들이 망하게 되면 장차 중국의 군대가 앞에서 닥쳐오고 몽고의 군대가 뒤에서 압박하여 앞뒤로 적의 침공을 받아서 진퇴유곡(進退維谷)에 빠지게 될 것이니, 어찌 여력이 있어서 미쳐 길을 빌릴 수 있겠는가. 이는 진실로 사리상 결코 있을 수 없는 일이다. 비록 길을 빌리더라도, 우리가 마음을 가다듬어 복수하고 설욕해서 천하에 대의를 밝히는 것이 이 한 가지 일에 달렸다.

제(齊)나라 양공(襄公)이 9대의 치욕을 복수하자 《춘추》가 이것을 훌륭하게 여겼으니,[37] 치욕을 부끄러워하는 것은 용기의 과감함이다. 어찌 구구하게 폐백을 서로 주고받은 것을 생각하여 한 번 설욕하지 않을 수 있겠는가.

가령 저들이 곧바로 소굴로 돌아가서 옛 의리를 가지고 북원(北

(原道)〉에 "노자(老子)가 인의를 하찮게 여긴 것은 인의를 헐뜯은 것이 아니요 그가 본 것이 작기 때문이니, 우물에 앉아 하늘을 보고 하늘이 작다고 말하는 자는 하늘이 작은 것이 아니다. 저는 작은 은혜〔煦煦〕를 인(仁)으로 여기고 작은 지조〔孑孑〕를 의(義)라고 여겼으니, 그 하찮게 여김이 당연하다.……무릇 우리가 말하는 도덕은 인과 의를 합하여 말한 것이니 천하의 공언(公言)이요, 노자가 말한 도덕이라는 것은 인과 의를 버리고 말한 것이니 한 개인의 사언(私言)이다."라고 보인다. 매산이 '후(煦)' 자를 '후(呴)'라고 쓴 것은 음차(音借)이다.

37 제(齊)나라……여겼으니 : 춘추 시대에 기후(紀侯)가 제나라 애공(哀公)을 주(周)나라에 참소하여 주나라에서 애공을 팽살(烹殺)한 사건이 있었는데, 제 양공 때에 이르러 9대조가 되는 애공을 위해 기국(紀國)을 멸망시켜 원수를 갚았다. 《춘추》에서 양공의 복수를 잘한 것으로 평하였는바, 이를 두고 한 말이다. 《春秋公羊傳 莊公 4年》《史記 卷32》

元)이 고려조에 한 것과 같이 우리를 책망한다면, 우리는 마땅히 포은(圃隱)과 반남(潘南)[38]이 하신 것과 같이 대의에 의거하여 배척하고 끊어야 한다. 어찌 정(鄭)나라 사람이 한 것처럼 희생과 옥백(玉帛)을 가지고 두 나라 국경에서 기다리며,[39] 등(滕)나라 사람처럼 제(齊)나라를 섬길 것인지 초(楚)나라를 섬길 것인지를 물을 수 있겠는가.[40] 이와 같은 것은 향배(向背)의 정도(正道)를 잃지 않은

38 포은(圃隱)과 반남(潘南) : 포은은 정몽주(鄭夢周, 1337~1392)의 호이고 반남은 박상충(朴尙衷, 1332~1375)의 호로, 모두 친명파(親明派)였다. 1374년(공민왕23) 공민왕이 시해되고 우왕(禑王)이 즉위한 뒤에, 중국에서는 명나라에 의해 본거지로 쫓겨나 궁지에 몰려 있던 북원(北元)이 친명·배원 정책을 펴던 공민왕이 죽고 우왕이 즉위하자 고려에 유화 정책을 펴면서 우왕의 즉위를 승인하는 사신을 보냈다. 정몽주와 박상충을 비롯한 친명파들은 친명책(親明策)을 쓸 것과 북원의 사신과 그 수행원을 포박하여 명나라로 보낼 것을 주장하였는데, 북원과 통하는 것을 반대하고 친원파인 이인임(李仁任)과 지윤(池奫)의 주살을 주장하였다는 이유로 이첨(李詹), 전백영(全伯英) 등에 의해 탄핵을 받아 귀양 갔다.

39 정(鄭)나라……기다리며 : 이 내용은 춘추 시대에 대국인 초(楚)나라에서 정나라에 대한 토벌을 감행하자 정나라 조정이 초나라에 복종하느냐 진(晉)나라의 구원을 기다릴 것인가라는 문제로 합의점을 찾지 못할 적에 초나라에 복종하자는 측에서 나온 말인바, 백성을 보호해야 한다는 명분으로 구차히 화를 면하고자 해서는 안 됨을 말한 것이다. 《춘추좌씨전》 양공(襄公) 8년에 "백성들이 위급하게 되었으니, 우선 초나라에 복종하여 백성들의 위급을 완화시켰다가 진군(晉軍)이 쳐들어오면 우리가 다시 진나라에 복종하면 될 것이다. 공경히 폐백을 마련하여 쳐들어오는 나라를 기다리는 것은 소국(小國)이 생존하는 방법이니, 희생과 옥백을 가지고 진나라와 초나라 국경에서 기다리다가 강자를 기다려 우리 백성을 보호한다면 외구(外寇)가 해를 끼치지 않아 우리 백성이 피폐하지 않을 것이니, 이 또한 좋지 않겠는가."라고 보인다.

40 등(滕)나라……있겠는가 : 이 내용은 《맹자》 〈양혜왕 하(梁惠王下)〉의 "등 문공(滕文公)이 '우리 등나라는 작은 나라로, 제나라와 초나라 사이에 끼여 있으니, 제나라를 섬겨야 합니까? 초나라를 섬겨야 합니까?'라고 묻자, 맹자가 '이 계책은 제가 미칠

것이다.

혹 역(逆)·순(順)의 이치를 몰라서 옛 나라에 절개를 바치고 새 나라에 신하가 되지 않는 것을 분수를 다하는 것으로 여기기도 한다. 그렇다면 건주의 오랑캐에 대해 참으로 군주를 섬기는 것과 같이하여 절개를 지켜 변치 않는다면, 이는 예의의 뜻을 통달하지 못한 자이다.

옛날 선왕은 이적(夷狄)을 금수로 대하였으니, 사람으로서 금수를 위해서 죽을 수 있겠는가. 아니면 천지가 폐색(閉塞)되고 인륜과 도덕이 무너져 사람들이 모두 수오(羞惡)의 본성을 잃어서 그런가보다. 이들과 더불어 주(周)나라를 높이고 오랑캐를 물리치는 의리를 함께 말할 수 있겠는가."

수 있는 바가 아닙니다. 그러나 기어이 말하라고 하신다면 한 가지 방법이 있으니, 못을 깊이 파고 성을 높이 쌓아 백성과 더불어 지켜서 백성들이 목숨을 바치고 떠나가지 않는다면 이것은 해볼 만한 일입니다.'"라고 한 말을 원용한 것인데, 주자가 이에 대해 "이 장(章)은 국가를 소유한 자는 마땅히 의(義)를 지켜 백성을 사랑할 것이요, 요행을 바라 구차히 면하려고 해서는 안 됨을 말씀한 것이다."라고 주하였는바, 등나라처럼 구차히 화를 면하려고 해서는 안 되고 오직 의리에 따라 대처해야 함을 말한 것이다.

인과응보를 기록함 경술년[41]

記報應 庚戌

조조(曹操)가 사람들로 하여금 자기가 죽은 뒤에 무덤을 만들게 하면서 "옛날에 장례한 자는 반드시 척박한 땅에 묘소를 두었으니, 서문표(西門豹) 사당의 서쪽 언덕 위를 살펴보아 수릉(壽陵)을 만들되 높은 산을 따라 터전을 만들고 봉분을 만들지 말고 나무를 심지 말라."[42]고 하였다.

조조는 죽을 때에 유명(遺命)을 내려서 "당시에 통용하는 옷으로 염하고 금과 옥과 진귀한 보물을 부장하지 말라." 하고 이름을 '고릉(高陵)'이라고 하였는데,[43] 의심스러운 무덤 72개를 장하(漳河) 가까이에 만들었으니, 이는 도굴을 방지하기 위한 것이었다.[44]

후인이 시를 지어 말하기를 "어찌 남은 기지(機智)가 있어 무덤에 이르렀는가.〔何有餘機到丘壟〕"[45]라고 하였다. 또 이것을 가지고 과제

41 경술년 : 1850년(헌종8)으로, 매산의 나이 75세 되던 해이다.

42 옛날에……말라 : 이 내용은 《삼국지 위지(魏志)》 권1 무제(武帝) 23년에 보인다. 서문표(西門豹)는 전국시대 위 문후(魏文侯)의 신하로, 업(鄴) 땅의 수령을 지내면서 처녀를 물에 던져 하백(河伯)에게 제사하는 무풍(巫風)을 제거하고, 12개의 도랑을 파서 전지에 물을 대어 양전(良田)으로 만드는 등의 많은 치적을 쌓은 것으로 유명하다. 수릉(壽陵)은 제왕들이 살아생전에 미리 만들어 놓은 능을 이른다.

43 죽을……하였는데 : 이 내용은 《삼국지 위지》 권1 무제 25년에 보인다.

44 의심스러운……것이었다 : 이 내용은 금말(金末)·원초(元初) 때 사람 양환(楊奐, 1186~1255)이 지은 〈산릉잡기(山陵雜記)〉에 실려 있는데, 〈산릉잡기〉는 《설부(說郛)》 등 다른 책에 실려 전한다. 《說郛 卷27下》

(科題)를 내었는데, 그 시에 "지혜를 농간하던 둥근 베개 사후에도 굴려서 지하(地下)에 대한(大漢)의 도둑 달게 잠자고 있네. 무덤 앞에 앉아 있는 여우가 바로 너의 전신이니, 일생에 은밀한 계책 못한 짓이 없어라. 간사한 사람의 마른 뼈 별 탈 없이 누워 있는데, 천하의 원수에 대한 원한을 갚지 못했네.〔舞智圓枕身後轉 夜臺甘眠大漢盜 墳前坐狐爾前身 一生潛機無不到 奸人枯骨臥無恙 天下讎人怨未報〕"라는 등의 시구가 있으니, 더 이상 보탤 것이 없을 정도로 간흉(奸凶)의 정상을 낱낱이 다 말하였다.

청나라 옹정제(雍正帝)의 시대에 업하(鄴下)의 아이들이 장수(漳水)에서 목욕을 하다가 번번이 죽는 일이 있었다. 물속에 괴물이 있을 것이라고 의심하고 장정을 동원해서 원류를 차단하여 찾아보니, 기노(機弩)[46]가 사방에서 작동하고 창과 검이 변화하였다. 여러 사람의 힘을 모아 제거하자 석곽(石槨)이 나왔는데, 진주로 만든 저고리와 옥갑(玉匣)이 완연히 새것과 같았다. 이것은 바로 조조의 진짜 무덤이었다.

오랑캐 황제에게 보고하자, "살아서는 남을 속이는 역적이 되었고 죽어서는 백성을 해친다." 하고는 뼈를 태워 흐르는 물에 버리라고 명하였다. 이것이 청나라 사람의 《두시상주(杜詩詳註)》에 기재되었다.[47] 아만(阿瞞)이 명특(螟螣)의 지혜[48]로 은밀히 국가의 운명을 도둑질하

45 어찌……이르렀는가 : 송(宋)나라의 유응부(兪應符)가 지은 〈조공의총(曹公疑塚)〉의 한 시구인데, 이 시는 《역대시화(歷代詩話)》, 《송시기사(宋詩紀事)》 등에 실려 전한다.

46 기노(機弩) : 기계 장치로 작동하는 강궁(强弓)을 가리킨다.

47 청나라……기재되었다 : 청나라 사람은 《두시상주(杜詩詳註)》를 지은 구조오(仇兆鰲, 1638~1717)를 가리키는데, 조조와 관련한 사실은 미상이다.

였는데, 권력을 차지하여 국모(國母)를 시해함에 이르러 지극해졌다.[49]

그리고 은밀히 왕위(王位)를 자식에게 주어서 찬탈(簒奪)하게 하였으니,[50] 일이 지극히 패역(悖逆)하고 자취가 지극히 포악하다. 또 의심스러운 무덤을 만들어 천지신명을 속여 체백(體魄)을 무궁하게 보존하고자 하였으나, 끝내 천여 년 뒤에 공공연한 육시(戮屍)를 당하여 마른 뼈가 재가 되어 흐르는 강물에 표산(飄散)하였다.

살아서는 개와 돼지도 안 먹는 것이 되었고 죽어서는 물고기와 자라에게도 외면을 당하였으니, 여기에서 천도(天道)의 보응(報應)을 징험할 수 있는 것이다. 만약 그 시신을 소열(昭烈 유비(劉備))의 사당 앞에 굴복시켜 놓고 수죄(數罪)하여 무릎 꿇려 목을 베었더라면, 어찌 매우

48 아만(阿瞞)이……지혜 : 아만은 조조의 아명(兒名)이며, 명특(螟螣)의 지혜는 남을 해치는 지혜라는 뜻으로, 《시경》 〈소아(小雅) 대전(大田)〉의 "명특을 제거하고 모적을 잡아서 우리 전지(田地)의 어린 벼 싹을 해치지 말게 하리라.〔去其螟螣, 及其蟊賊, 無害我田穉.〕"고 한 데에서 온 말이다. '명(螟)', '특(螣)', '모(蟊)', '적(賊)'은 모두 곡식을 해치는 벌레이다.

49 국모(國母)를……지극해졌다 : 국모는 후한(後漢)의 마지막 황제 헌제(獻帝)의 비인 복 황후(伏皇后)인바, 정권을 농단하고 있던 조조가 황후를 죽이고 자신의 딸 조절(曹節)을 후비로 앉힌 일련의 사건을 말한다. 복 황후는 복완(伏完)의 딸인데, 동승(董承)의 딸인 동귀인(董貴人)이 임신 중의 몸으로 조조에게 죽음을 당하는 것을 보고 두려움을 느껴 부친 복완에게 비밀 편지를 보내 조조를 제거하려 하였으나, 일이 누설되어 폭실(暴室)에 갇혀 죽었고 그녀의 소생인 두 아들도 독살되었으며, 복씨 종족 100여 명이 사형에 처해졌다. 《後漢書 卷10下 皇后紀 獻帝伏皇后》

50 자식에게……하였으니 : 자식은 조조의 아들 조비(曹丕)로, 조조가 동탁(董卓)의 난을 틈타 스스로 위왕(魏王)이 되었다가 아들 조비에게 물려주어 한나라를 찬탈하게 하였다. 조비가 위(魏)나라의 문제(文帝)가 되면서 중국이 위, 촉(蜀), 오(吳)로 삼분되었다.

통쾌한 일이 아니겠는가.

교묘하게 임기응변의 꾀를 쓴 것이 의심스러운 무덤보다 더 심한 것이 없으나 결국 이와 같은 결말을 면치 못했으니, 그가 해로움을 멀리 한 것은 바로 자신을 해치는 길이었다. 무릇 꾀를 교묘하게 부려 기심(機心)과 기사(機事)[51]를 총동원하여 작위적으로 몸을 편안히 하고 명(命)을 바르게 확립하려는 자가 어찌 이것을 거울삼아 살피지 않을 수 있겠는가.

51 기심(機心)과 기사(機事) : 기심은 세상의 명리(名利)에 연연하여 교묘하게 꾀하는 마음이고, 기사는 얄팍한 꾀를 내어 교묘하게 일하는 것을 말하는바, 《장자(莊子)》 〈천지(天地)〉의 "기계를 가진 사람은 반드시 교묘한 일을 하게 되고, 교묘한 일을 하는 사람은 반드시 교묘한 마음을 지니게 된다.〔有機械者, 必有機事, 有機事者, 必有機心.〕"라는 데서 온 말이다.

기자가 주나라에 조회한 일에 대한 변 갑오년[52]

箕子朝周辨 甲午

기자(箕子)가 이미 상(商 은(殷))나라가 망할 줄을 알고서 "나는 신복(臣僕)이 되지 않겠다."[53]라고 하였는데, 이는 평소 마음속에 맹세하고 원하던 것이다. 무왕(武王)이 혁명을 하고 갇혔던 기자를 풀어주고 도(道)를 물었기 때문에 무왕을 위하여 〈홍범(洪範)〉을 말씀하고 이어 조선으로 피하였으니,[54] 도를 전해주는 것은 괜찮지만 벼슬하는 것은 옳지 않았기 때문이다.

"13년〔十有三祀〕"이라고 칭한 것을 가지고 기자가 무왕에게 신하가 되지 않았음을 알 수 있고, "왕이 기자를 방문했다.〔王訪于箕子〕"고 칭한 것을 가지고 무왕이 기자를 신하 삼지 않았음을 알 수 있다.[55] 무왕의 성스러움이 아니면 겸허한 마음으로 도를 구하지 못했을 것이요, 기자의 성스러움이 아니면 또한 아낌없이 법을 전수해주지 못했을 것

52 갑오년 : 1834년(순조34)으로, 매산의 나이 59세 되던 해이다.

53 나는……않겠다 : 이 내용은 은(殷)나라가 장차 망하려 할 무렵 기자(箕子)가 미자(微子)·비간(比干)과 말한 데에 보인다. 《書經 商書 微子》

54 무왕(武王)이……피하였으니 : 이 내용은 《사기》 권38 〈송미자세가(宋微子世家)〉에 자세하게 보인다.

55 13년……있다 : 원문의 '십유삼사(十有三祀)'와 '왕방우기자(王訪于箕子)'는 모두 《서경》 〈주서(周書) 홍범(洪範)〉에 보이는데, '사(祀)' 자에 대해서는 채침(蔡沈)의 《서경집전(書經集傳)》에 "상(商)나라는 사(祀)라 하고 주(周)나라는 연(年)이라 하였는데, 여기에서 사(祀)라고 한 것은 기자의 말을 따른 글이다."라고 하였는바, 무왕이 기자를 신하로 삼지 않았기 때문에 이렇게 표기하였음을 말한 것이다.

이니, 이는 이른바 "천지의 기상"[56]이라는 것이다. 두 성인이 서로 함께 하면서도 도리를 잃지 않음이 이와 같으니, 어찌 일찍이 기자가 주나라 조정에서 모토(茅土)를 받고 무왕이 또한 어찌 일찍이 청구(靑丘)에 서옥(瑞玉)을 나누어 주었겠는가.[57]

《사기(史記)》에 "무왕이 마침내 기자를 조선에 봉했다."라고 한 것은 무왕과 기자의 마음을 알지 못한 것이다. 상용(商容)과 교격(膠鬲)[58]은 은나라 왕조의 명현(名賢)이었는데, 무왕은 다만 상용의 마을

56 천지의 기상 : 성인의 기상을 비유한 말로, 《근사록》 권14 〈관성현(觀聖賢)〉에 "공자는 천지(天地)와 같고, 안자(顔子)는 온화한 바람과 상서로운 구름과 같고, 맹자는 기상이 우뚝한 태산과 같다."라고 한 데에서 원용한 것이다.

57 두 성인이……주었겠는가 : 《사기》 〈송미자세가〉에 "무왕이 기자를 신하 삼아 조선에 제후로 봉하였다.〔武王乃封箕子於朝鮮.〕" 하고, "그 뒤에 기자가 주나라에 조회했다.〔其後箕子朝周.〕"라고 보이는바, 이 기록은 사실이 아니라는 말이다. 모토(茅土)는 옛날에 왕후(王侯)를 분봉(分封)할 적에 봉지(封地)가 있는 방위에 해당하는 색깔의 흙을 백모(白茅)로 싸서 주어 봉작을 받는 자가 나라를 소유하여 종묘와 사직을 세울 수 있는 징표로 삼게 하였던 데서 온 말로, '주나라 조정에서 모토를 받았다'는 것은 기자가 무왕에게 모토를 받고 조선에 제후로 봉해졌다는 뜻이다. 청구(靑丘)는 조선을 가리키고, 서옥(瑞玉)은 제후의 신표인 옥으로, 천자가 이것을 제후에게 나누어주면 제후가 천자를 조회할 적에 신표로 바치는바, '청구에 서옥을 나누어 주었다.'는 것은 무왕이 기자를 조선에 봉하여 서옥을 하사하였다는 말이다. 모토와 서옥에 대해서는 《서경집전》의 〈우서(虞書) 우공(禹貢)〉 35장과 〈순전(舜典)〉 7장에 각각 보인다.

58 상용(商容)과 교격(膠鬲) : 상용은 은나라 주왕(紂王) 때의 대부(大夫)로 직간하다가 귀양 갔는데, 주나라 무왕이 은나라를 치러 갈 적에 은나라 현신(賢臣)의 동리(洞里)라고 해서 경의(敬意)를 표하였으며, 나라를 세운 뒤에 정문(旌門)을 세워 포양(褒揚)하였다. 《書經 周書 武成》 교격은 은나라 말기에 세상이 어지러워지자, 은둔하여 장사를 하며 생활을 하다가, 뒤에 주나라 문왕의 신하로 등용되었다. 《史記 管晏列傳》 《孟子 告子下》

을 표시만 하였을 뿐 그의 뜻을 또한 낮추지 않았고, 또한 교격의 지조를 꺾어 신하로 삼지 않았다. 그리고 고죽군(孤竹君)의 두 아들이 뇌잠(雷岑)에서 고사리를 캐어 먹으며[59] 풍절(風節)을 이루도록 내버려 두었으니, 이것은 바로 사물을 각기 사물에 맡겨[60] 양쪽의 도리를 극진히 한 것이다. 네 사람에 있어도 오히려 그러하였는데, 더구나 법을 전수한 성인에 있어서이겠는가. 기자가 영영 조선으로 간 것은 공자가 구이(九夷)에 거주하려고 하신 것[61]과 같다. 다만 세상에 은둔하여 고민함이 없고 자신은 올바름을 얻어 신복이 되지 않겠다는 뜻을 이루어 저절로 〈명이괘(明夷卦)〉의 상(象)[62]에 부합한 것이다.

59 고죽군(孤竹君)의……먹으며 : 뇌잠(雷岑)은 일명 '뇌수산(雷首山)'이라고 하는 수양산(首陽山)의 이칭이다. 고죽군의 두 아들인 백이(伯夷)와 숙제(叔齊)가 무왕이 은나라를 정벌하자, 이를 부끄럽게 여기고 의리상 주나라의 녹봉을 먹을 수 없다고 하여 수양산에 숨어서 고사리를 캐어 먹다가 마침내 굶어 죽은 것을 가리킨다.

60 사물을……맡겨 : 어떤 일이든 자기의 주관을 개입하지 않고 객관적으로 살펴 각각의 일에 맞게 처리한다는 뜻으로, 《이정유서》〈이천선생어(伊川先生語)〉에 보이는데, 《근사록》 권4 〈존양(存養)〉에 이것을 인용하여 "이른바 '사물을 각기 사물에 맡겨둔다.〔物各付物〕'는 것은 사물이 오면 응하여 법칙을 넘지 않게 하고 사물이 지나가면 화(化)하여 자취에 막히지 않는 것이니, 이는 사물을 사역하고 사물에게 사역당하지 않는 것이다."라고 풀이하였다.

61 공자가……것 : 구이(九夷)는 아홉 종족이 있는 동방의 오랑캐를 가리키는바, 이 내용은 《논어》〈자한(子罕)〉에 보인다. 《후한서》 권115 〈동이열전(東夷列傳) 동이(東夷)〉에 따르면 구이는 견이(畎夷), 우이(于夷), 방이(方夷), 황이(黃夷), 백이(白夷), 적이(赤夷), 현이(玄夷), 풍이(風夷), 양이(陽夷)의 아홉 종류가 있다.

62 명이괘(明夷卦)의 상(象) : 〈명이괘〉는 《주역》의 64괘 가운데 하나로, 혼우한 군주가 위에 있어서 어진 사람이 어려운 때를 당하는 상의 괘인바, 그 상사(象辭)에 "밝음이 땅 속으로 들어감이 명이(明夷)이니, 군자가 보고서 무리를 대할 적에 어둠을 써서 밝게 한다."라고 보인다.

성덕(聖德)이 임함에 동방 백성들의 사랑과 추대를 받았을 뿐이니, 어찌 군주 되는 데에 마음이 있었겠는가. 구정(九井)의 제도를 행하고 팔조(八條)의 가르침을 베풀며[63] 도(道)를 미루어 풍속을 가르치고 오랑캐를 교화하여 중화(中華)로 만들었으니, 이 또한 천지의 마음이다. 이와 같다면 또한 어찌 제후로 봉해지는 데 마음이 있었겠는가.

은둔하여 자신을 어둡게 함을 생각하지 않고, 고도(故都)를 그리워하여 백마를 타고 압록강을 건너가 사방에서 우(虞)나라 조정으로 조회 온 자들처럼 무왕 앞에서 말을 아뢰고 공(功)을 시험하는 것[64]은 의리상 마땅히 해야 할 바가 아닌데, 어찌 기자와 같은 성인이 이것을

63 구정(九井)의……베풀며 : '구정의 제도'는 기자가 평양에 도읍을 정하고 시행한 정전제(井田制)를 가리키고 '팔조(八條)의 가르침'은 기자가 지었다고 하는 고조선의 법률을 가리킨다. 구정의 경우에는 조선 전기까지도 평양의 외성(外城) 안에 그 유적이 완연하게 남아 있었다는 기록이 있다. 《新增東國輿地勝覽 卷51 平安道 平壤府》 팔조는 '팔조금법(八條禁法)', '기자팔조교(箕子八條敎)' 등으로도 불리는데, 그 가운데 '사람을 죽인 자는 목숨으로 배상한다〔相殺償以命〕', '사람을 상하게 한 자는 곡물로 보상한다〔相傷以穀償〕', '남의 물건을 훔친 자는 그 집의 노비로 삼는다〔相盜者沒爲其家奴婢〕'는 3개 조항만 전한다. 《增補文獻備考 卷127 刑考 刑制》

64 고도(故都)를……것 : 고도는 은나라의 옛 도읍 터인 조가(朝歌) 지역을 가리킨다. 《사기》 〈송미자세가〉에 "무왕이 마침내 기자를 봉했으나 신하로 삼지 않았다. 그 후 기자가 주나라에 조회 가다가 옛 은나라의 고도를 보니, 궁궐이 모두 허물어지고 벼와 기장이 자라는 것을 보고 몹시 서글펐으나, 통곡을 할 수도 없고 해서 '맥수(麥秀)'의 시를 지어 노래하였다."라고 보이는바, 이것을 〈맥수가(麥秀歌)〉라 하였다. 백마를 타고 주나라에 간 것은 미자가 송나라에 봉해진 뒤에 있었던 일로, 《시경》 〈주송(周頌) 유객(有客)〉에 '손님이여! 손님이여! 백마를 타고 왔네.'라고 보이는바, 이는 미자를 손님으로 대우하여 신하로 삼지 않은 것이며, 은나라는 백색을 숭상하였기 때문에 백마를 탄 것이다. 그런데 사람들이 기자가 백마를 타고 주나라에 조회 갔다고 부연한 듯하다.

하였겠는가.

《사기》에 또 "기자가 주나라에 조회 갔다가 〈맥수가(麥秀歌)〉를 지었다."라고 하였고 《전편강목(前編綱目)》에도 "16년 여름에 기자가 조회 왔다."라고 하였는데,[65] 사마천은 야인의 말을 믿었고 《전편강목》은 사마천의 글을 인습하였다. 이미 "조선에 봉하고 신하 삼지 않았다."고 말했으니, 또 어찌하여 은나라 선비들이 주나라 서울에 제사지낸 것[66]과 같이 조회를 와서 충성과 성스러운 명성을 길이 잃었겠는가.

《사기》〈회남왕전(淮南王傳)〉에 "오피(伍被)가 말하였다. '신이 듣건대 기자가 고국(故國)을 지날 적에 슬퍼서 〈맥수가〉를 지었다고 합니다.'"[67]라고 보인다. 미자(微子)는 몸을 버려 제사를 보존하려 하였기 때문에 무왕이 〈미자지명(微子之命)〉으로 거듭 당부하였으니,[68] 주나라에 조회 간 것은 당연하다. 미자를 기자로 오인함이 어쩌면 이렇게까

65 전편강목(前編綱目)에도……하였는데 : 《전편강목》은 송나라 말기의 학자인 김이상(金履祥, 1232~1303)이 편찬한 《통감강목전편(通鑑綱目前編)》을 가리키는 듯한데, 해당 내용은 《통감강목전편》에는 보이지 않고 청나라 건륭(乾隆) 때에 나온 《역대통감집람(歷代通鑑輯覽)》 권2 〈주(周) 무왕(武王)〉에 보인다.

66 은나라……것 : 이 내용은 《시경》〈대아(大雅) 문왕(文王)〉에 "아름답고 민첩한 은나라 관원들이 나라가 망한 뒤에, 주나라 서울에 와서 강신(降神)하는 술을 따라 올리며 제사를 돕는구나.〔殷士膚敏, 祼將于京.〕"라고 보인다.

67 오피(伍被)가……합니다 : 《사기》〈회남왕전(淮南王傳)〉에는 '기자(箕子)'가 '미자(微子)'로 적혀있는바, 매산이 어떤 판본을 보고 '기자'라고 한 것인지는 자세하지 않다.

68 미자(微子)는……당부하였으니 : 미자는 종묘의 제사를 받들기 위해 일찍 은나라를 떠나갔는바, 《논어》〈미자〉에 "미자는 떠나갔고 기자는 노예가 되고 비간은 간하다가 죽었다."라고 보인다. 〈미자지명(微子之命)〉은 《서경》〈주서(周書)〉의 편명인데, 무왕이 미자를 송(宋)나라에 봉하고서 당부한 내용이 실려있다.

지 뒤바뀔 수 있는가.

《사기》에 "미자가 제기를 안고 주나라에 들어갔다."라고 하였고, 또 "군문(軍門)에 나와서 웃통은 벗고 얼굴은 앞쪽을 보고 손은 뒤로 묶은 상태에서 왼쪽에는 양을 끌고 오른쪽에는 띠를 잡고서 엉금엉금 기어 앞으로 가서 고했다."라고 하였다.[69] 이미 "주나라에 들어갔다."고 말했으면 또 어찌 주나라 군대가 쳐들어오기를 기다린 뒤에 앞쪽을 보고 손을 묶겠는가.

옛날에 동성(同姓)들은 비록 위태롭더라도 나라를 떠나가지 않았다. 미자는 주왕(紂王)의 친형이었으니, 비록 떠나더라도 주왕를 피할 뿐이었다. 반드시 도성과 시골 사이에서 슬픔을 참고 방황하였을 것이니, 어찌 상나라를 떠나 주나라로 갈 리가 있겠는가. 만일 그러했다면 성인인 공자가 어찌 기꺼이 삼인(三仁)이라고 인정하였겠는가.[70]

사가(史家)가 잘못을 인습해서 이미 미자가 주나라에 들어갔다고 거짓말하고 또 기자가 주나라에 조회 갔다고 거짓말하였으니, 사마천의 소홀함이 심하구나. 주나라에 들어간 것도 오히려 "인(仁)을 손상했다."고 말하는데, 하물며 주나라에 조회함에 있어서이겠는가.

은나라 태사로서 옥백(玉帛)을 가지고 주나라에 와서 빙문(聘問)하기를 해부루(解夫婁)가 도산(塗山)에서 한 것[71]과 같이 하였다면, '자

69 사기에……하였다 : 이 내용은 모두 《사기》 〈송미자세가〉에 보인다. 원문의 '면박(面縛)'에 대한 번역은 《사기색은(史記索隱)》의 "면박은 등 뒤로 손을 묶고 얼굴은 앞을 보는 것이다.〔面縛者, 縛手於背而面向前也.〕"라는 해석을 따랐다.

70 성인인……인정하였겠는가 : 《논어》 〈미자〉의 "미자는 나라를 떠나갔고, 기자는 노예가 되고, 비간은 간하다가 죽었다. 공자가 이에 대해 말씀하기를 '은나라에 세 분의 인자(仁者)가 있었다.'라고 하셨다."라는 내용을 두고 한 말이다.

신을 깨끗이 하여 선왕에게 바쳐서 길을 떠나 은둔함을 돌아보지 않는다.'[72]는 것이 어디에 있는가. 후세 사람들은 〈상서(商書)〉를 믿지 않고 사가(史家)를 믿으니, 또한 괴이하다.

무왕이 민심에 순응하고 하늘의 뜻에 응하니 천하가 주나라를 종주(宗周)로 삼았으나, 자씨(子氏)의 신민(臣民)[73]들은 모두 신복이 되기를 원치 않았다. 그리하여 강왕(康王) 때에 이르러 박(亳)읍의 은나라 사직이 이미 망한 지 40년이 되었어도[74] 도망한 여헌(黎獻)들이 오히려 죽음으로 맹세하여 마음을 변치 않았다.[75] 이것이 이른바 "주나라의 완민(頑民)은 바로 은나라의 충신이다."[76]라는 것이다. 유민들이 옛날

71 해부루(解夫婁)가……것 : 하우씨(夏禹氏)가 도산에서 천하 제후들의 조회를 받을 때, 단군이 해부루를 보내어 참여하게 했다는 전설이 있다. 《東史綱目 第1上》

72 자신을……않는다 : 이 내용은 《서경》 〈미자〉에 "미자가 '부사(父師)와 소사(少師)여, 내가 광병이 났으므로 우리 집안의 원로들이 황야로 은둔하였는데, 이제 당신들은 이것을 지시하여 나에게 넘어지고 떨어짐을 말해줌이 없으니, 어찌하여야 합니까?' 라고 말하자, 부사가 다음과 같이 답하였다.……'스스로 의리에 편안하여 사람마다 각자 자신의 뜻을 선왕에게 바쳐야 하니, 나는 길을 떠나 은둔함을 돌아보지 않겠다.'〔自靖, 人自獻于先王, 我不顧行遯.〕"라고 보인다. 부사는 기자이고, 소사는 비간이다.

73 자씨(子氏)의 신민(臣民) : 송(宋)나라에 봉해진 미자의 신민을 가리키는바, 송나라는 자성(子姓)으로 은나라 제을(帝乙)의 장서자(長庶子)인 미자 계(啓)가 봉해진 나라이기 때문에 자씨라고 한 것이다. 《春秋釋例 卷8 宋》

74 강왕(康王)……되었어도 : 은나라가 주나라 무왕에 의해 망하고 성왕(成王)을 거쳐 강왕의 때까지 40여 년 동안 주나라가 태평성세였던 것을 가리키는바, 《사기》 권4 〈주본기(周本紀)〉에 "성왕과 강왕 시대에 천하가 태평하여 형벌을 쓰지 않은 지 40년이었다."라고 보인다.

75 도망한……않았다 : '도망한 여헌(黎獻)'은 은나라의 유민들을 가리키는바, 주나라 성왕 때 반란을 일으킨 무경(武庚)과 그의 여러 신하들이 본래 도망하고 파천(播遷)한 은나라의 후예들이기 때문에 이렇게 칭한 것이다. 《書經 周書 大誥》

군주에 대하여 사랑하고 사모하여 잊지 않는 것이 이처럼 지극하였는데, 더구나 기자이겠는가. 그러므로 나는 "주나라에 조회 간 것은 기자가 아니요, 바로 미자이다."라고 말하노라.

76 주나라의……충신이다 : 완민(頑民)은 멸망한 은나라의 유민으로 새 왕조인 주나라에 복종하지 않는 완악한 백성이란 뜻이다. 무왕이 은나라를 멸망시킨 뒤에 주공(周公)의 시대까지 계속해서 상나라의 완민들을 다스려 교화시킨 내용이 《서경》의 〈소고(召誥)〉, 〈다사(多士)〉, 〈필명(畢命)〉 등에 보인다.

〈대철추전〉[77]을 읽고 씀 기해년[78]

讀大鐵椎傳 己亥

선비가 세상에 태어나서 은둔하면 마땅히 지키는 지조가 있어야 하고 출사(出仕)하면 마땅히 훌륭한 일을 해야 한다. 훌륭한 일을 하려는 자가 왕왕 호걸스럽고 기개가 높아서 자연스럽게 공명(功名)의 기회에 달려가지만, 매몰되고 곤궁해서 스스로 분발하여 세상에 쓰이지 못하며, 쓰이고자 하여도 끝내 의심과 시기에 막힌다. 예컨대 송(宋)나라의 용백강(龍伯康)과 조차장(趙次張)[79] 등 여러 사람이 여기에 해당한다. 나는 매번 진동보(陳同甫)[80]의 〈중흥유전서(中興遺傳序)〉를

77 대철추전 : 명말청초 때의 문장가이자 학자인 위희(魏禧, 1624~1680)가 친구에게 대철추(大鐵椎)라는 인물에 대한 이야기를 듣고 지은 작품이다. 대철추는 늘 무거운 철추를 옆에 끼고 살았는데, 남과 대화도 하지 않아 그의 이름이나 고향을 아는 사람이 없었다. 어느 날 대철추가 도적들을 상대로 싸움을 하였는데, 홀로 120여 명을 물리쳤다고 한다. 위희는 자가 숙자(叔子)・빙숙(氷叔), 호가 유재(裕齋)이다. 명나라 말기에 제생(諸生)이었는데, 명나라가 망하자 취미봉(翠微峯)에다 역당(易堂)을 짓고 은거하여 강학을 하며 살았다. 청 성조(淸聖祖)의 강희(康熙) 연간에 박학홍사(博學鴻詞)로 천거되었으나 병을 칭탁하여 응하지 않았다. 저서로 《위숙자집》 등이 있다.

78 기해년 : 1839년(헌종5)으로, 매산의 나이 64세 되던 해이다.

79 용백강(龍伯康)과 조차장(趙次張) : 용백강은 무예가 뛰어나 활을 쏘면 백발백중이었지만, 집이 가난한 데다 병든 부모를 간호해야 했기 때문에 출사를 포기했다. 조차장은 지략이 뛰어나 당시의 승상(丞相)이 기용하려고 하였으나 주위 사람들의 의심과 시기로 인하여 등용되지 못하였다. 《龍川集 卷13 中興遺傳序》

80 진동보(陳同甫) : 동보는 중국 남송(南宋) 때의 학자 진량(陳亮, 1143~1194)의 자로, 호는 용천(龍川)이다. 성리(性理)에 대해 공리공담을 하는 것을 반대하여 실사

읽을 때마다 일찍이 남송(南宋)[81]의 장수와 정승들에게 유감이 없지 못하였다.

또 위빙숙(魏氷叔)의 〈대철추전(大鐵椎傳)〉을 읽어보니, "자방(子房)이 창해군(滄海郡)의 역사(力士)를 얻어서 진나라 시황제를 박랑사(博浪沙) 가운데에서 쳐 죽이려 하였는데,[82] 대철추가 바로 이 사람일 것이다. 하늘이 이인(異人)을 탄생함은 반드시 쓸 곳이 있어서이다."라고 하고, 또 "하늘이 인재를 낼 때에 반드시 사람이 쓰게 하지는 못하는가? 아니면 쓰이는 곳이 절로 때가 있는가?"라고 하였다. 아! 의탁한 뜻이 말 밖에 넘쳐나니, 또한 말하지 않아도 뜻을 깨우칠 수 있다.

위빙숙이 정혁(鼎革)의 시대를 만나서 관(冠)과 신이 도치되자,[83]

실공(實事實功)을 강조하였으며, 영강학파(永康學派)를 세웠다. 왕패(王霸)와 의리(義利)의 대립적 관점을 비판하는 등 주자와는 학문적인 측면에서 이견을 가지고 있었지만, 평생 돈독한 관계를 유지하였다. 저서로는 《용천집》이 있고, 시호는 문의(文毅)이다.

81 남송(南宋) : 원문의 '남도(南渡)'는 북송의 휘종(徽宗)과 흠종(欽宗)이 금나라에 잡혀가자 고종(高宗)이 양자강을 건너 임안(臨安)으로 도읍을 옮긴 일을 가리키는바, 남도 이후는 남송이고 그 이전은 북송(北宋)이므로 이렇게 말하였다.

82 자방(子房)이……하였는데 : 자방은 장량(張良)의 자이고, 박랑사(博浪沙)는 중국 하남성(河南省)에 있는 지명인바, 장량이 동쪽으로 와서 창해군(滄海君)을 만나보고 역사를 빌려 박랑사 안에 잠복해 있다가 진시황을 저격하게 하였으나, 잘못하여 부거(副車)를 맞혀 실패로 끝났던 일을 이른다. 《史記 卷55 留侯世家》 '창해군(滄海君)'은 몇몇 문헌에서 '창해군(滄海郡)', '창해군(蒼海君)' 등으로 표기한 것이 보이는데, 어느 것이 맞는 표기인지는 자세하지 않다.

83 위빙숙이……도치되자 : 원문의 '정혁(鼎革)'은 기존의 왕조를 뒤집고 새 왕조를 세운다는 뜻의 '정신혁고(鼎新革故)'를 줄인 말이고, '관구(冠屨)'는 하늘과 땅처럼 차이가 현격하다는 뜻의 '천관지구(天冠地屨)'를 줄인 말인바, 위희(魏禧)가 중화의 명나

이를 슬퍼하면서 벼슬을 그만두고 물러나 몸을 깨끗이 하여 지조를 지켰으며, 사방(四方)을 주유(周遊)하여 은밀히 천하의 기이한 선비를 찾아서 하고자 한 바를 실행하였으니, 대철추는 바로 이 때문에 기록한 것이다.

그가 여유량(呂留良)[84]에게 준 시에 "비록 긴 무지개가 해를 꿰뚫음은 있으나 끝내 형가(荊軻)가 진나라에 들어감이 없다.〔縱有虹貫日 終無軻入秦〕"[85]라고 하였으니, 동일한 의기(意氣)이다. 오랑캐가 백 년 가는 운이 없으므로 때가 있기를 기다리고 쓰일 바가 있기를 기필하였는가보다.

빙숙이 말년에 강희제(康熙帝)의 간절한 부름을 받았으나 뜻을 더욱 높게 가지고 궁벽한 산중에서 자취를 없애 다시는 이 세상에서 훌륭한 일을 하고자 하지 않았다. 그러나 오히려 철추의 나그네가 아직 40세가 되지 않았다는 것에 희망을 갖고 명나라를 위하여 복수하려는 일념을

라가 망하고 오랑캐의 청나라가 천하를 차지한 엄청난 변혁의 시대를 살았음을 비유한 것이다.

84 여유량(呂留良) : 1629~1683. 호는 만촌(晩村)이고 출생지는 절강(浙江)으로, 명나라가 멸망한 후 명나라의 재건을 도모하였다. 자세한 내용은 155쪽 주25 참조.

85 비록……없다 : '무지개가 해를 꿰뚫는다'는 것은 지극한 충정이 하늘을 감응시킴을 비유한 말인바, 중화의 명나라를 재건하고자 하는 정성은 하늘을 감동시킬 정도로 지극한데, 실제로 청나라 황제를 저격할 인물은 아직 없음을 한탄한 시이다. 전국 시대에 자객 섭정(聶政)이 한괴(韓傀)를 죽일 때와 자객 형가(荊軻)가 연(燕)나라에서 벼슬하던 중 연나라 태자 단(丹)을 위해 진시황을 죽이려고 떠날 적에 모두 "흰 무지개가 해를 꿰뚫었다.〔白虹貫日.〕"라고 하였다.《戰國策 魏策4》《史記 卷83 魯仲連鄒陽列傳》 형가가 진나라에 가서 검(劍)으로 진시황을 협박하였으나 끝내 뜻을 이루지 못하고 살해되었다.《史記 卷86 刺客列傳 荊軻》

죽을 때까지 잊지 않았으니, 어쩌면 이리도 웅장한가. 만일 빙숙이 복수할 수 있는 결정적 기회를 얻었더라면 박랑사의 한 거사(擧事)가 어찌 혹 자방만이 독차지하는 아름다움이었겠는가. 그렇다면 자방은 이미 시험한 빙숙이고, 빙숙은 아직 시험하지 않은 자방인 것이다.

조룡(祖龍)[86]이 장차 죽으려 했기 때문에 철추 소리가 울리자 군웅(群雄)이 선창하여 일어나 사슴을 쫓았고,[87] 건주 오랑캐의 운수가 다하지 않았기 때문에 신묘한 손을 소매에 넣고 있어서 모두(旄頭)가 패성(孛星)을 떨어트리지 않았으니,[88] 이는 때가 다르기 때문이다. 누가 "옛날과 지금의 사람이 똑같고 똑같지 않음이 어떻다."라고 말하겠는가.

건륭(乾隆) 말년에 진덕(陳德)[89]이라는 자가 비수를 품고 형경(荊

86 조룡(祖龍) : 조(祖)는 시(始)의 뜻이고 용(龍)은 임금을 상징하는 말로, 진시황을 가리킨다. 진시황 36년 가을에 사자(使者)가 화음(華陰)의 평서도(平舒道)를 지나갈 적에 손에 벽옥(璧玉)을 쥔 사람이 사자의 길을 막으면서 "나 대신 이것을 호지군(滈池君)에게 전해 주오. 금년에 조룡이 죽을 것이오."라고 하였는데, 다음 해에 진시황이 죽었다고 한다. 《史記 卷6 秦始皇本紀》

87 군웅(群雄)이……쫓았고 : 사슴은 제왕의 자리를 비유하는바, 군웅이 제왕의 자리를 다툰다는 말로, 《사기》 〈회음후전(淮陰侯傳)〉에 "진(秦)나라가 사슴을 잃으니, 천하가 다 함께 쫓았다. 이에 재주가 뛰어나고 발이 빠른 자가 먼저 사슴을 잡았다."라고 보인다.

88 신묘한……않았으니 : 청나라가 아직 망할 운수가 아님을 말한 것이다. '신묘한 손을 소매에 넣었다'는 것은 대철추와 같은 특별한 능력자가 그 능력을 감추어 발휘하지 않는다는 뜻이고, 모두(旄頭)는 28수(宿) 가운데 호(胡)를 관장하는 묘성(昴星)으로 오랑캐인 청나라를 가리킨다. 패성(孛星)의 빛은 악기(惡氣)가 퍼지는 조짐인바, '패성이 떨어짐'은 천자에게 환란이 생기거나 병란이 일어난다는 뜻이다. 《漢書 天文志》 《天文類抄》

卿 형가(荊軻))의 일을 행하자 천 명에 이르는 우림(羽林)[90]의 호위병들이 나무 허수아비처럼 우두커니 서 있었는데, 시위(侍衛)하는 여러 신하들이 피를 튀기며 난여(鑾輿 황제의 수레)를 지켜 건륭제가 겨우 몸을 피하였으니, 면한 것은 바로 요행이다. 진덕은 황명(皇明)의 유민이니, 일부러 예양(豫讓)이 측간에 숨은 것[91]을 한 것인가? 아니면 또한 자방의 유풍을 들은 자인가? 하늘이 오랑캐의 더러운 덕을 싫어한 지가 오래이다. 만약 장차 진덕을 빌려 경고한다면 빙숙의 뜻이 앞으로 크게 행해지겠는가? 어찌 지금까지도 조용한가? 삼가 기다리는 바이다.

89 진덕(陳德) : ?~1803. 《청사고(淸史稿)》, 《청실록(淸實錄)》 등에 청 인종(仁宗)을 시해하다가 잡혀서 죽은 사실만 기록되어있고 생애에 대해서는 자세하지 않은데, 진덕에 대한 전설 중에 다음과 같은 것이 있다. 30세 때에 북경으로 이주하여 청나라 조정의 내무부(內務府)를 출입하는 유명한 요리사를 주인으로 삼아 어린 두 아이와 병든 노모를 모시며 근근이 살아갔다. 주인이 죽고 나서 생계를 이어갈 수 없게 되자 실의에 빠져 자살을 하려다가 무의미하게 자살하느니 열사(烈士)처럼 의롭게 죽자고 결심하고 인종에 대한 저격을 감행하였는데, 끝내 실패하여 능지처참되었다. 《淸史稿 卷16 本紀 嘉慶八年》《淸實錄 仁宗睿皇帝實錄 卷109》

90 우림(羽林) : 궁궐의 호위를 맡은 친위 부대 중의 하나인 우림위(羽林衛) 소속의 호위병들을 말하는데, 깃처럼 빠르고 숲처럼 많다 하여 붙여진 이름이라 한다.

91 예양(豫讓)이……것 : 예양은 전국 시대 진(晉)나라의 자객으로, 자신을 국사(國士)로 대우해 준 지백(智伯)의 원수를 갚기 위해 조 양자(趙襄子)를 죽이려고 다리 밑에 숨어 있기도 하고〔伏橋〕, 측간을 수선하는 인부로 위장하기도 하였으나〔塗廁〕, 결국에는 실패로 끝나자 조 양자가 벗어 준 옷을 세 번 칼로 내리치는 것으로 위안을 삼고는 마침내 자결한 고사가 전한다. 《史記 卷86 刺客列傳 豫讓》

또 씀

又題

우리나라의 강릉부(江陵府)는 바로 옛날에 이른바 "창해군(滄海郡)"이다. 강릉부 치소의 동문 밖 대창역(大昌驛)에 역사(力士)의 유허(遺墟)가 있으니, 기이하다. 그리고 부사(府司 관아)에서 또 "국사장(國師杖)"이라 칭하는 대철추(大鐵椎)를 보관하고 있는데, 무거워 들 수가 없다. "역사가 사용하던 것인데 박랑(博浪)에서 돌아와 깊숙한 곳에 보관하고 꺼내지 않아서 역사가 죽은 뒤 수천 년이 되었으나 잃지 않고 지켜왔다."라는 말이 지금까지 전한다.

강릉의 함락항(咸樂恒)은 본래 기이한 선비요 또한 말을 조심하는 사람인데, 나를 위하여 이 일을 말하니 그의 말을 믿을 만하다. 아! 이것은 신묘한 물건이다. 물건이 있으면 반드시 쓸 곳이 있는 법인데, 이것을 사용하게 될 날이 본래 때가 있는 것인가? 아니면 또한 자방을 기다리는 것인가? 자방이 일을 한 번 거행할 적에 잘못하여 수레를 맞추었던 것을 경계로 삼아 두 번 잘못하지 않으려는 것인가?

천하의 사변(事變)은 무궁하고 9대의 원수[92]와 치욕은 마땅히 설욕해야 한다. 그렇다면 향후에 의리를 밝혀 오랑캐를 멸망시킬 적에 어찌

92 9대의 원수 : 춘추 시대 제(齊)나라 양공(襄公)이 9대조인 애공(哀公)의 원수를 갚은 일에서 나온 말로, 흔히 먼 과거의 원수를 뜻하는 말로 쓰인다. 기후(紀侯)가 제나라 애공을 주(周)나라에 참소하여 주나라에서 애공을 팽살(烹殺)한 사건이 있었는데, 양공 때에 이르러 9대 선조인 애공의 원수를 갚기 위해 기나라를 멸망시켰다. 《春秋公羊傳 莊公4年》

철추를 이용하지 않을 것이라고 장담하겠는가. 만약 위빙숙(魏氷叔)이 이것을 안다면 응당 이 일을 천양(闡揚)하여 깊고 먼 뜻을 맡길 것이니, 비단 대철추를 쓰는 나그네를 기다리지만은 않을 것이다.

영남루의 일을 기록함
記嶺南樓事

영남에 두 개의 유명한 누각이 있는데, 좌도는 '영남루(嶺南樓)'이고 우도는 '촉석루(矗石樓)'이다. 우도 사람들은 "촉석루가 영남루보다 낫다." 하고 좌도 사람들은 "영남루가 촉석루보다 낫다." 하여, 가까이 있는 것을 높이고 먼 곳을 낮추며, 자기편으로 들어오면 귀하게 여기고 자기편에서 나가면 천시한다.[93] 둘이 서로 양보하지 아니하여 마치 모여서 송사하는 것과 같으니, 영남의 해결되지 않는 안건이 되었다.

나는 서울에 있을 적에 이 말을 듣고 한 마디로 결단하기를 "강산과 누각의 아름다움의 우열은 막론하고 천한 기생의 몸으로 전란에 순국한 일[94]은 역사책에 없던 것이니, 이 한 가지만으로도 촉석루가 충분히 영남루를 누를 수 있다."라고 하였다.

그러다가 밀주(密州 밀양)에 와서 이른바 "영남루"라는 곳에 올라가 보았는데, 마치 허공을 타고 공중에 솟아오른 듯하며, 날아가는 봉황새

93 자기편으로……천시한다 : 자신의 편으로 들어오는 사람은 귀한 사람으로 대접하고, 자신의 편이 아닌 사람은 외면하고 냉대한다는 말이다.

94 천한……일 : 임진왜란 때 논개(論介, ?~1593)가 적장을 끌어안고 촉석루 아래의 남강에 투신한 일을 말한다. 논개의 성은 주씨(朱氏), 본관은 신안(新安)이다. 지금의 전라북도 장수군 임내면 주촌마을에서 태어났다고 전해진다. 경상우도 병마절도사 최경회(崔慶會, 1532~1593)의 첩으로, 임진왜란 때 최경회가 전사하자 일본군이 촉석루에서 벌이는 잔치에 참석해 일본군 장수 게야무라 로쿠스케를 끌어안고 남강에 투신하였다.

처럼 빼어난 봉우리가 뒤에서 날개를 펼치고 있고, 둥글게 휜 활처럼 생긴 맑은 강물이 끝을 따라 흐른다. 천 그루의 밤나무와 만 줄기의 대나무가 맑은 물가와 흰 모래 사이에 나열되어 있는데, 바라보면 구름이 일어나고 노을이 피어오르는 것처럼 보이고 비파를 연주하고 쟁(箏)을 타는 듯한 소리가 들리니, 이것이 이미 기승(奇勝)이었다.

그리고 무성한 숲과 긴 대나무 외에 또 층층의 산이 에워싸고 있고 넓은 들이 사방으로 둘러있는데 영남루가 그 위로 높이 솟아 있어서 앞에 끝없는 들이 펼쳐져 있으니, 진실로 일국(一國)의 장관이었다. 그러나 만약 아름다운 지역을 택한다면 또한 응천(凝川 밀양의 옛 지명)보다 더 좋은 곳이 있고 만일 힘을 들인다면 평지에도 높은 누대를 일으킬 수 있으니, 이는 진실로 명승이 되기에 부족한 것이다.

내가 고로(故老)에게 물으니, 다음과 같은 말을 하였다.

"옛날 한 지인(知印)[95]이 아문(衙門)을 엿보고서 지부(知府)[96]의 딸 중에 시집가지 않은 여랑(女娘)을 보고는 좋아하여 유모에게 뇌물을 주어 결탁하였다. 유모는 이익에 눈이 멀어 달구경을 칭탁(稱託)하여 여랑을 데리고 영남루로 갔는데, 도착하자 자신은 자리를 피하였다. 지인이 뛰쳐나와 온갖 방법으로 유인하였으나 여랑은 절의에 의거하여 엄하게 물리치고 감히 근접하지 못하게 하였다.

지인이 차고 있던 칼을 뽑아 곧장 앞으로 가서 위협하였는데, 그녀는 또한 동요하지 않았다. 지인은 강제로 욕보일 수 없음을 알고는

95 지인(知印) : 조선 시대 때 지방관의 관인(官印)을 보관하고 날인(捺印)하는 일을 담당한 통인(通引)을 말한다.

96 지부(知府) : 지방 수령인 부사(府使)를 이르는바, 여기서는 밀양 부사를 가리킨다.

즉시 영남루 동쪽 세 번째 기둥 앞에서 그녀를 찔러 죽여 영남루 아래 대숲에 매장하였다. 이후로 지부가 새로 부임해 오면 모두 번번이 가위에 눌려 죽었다.

이진사(李進士)라는 분이 지부를 따라와서 -혹은 '이 일로 인하여 진사가 곧바로 지부에 제수되었다.'고도 하였다.- 능파각(凌波閣)에서 잠을 잤는데, 능파각은 바로 영남루의 침실이다. 촛불을 켜놓고 앉아서 변고를 기다리고 있었는데, 한밤중에 머리를 풀어헤치고 피를 뒤집어쓴 어린 처녀가 들어와 울면서 그 사건을 하소연하고 복수해주기를 원하였다. 진사가 처녀가 가리킨 곳을 따라가서 시체를 찾아냈는데, 안색이 산 사람과 같았다. 시체를 관에 안치하여 집으로 돌려보내고는 곧바로 흉악한 짓을 한 지인을 죽이니, 고을이 마침내 무사하였다.

뒤에 관찰사가 '여랑이 영남루의 달밤에 이진사를 만나서 생전의 원통한 빚을 말하였다.'는 것으로 시제를 삼아서 선비들을 감영(監營)의 뜰에서 시험하였다. -혹은 '지부가 이 시제를 사용하여 영남루의 뜰에서 백일장을 설행하였다.'고도 하였다.- 또 읍의 지인이 매번 새 사또를 맞이하게 되면 그때마다 목욕재계하고 제수를 장만하여 그녀가 순절한 기둥 앞에서 제사하였는데, 지금까지도 끊이지 않는다."

아! 이것이 영남루가 유명하게 된 이유일 것이다. 그때 만일 지부의 딸이 강간의 오멸(汚衊)을 받았다면 비록 흔적이 전혀 없는 듯이 하였더라도 천신(天神)이 굽어보는 곳에서 어떻게 이것을 숨길 수 있었겠는가. 비록 남강(南江)의 물을 기울여 씻어내었더라도 그 치욕을 씻을 수 없었을 것이니, 한번 오욕을 당하였다면 영남루가 어찌 칭찬을 받을 수 있겠는가.

이 여인은 바로 계례(笄禮)를 하지 않은 어린 처녀였다. 몸이 약하여 옷 무게를 이기지 못하였으나 강포한 자에게 힘껏 항거하여 맹세코 자기 몸을 욕되게 하지 않았다. 칼날이 가해지면 생명이 즉시 끝장날 상황이었으나 피부도 떨지 않고 눈동자도 피하지 아니하며 수많은 사내도 빼앗을 수 없는 용기를 분발하여 죽음 앞에서 후회가 없었으니, 참으로 장렬하고 장렬하다.

애석하게도 그의 성명이 전해지지 않아 후세에 알려지지 못하였다. 변고가 부(府)의 아전에게서 나왔기 때문에 부의 아전들이 이 일을 숨기면서 지부의 이름까지 함께 잃어버렸다. 그래서 어느 때 살았던 어떤 사람인지 자세히 알 수 없으니, 더욱 애석할 만하다.

그러나 영남루가 남아 있으면 이 여인은 영원히 없어지지 않을 것이다. 비록 영남루가 부서진다하더라도 곧은 마음과 아름다운 절개는 영남루와 함께 없어지지 않고, 마땅히 하늘과 땅이 없어져야 더불어 없어질 것이다.

그러나 또한 스스로 자기의 본성을 다했을 뿐이니, 이름이 전해지고 전해지지 않음을 어찌 그녀가 개의하겠는가. 영남루가 이 여인을 만난 것은 우연이 아니다. 이 여인을 만나서 명성이 더욱 높아졌으니, 사람에 있어서는 불행이나 영남루에 있어서는 다행이다. 영남루와 여인이 무궁한 후세에 함께 전해질 것이 틀림없다.

촉석루는 내가 아직 보지 못해서 영남루와 자웅을 다투는 것이 어떤 점인지 모르겠으나, 촉석루에 충성스러운 기생이 있는 것은 영남루에 여랑이 있는 것과 같다. 중함이 저와 같고 가벼움이 이와 같다고 말할 수 없다면,[97] 두 누각이 서로 아름다움을 겨룸은 당연하다. 어찌 그

97 중함이……없다면 : 촉석루의 논개와 영남루의 아랑이 모두 절의를 지키는 것을

사이에 우열을 따져서 이기기를 힘쓰는 마음을 즐겁게 할 것이 있겠는가. 이는 호사자(好事者)들이 하는 짓이니, 어찌 그들과 더불어 이름난 누각을 논할 수 있겠는가.

만일 후일에 다시 임진왜란과 같은 변고가 있게 되면, 밀양의 기녀가 논개의 행실을 하여 의로움을 짝하고 아름다움을 나란히 해서 두 절개를 천고의 후대에 드리우지 않을 줄을 어찌 알겠는가. 그렇다면 사람도 진실로 누각의 이름을 이루었고 누각 또한 도움이 없지 않았으니, 또 어찌 굳이 강변(强辯)할 것이 있겠는가.

중하게 여기고 목숨 버리기를 가볍게 여겼기 때문에 누가 더 낫다고 말할 수 없다는 뜻으로, 《사기》 권61 〈백이열전(伯夷列傳)〉의 "공자가 말씀하시기를 '… 추운 겨울이 된 뒤에야 소나무와 측백나무가 뒤에 시듦을 알 수 있다.'고 하셨다. 온 세상이 혼탁하여야 백이와 같은 청사(淸士)가 비로소 드러나니, 어찌 중하게 여긴 것이 저와 같고 가볍게 여긴 것이 이와 같기 때문이 아니겠는가.〔豈以其重若彼, 其輕若此哉?〕"라는 말을 원용한 것이다.

의종 황제가 순사하신 날[98]에 공경히 씀

毅宗皇帝殉社日敬敍

금년의 태세(太歲) 갑신년 3월 19일은 바로 우리 의종 열황제(毅宗烈皇帝)가 순사(殉社)한 지 네 번째 갑신이 되는 해이다.[99] 《예기》에 "국군(國君)이 자기 나라를 떠나가면 만류하기를 '어찌하여 사직(社稷)을 버리십니까.'라고 한다." 하며, 또 "국군은 사직을 위해 죽는다."라고 하였으니,[100] 이것이 나라가 망하면 올바르게 끝마치는[101] 의리이

98 의종……날 : 의종(毅宗, 재위 1628~1644)은 명나라의 마지막 황제인 주유검(朱由檢, 1611~1644)의 묘호(廟號)이고, 순사(殉社)는 제왕이 사직(社稷)을 위해 장렬히 죽음을 맞이함을 이르는데, 의종이 1644년(숭정17) 3월 19일에 농민의 봉기를 이끈 틈왕(闖王) 이자성(李自成)에 의해 북경이 함락되자 황후와 황자, 공주들을 모두 죽게 하고 그 자신은 만세산(萬歲山)에서 '자신의 시체를 훼손할지언정 백성들을 괴롭히지 말라.'는 유언을 남기고 목매 자살하였는바, 이를 두고 한 말이다. 의종의 연호는 숭정(崇禎)이고 시호는 무효열황제(懋孝烈皇帝)이다.

99 금년의……해이다 : 의종이 순사한 갑신년(1644)을 일회갑(一回甲)으로 봤을 때 사회갑(四回甲)은 1824년(순조24)이 되는바, 매산의 나이 49세 되던 해이다.

100 예기에……하였으니 : 이 내용은 《예기》 〈곡례 하(曲禮下)〉에 "국군(國君)이 그 나라를 떠나가려 하면 만류하기를 '어찌하여 사직(社稷)을 버리십니까?' 하며, 대부가 떠나가려 하면 만류하기를 '어찌하여 종묘를 버리십니까?' 하며, 사(士)가 떠나가려 하면 만류하기를 '어찌하여 분묘(墳墓)를 버리십니까?' 하니, 국군은 사직을 위해서 죽고 대부는 백성을 위하여 죽고 사는 명령에 죽는다."라고 보인다.

101 올바르게 끝마치는 : 원문은 '정종(正終)'으로, 장수를 누리다가 집에서 편안히 생을 마치는 것을 말하기도 하고, 임종 때까지 바른 도리를 지키다가 생을 마감하는 군자의 죽음을 뜻하기도 하는데, 여기서는 후자의 의미로 썼다. 증자(曾子)가 죽을 때 "내가 바름을 얻어서 죽는다면 이것으로 그만이다.〔吾得正而斃焉, 斯已矣.〕"라고

다. 제후(諸侯)가 나라를 소유함은 천자에게 받은 것이므로 죽음만 있고 떠나감은 없는데, 떠나감이 없는 것은 나라가 망하면 군주가 죽는 것이 정도(正道)이기 때문이다.

만일 사직이 실추됨이 없고 선군(先君)이 제사를 받게 되면 혹 권도를 써서 보존하는 것을 도모하는 경우도 있으며, 또한 자기 나라를 편안히 여기지 못해서 왕위를 내놓고 떠나가는 자도 있으니, 《예기》에 이 때문에 우공(寓公)[102]이 있는 것이다. 그러나 이것은 올바른 의리가 아니다.

천자로 말하면 하늘에서 명을 받았으므로 떠날 만한 의리가 없으니, 군신과 상하가 함께 사직을 위하여 죽을 뿐이다. 대군(大君)은 부모의 종자(宗子)이니,[103] 어찌 종자로서 노예의 사역(使役)을 하는 자가 있겠는가.

그러나 우주가 생긴 이후로 세상에 나라가 있고 군주가 있은 지 수천 수백 년이 되었으나, 이 이치에 이른 자는 전혀 없다. 하(夏)·은(殷)

한 데서 연유하였다. 《禮記 檀弓上》

102 우공(寓公) : 나라를 잃고 다른 나라에 우거하는 제후를 가리키는바, 《예기》 〈교특생(郊特牲)〉에 보인다.

103 대군(大君)은……종자(宗子)이니 : 대군은 천자이고 부모는 하늘을 가리키는바, 천자가 천명을 받아 천하를 통치하기 때문에 이렇게 말한 것이다. 이 내용은 횡거(橫渠) 장재(張載)의 〈서명(西銘)〉에 "군주는 우리 부모의 종자요 대신은 종자의 가신(家臣)이다."라고 보이는데, 주자가 이에 대해 "건(乾)이 아버지가 되고 곤(坤)이 어머니가 되어 사람이 그 가운데에 태어났으니, 그렇다면 모든 천하 사람이 다 천지의 자식인 것이다. 그러나 천지를 계승하여 사람과 물건을 통치하는 것은 군주일 뿐이다. 그러므로 부모의 종자가 되는 것이요, 군주를 보좌하여 여러 일을 다스리는 것은 대신일 뿐이다. 그러므로 종자의 가신이 되는 것이다."라고 주하였다. 《近思錄 卷2》

· 주(周)는 성인의 나라였으나 망할 적에 모두 추방과 주륙(誅戮)을 당하여 치욕이 지극하였으니, 하물며 나머지 사람에 있어서이겠는가. 오직 금(金)나라 애종(哀宗)[104]이 스스로 불타 죽었으니, 저 비굴하게 살고 구차하게 죽음을 면하여 복종해서 포로가 된 자에 비하면 정도(正道)를 지켰을 뿐만이 아니다.

그러나 완안수서(完顔守緖 애종)는 동분서주하다가 망한 뒤에 생존을 도모하였으니, 사직을 위해 죽었다고 말할 수가 없다. 오직 우리 열황제(烈皇帝 의종의 시호)로 말할 것 같으면 흉악한 환관[105]이 권력을 도둑질하여 위세(威勢)가 군주를 진동하는 상황에서도 목소리와 얼굴빛을 변치 않고 제거하고 소탕하였다. 당시 황제의 연세가 17세였는데, 한(漢)나라 소제(昭帝)[106]의 일에 비하면 더욱더 어려운 것이다.

104 금(金)나라 애종(哀宗) : 애종(1198~1234)은 중국 금나라의 제9대 황제로, 이름은 완안수서(完顔守緖)이고 여진(女眞)의 이름은 영갑속(寧甲速)이다. 몽고군이 변경(汴京)을 포위하자 남쪽 땅 귀덕(歸德)으로 달아났다가 다시 채주(蔡州)로 옮겨갔는데, 몽고군이 송(宋)나라 군대와 함께 채주를 포위하자 1233년 1월에 종실인 동면 원수(東面元帥) 완안승린(完顔承麟)에게 제위를 양보하고 성이 함락될 때 스스로 목을 매어 자살하였다. 재위 기간은 1224~1234년이다. 《金史 卷18 哀宗本紀》

105 흉악한 환관 : 명나라 말기 희종(熹宗) 때에 무소불위의 권력을 휘두른 환관 위충현(魏忠賢, ?~1627)을 가리킨다. 위충현은 본명이 이진충(李進忠)으로 무뢰배(無賴輩)의 생활을 하였으나, 스스로 환관이 되어 성과 이름을 위충현으로 바꾸고는 출세가도를 달려 희종 때 환관의 수장(首長)인 사례감(司禮監) 병필태감(秉筆太監)과 황제 직속의 비밀경찰인 동창(東廠)의 수장이 되어 정치를 농단하였는데, 의종 즉위 후에 탄핵을 받고 자살하였다. 위충현이 죽은 뒤에도 의종은 재위 기간 내내 환관들의 전횡으로 몸살을 앓았다.

106 한나라 소제(昭帝) : 소제(기원전94~74)는 무제(武帝)의 소자(少子)로 8세의 어린 나이에 즉위하였는데, 어린 나이에도 명철하였다. 좌장군 상관걸(上官桀)과 연왕

인하여 하늘의 재앙을 두려워하고 백성들의 어려움을 보살폈으며 경연을 부지런히 열고 관리들의 다스림을 살폈다. 그래서 일찍이 밥 한 그릇 먹는 한가로운 여가가 없었고, 귀와 눈의 오락을 멀리하여 안과 바깥의 황폐함[107]이 없었으며 한결같이 국가의 쇠함을 일으키고 혼란을 다스리는 것에 힘썼으니, 진실로 군주와 신하가 똑같은 덕을 간직하여 장수와 정승이 공경하고 화합했더라면 어찌 다만 수성(守成)하는 영명(英明)한 군주가 될 뿐이었겠는가.

당시에는 환관의 기세가 하늘을 찌르고 사해에 뻗쳐 천하의 일이 이미 십중팔구가 잘못되었고, 건주(建州)의 오랑캐[108]가 창궐하여 전 요동 지역이 함락되었으며, 틈적(闖賊)[109]이 반란하여 중원이 궤멸되었다. 그리하여 앞뒤로 적의 침공을 받았는데, 머리와 눈을 보호하지

(燕王) 유단(劉旦) 등이 대장군 곽광(霍光)을 모함하여 죽이려 하였으나, 이를 알아차리고 도리어 상관걸 등을 처형하였으며, 곽광 등의 보좌를 받아 11년이라는 길지 않은 재위기간 동안 국정 운영을 잘하여 많은 치적을 쌓았다. 《漢書 卷7 昭帝紀》

107 안과……황폐함 : 여색과 사냥의 즐거움에 빠지는 것을 이르는바, 우(禹) 임금이 자손들에게 훈계하기를 "안으로 여색에 빠지거나, 밖으로 사냥을 좋아하거나, 술과 풍악에 탐닉하거나, 고대광실을 짓고 담장을 아로새기거나, 이 중에 한 가지 일만 있어도 요행히 망하지 않는 경우는 없다."라고 한 데에서 온 말이다. 《書經 五子之歌》

108 건주(建州)의 오랑캐 : 명나라가 남만주 일대의 여진족을 건주여진(建州女眞)이라고 하였는바, 후금(後金) 곧 청나라를 가리킨다. 건주여진의 출신인 누르하치(奴兒哈赤)가 1583년에 거병하여 1588년에 건주여진을 통일하고, 1616년에 후금을 건국하였다.

109 틈적(闖賊) : 이자성(李自成, 1606~1645)으로, 명말(明末) 농민 반란의 지도자이다. 처음에는 역졸(驛卒)이었는데 연수(延綏)의 기근을 기화로 봉기하여, 틈왕(闖王)으로 자칭하였다. 1644년에 명나라를 멸망시켰으나 이듬해 오삼계(吳三桂)를 선도로 하는 청군(淸軍)에게 패하여 죽었다. 《明史 卷309 流賊列傳 李自成》

않아서[110] 동쪽에서 패하고 서쪽에서 망하여 백성들이 도탄에 빠졌으니, 비록 지혜로운 자가 있더라도 또한 어쩔 수가 없었다.

선제(先帝 의종)는 좋지 못한 때에 태어나서 마침 말세의 운을 만났다. 날이 새기 전에 옷을 챙겨 입고서 군대를 징발하고 군량을 모으는 일을 재위 17년 동안 시종으로 이어왔다. 그런데 정월 초하룻날 아침에 폭풍이 불고 흙비가 내리고 효릉(孝陵)이 밤에 통곡하였으며 항성(恒星)이 달로 들어오고 제요(帝曜)가 내려앉음[111]에 이르러서는 역수(曆數)가 이미 다하여 천록(天祿)이 영원히 끊기니,[112] 어찌 그 사이에 사람의 힘을 용납하겠는가.

범경문(范景文)과 이방화(李邦華)가 속히 남쪽으로 천도할 것을 청

110 머리와……않아서 : 머리와 눈은 군상(君上)을 가리킨 것으로, 곧 황제를 신하들이 제대로 보호하지 않았음을 말한 것이다. 《순자(荀子)》〈의병(議兵)〉에 "신하가 군주에 있어서와 아랫사람이 윗사람에 있어서는 손과 팔뚝이 머리와 눈을 보호하고 가슴과 배를 비호하듯이 하여야 한다."라고 보인다.

111 정월……내려앉음 : 효릉은 명 태조 주원장의 능이며, 제요(帝曜)는 제성(帝星)과 같은 말로 황제의 별을 상징하는바, 이 내용은 《명사기사본말(明史紀事本末)》 권79 〈갑신지변(甲申之變)〉에 실린 곡응태(谷應泰, 1620~1690)의 사평(史評)에 그대로 보인다. 곡응태는 청나라 초기의 문인으로, 자는 갱우(賡虞)이며 풍윤(豐潤) 사람이다. 순치(順治) 4년(1647)에 진사시에 급제하고 벼슬이 절강제학첨사(浙江提學僉事)에 이르렀다. 명나라의 전장 제도(典章制度)를 두루 수집하고, 기사본말체의 역사서인 《명사기사본말》을 편찬하였다.

112 역수(曆數)가……끊기니 : 역수는 제왕들이 서로 계승하는 차례를 이르고, 천록은 하늘의 복록으로 국운을 이른다. 이 말은 하늘의 명으로 명나라가 망하게 되었음을 비유한 것으로, 《논어》〈요왈(堯曰)〉의 "요 임금이 말씀하였다. '아! 너 순(舜)아, 하늘의 역수가 너의 몸에 있으니, 진실로 그 중(中)을 잡도록 하라. 사해가 곤궁하면 천록(天祿)이 영원히 끊어질 것이다.'"라는 말을 원용한 것이다.

하였으나[113] 응하지 않았는데, 중궁(中宮)이 목매달아 죽고 공주가 칼로 자결하는 지경에까지 이르자, 선제는 끝내 스스로 순사(殉社)하였다. 그리고 "짐의 시신은 찢을 수 있어도 백성의 목숨은 해치지 말라. 한(恨)이 깊은 지하에 맺히고 말이 의대(衣帶)에 남아 있다."[114]라고 하였으니, 아! 애통하다. 이것이 이른바 "사직을 버리지 않고 죽었다."는 것이다.

아! 사람은 죽지 않는 사람이 없고 나라는 망하지 않는 나라가 없으니, 똑같이 한 번 죽는 것이고 똑같이 한 번 망하는 것인데, 만일 정도를 얻었다면 어찌 "죽었다." 하고 "망했다."고 할 수 있겠는가. 우리 선제가 몸소 이 의리를 실천하였으니, 하늘과 땅이 항상 보여주고 해와 달이 항상 밝고 성인이 천하의 동함을 본받아서 한결같음을 항상 실행함은 모두 하나의 정도를 성취할 뿐이다.[115] 아! 훌륭하다.

113 범경문(范景文)과……청하였으나 : 《명사》 권265의 열전에는 범경문(1587~1644)과 이방화(李邦華, 1574~1644)가 도성을 지켜야 한다고 상소한 것으로 되어있고, 남쪽으로 천도하기를 청한 내용은 《명사기사본말》 권79 〈갑신지변〉에 실려 있는 사평에 보이는바, 매산이 이렇게 말한 것은 《명사기사본말》에 근거한 것으로 보인다. 범경문은 자가 몽장(夢章), 호가 사인(思仁), 별호가 질공(質公)이다. 1644년에 이자성이 선부(宣府)를 격파하자, 남행(南幸)을 주청한 신하들과 달리 구원군이 올 때까지 버텨야 한다고 주장하였다. 얼마 후 황제가 목을 매 자살하였고 그도 우물에 빠져 순절하였다. 이방화는 자가 맹암(孟闇)으로, 1604년(만력32)에 진사로 출사하고 벼슬이 좌도 어사(左都御史)에 이르렀다. 1644년 이자성에 의해 도성이 함락되자 남송 말기의 충신인 문천상(文天祥)의 사당에 가서 자결하였다.

114 짐의……있다 : 이 내용은 《명사기사본말》 권79 〈갑신지변〉에 실려 있는 사평에 그대로 보인다.

115 하늘과……뿐이다 : 하늘의 이치는 순히 따르면 길하고 거스르면 흉한 법이니, 세상사의 무궁한 변화에 연연하지 않고 늘 정도를 지키는 것이 성군(聖君)이 지향해야

비록 우리 선제가 국가의 불행함을 만나지[116] 않아서 좋은 운을 타고 훌륭한 정치를 이룩하여 치국의 대도(大道)가 날로 상승하였더라도 국가의 운명을 조금 연장하는 데에 불과하였을 것이다. 가령 천 년 동안 국운을 누렸더라도 결국 사직의 멸망[117]을 맞게 됨은 똑같았을 것이니, 또한 중대한 삼강(三綱)과 오상(五常)[118]에 무슨 보탬이 되었겠는가.

망국(亡國)의 화(禍)가 숭정 때보다 더 혹독한 경우가 없었고, 정도

할 바임을 말한 것으로, 《주역》 〈계사전 하(繫辭傳下)〉의 "천지(天地)의 도는 항상 보여주는 것이요, 일월(日月)의 도는 항상 밝은 것이요, 천하의 동(動)함은 한결 같음을 항상 실행하는 것이다."라는 말을 원용한 것이다.

116 국가의……만나지 : 《시경》 〈민여소자(閔予小子)〉의 "국가의 불행함을 만나서 외로운 신세로 애통에 빠져 있네.〔遭家不造, 嬛嬛在疚.〕"라고 한 데서 온 말로 국휼(國恤)을 이르는바, 의종이 재위 7년 만에 병사한 형 희종(熹宗, 1605~1627)을 이어 재위에 올랐기 때문에 이렇게 말한 것이다. 희종은 명나라의 제16대 황제로, 이름은 주유교(朱由校)이고 연호는 천계(天啓)이며 재위 기간은 1620~1627년이다. 의종이 천계 2년(1622)에 신(信) 땅에 봉해져서 신왕(信王)이 되었는데, 6년 11월에 신 땅에 나가 살다가 이듬해 희종의 병이 심해지자 부름을 받고 와서 유명을 받아 황제가 되었다. 《明史 卷23 莊烈帝1》

117 사직(社稷)의 멸망 : 원문은 '옥사(屋社)'로, 나라의 멸망을 비유하는 말인바, 《예기》 〈교특생(郊特牲)〉에 "천자의 태사(大社)에 반드시 서리·이슬·바람·비를 직접 맞게 하는 것은 천지의 기운을 도달하게 하기 위한 것이다. 이 때문에 망한 나라의 사직을 지붕으로 덮는 것〔喪國之社屋之〕은 하늘의 양기를 받지 못하게 함이다."라고 보인다.

118 삼강(三綱)과 오상(五常) : 유교 이념에서 반드시 지켜야 할 기본적인 도리로, 삼강은 임금과 신하, 부모와 자식, 남편과 아내 사이에 마땅히 지켜야 할 도리인 군위신강(君爲臣綱)·부위자강(父爲子綱)·부위부강(夫爲婦綱)이고, 오상은 부자유친(父子有親) 등의 오륜(五倫)을 이른다.

를 지키다 망한 나라가 숭정보다 더한 경우가 없었으니, 온 우주를 통틀어 한 사람밖에 없다. 하·은·주 삼대 이후에 오직 한(漢)나라와 명나라가 정도로 나라를 얻었으나, 산양공(山陽公)과 안락공(安樂公)은 나라가 망하는데도 죽지 않았다.[119] 그리하여 아버지와 선조를 욕되게 하여 마침내 이와 같이 처음은 훌륭하였으나 끝은 훌륭하지 못하였으니, 어찌 우리 선제가 국가를 위하여 죽은 의열(義烈)이 나라를 바르게 얻은 것에 빛을 더하여 성스러운 선조와 훌륭한 손자가 똑같은 법이었던 것과 같겠는가.

순사한 갑자(甲子)가 네 번째가 되었는데, 신주(神州)의 침몰이 여전하고[120] 황하(黃河)가 맑아질 소식이 들리지 않아[121] 한(漢)나라의 국운[122]이 성세(盛世)가 될 가망이 없으니, 이것이 유민(遺民)들이 절

119 산양공(山陽公)과……않았다 : 후한(後漢)의 헌제(獻帝)와 촉한(蜀漢)의 후주(後主) 유선(劉禪)이 선위(禪位) 또는 항복한 일을 말하는바, 헌제는 위(魏)나라 조비(曹丕)에게 강제로 선위하고 산양공에 봉해졌으며, 유선은 위나라에 항복하여 안락공(安樂公)에 봉해졌다. 《後漢書 卷9 孝獻帝紀》《三國志 卷33 後主禪》

120 신주(神州)의……여전하고 : 신주는 중국을 가리키고, 원문의 '육침(陸沈)'은 육지가 물에 잠긴다는 뜻인바, 중국이 외적에게 침입을 당하여 망한 상태가 여전함을 비유한 것으로, '육침'에 대한 출전은 154쪽 주22 참조.

121 황하(黃河)가……않아 : 황하가 천 년에 한 번 맑아진다고 하여 맑아질 기미가 보이면 성군이 출현하여 태평 시대가 전개될 상서로 여겨지는바, 중화를 재건할 성군이 나올 징조가 보이지 않는다는 말이다. 〈운명론(運命論)〉에 "황하가 맑아지면 성인이 출현한다.〔黃河淸而聖人生.〕"라고 하였는데, 《역건착도(易乾鑿度)》에 "성인(聖人)이 천명을 받게 되면 상서(祥瑞)가 먼저 하수(河水)에서 나타난다. 하수가 먼저 푸른색이 되었다가 계속해서 백색으로 변하고 적색으로 변하고 흑색으로 변하고 황색으로 변하는데, 각각 3일이다."라고 주하였다. 《海錄碎事 卷7上 黃河淸》

122 한(漢)나라의 국운 : 여기에서 말한 한나라는 옛날의 한나라가 아니고, 오랑캐가

치부심하는 애통함이다.

혹자는 말하기를 "선제가 백성[123]들을 가엾게 여기고 사랑하며 여러 정사의 기강을 바로잡아서 분발하고 진작하여 일을 제때 처리하지 못할 듯이 하였다. 그렇다면 이치상 마땅히 하늘의 마음을 누려 큰 명을 잇고 종묘와 자손이 오랫동안 끊어지지 않아야 하는데, 이제 마침내 크게 어긋나 그렇지 않으니, 천도(天道)가 없단 말인가?"라고 하였는데, 나는 삼가 이것이 바로 천도라고 생각한다.

우리 선제가 한 번 목숨을 바쳐 백왕(百王)에게 보답한 것에 힘입어 하늘의 떳떳한 법과 땅의 의리와 사람의 성품과 사물의 법칙이 실추되지 않았다. 그리하여 장차 억만 대의 후세에 사람의 표준[124]을 세워 하늘과 땅과 더불어 유구하게 되었으니, 하늘이 성주(聖主)에게 보답함이 바로 여기에 있을 것이다. 바로 여기에 있을 것이다.

흥망과 득실의 떳떳한 수를 가지고 하늘[125]에 의문을 제기하는 것은 천도를 아는 자가 아니다. 이 날에 해동의 유민 홍직필은 공손히 절하고 머리를 조아리고서 삼가 쓰노라.

아닌 한족(漢族) 출신이 세운 훌륭한 황제국을 가리킨 것이다.

123 백성 : 원문은 '원원(元元)'으로, 《전국책》〈진책(秦策) 1〉에 "적국을 굴복시켜 해내(海內)를 제압하고, 백성을 애호하여〔子元元〕 제후를 신하로 복종시키려 한다면, 전쟁이 아니고는 불가하다."라고 한 데에서 온 말이다.

124 사람의 표준 : 원문은 '인극(人極)'으로, 사람이 살아가면서 지켜야 하는 기강(紀綱), 강상(綱常)과 같은 도리를 가리키는바, 자세한 내용은 154쪽 주21 참조.

125 하늘 : 원문은 '노창(老蒼)'으로, 흔히 고송(古松) 또는 고목(古木)을 지칭하는데, 여기에서는 하늘을 뜻하는 '노천(老天)'과 같은 말로 쓰였다.

이사온이 자를 고친 설

李士蘊改字說

이진옥(李鎭玉) 군이 서림(西林)에서 책 상자를 메고 남호(南湖)에서 책 상자를 열었다.[126] 내가 그의 표덕(表德)[127]을 묻자, 대답하기를 "대가(待可)입니다."라고 하였다. 내가 "이것은 옥(玉)자와 딱 들어맞지 않는다." 하니, 자를 고쳐주기를 청하므로 자를 "사온(士蘊)"이라고 하였다. 이것은 주자의 시에 "옥이 쌓여 있으면 산이 빛난다.〔玉蘊山輝〕"[128]는 뜻을 취한 것이다.

또 자설(字說)을 지어줄 것을 청하였는데, 내가 빈사(瀕死) 상태로 병석에 엎드려있어 글을 짓지 못하므로 선철(先哲)들이 이루어 놓은 가르침을 대략 엮어 다음과 같이 답하였다.

"사람의 온축(蘊蓄 많이 쌓음)은 배움으로 말미암아 커진다. 이는 옛 성현들의 훌륭한 말씀과 행실을 많이 듣고서, 행적을 상고하여 활용을 관찰하고 말씀을 살펴 마음을 찾아서, 식견을 갖추어 그 덕을

126 서림(西林)에서……열었다 : 서림은 충청도 서천(舒川)의 별호이고, 남호(南湖)는 서울 노량 앞쪽의 한강을 이르는바, 이진옥이 서천에 살다가 매산에게 배움을 청하러 노량으로 온 것을 이렇게 표현하였다.

127 표덕(表德) : 자(字)를 이른다.《안씨가훈(顔氏家訓)》〈풍조(風操)〉에 "옛날에는 이름으로써 몸을 바르게 하고 자로써 덕을 표출하였다.〔古者, 名以正體, 字以表德.〕"라고 하였는데, 인하여 후대에는 자나 별호(別號)를 뜻하는 말로 쓰이게 되었다.

128 옥이……빛난다 : 이 내용은 주자의 〈감흥시(感興詩)〉 3장에 보인다.《朱子大全 卷1》

쌓고 이루는 데에 달려있으니,[129] 이것이 이른바 '쌓으면 덕행이 된다.'[130]는 것이다.

사람의 마음은 허령(虛靈)하고 밝게 통하여 만 가지 이치가 모두 갖추어져 있어서 원래 부족함이 없다. 그러나 의리는 무궁하고 사변(事變)은 만 가지이니, 작게는 일상생활에서 동하고 고요하고 말하고 침묵함과 크게는 예와 음악과 정사와 형벌의 연혁과 손익(損益 가감(加減))에 있어서 무슨 방법으로 때에 따라 적절하게 조처할 수 있겠는가. 반드시 선현(先賢)들의 말씀과 행실을 연구한 뒤에야 식견이 날로 자라나 덕을 쌓음이 날로 커질 수 있다. 이는 견문이 넓어졌다고 자랑하려는 것이 아니다.

《주역》에 '건(乾)과 곤(坤)이 쌓여있다.'[131]라고 하였고, 《시경》에 '내 마음이 쌓여있다.'[132]라고 하였으며, 몽수(蒙叟)도 '만물이 다

129 사람의……달려있으니 : 이 내용은 《주역》 〈대축괘(大畜卦) 상(象)〉의 "하늘이 산 가운데에 있는 것이 대축이니, 군자가 보고서 옛 성현들의 훌륭한 말씀과 지나간 행실을 많이 알아 덕을 쌓는다.〔天在山中大畜. 君子以多識前言往行, 以畜其德.〕"라는 말에 대한 이천 정이의 《주역전(周易傳)》에 그대로 보인다.

130 쌓으면……된다 : 이 내용은 염계 주돈이가 학문의 요체에 대하여 "성인의 도는 귀에 들어오고 마음에 보존되어 쌓으면 덕행이 되고 행하면 사업이 되니, 문사(文辭)에만 공을 들이는 자는 비루하다."라고 한 데에 보인다. 《近思錄 卷2 爲學》

131 건(乾)과……쌓여있다 : 이 내용은 《주역》 〈계사상전(繫辭上傳)〉에 "건(乾)과 곤(坤)은 역(易)에 온축〔縕〕된 진리일 것이다. 건과 곤이 열(列)을 이룸에 역이 그 가운데 서 있으니, 건과 곤이 무너지면 역을 볼 수 없고, 역을 볼 수 없으면 건과 곤이 혹 거의 종식될 것이다."라고 보인다. '온축'이라는 뜻으로 '온(縕)'과 '온(蘊)'은 통용한다.

132 내……쌓여있다 : 이 내용은 《시경》 〈회풍(檜風) 소관(素冠)〉에 "행여 흰 슬갑을 찬 사람을 볼 수 있을까? 내 마음에 쌓여있으니,〔我心蘊結兮〕 그저 그대와 함께 하나같

그러하여 이것을 온축하고 있다.'라고 하였으니,[133] 온(蘊)의 뜻이 크다. 안에 깊이 간직하고 밖으로 드러내지 않으며 때에 따라 기르고 감추어서, 부지런히 진실을 쌓고 오랫동안 힘써서 서서히 지극한 덕이 도에 응집되는 경지에 이르면, 이것이 바로 온축의 공효이다.

군자가 덕을 옥에 견주므로[134] '옥을 다듬지 않으면 옥그릇을 만들지 못하고, 사람이 배우지 않으면 도를 알지 못한다.'[135]라고 한 것이다. 도(道)는 천하 사람들이 귀하게 여기는 것이다. 귀하게 여기는 이유는 군자의 온화함이 옥과 같기 때문이다.

사온이여! 이름과 자를 돌아보고 뜻을 생각한다면 도에 나아가고 덕을 이루지 못함을 어찌 근심하겠는가. 사온의 향학열이 일시적인 의기에서 나온 것이 아니므로 더 배우기를 진실하고 간절하게 청한 듯하다. 그러나 나는 늙고 병들어 목숨이 위태로워 가르침을 베풀 수 없으므로 병을 무릅쓰고 자설을 지어 주노니, 사온은 공경히 생각할지어다."

이 하리라."라고 보인다.

133 몽수(蒙叟)도……하였으니 : 몽수는 장주(莊周)로, '몽장(蒙莊)'이라고도 하는데, 그가 초(楚)나라 몽현(蒙縣) 출신이기 때문에 이렇게 부른다. 인용한 내용은《장자》〈제물론(齊物論)〉에 "보통사람들은 부지런히 힘쓰는데 성인은 어리석고 둔해서 만 년의 세월을 합쳐서 하나로 하고 순수함을 이룩한다. 만물이 모두 그러하여 이것을 온축하고 있다.〔萬物盡然, 而以是相蘊.〕"라고 보인다.

134 군자가……견주므로 : 군자는 공자로,《예기》〈빙의(聘義)〉에 "옛날에 군자는 덕을 옥에 비유하였으니, 온윤하면서 빛남은 인(仁)과 같고, 치밀하면서 견고함은 지(智)와 같고, 모나면서 해치지 않음은 의(義)와 같고, 드리워 아래로 늘어뜨림은 예(禮)와 같다."라고 보인다.

135 옥을……못한다 : 이 내용은《예기》〈학기(學記)〉에 그대로 보인다.

서 序

해영의 좌막[136]으로 부임하는 서종형 석필 을 송별한 서 기미년[137]

送庶從兄 奭弼 佐幕海營序 己未

막관(幕官)의 이름이 생긴 지 오래되었다. 부막(府幕)에 있으면 '부단(府端)'이라고 하고 수막(州幕)에 있으면 '주단(州端)'이라고 하며, 절단(節端)은 절도사(節度使)의 막관이고 헌단(憲端)은 헌사(憲司)의 막관이니, 이른바 "주(州)의 기강을 아홉 번 다스리고 부(府)의 직책을 세 번 바르게 했다."는 것이 이를 말한 것이다.[138]

136 해영(海營)의 좌막(佐幕) : 해영은 황해도 해주(海州)의 감영(監營)과 병영(兵營)을 일컫는바, 여기서는 병마절도사의 병영을 가리킨 것으로 보이며, 좌막은 막하의 보좌관을 이른다.

137 기미년 : 1799년(정조23)으로, 매산의 나이 24세 되던 해이다.

138 부막(府幕)에……것이다 : 이 내용은 명나라 팽대익(彭大翼, 1552~1643)이 지은 《산당사고(山堂肆考)》의 "《남사》에 육휘(陸徽)가 '주의 기강을 아홉 번 다스리고 부의 직책을 세 번 바르게 했다.'고 하였는데, 모두 막관을 가리킨 것이다. 육조 때에는 부막을 '부단'이라고 하였고, 주막을 '주단'이라고 하였고, 절도막을 '절단'이라고 하였고, 헌사막을 '헌단'이라고 하였다.〔南史陸徽云: 九綜州綱, 三端府職, 皆指幕官也. 六朝稱府幕曰府端. 州幕曰州端. 節度幕曰節端. 憲司幕曰憲端.〕"라는 말을 원용한 것이다.

군부(軍府)의 요점은 막료(幕僚)가 관장한다. 깃발 사이에서 붓을 잡고 장막 속에서 주판(籌板)을 움직여[139] 활과 깃발을 소중하게 하고 술동이와 도마가 있는 자리를 빛나게 하여 석상(席上)의 보배라고 칭해지고[140] 한 시대의 보배로 헌상(獻上)되었으니,[141] 어찌 다만 손님과 주인의 영화가 될 뿐이겠는가.

우리 동방은 태평한 지가 오래되어 사방 변방에 경계가 없으니, 방백(方伯)과 연수(連帥)[142]가 막하(幕下)에 초치한 자들이 모두 궁술은 갑옷을 뚫지 못하고 몸은 말에 올라타지 못하는 백면서생(白面書生)과 시정(市井)의 자제일 뿐이다. 어떻게 군대의 계책에 참여하고 사자(使

《山堂肆考 卷75 臣職 總幕官 九綜》

139 깃발……움직여 : 이 내용은《연감유함(淵鑑類函)》권110〈설관부(設官部) 절진방악막료총재 3(節鎭方岳幕僚總載三)〉에 보인다.

140 활과……칭해지고 : 이 내용은 송(宋)나라 왕부(王溥, 922~982)가 찬한《오대회요(五代會要)》권25〈막부(幕府)〉에 보인다.

141 한 시대의……헌상(獻上)되었으니 : 예부터 막관을 맡은 사람이 높게 평가되었음을 말한 것으로,《요사(遼史)》권80〈장검열전(張儉列傳)〉의 "장검은 완평(宛平) 사람으로, 성품이 곧고 성실하며 겉치레를 일삼지 않았다. 통화(統和) 14년에 진사에 합격하고, 맨 처음으로 운주(雲州)의 막관에 조용되었다. 고사(故事)에 황제의 거가(車駕)가 지나가면 장리(長吏)가 헌상을 해야 하는 전례가 있었다. 성종(聖宗)이 운주에서 사냥을 할 적에 절도사가 나아가 아뢰기를 '신의 경내에 별다른 특산물은 없고 오직 막료 장검이 한 시대의 보배이니, 원컨대 헌상하고자 합니다.' 하였다."라는 말을 원용한 것이다.

142 방백(方伯)과 연수(連帥) : 관찰사 등의 지방의 장관을 가리킨다.《예기》〈왕제(王制)〉에 "천리 밖에는 방백을 둔다. 5개의 국으로 속(屬)을 삼는데 속마다 장(長)을 두고, 10개의 국으로 연(連)을 삼는데 연마다 수(帥)를 둔다."라고 하여 본래 제후의 장을 가리키는 말이었으나, 중앙군현제 이후로는 지방의 장관을 가리키게 되었는바, 우리나라에서는 관찰사를 방백, 절도사를 연수라고 칭하였다.

者)의 격문(檄文)에 응하여 위급한 일을 도울 수 있겠는가.

이 때문에 주장(主將)이 이미 큰 기대를 갖지 않고 보좌(輔佐)들도 자신의 직임을 하찮게 여긴다. 그래서 재화와 이익만을 좇고 음악과 여색에만 열중하며 염치와 의리를 쓸모없는 것으로 여기고 몸과 명예를 버리면서도 오히려 수치인 줄을 알지 못하니, 참으로 슬프고도 개탄스러운 일이다.

서당형(庶堂兄) 석여(奭汝 홍석필의 자)는 바로 몸이 옷 무게를 이기지 못하는 나약한 남자일 뿐이다. 어느 날 아침에 소매 넓은 옷을 입고 흰 깃털을 모자에 꽂고 붉은활과 아름다운 화살을 허리와 등에 차고서 지방으로 나가 수양(首陽)의 관찰사 영에 좌막(佐幕)이 되었다. 수양은 해주(海州)이다. 서쪽으로 오호도(嗚呼島)[143]를 바라보니 바닷길이 중국의 연(燕)·제(齊) 지방과 통하였고, 북쪽으로 패수(浿水)·살수(薩水)와 접하였으니, 기보(畿輔)[144] 지역을 보호하는 관방(關防)이다. 이 지역은 참으로 우리나라의 요충지이다.

불행히 용사(龍蛇)의 변고와 병정(丙丁)의 싸움과 같은 전쟁[145]이

143 오호도(嗚呼島) : 현재 중국 동해(東海)의 청도(青島) 즉묵시(卽墨市)에 속한 섬으로, 당나라 장수절(張守節)의 《사기정의(史記正義)》에 "동해현에 섬이 있으니, 해안에서 80리 떨어진 곳이다.〔東海縣有島山, 去岸八十里.〕"라고 한 곳이다. 제왕(齊王)의 후예 전횡(田橫)이 한(漢)나라 초기에 왕이 된 뒤에 유방(劉邦)이 천하를 통일하자 부하 5백여 명과 함께 이 섬 속으로 피해 들어갔는데, 그 뒤에 왕후(王侯)로 봉해주겠다는 한 고조(漢高祖) 유방의 부름을 받고 낙양(洛陽)으로 가던 도중 머리를 굽혀 신하가 되는 일은 차마 하지 못하겠다면서 자결을 하자, 이 소식을 들은 섬 안의 5백여 명 역시 모두 자살하여 그 뒤를 따랐던 고사가 전한다.《史記 卷94 田橫列傳》

144 기보(畿輔) : 기내(畿內)와 같은 말로, 제왕이 직접 통치하는 사방 천 리의 근기(近畿) 지방을 이른다.

발발하면, 석여(奭汝)는 벽소(辟召)[146]하는 글에 명령을 받고 군부(軍部)에서 일을 공경히 수행하여 성공이 많고 실패하는 일이 적을 수 있겠는가? 이것은 오히려 지나친 염려일 테지만, 해주는 바로 분화(紛華)한 것이 모여 있고 재화가 폭주하는 곳이다.

사양하고 받는 데에서 사람과 귀신이 분별되고[147] 잠자리 위에 구덩이가 존재하니,[148] 참으로 이른바 "하늘까지 넘치는 악이 잠시 참지 못하는 데에서 이루어진다."[149]는 것이다. 어찌 두려워할 만하지 않겠는가. 그렇다면 석여를 위한 오늘날의 계책은 어찌하면 좋겠는가? 오

145 용사(龍蛇)의……전쟁 : '용사의 변고'는 임진왜란으로, 간지(干支)상 용(龍)은 진(辰), 사(蛇)는 사(巳)에 해당되므로 임진년과 계사년을 우회적으로 표현한 것이다. '병정(丙丁)의 싸움'은 병자호란으로, 병자년(1636) 겨울 청군(淸軍)이 쳐들어와서 인조가 남한산성으로 파천하였다가 이듬해 정축년 정월 청나라에 항복할 때까지의 싸움을 이렇게 말한 것이다.

146 벽소(辟召) : 관직을 맡은 자가 자신이 데리고 있을 사람을 직접 뽑는 것을 말한다.

147 사양하고……분별되고 : 이 내용은 《주자어류》 권15 〈대학 2(大學二)〉의 "'성의(誠意)는 사람과 귀신의 관문이다.'라고 하셨으니, 성실히 하면 사람이고 성실히 하지 않으면 귀신이라는 말씀이다."라는 말을 원용한 것인바, 선물이나 벼슬 등 재화와 관련된 것을 사양하거나 받을 때에 조심해야 한다는 뜻이다.

148 잠자리……존재하니 : 이 내용은 《장자》 〈달생(達生)〉의 "사람이 두려워할 것은 이부자리 위의 일과 음식을 먹는 것인데, 이것을 경계할 줄 모른다면 내면의 수양을 잘못한 것이다.〔人之所取畏者, 衽席之上、飮食之間, 而不知爲之戒者, 過也.〕"라는 말을 원용한 것인바, 성욕을 자제하여 여인과의 잠자리를 조심해야 한다는 뜻이다.

149 하늘까지……이루어진다 : 이 내용은 《이정외서(二程外書)》 권12 〈전문잡기(傳聞雜記)〉의 "왕개보(王介甫)가 사인이 되었을 적에 잡설이 유행하였는데, 그 순수한 부분에 말하기를 '막대한 악은 잠시를 참지 못하는 데에서 이루어진다.' 하였다.〔王介甫爲舍人時, 有雜說行於時, 其粹處有曰: 莫大之惡, 成於斯須不忍.〕"라는 말을 원용한 것이다. 개보는 왕안석(王安石)의 자이다.

직 마음을 붙잡고 몸을 다스릴 뿐이다. 정욕(情慾)을 제재함에는 노(魯)나라 남자가 기둥을 태운 일[150]을 생각하고 재물에 임할 적에는 양 공(楊公)의 사지(四知)의 가르침[151]을 체행하여야 하니, 허물을 적게 하는 방도가 어찌 여기에서 벗어나겠는가.

주자가 말씀하기를 "재화와 여색 두 관문을 타파하지 못하면 다시 말할 만한 것이 없다."[152]라고 하였다. 만일 여기에 종사하여 늙었을 때와 젊었을 때의 경계[153]에 항상 부지런히 힘쓴다면, 해주의 기강을

150 노(魯)나라……일 : 이 내용은《모시주소(毛詩注疏)》권19〈소아(小雅) 항백(巷伯)〉에 "옛날에 노나라 사람 안숙자(顏叔子)가 집에서 혼자 살았는데, 이웃의 과부도 집에 혼자 살았다. 밤중에 폭풍우가 쏟아져 집이 무너지자, 부인이 안숙자의 집으로 달려오니, 안숙자가 과부를 집안으로 들이고서 촛불을 잡게 하였다. 아침에 이르러 초가 다 타자 집 구조물을 뽑아 계속 태웠는데, 스스로 피혐(避嫌)을 제대로 살피지 못했다고 여겼다."라고 한 고사를 가리켜 말한 것이다.

151 양 공(楊公)의……가르침 : 양공은 후한 때의 재상 양진(楊震)을 가리키고, '사지(四知)의 가르침'은 양진이 친구에게 "하늘이 알고 귀신이 알고 내가 알고 자네가 아는데, 어찌 아는 자가 없다고 하는가.〔天知、神知、我知、子知, 何謂無知?〕"라고 한 네 가지 충고를 가리킨다. 양진이 형주 자사(荊州刺史)가 되어 창읍(昌邑)을 지나가는데, 그가 예전에 천거하여 수령이 된 왕밀(王密)이 밤중에 황금 10근을 감사의 표시로 바치면서 "어두운 밤이라 아무도 아는 사람이 없습니다."라고 하자, 이 말로 거절하였다.《後漢書 卷84 楊震列傳》

152 재화와……없다 : 이 내용은《주자대전》권49〈답왕자합(答王子合)〉에 그대로 보인다.

153 늙었을……경계 : 늙었을 때는 얻는 것을 경계하고 젊을 때에는 여색을 경계함을 말한 것으로,《논어》〈계씨(季氏)〉의 "군자에게 세 가지 경계함이 있으니, 젊을 때에는 혈기가 정해지지 않았으므로 경계함이 여색에 있고, 장성해서는 혈기가 한창 강하므로 경계함이 싸움에 있고, 늙어서는 혈기가 쇠하므로 경계함이 얻음에 있다."라는 공자의 말을 원용한 것이다.

다스리고 막부의 직책을 바르게 하는 것이 거의 이것으로 말미암아 실행될 것이다. 그러나 범의 꼬리를 밟은 듯이, 봄의 살얼음을 건너듯이 매우 조심하는 가운데에서 일생을 마쳐 욕심에서 벗어나고 천리(天理)에 융화(融和)하는 경지에 이르면, 어찌 다만 막중(幕中)의 훌륭한 선비가 될 뿐이겠는가. 나는 다만 공수(拱手)하고 기다리노라.

외왕모 71세 축수 서

外王母七十一歲壽序

외대모(外大母) 태석인(太碩人)[154]이 춘추가 62세 되던 임자년〔1792〕에 소자(小子) 직필이 축수(祝壽)의 글을 지어 강릉(岡陵)과 같기를[155] 송축하였는데, 10년 뒤인 신유년〔1801〕은 바로 태석인의 수(壽)가 71세 되는 해로 5월 상순이 생신이다. 아! 거룩하다. 인생 100년에 70세를 맞는 사람이 드문데, 더구나 70세를 지나 90세를 향하는 사람에 있어서이겠는가. 90세를 지나 장차 100세[156]가 되는 경우에 있어서이겠는가.

사람이 태어나 100세에 이르는 자는 더욱 드물다. 그러나 태석인은 이미 국중(國中)에서 지팡이를 짚는데도[157] 붉은 얼굴이 예전과 똑같고

154 외대모(外大母) 태석인(太碩人) : 외대모는 '외왕모(外王母)'와 같은 말로 외조모를 가리키고, 태석인은 남의 어머니에 대한 존칭인데, 여기에서는 외조모를 높여 부르는 말로 쓰였다.

155 강릉(岡陵)과 같기를 : 《시경》 〈소아(小雅) 녹명(鹿鳴)〉에 "하늘이 그대를 보호하여 정했으니 흥성하지 않음이 없으리라. 산과 같고 언덕과 같으며 산마루와 같고 구릉과 같도다.〔天保定爾, 以莫不興. 如山如阜, 如岡如陵.〕"라고 한 데에서 온 말로, 장수를 축원할 때 쓴다.

156 90세를 향하는……100세 : 원문의 '모(髦)' 자는 늙음의 뜻일 때 '모(耄)' 자와 통용되는바, '모(耄)'와 '기이(期頤)'는 각각 90세와 100세를 비유하는 말로, 《예기》 〈곡례(曲禮)〉에 보인다.

157 이미……짚는데도 : 국중(國中)은 도성 안을 이르는바, 나이가 70이 되었음을 비유한 것으로, 《예기》 〈왕제(王制)〉에 "50세가 되면 집안에서 지팡이를 짚고, 60세가

검은 머리가 다시 났으며 등에는 복어 무늬가 있고 입에는 고래의 이빨이 나서[158] 하늘이 장수를 길이 내려주니, 순일함을 지키고 조화로움에 처함을 기약할 수 있다.[159]

인자(仁者)가 장수하는 것은 고요하고 일정함이 있기 때문이요,[160] 대덕(大德)이 있는 자가 반드시 장수를 얻는 것은 바로 이치의 당연함이다.[161] 비유하건대 온갖 나무가 시드는데도 소나무와 측백나무가 변

되면 마을에서 지팡이를 짚고, 70세가 되면 도성에서 지팡이를 짚고, 80세가 되면 조정에서 지팡이를 짚는다."라고 보인다.

158 등에는……나서 : 원문은 '태배(鮐背)'와 '예치(鯢齒)'로, 모두 장수를 비유한 말인바, 각각 《시경》 〈대아(大雅) 행위(行葦)〉의 "언 배와 같은 얼굴에 복어의 등을 한 노인〔黃耇台背〕이, 인도하고 도와주어 오래도록 장수하고 길하니, 큰 복을 더욱 크게 받는구나."라는 구절과 《시경》 〈노송(魯頌) 비궁(閟宮)〉의 "노후(魯侯)가 잔치하여 기뻐하시니 훌륭한 아내와 장수한 어머니가 계시네. 대부와 서사(庶士)들에게 마땅하게 하여 방국(邦國)을 소유하시니, 이미 복을 많이 받아 누런 머리카락이 나고 아이의 이가 났네.〔黃髮兒齒.〕"라는 구절에서 온 말인데, 《시경집전》에 태배(台背)에 대해 "태(台)는 복어〔鮐〕이니, 사람이 아주 늙으면 등에 복어 무늬가 있게 된다."라고 주하고, '아치(兒齒)'에 대해 "아치는 이가 빠지고 다시 작은 이가 난 것이다. 또한 장수할 징조이다."라고 주하였다. '아(兒)' 자는 '이가 다시 나다.'는 뜻의 '예(齯)'와 통용되는데, 고래의 이빨이 그 색깔과 모양이 아기의 이와 비슷하여 후대에 '예(鯢)' 자로 통용한 것으로 보인다.

159 순일함을……있다 : 앞으로 더 오랫동안 장수를 누릴 것이라는 뜻으로, 《장자》 〈재유(在宥)〉에 광성자(廣成子)가 황제(黃帝)를 타이르면서 "나는 도의 순일함을 지키고 도의 조화로움에 처하여, 1200년이나 내 몸을 닦아 오는 동안 나의 형체가 항상 쇠하지 않았다."라고 한 말을 원용한 것이다.

160 인자(仁者)가……때문이요 : 《논어》 〈옹야(雍也)〉에 "지자(智者)는 물을 좋아하고 인자는 산을 좋아하니, 지자는 동적이고 인자는 정적이며, 지자는 낙천적이고 인자는 장수한다."라고 하였는데, 이 내용은 주자가 인자에 대해 "정(靜)하여 일정함이 있으므로 장수하는 것이다.〔靜而有常, 故壽.〕"라고 한 주를 원용한 것이다.

치 않고 상전벽해(桑田碧海)가 여러 번 바뀌어도 해옥(海屋)이 길이 보존되는 것[162]과 같으니, 또한 성대하지 않겠는가. 이는 외숙(外叔)과 소자(小子)가 함께 기도하는 바이다.

소자는 속으로 몹시 애통한 마음이 있다. 옛날 우리 어머니가 매번 태석인의 생신이 되면 깨끗이 재계하고 음식을 장만하여 자녀를 거느리고 외가에 가서 문안하였다. 온화한 얼굴빛과 공손한 모습으로 슬하에서 주선하여 축수하는 술잔을 가득 채우고[163] 날짜를 아끼는 정성을 간곡하게 올려[164] 나로 하여금 효도하고 공경하는 마음이 우러나게 하였는데, 이제는 더 이상 볼 수가 없다. 만일 오늘 살아 계셨다면 머리카락이 이미 듬성듬성해졌을 것이다.[165]

161 대덕(大德)이……당연함이다 : 이 내용은 《중용》에 "큰 덕을 지닌 사람〔大德〕은 반드시 걸맞은 지위를 얻으며 반드시 걸맞은 녹봉을 얻으며 반드시 걸맞은 명성을 얻으며 반드시 걸맞은 수명을 얻는다."라고 한 말을 원용한 것이다.

162 해옥(海屋)이……것 : 해옥은 '해옥첨주(海屋添籌)'를 줄인 말로 장수를 의미하는바, 옛날 어떤 노인이 자신의 나이를 "바다가 변하여 뽕나무밭이 될 때마다 산가지〔籌〕를 하나씩 놓았는데, 그렇게 놓은 산가지가 지금은 열 칸짜리 집에 가득하다.〔海水變桑田時, 吾輒下一籌, 爾來吾籌已滿十間屋.〕"라고 묘사한 데에서 온 말이다. 《東坡志林 三老語》

163 축수하는……채우고 : 이 내용은 《시경》 〈빈풍(豳風) 칠월(七月)〉의 "봄 술을 만들어서 미수(眉壽)를 돕는다.〔爲此春酒, 以介眉壽.〕"라는 구절을 원용한 것인데, 《시경집전》에 "개(介)는 도움이니, '미수를 돕는다.'는 것은 송축하는 말이다."라고 주하였다.

164 날짜를……올려 : 《논어》 〈이인(里仁)〉에 "부모의 나이는 알지 않으면 안 되니, 한편으로는 기쁘고 한편으로는 두렵다."라고 하였는데, 이 내용은 "항상 부모의 나이를 기억하여 알고 있으면 이미 장수하신 것이 기쁘고, 또 노쇠하신 것이 두려워서 날짜를 아끼는 정성을 저절로 그만둘 수 없게 될 것이다."라고 한 주자의 주를 원용한 것이다.

색동옷을 입고 참새를 희롱하여 북당(北堂)의 위에서 즐겁게 해드려[166] 장차 서하(西河)의 늙지 않는 신선[167]에 부끄러움이 없었을 터인데, 음성과 용모가 아득히 멀어서 깊은 밤이 새벽이 되기 어려운 것과 같다. 이는 미처 봉양하지 못하는 애통함이 유명(幽明)에 관통되는 것이다.

소자가 감히 거처할 때 공경을 지극히 하고 봉양할 때 즐거움을 다해

165 머리카락이……것이다 : 늙음을 형용하는바, 《춘추좌씨전》 소공(昭公) 3년에 "나의 머리카락이 이와 같이 듬성듬성하니, 내가 무슨 일을 하겠는가.〔余髮如此種種, 余奚能爲?〕"라고 보인다.

166 색동옷을……해드려 : 북당(北堂)은 어머니가 거처하는 곳으로, 춘추 시대 초(楚)나라의 노래자(老萊子)가 두 어버이를 효성으로 봉양한 것처럼 자신도 어머니께 효도를 다하였을 것이라는 말이다. 이 내용은 《소학》 〈계고(稽古)〉의 "노래자는 두 어버이를 효성으로 봉양하였다. 나이 70세에 아이들의 장난을 하여 몸에 오색의 색동옷을 입었으며, 일찍이 물을 떠가지고 당(堂)에 오르다가 거짓으로 넘어져 땅에 엎어져 어린아이의 울음소리를 냈으며, 새 새끼를 부모 곁에서 희롱하여, 부모를 기쁘게 하고자 하였다.〔老萊子孝奉二親. 行年七十, 作嬰兒戲, 身著五色斑斕之衣, 嘗取水上堂, 詐跌仆臥地, 爲小兒啼, 弄雛於親側, 欲親之喜.〕"라는 구절을 원용한 것이다.

167 서하(西河)의……신선 : 이 내용은 주자가 모친인 축부인(祝夫人)의 생신날 축수한 시 〈수모생조(壽母生朝)〉에 보이는데, 《주자대전차의(朱子大全箚疑)》에 "한(漢)나라에서 사자(使者)를 파견했는데, 사자가 서하(西河)를 지날 적에 늙은이를 매질하는 여자가 있었다. 머리가 하얗게 센 늙은이가 무릎을 꿇고 매를 맞고 있어서 괴이하여 그 까닭을 물으니, 여자가 다음과 같이 대답하였다. '이 사람은 저의 아이입니다. 예전에 저의 외숙인 백산보(伯山甫)가 과부가 된 제가 병이 많을 때 신약(神藥)을 주었습니다. 저는 나이와 기운이 점점 더 젊고 왕성해졌는데, 지금 이 아이는 약을 먹으려고 하지 않아 이렇게 노쇠해졌습니다. 제가 화가 나서 때린 것입니다.' 사자가 여자와 아이의 나이가 각각 얼마쯤 되었느냐고 물으니, '저는 230살이고 아이는 171살입니다.'라고 대답하였다. 이것이 《태평광기(太平廣記)》에 보이는바, 선생의 시의(詩意)는 아마도 이 일을 인용한 듯하다."라고 주하였다. 《朱子大全箚疑輯補 卷2》

서 드러나고 보존되어 잊지 않는 마음[168]을 체행하지 않을 수 있겠는가. 아! 어머니가 없으면 누구를 믿으리오. 나만 홀로 없다.[169] 그러나 어머니가 믿으신 분은 소자가 믿는 분이다.

태석인은 소자에게 있어 외조모와 외손의 관계로 모자간을 겸하여 어루만져 키워주었으며, 음식을 먹이고 가르쳐주셨다. 걸상에 붙들어 앉히기도 하고 무릎에 앉히기도 하여 따뜻하게 길러주며 여생을 다 보내셨으니, 소자가 지금까지 목숨을 부지하고 있는 것은 바로 태석인

168 드러나고……마음 : 부모나 선조를 생각하는 정성을 말하는바, 《예기》 〈제의(祭義)〉의 "제사하는 날 방에 들어가면 애연히 마치 자리에 있는 듯하며, 주선(周旋)하여 문을 나오면 숙연히 그 목소리가 들리는 듯하며, 문을 나와서 들으면 개연히 그 탄식하는 소리가 들리는 듯하다. 이런 까닭에 선왕의 효는 그 안색을 눈에서 잊지 않고 그 소리를 귀에서 끊지 않고 그 심지와 기욕을 마음에서 잊지 않는다. 사랑을 지극히 하면 보존되고 정성을 지극히 하면 드러난다. 드러나고 보존됨을 마음에 잊지 않으니, 어찌 공경하지 않겠는가.〔著存不忘乎心矣, 夫安得不敬乎?〕"라는 말을 원용한 것이다.

169 어머니가……없다 : 어머니가 돌아가셔 효성을 바칠 곳이 없음을 애통해한 말로, 《시경》 〈소아(小雅) 육아(蓼莪)〉에 "아버지가 없으면 누구를 믿으며, 어머니가 없으면 누구를 믿으리오. 나가면 근심을 품고 들어오면 이를 곳이 없네."라고 보인다. 그리고 《춘추좌씨전》 은공(隱公) 원년의 기록에도 다음과 같이 보인다. 정(鄭)나라 장공(莊公)은 아우 태숙 단(太叔段)을 충동질하여 반란하게 한 어머니 무강(武姜)과 의절하면서 "내 지하에서나 어머니를 만나겠다."라고 맹세하였다. 이 말을 들은 영(潁)땅을 지키는 영고숙(潁考叔)이 물건을 장공에게 바치니, 장공은 그에게 음식을 대접하였는데, 고깃국이 있었다. 영고숙이 고깃국을 내려놓고 먹지 않으므로 그 이유를 물으니 "소인에게는 어머니가 계신데 소인이 먹을 음식을 모두 맛보았으나 임금님이 내려주신 고깃국은 먹지 못하였으므로 이것을 가져다가 드리려는 것입니다."라고 대답하였다. 장공이 "너는 고깃국을 가져다 드릴 어머니가 계신데, 나만 홀로 없구나.〔爾有母遺, 緊我獨無.〕"라고 탄식하였다. 영고숙이 그 이유를 묻자, 장공은 어머니와 의절한 사실을 말해주고 이를 후회한다고 하였다. 영고숙은 지하도를 파서 지하에서 서로 만날 것을 권하여 모자간이 예전처럼 친하게 되었다.

의 은혜이다. 소자가 뜻을 봉양하고 물건으로 받드는 것이 감히 예전에 어머니가 찾아가 문안하시던 것에 미치지 못함이 없다면, 구천(九泉)에 계신 어머니의 마음을 다소라도 위로할 수 있을 것이다.

주자가 축부인(祝夫人)을 축수하기를 "당 가운데의 노인 장수하고 강령하시니 붉은 얼굴 검은 머리에 두 눈이 네모지네.〔堂中老人壽而康 紅顔綠鬢雙瞳方〕"라고 하였고, "다만 세세연년 오늘과 같아서 노래자의 모자처럼 함께 즐기기를 바라네.〔但願年年似此日 老萊母子俱徜徉〕"라고 하였으니,[170] 이는 외숙의 오늘날 소원이요. 소자의 마음 또한 외숙의 마음이다. 다만 외숙의 마음일 뿐만 아니요. 어머니의 마음으로 내 마음을 삼는 바이다.

170 주자가……하였으니 : 인용한 시구는 총 8수로 지은 〈수모생조(壽母生朝)〉에서 인용한 것인데, 각각 첫째 수와 둘째 수에서 인용하였다. 첫째 수의 '네모진 눈'은 예부터 장수(長壽)의 상으로 여겼는바, 진(晉)나라 왕가(王嘉)의 《습유기(拾遺記)》〈주 영왕(周靈王)〉에 "노담이 주나라 말기에 반영일실산〔反景日室之山〕에서 세상과 격리되어 살았다. 장수한 황발의 노인 다섯 사람이 있었는데〔有黃髮老叟五人〕……눈동자가 모두 네모지고 얼굴빛은 옥처럼 깨끗했으며〔瞳子皆方, 面色玉潔.〕 손으로 청죽장(靑竹杖)을 쥐고서 노담과 더불어 천지의 운수를 이야기했다."라고 보인다. 노담은 노자(老子)이다. 둘째 수의 '노래자의 모자처럼 함께 즐김'은 노래자가 70세까지도 부모를 위해 효성을 지극히 했던 고사를 가리키는바, 자세한 내용은 208쪽 주166 참조.

영화롭게 귀향하는 박계립[171]을 송별한 서 계해년[172]

送朴季立榮歸序 癸亥

나의 친구인 진사(進士) 박계립(朴季立)이 종남산(終南山 남산(南山)) 아래에 있는 나를 방문하였다. 내가 그에게 말하기를 "그대가 머리에 쓰고 몸에 입은 옷은 고황제(高皇帝 명나라 태조(太祖))가 내려 주신 것이 아닌가. 그대의 이름을 표기하고서 왼쪽에 쓴 것은 가경(嘉慶)[173]의 연호(年號)가 아닌가. 명나라의 옷을 입고 흉악한 오랑캐의 연호를 쓰고 있으니, 어쩌면 그리도 서로 걸맞지 못한가."라고 하였다. 박계립은 "그렇다면 과거에 응시하지 않아야 하는가? 이미 과거에 응시하였다면 이것을 어떻게 변하겠는가?"라고 대답하였다. 내가 말하기를 "대명(大明)의 유민(遺民)이 되고자 할진대 마땅히 과거에 응시하지 않아야 한다."라고 하였다.

박계립이 말하기를 "도(道)는 천만인이 함께 따르는 길인데, 사람마다 이 의리를 지켜서 장차 과거에 응시하는 자가 없으면 나라에는 사람이 없게 되지 않겠는가."라고 하였다. 내가 말하기를 "천만인 가운데에 언제나 자신이 있음을 알아야 한다. 다만 내가 마땅히 해야 할 바를

171 박계립(朴季立) : 계립은 박명벽(朴命壁, 1773~1827)의 자로, 호는 금호(錦湖), 본관은 영해(寧海)이며, 노주 오희상의 문인이다. 이 해(1803) 진사시에 합격하고 이후 사헌부 감찰(司憲府監察)에 이르렀다. 서울에 있을 적에 근재 박윤원의 문인이 되어 매산과 절친하였다. 매산이 찬한 묘갈명이 본집 제35권에 실려 있다.

172 계해년 : 1803년(순조3)으로, 매산의 나이 28세 되던 해이다.

173 가경(嘉慶) : 청나라 인종(仁宗)의 연호로, 재위 기간은 1796~1820년이다.

하여 의리가 있는 곳을 다해야 하니, 어찌 남들이 한다는 이유로 따라 하겠는가."라고 하였다.

박계립이 말하기를 "그렇다면 내가 몸의 지조를 잃었는가?"라고 하였다. 내가 말하기를 "몸의 지조를 잃은 것은 아니다. 이 의리를 알고 행하는 자는 다만 태백(泰伯)이 문왕(文王)보다 높고 문왕이 무왕(武王)보다 높은 것[174]과 같이 할 뿐이니, 지금 문왕・무왕이 하신 일을 '불의(不義)'라고 말하는 것이 옳겠는가."라고 하였다.

174 태백(泰伯)이……것 : 이 내용은 《주자대전》 권58 〈답양지인(答楊志仁)〉에 "'지덕(至德)'의 논의는 더더욱 말하기 어렵다. 《논어》에 단지 두 곳이 있는데, 하나는 문왕(文王)을 위하여 말씀한 것으로 무왕(武王)이 군대에서 맹세한 것에 대한 말씀이고, 하나는 태백을 위하여 말씀한 것으로 태왕(太王)이 상(商)나라를 친 것에 대한 말씀이다. 그 뜻을 논한다면 문왕이 참으로 무왕보다 높고 태백의 처신이 또 문왕보다 높다.〔若論其志, 則文王固高于武王, 而泰伯所處又高于文王.〕"라고 보이는데, 무왕이 천자국인 상(商)나라를 정벌하여 도탄에 빠진 백성을 구제한 것 역시 훌륭하지만, '지덕'의 수준을 따져봤을 때 태백이 제일 높고 그 다음이 문왕, 무왕 순이라는 말이다. 태백은 주(周)나라 태왕(太王)의 장남으로, 태왕이 막내아들인 계력(季歷)에게 제후의 자리를 물려주려 하는 것을 알고 둘째아우인 중옹(仲雍)과 함께 형만(荊蠻)으로 달아나 문신을 하고 단발을 하여 자취를 감추니, 형만의 사람들이 의롭게 여기고 추종하여 춘추 시대 오(吳)나라의 시조가 되었는데, 공자는 태백의 이러한 덕을 두고 "태백은 지극한 덕〔至德〕이라고 말할 만하다. 세 번 천하를 사양하였으나 백성들이 그 덕을 칭송할 수 없게 하였구나."라고 하였다. 계력이 낳은 아들 창(昌)이 성덕(聖德)이 있어 왕위를 물려받아 제후가 되었는데, 천하의 3분의 2를 소유하였으나 은나라를 공격하지 않다가 아들 발(發)에 이르러 은나라를 정벌하고 주나라 왕조를 세우니, 공자가 문왕의 덕을 칭송하여 "천하를 셋으로 나눔에 그 둘을 소유하고서 복종하여 은(殷)나라를 섬기셨으니, 주나라 문왕의 덕은 지극한 덕이라고 이를 만하다."라고 하였다. 위의 두 조항은 모두 《논어》 〈태백(泰伯)〉에 보인다. 발(發)이 바로 무왕인바, 무왕은 아버지인 창(昌)을 문왕으로, 계력을 왕계(王季)로 추존하였다.

박계립이 말하기를 "제일(第一)의 의리로 자처하는 자는 과거에 응시하지 말아야 하는가?"라고 하므로 내가 대답하기를 "원수를 갚고 치욕을 씻으려는 뜻이 있으면 괜찮지만, 원수를 갚고 치욕을 씻으려는 마음이 없으면 불가하다."라고 하였다.

박계립이 말하기를 "나는 제이등(第二等)을 차지하고 싶지 않으니, 어떻게 하면 이후를 잘하겠는가?"라고 하므로 내가 다음과 같이 대답하였다.

"오직 천리를 밝히고 인심을 바로잡아서 천지를 위하여 마음을 세우고 백성을 위하여 도를 세울 뿐이니, 이는 성인의 일이나 성인을 배우는 자도 자임(自任)하지 않을 수가 없는 것이다. 《춘추》의 대의가 수십 가지인데 중국을 높이고 오랑캐를 물리치는 것이 제일의 의리이니, 이것은 오늘날 눈을 크게 뜨고 담력을 펼쳐서 힘을 다하여 붙들어 심어야 할 것이다. 옛날 우암(尤菴 송시열(宋時烈))이 임종하실 적에 문인들에게 당부하기를 '학문은 마땅히 주자(朱子)를 주장하고 사업은 마땅히 효종(孝宗)을 주장하여야 한다.'[175]라고 하였는데, 동지(同志)의 선비들이 서로 지켜 잃지 않았다. 이 의리는 백대를 하루와 같이 여겨 잊을 수 없는 것인데 지금 강구하지 않은지가 오래되었으니, 장차 우암의 가르침을 함부로 버리겠는가. 그대는 마음속에 감동함이 없는가? 그대의 고장에 우암의 사당이 있다고 들었네.[176] 돌아가면 응당 사당에 올라 공경히 참배할 것이니, 다만

175 학문은……한다 : 송시열이 임종할 때 한수재(寒水齋) 권상하(權尙夏, 1641~1721)를 비롯한 여러 문인들에게 당부한 말로, 《도곡집(陶谷集)》 권12 〈좌의정한수재권선생 신도비명(左議政寒水齋權先生神道碑銘)〉 등 권상하 관련 기록에 실려 전한다.

연건(軟巾)에 난삼(襴衫)과 방울띠〔鈴帶〕를 사용하면 되네. 백패(白牌)를 가지고 들어가서는 안 되네."[177]

이어 문답한 것을 기술하여 영화롭게 돌아감을 위한 서문으로 삼노라.

176 그대의……들었네 : 당시 박명벽의 거주지가 함경도 문천(文川)이고 사후의 묘소도 문천인바, 송시열을 배향한 문천의 문포서원(文浦書院)을 두고 한 말이다. '문포서원(汶浦書院)'으로 표기한 곳도 보이는데, 1695년(숙종21) 지방 유림의 공의로 송시열의 학문과 덕행을 추모하기 위해 창건하여 위패를 모셨고, 1696년 민정중(閔鼎重)을 추가로 배향하여 지방교육의 일익을 담당하여오던 중, 1871년(고종8) 대원군의 서원철폐령으로 훼철되었다.

177 연건(軟巾)에……되네 : 연건, 난삼(襴衫), 방울띠는 모두 생원·진사시 합격자의 예복으로, 《연려실기술(燃藜室記述) 별집(別集)》 권13 〈정교전고(政敎典故) 관복(冠服)〉에 "선조(宣祖) 때에 조헌(趙憲)이 명나라 서울에 가서 난삼 제도를 보고 와서 봉사(封事)를 올려 시행하기를 청하였는데 일이 마침내 중지되고 말았다. 현종 10년 태학생들이 상소하여 이것을 따라 사용할 것을 청하니, 임금이 윤허하였다. 영조 9년에 대사성 조명익(趙明翼)이 상소하여 행하기를 청하였다. 병인년(1746) 8월에 임금이 안동(安東) 향교에 옛날부터 보관해온 난삼·연건·조대(絛帶 실띠)가 있다는 말을 듣고서 가져오게 하여 친히 보고, 그 제도를 본떠 한 벌을 지어서 성균관에 하사하여 육일각(六一閣)에 보관하게 하였다. 정묘년(1747) 3월 소과(小科) 합격자를 호명하는 날에 여러 진사가 비로소 그 의복을 입었는데, 이것이 영원히 정식(定式)이 되었다."라고 보인다. 백패(白牌)는 소과 합격자에게 나누어주는 것인데, 여기에 청나라의 연호가 쓰여 있으므로 사당에 참배할 적에 가져가서는 안 된다고 한 것이다. 연건은 부드러운 뿔로 만든 두건이다.

이자유가 대인 판중추 공이 연경에 사신 갈 적에 따라가는 것[178]을 송별한 서 병자년[179]

送李子囿隨其大人判中樞公使燕序 丙子

나의 친구 이자유(李子囿)가 연경으로 사신 가는 존대야(尊大爺 부친의 존칭)의 행차에 따라가는데, 이는 바로 자제의 직분이다. 떠나기에 앞서 나에게 송별의 말을 요구하였는데, 말을 주는 것은 인자(仁者)의 일이니,[180] 내가 어찌 감히 하겠는가. 그러나 사양할 수가 없어서 억지로 다음과 같이 말하였다.

"자유는 병자년 겨울에 가서 장차 정축년 봄에 돌아올 것이다. 저 옛날 이 해의 겨울과 봄은 바로 우리나라가 천지가 번복되고 상전벽해가 되는 시기였는바, 지금은 육십갑자(六十甲子)가 어느덧 세 번 돌아온 해이다.[181]

178 이자유(李子囿)가……것 : 자유는 이인수(李麟秀, 1789~?)의 자이고, 판중추 공은 이 해 동지 겸 사은사(冬至兼謝恩使)의 정사(正使)로 연경에 간 이인수의 아버지 이조원(李肇源, 1758~1832)이다. 이인수는 본관이 연안(延安)으로, 1809년(순조9) 증광 생원시에 합격하고 공조 정랑, 과천 현감 등을 지냈다. 매산의 손자인 홍최수(洪最秀)가 그의 손녀에게 장가갔다. 《承政院日記 純祖 16年 10月 5日》《梅山集 卷53 年譜》

179 병자년 : 1816년(순조16)으로, 매산의 나이 41세 되던 해이다.

180 말을……일이니 : 이 내용은 《사기》 권47 〈공자세가(孔子世家)〉에, 노자(老子)가 공자를 송별하면서 "내가 듣건대 부귀한 자는 사람을 송별할 적에 재물을 주고, 어진 사람은 사람을 송별할 적에 말을 지어 준다고 한다.〔仁人者送人以言.〕"라고 한 말을 원용한 것이다.

181 저 옛날……해이다 : 1816년은 병자호란이 발발하였던 1636년으로부터 180년이

아! 당시의 일을 차마 말할 수 있겠는가. 비록 차마 말할 수 없으나, 또한 어찌 차마 생각하지 않을 수 있겠는가. 다른 사람에 있어서도 진실로 마땅히 이와 같을 터인데 더구나 문충공(文忠公)과 문정공(文貞公)[182]의 후손인 우리 자유와 같은 사람에 있어서이겠는가.

문충공은 국가가 어려운 시운을 만나 황제의 서울에 네 번 조회가고 명나라 사신을 네 번 접반(接伴)하여[183] 심지(心志)의 힘을 다하고 충정(忠貞)의 절개를 다해서 번번이 분란(紛亂)을 해결하고 위태로움을 바꾸어 편안하게 만들었다. 훌륭한 공적이 금석에 새겨지고 종과 솥에 새겨졌으니, 이는 참으로 거룩하다. 한 번 아뢰어 변무(辨

지난 해이기 때문에 이렇게 말한 것이다. 병자호란은 병자년에 일어나 정축년에 끝났기 때문에 병정노란(丙丁虜亂)이라 부르기도 한다.

182 문충공(文忠公)과 문정공(文貞公) : 문충과 문정은 각각 이정귀(李廷龜, 1564~1635)와 이단상(李端相, 1628~1669)의 시호로, 이인수의 7대조와 5대조가 된다. 이정귀는 자가 성징(聖徵), 호가 월사(月沙)·보만당(保晩堂) 등이다. 1590년(선조23) 증광문과에 병과로 급제하고, 대제학, 좌의정 등을 역임하였고, 문장에 뛰어나 장유(張維), 이식(李植), 신흠(申欽)과 더불어 한문사대가(漢文四大家)로 일컬어지며, 저서로 《월사집》이 있다. 이단상은 자가 유능(幼能), 호가 정관재(靜觀齋)·서호(西湖)이다. 1649년 정시 문과에 병과로 급제하여 청요직을 두루 역임하고 1655년 사가독서를 하였으며, 효종이 죽고 정국이 변하자 두문불출하고 학문에만 전념하였다. 저서로는 《정관재집》 등이 있다.

183 문충공은……접반(接伴)하여 : 이정귀가 광해군의 시대와 정묘호란 등의 큰 액운의 시대를 지내며 조정의 대신으로 네 차례에 걸쳐 연경에 사신을 다녀오고 명나라의 사신을 접반했다는 말이다. 이정귀가 중국에 사신 간 것은 1596년(선조29)에 동지사(冬至使) 서장관(書狀官)에 차출된 것을 시작으로 1620년(광해12)에 진주 상사(陳奏上使)에 뽑힌 것까지 네 차례이고, 중국 사신을 접반한 것은 1601년(선조34)에 원접사(遠接使)가 되고 1627년(인조5)에 접반사(接伴使)로 차출되기까지 네 차례 이상 된다.

誣)한 것[184]으로 말하면 말씀이 엄정(嚴正)하고 의리가 분명하며 명분이 바르고 이치에 맞아서 만 번 꺾여도 반드시 동쪽으로 가는 정성[185]을 펴고 대의를 천하와 후세에 밝혔다. 이는 바로 우암이 말씀한 바 '이 글이 아니었으면 수천 년 내려온 기자(箕子)의 나라가 장차 오랑캐와 금수로 돌아감을 면치 못했을 터인데, 하늘의 떳떳한 경도(經道)와 땅의 의리와 사람의 떳떳한 본성이 찬란하게 다시 밝아졌다.'[186]는 것이다.

문정(文貞) 선생은 영릉(寧陵 효종(孝宗))이 크게 훌륭한 일을 하려는 기회를 만나서 성상의 뜻을 좌우에서 도와 국가의 치욕을 설욕하려 하였다. 그런데 효종의 활과 검(劍)이 갑자기 남겨져[187] 대업을

184 한 번……것 : 1598년(선조31)에 명나라의 병부주사(兵部主事) 정응태(丁應泰)가 조선에서 왜병을 끌어들여 중국을 침범하려 한다고 무고(誣告)하였는데, 이때 이정귀가 진주부사(陳奏副使)가 되어 명나라에 가서 〈조선국변무주문(朝鮮國辨誣奏文)〉을 지어 올려 정응태가 무고한 사실임을 밝혀 그를 파직하게 한 사건을 가리킨다. 관련 전말과 이정귀의 주문은 《연려실기술》 권17 〈선조조고사본말(宣祖朝故事本末) 양호핵거견사변무(楊鎬劾去遣使辨誣)〉에 보인다.

185 만 번……정성 : 원문의 '만절필동(萬折必東)'은 중국의 황하(黃河)가 여러 번 굽이쳐 흐르지만 마침내는 반드시 동쪽으로 흘러 황해로 들어간다는 뜻으로, 이정귀의 〈피무변명주(被誣辨明奏)〉에 "일편단심 북신(北辰 황제)을 향하는 정성은 만번 굽이쳐도 반드시 동쪽으로 흐르는 물과 같습니다.〔惟其一心拱北之誠, 有似萬折必東之水.〕"라고 보인다. 《月沙集 卷22》

186 이 글이……밝아졌다 : 이 내용은 송시열이 지은 〈월사집서(月沙集序)〉에서 원용한 것이다. 《宋子大全 卷139》

187 효종의……남겨져 : '활과 검(劍)이 갑자기 남겨졌다'는 것은 임금이 별세했다는 말인데, 여기서는 효종이 승하한 것을 가리킨다. 이 내용은 《사기》 〈봉선서(封禪書)〉의 "황제(黃帝)가 수산(首山)에 있는 구리를 채취하여 형산(荊山) 밑에서 정(鼎)을

끝마치지 못하자, 급류(急流)의 가운데에서 용퇴하고[188] 깊은 바위 아래에서 스스로 절개를 지켜 선왕과 선인에게 지조를 바쳤으니, 그 뜻이 또한 참으로 애처롭다.

'천추의 대의를 아는 사람 없으니, 석실산(石室山) 앞에서 통곡하며 돌아온다.〔千秋大義無人識 石室山前痛哭回〕'[189]는 시로 말하면 격

만들었는데, 정이 완성되자 용 한마리가 수염을 길게 늘어뜨리고 땅으로 내려와 황제를 맞이하였다. 황제가 용에 올라타자, 여러 신하들과 후궁 70여 명이 따라 올라탔다. 용이 하늘로 올라가자, 나머지 신하들이 용에 타지 못하고 모두 용의 수염을 붙잡으니, 용의 수염과 황제가 지니고 있던 활이 지상으로 떨어졌다. 백성들이 우러러 보니, 황제가 이미 하늘로 올라갔으므로 백성들이 그 활과 수염을 안고 통곡하였다. 이 때문에 후세 사람들이 그곳을 '정호(鼎湖)'라고 이름하고, 그 활을 '오호(烏號)'라고 이름하였다."라는 고사와, 당나라 장수절(張守節)이 지은 《사기정의(史記正義)》〈오제본기(五帝本紀)〉의 주(注)에 "《열선전(列仙傳)》에, '황제가 스스로 죽을 날을 가려 신하들과 작별하고 죽어 교산(橋山)에 장사지냈는데, 산이 무너지자 관은 텅 비었고 그 안에 검과 신발만이 남아 있었다.〔唯有劒舃在棺焉.〕' 하였다."라고 한 고사를 합하여 말한 것이다.

188 급류(急流)의……용퇴하고 : 젊은 나이에 벼슬길에서 용감하게 은퇴함을 이른다.

189 천추의……돌아온다 : 이 시는 이단상이 송시열에게 보낸 편지에 실려있는데, 이 시를 쓰게 된 동기는, 매산이 이봉수(李鳳秀, 1778~1847)에게 쓴 편지에 "형은 현종 정미년(1667)에 표류하여 제주도에 왔던 사람들로, 명나라 복건성에 살던 임인관(林寅觀)과 증승(曾勝), 진득(陳得)의 일을 기억하고 계십니까? 이때 국정을 잡고 있던 분은 정치화(鄭致和)와 김좌명(金佐明) 두 분이었는데, 두 분은 후환이 있을까 겁을 먹고 이들을 오랑캐인 청나라에 압송하였습니다. 이들 세 사람은 청나라로 압송되면 다시 돌아오지 못할 것을 알고는 압송하지 말아줄 것을 애걸하였습니다. 그들이 쓴 글과 시는 한 글자마다 눈물이 한 방울씩 떨어져서 차마 두 번 읽을 수 없는데, 두 분은 끝내 허락하지 않았으니, 사람의 마음이 있다고 할 수 있겠습니까. 두 분의 혈손이 끊어진 것은 당연합니다. 문정(文貞) 선생이 이 사실을 시로 서술하기를 '남극의 성사(星使)가 바닷가에서 오니, 붉은 구름 한 덩어리가 해 옆에 열려 있네. 천추의

하여 나온 것이니, 감동한 바가 깊다. 자유(子囿)가 진실로 두 선조의 마음과 부합함이 있으면, 중화를 높이고 오랑캐를 물리치는 《춘추》의 의리와 고금(古今)으로 다른 산하(山河)에 대한 감회[190]가 가슴속에서 우러나오는 것을 억누를 수 없을 것이다. 잠시도 그렇지 않음이 없을 것인데, 더구나 올해와 같은 경우에 있어서이겠는가.

태일(太一)[191]이 처음 나누어짐으로부터 양(陽)이 다하는 이치는 없다. 오랑캐로서 이백 년이라는 오랜 기간 동안 중국을 차지한 것은

대의를 아는 사람 없으니, 석실산 앞에서 통곡하며 돌아오네.〔南極星槎海上來, 紅雲一朵日邊開. 千秋大義無人識, 石室山前痛哭回.〕'라고 했는바, 그 감회가 깊었습니다."라고 보인다. 《靜觀齋集 卷9 上宋尤齋》《梅山集 卷8 答李子岡》

190 고금(古今)으로……감회 : 산하(山河)는 중원(中原)의 강산을 가리키는바, 현재 청나라로 바뀐 중원을 옛날 중국 천자의 나라로 회복하고자 하는 감회를 말한 것이다. 중국 서진(西晉)이 북쪽의 이민족인 유송(劉宋)에 쫓겨 장강(長江)의 동남쪽으로 옮겨가 동진(東晉)이 되었다. 당시 주의(周顗), 왕도(王導) 등 동진의 여러 재상들이 매번 여가가 생길 때면 신정(新亭)에 모여 연음(宴飮)을 하였는데, 주의가 연회 중에 탄식하기를 "풍경은 고금의 차이가 없으나 눈을 크게 뜨고 바라보니 강하는 다르다.〔風景不殊, 擧目有江河之異.〕"라고 하자, 온 좌중이 서로 바라보며 눈물을 흘렸으나, 유독 승상 왕도만은 정색하여 "모두 왕실을 위해 힘을 합쳐 중원을 회복해야 하는 판에, 어찌 서로 마주하여 흐느껴 울었던 초나라 죄수의 짓거리를 하고 있단 말인가.〔當共戮力王室, 克復神州, 何至作楚囚相對泣邪?〕"라고 했던 고사에서 원용한 표현이다. 《晉書 卷65 王導列傳》

191 태일(太一) : 도가(道家)에서 일컫는 '도(道)'로, 우주만물의 본원을 가리키는바, 《장자》〈천하(天下)〉에 "상무(常無)와 상유(常有)로 세계를 세우고 태일로 세계를 주재한다."라고 하였는데, 성현영(成玄英)의 《남화진경소(南華眞經疏)》에 "태(太)란 광대함을 일컫고 일(一)은 둘이 아님을 말하니, 대도(大道)는 넓고 커서 통제하고 아우르지 않음이 없어서 만물을 포괄하여 하나로 통합한다는 말이다. 그러므로 '태일'이라고 하였다."라고 풀이하였다. 여기서는 태극(太極)을 가리킨 것이다.

천지가 개벽된 이후로 일찍이 없었던 큰 변고인바, 음(陰)이 지극히 성한 것이다. 양이 위에서 다 깎이면 아래에서 다시 생기는 것〔剝盡於上而復生於下〕[192]은 자연스러운 현상이니, 어찌 끝내 대(大)가 오는 운수[193]가 없겠는가. 모든 성쇠의 운수는 순환하는 고리와 같으니, 오랑캐가 이미 이 해에 뜻을 얻었으면 어찌 이 해에 뜻을 잃지 않겠는가. 여기에서 밝은 하늘이 틀림없이 회복할 것임을 점칠 수 있다.

또 물건이 극에 이르면 반드시 돌아옴은 떳떳한 이치이니, 이치가 끝내 기운을 이길 수 없겠는가. 올해의 여행으로 올해의 운수를 점쳐 본다면, 장차 문정 선생의 시에서 '붉은 구름 한 덩어리가 해 옆에 열려 있네.〔紅雲一朶日邊開〕'라고 한 것이 실현되겠는가. 자유가 돌아왔을 때 들어서 알 수 있기를 기다리겠다. 그러나 이 일은 기필할 수 있는 것이 아니니, 그림자와 메아리처럼 공허한 말과 별로 다르지 않다.

오직 받들어 말할 만한 한 가지 일이 있다. 옛날 황강(黃岡) 김공(金公)이 연경에 갈 적[194]에 사계(沙溪 김장생(金長生))가 수행하였

192 양(陽)이……것 : 원문의 '박(剝)'은 《주역》의 괘 이름으로, 음(陰)이 자라나서 양이 없어져 가는 간상곤하(艮上坤下 ䷖)의 괘인데, 음력 9월에 해당된다. 이 상구(上九)가 변해서 곤괘(坤卦)가 되면 10월에 해당하고 11월이 되면 다시 일양(一陽)이 자라나서 곤상진하(坤上震下 ䷗)의 복괘(復卦)가 되는데, 이렇게 끊임없이 순환하는 이치를 두고 한 말이다.

193 대(大)가……운수 : 크게 길(吉)하고 형통한 운수를 이르는바, 《주역》 〈태괘(泰卦)〉 괘사(卦辭)의 "태는 음인 소(小)가 가고 양인 대(大)가 오니, 길하여 형통하다."라는 말을 원용한 것으로, '소'는 음으로 소인을 가리키고 '대'는 양으로 군자를 가리키는데, 여기서는 오랑캐가 물러가고 문명한 나라가 중국을 차지함을 말한 것이다.

는데, 지극한 정성과 효성으로 곁에서 받들어 호위하였다. 음식을 올릴 때에는 반드시 곁에서 수저를 드시는 횟수를 속으로 헤아려 건강의 이상 유무를 살폈는데, 사행을 다녀오는 길이 거의 만리였으나 조금도 태만함이 없었으니, 자유가 본받고 따라야 할 것이 어찌 여기에 있지 않겠는가.

분화(紛華)하게 모여 있는 음악과 여색, 그리고 연수(淵藪)처럼 쌓여있는 옥과 비단으로 말하면 눈과 귀를 현란하게 하고 마음과 의지를 고혹(蠱惑)하게 하는 것들이다. 마음을 정돈하여 스스로 지켜서 이것을 막연(漠然)하게 여겨 경영하지 않아야 한다. 여기에 대해서는 진실로 운당 장인(雲塘丈人)[195]이 이루어놓은 법칙이 있으니, 이는 더더욱 자유가 보고 본받아야 할 것이다.

가까운 데에서 보고 본받으면 쉽게 공효를 거눌 수 있다. 운당(雲塘)을 거슬러 올라가 사계(沙溪)에 도달하고, 이어서 문충공과 문정공 두 분의 뜻과 일을 계승한다면, 이번 여행이 헛되다고 말할 수가 없다. 어찌 다만 요계(遼薊)[196]의 바람과 서리 속에서 혼정신성(昏定

194 황강(黃岡) 김 공(金公)이……적 : 황강은 김계휘(金繼輝, 1526~1582)의 호로, 1572년(선조5)에는 사은사(謝恩使)로서, 1581년(선조14)에는 종계변무(宗系辨誣)를 위한 주청사(奏請使)로서 중국에 다녀왔다.《沙溪遺稿 卷8 皇考嘉善大夫司憲府大司憲兼同知成均館事…世子左賓客黃岡先生家狀》김계휘는 자가 중회(重晦), 본관이 광주(光州)인바, 사계 김장생의 아버지이다. 1549년(명종4) 식년문과에 을과로 급제하여 사가독서(賜暇讀書)에 뽑혔으며, 예조 참판, 동지의금부사 등을 역임하였다. 이조 판서로 추증되었고, 나주(羅州) 월정서원(月井書院)에 제향되었다.

195 운당 장인(雲塘丈人) : 누구인지 미상이다.

196 요계(遼薊) : 요동(遼東)과 계주(薊州)를 합한 말로, 계주는 지금의 하북성(河北省) 계현(薊縣) 지역으로 북경과 인접한 곳이다.

晨省)을 빠뜨리지 않는 것이 공손히 자식의 직분을 닦음이 될 뿐이겠는가. 자유여, 공경히 생각할지어다."

연경에 놀러가는 강문로[197]를 송별한 서 무인년[198]

送姜文老遊燕序 戊寅

불초는 천왕(天王)이 정삭(正朔)을 나누어 주지 않은[199] 240년 뒤에 태어나서 시운(時運)이 불운함을 슬퍼하였으나 울분(鬱憤)을 풀 곳이 없으므로, 오직 산과 늪에서 일생을 마쳐 맹세코 스스로 지조를 지킬 것을 원하였다. 하루는 거사(居士) 강문로보(姜文老甫)가 상행인(上行人)[200]을 따라 연경에 갈 채비를 하면서 불초에게 송별의 말을 요구하였다.

아! 건주(建州)의 오랑캐[201]가 중국을 도둑질하여 차지한 지가 이미 175년이 되었다. 천지가 개벽한 이래로 폐망하고 흥성함이 무상(無常)

197 강문로(姜文老) : 강주흠(姜周欽)이다. 문로는 그의 자로 보이나 확실하지 않으며, 아니면 문장이 높은 어른이란 뜻의 존칭으로 쓴 듯하다.《梅山集 卷1 步姜文老【周欽】贈李立韻》 그리고 삼명(三溟) 강준흠(姜浚欽, 1768～1833)의 시 〈송족인문로【주흠】여주(送族人文老【周欽】驪州)〉에서 친족이라고 표현하였는바, 강준흠과 같이 본관은 진주(晉州)인 것으로 보인다.《三溟詩集 1編》

198 무인년 : 1818년(순조18)으로, 매산의 나이 43세 되던 해이다.

199 천왕(天王)이……않은 : 천왕은 명나라 황제를 가리키는바, 명나라가 망한 이후를 이른다.

200 상행인(上行人) : '행인'은 사신을 가리키는바, 곧 첫 번째 사신이라는 뜻으로, 정사(正使)를 가리킨다.

201 건주(建州)의 오랑캐 : 후금(後金), 곧 청나라를 가리킨다. 명나라가 남만주 일대의 여진족을 건주여진(建州女眞)이라고 칭하였는데, 건주여진 출신인 누르하치(奴兒哈赤)가 1583년에 거병하여 1588년에 건주여진을 통일하고 1616년에 후금을 건국하였다.

하여 오랑캐들이 중국을 어지럽히고 오호(五胡)[202]가 중화를 어지럽혔으며 몽고(蒙古)에 이르러 천하를 통일하였다. 이와 같은 경우가 참으로 많았다. 그러나 화살 하나와 화살촉 하나를 버리는 근심이 없이 가만히 앉아서 어부지리를 거두고,[203] 이로 인하여 나라를 오랫동안 독차지하여 향유하기를 건주의 오랑캐와 같이 한 자는 일찍이 없었다.

건주의 오랑캐는 요(堯), 순(舜)과 삼대(三代)로부터 전해온 높은 천자의 지위에 거하고 요, 순과 삼대가 군림한 백성을 신첩(臣妾)으로 삼으며, 천하 사람들의 머리를 변발로 만들고 천하 사람들의 옷깃을 왼쪽으로 여미게 하여[204] 온 천하를 오랑캐로 만들었다. 요, 순과 삼대의 백성들 또한 오랑캐의 법을 선왕의 가르침 위에 가하여, 이미 타락하여 서로 오랑캐가 되었다. 이는 금(金)나라와 원(元)나라가 송(宋)나라 이후에 시행하지 못한 것이었는데 건주 오랑캐가 하였으니, 건주 오랑캐의 죄가 위로 하늘에까지 닿는 까닭이다.

중국의 사대부들이 모두 보고 듣는 것에 익숙해져 태연히 일상적인 것으로 여겨서 다시는 중국과 오랑캐의 큰 구분이 있음을 알지 못하니,

202 오호(五胡) : 다섯 종족의 오랑캐를 이른다. 진(晉)나라 무제(武帝, 236~290) 사후에 왕실에 내란이 일어나자 북방의 이민족 흉노(匈奴), 갈(羯), 선비(鮮卑), 저(氐), 강(羌)이 서로 일어나 중원에서 황제를 칭하였는바, 이들을 가리킨다.

203 화살……거두고 : 명나라 말기의 무장 오삼계(吳三桂)가 산해관(山海關)의 진장(鎭將)으로 청나라 군대를 방어하다가, 1644년 틈왕(闖王) 이자성(李自成)이 북경으로 쳐들어 와 성이 함락되고 숭정제(崇禎帝)가 자살하자, 산해관을 열고 청군과 결탁하여 틈왕을 격퇴시켜 청군이 무혈입성하게 만든 일련의 과정을 이렇게 표현한 것이다.

204 천하 사람들의……하여 : 청나라가 중국 사람들에게 머리를 길러 상투를 하고 옷깃을 오른쪽으로 여미는 명나라의 예법을 금하고 변발을 하고 옷깃을 왼쪽으로 여미는 오랑캐의 방식으로 바꾸게 한 것을 말한다.

이는 지사(志士)와 인인(仁人)들이 울분과 통한이 뼈에 사무쳐 살고 싶어 하지 않는 이유이다. 몸은 이미 변하여 오랑캐가 되었으니, 변하지 않는 것은 마음일 뿐이다.

그러나 더러운 비린내를 풍기는 오랑캐를 따르고 털방석과 갖옷을 쓰는 무리들과 뒤섞여 과거에 응시하고 벼슬살이하며, 오랑캐 조정[205]에 달려가서 행여 벼슬을 잃을까 근심하는 자가 모두 성현(聖賢)의 후예들이요 송나라와 명나라의 남은 백성들이다. 행적이 그러하니, 어찌 '그 마음은 변하지 않았다.'라고 말할 수 있겠는가.

이는 왕중엄(王仲淹)이 마음과 행적을 구분한 것이 성인의 문하에서 배척을 받은 이유이다.[206] 예컨대 서건학(徐乾學), 이광지(李光地), 웅사이(熊賜履), 육롱기(陸隴其)[207]와 같은 무리는 스스로 '공자와 주자

205 오랑캐 조정 : 원문은 '용정(龍庭)'으로, 본래 중국의 북방 민족인 흉노의 선우(單于)가 천지의 귀신에게 제사 지내는 장소인데, 여기서는 청나라 조정에 빗댄 것이다.

206 왕중엄(王仲淹)이……이유이다 : 중엄은 수(隋)나라 학자 왕통(王通, 584~617)의 자로, 그가 동상(董常)에게 "마음과 행적이 다른 지 오래되었다.〔心迹之判久矣.〕"라고 말했었는데, 후대 학자인 이천(伊川) 정이(程頤)에게 난설(亂說)로 배척된 것을 이른다.《中說 卷5 問易篇》《近思錄 卷13 辨異端》 왕통은 시호가 문중자(文中子)로, 당나라의 천재시인 왕발(王勃)의 조부이다. 문제(文帝) 인수(仁壽) 연간에 장안(長安)에 와서 태평십책(太平十策)을 상주했는데, 채택되지 않자 하분(河汾) 일대로 돌아와 제자를 가르쳐 설수(薛收), 방교(房喬), 이정(李靖), 위징(魏徵), 방현령(房玄齡) 등 1천 명이나 되는 제자를 길렀으며, 《중설(中說)》 10권을 남겼다.

207 서건학(徐乾學)과……육롱기(陸隴其) : 서건학(1631~1694)은 자가 원일(原一), 호가 건암(健庵), 시호가 문공(文恭)이다. 강희(康熙) 9년(1670) 진사(進士)가 되고 벼슬이 형부 상서(刑部尙書)에 이르렀다. 박학다식하여 경학은 물론 사학(史學), 여지(輿地), 예제(禮制) 등에 정통하였고, 학문에 있어서는 정주학(程朱學)을 존숭하고 육왕학(陸王學)을 배척하였으며, 《명사(明史)》, 《청회전(淸會典)》 등의 편찬에 참

를 외고 본받는다.'고 말하였다. 그러나 홍두(紅兜)와 마제수(馬蹄袖)[208] 차림으로 궁려(穹廬)[209]의 가운데에서 활약하였는데, 오랑캐의 공덕을 찬송(贊頌)할 적에는 당(唐)·우(虞) 시대의 융성함에 견주고 훌륭한 군주를 만났음을 과장할 적에는 풍운(風雲)[210]의 기회를 만났다고 격앙하였다. 그리하여 더 이상 통분을 참고 원한을 품는 뜻[211]이

여하였다.

이광지(李光地, 1642~1718)는 자가 진경(晉卿), 호가 후암(厚庵)·용촌(榕村), 시호가 문정(文貞)이다. 벼슬이 문연각 대학사(文淵閣大學士)에 올랐고, 정주학을 신봉하였다. 《주역통론(周易通論)》, 《용촌전집(榕村全集)》 등 방대한 저술을 남겼다.

웅사리(熊賜履, 1635~1709)는 자가 경수(敬修), 호가 소구(素九)·우재(愚齋), 시호가 문단(文端)이다. 순치(順治) 15년(1658) 진사시에 급제하고 벼슬이 동각 태학사(東閣大學士)에 이르렀다. 성리학에 정통하여 양명학을 배척하고, 공자의 유학과 염락(濂洛)의 학문은 주자만이 터득하여 집대성했다고 주장하였다.

육롱기(1630~1693)는 자가 가서(稼書), 호가 당호(當湖), 시호가 청헌(淸獻)이다. 강희 9년(1670) 진사시에 급제하고 벼슬이 사천도 감찰어사(四川道監察御史)에 이르렀다. 청나라 초기 성리학파를 이끈 대표적 인물로 주자학을 신봉하고 양명학을 배척했으며, 죽은 뒤 문묘(文廟)에 배향되었다.

208 홍두(紅兜)와 마제수(馬蹄袖) : 홍두는 위를 두꺼운 진홍색 융사(絨絲)로 만든 청나라 벼슬아치의 모자를 이르고, 마제수는 청나라의 예복(禮服)으로, 소맷부리에 모피를 달아 추우면 펴서 손을 덮고 춥지 않으면 걷어 올리게 되어 있는데 생김새가 말굽과 같아 붙여진 이름이다.

209 궁려(穹廬) : 위가 둥근 이동식 천막으로, 이동이 잦은 북방의 유목민들이 집으로 사용하는 것인데, 여기서는 여진족인 청나라 조정을 비유하는 말로 쓰였다.

210 풍운(風雲) : 《주역》 〈건괘(乾卦) 문언(文言)〉의 "구름은 용을 따르고 바람은 범을 따른다.〔雲從龍, 風從虎.〕"라는 말에서 유래한 것으로, 용과 범은 군주를 비유하고 구름과 바람은 신하를 비유한 것인바, 훌륭한 군주와 신하가 만나는 것을 뜻한다.

211 통분을……뜻 : 본래 주자의 〈여진시랑서(與陳侍郎書)〉에 나오는 말인데, 송시열이 사사(賜死)의 명을 받고 문인 권상하(權尙夏)에게 후사(後事)를 부탁할 적에 "우

없었으니, 참으로 인간의 수치스러운 일임을 알지 못하는 자이다. 나머지 사람을 또 어찌 책망할 것이 있겠는가.

그러나 천지가 생긴 지 오래되었다. 음과 양이 사라지고 자라나는 기수(氣數)가 점점 구(姤)와 둔(遯)[212]으로 나아가는 것은 진실로 어쩔 수 없지만, 우리 도의 한 맥으로 말하면 끝내 끊길 수 있는 이치가 없다. 이 때문에 철목(鐵木)[213]의 세상에 김인산(金仁山), 허백운(許白雲), 허노재(許魯齋), 정림은(程林隱)[214]과 같은 여러 현자(賢者)가 있

리나라는 강토가 작고 국력이 약하여 비록 북벌(北伐)과 같은 큰일을 도모하지는 못할지라도 항상 '통분을 참고 원한을 품고서 절박하여 어쩔 수 없어 한다.〔忍痛含冤迫不得已〕'는 여덟 자를 가슴 속에 깊이 간직해 두고, 뜻을 같이하는 선비들끼리 이를 전수하고 지켜 잃지 않는 것이 옳다."라고 한 이래로 많이 인용되었다.《寒水齋集 卷21 楚山語錄》

212 구(姤)와 둔(遯) :《주역》에서 구괘(姤卦 ䷫)는 음이 새로 생겨나는 때이고 둔괘(遯卦 ䷠)는 음이 점점 성해지는 때인데, 음은 소인(小人), 이적(夷狄) 등을 비유하는 바, 구와 둔은 군자, 중원(中原)과 같은 양의 세력이 점점 쇠해지는 때이다.

213 철목(鐵木) : 원(元)나라의 태조(太祖) 철목진(鐵木眞 테무친)을 말한다.

214 김인산(金仁山)과……정림은(程林隱) : 이 네 사람은 모두 송말원초(宋末元初)의 학자들이다. 인산(仁山)은 만년에 인산에 은거하였던 김이상(金履祥, 1232~1303)의 호로, 자는 길보(吉甫), 또 다른 호는 차농(次農), 시호는 문안(文安)이다. 하기(何基)와 왕백(王柏)에게 정주학을 배워 주자의 학통을 이었다. 송나라가 멸망하자 벼슬하지 않고 금화산(金華山)에서 후학을 양성하다가 인산으로 옮겨 살았다.
백운(白雲)은 허겸(許謙, 1270~1337)의 호로, 자는 익지(益之), 시호는 문의(文懿)이다. 김이상의 문하에서 수업하여 정주학의 맥을 이었다. 과거에 응시하지 않고 팔화산(八華山)에 은거하여 강학했는데, 문인이 1천여 명에 달하였다. 하기에서 왕백, 김이상으로 이어지는 주자 학맥을 계승하여 '금화사선생(金華四先生)'으로 일컬어졌고, 북방의 허형(許衡, 1209~1281)과 함께 '남북이허(南北二許)'로 불렸다.
노재(魯齋)는 허형의 호로, 자는 중평(仲平), 시호는 문정(文正)이다. 원나라 세조(世祖) 때 관국자좨주(官國子祭酒) 등의 벼슬을 역임하였다. 병으로 벼슬에서 물러난 뒤

어서 깊은 산속에서 경전을 안고서 도를 전하고 학업을 전수하였다. 비록 하늘과 땅의 기운이 통하지 않고 막혀서 비린내 나는 오랑캐들과 함께 살고 있으나 사문(斯文)이 이에 힘입어 망하지 않아 대명(大明)이 하늘을 나는 운을 열었으니,[215] 그 공이 거룩하다.

오늘의 세계는 아득하게 긴긴 밤 속으로 다시 들어가 책을 읽는 종자가 그 사이에 겨우 면면히 이어지니, 저 중국의 궁벽한 산과 먼 바다에 응당 머리를 깎지 않고 마음을 바꾸지 않고서 죽음으로 지키면서도 도를 잘하는[216] 선비가 있을 것이다. 이는 바로 구야(九野)가 닫혀 추운데도 양의 덕이 매우 빛나고[217] 풍상(風霜)이 숲을 상하게 하는데도

주자학을 전공하여 도학을 실천하는 것을 임무로 삼고, 원나라 초기의 학계에 주자학의 기초를 닦았으며 주자와 상산(象山) 육구연(陸九淵)의 학문을 조화시키려 노력하였으며, 공담(空談)만을 일삼는 이학(理學)을 비판하였다.

임은(林隱)은 정복심(程復心, 1257~1340)의 호로, 자는 자견(子見)이다. 일찍이 주자의 종손 주홍범(朱洪範)을 사사하고 호병문(胡炳文)과 교유하였으며, 30여 년 동안 주자의 학문에 침잠하여 《사서장도(四書章圖)》와 《사서찬석(四書纂釋)》을 지었다. 명성이 알려져 강남(江南) 제로(諸路)의 교수로 탁용되었으나, 나이가 60세에 가깝고 어버이가 연로하다는 이유로 고사(固辭)하고서 적은 녹봉을 받으며 여생을 보냈다.

215 대명(大明)이……열었으니 : 오랑캐의 원나라가 망하고 명나라가 세워진 것을 가리키는바, 《주역》 〈건괘(乾卦) 상구(上九) 단(彖)〉의 "시작과 끝을 크게 밝히면 육위(六位)가 때로 이루어지나니, 때로 여섯 용(龍)을 타고서 하늘을 날아다닌다."라는 말을 원용한 것이다.

216 죽음으로……잘하는 : 올바른 도를 찾아 죽음으로써 끝까지 지킴을 이르는바, 《논어》 〈태백(泰伯)〉에 "독실하게 믿으면서도 배우기를 좋아하며, 죽음으로써 지키면서도 도(道)를 잘해야 한다."라고 한 공자의 말이 보인다.

217 구야(九野)가……빛나고 : 구야는 구주(九州)의 땅이라는 뜻으로, 천하의 대지를 이르는바, 동지(冬至)의 혹독한 추위가 대지를 얼려도 땅 밑에 한 양효(陽爻)가 동하여 새봄을 준비한다는 말이다. 《주자대전》 권4 〈재거감흥(齋居感興) 20수〉 중

큰 과일이 먹히지 않는 것[218]과 같으니, 한(漢)나라의 국운이 중흥하는 조짐[219]이 아마도 여기에 있을 것이다. 아마도 여기에 있을 것이다.

온통 검은 땅이 광채가 찬란한 땅으로 바뀌지 않을 줄 어찌 알겠는가. 근세에 황월(黃越), 왕우(汪佑), 이패림(李霈霖) 형제[220]는 머리를

제8수의 "붉은 햇볕이 하늘에 퍼져도 미세한 음(陰)이 깊은 못에서 싹트고, 추위가 대지를 덮어도 양(陽)의 덕이 깊은 샘 속에서 밝아오네.〔朱光遍炎宇, 微陰眇重淵. 寒威閉九野, 陽德昭窮泉.〕"라는 구절을 원용한 것이다.

218 큰 과일이……것 : 큰 과일은 유학에 있어서 마지막 남은 도맥(道脈)을 비유하는 바, 《주역》〈박괘(剝卦) 상구(上九)〉의 효사에 "큰 과일이 먹히지 않은 상(象)이니, 군자는 수레를 얻고 소인은 집을 허물리라."라고 한 데서 온 말이다. 박괘는 산지박(山地剝 ䷖)으로 다섯 개의 음이 아래에 있고 하나의 양이 위에 있는 형상인데, 여러 양이 모두 다 사라지고 오직 상구 한 효만 남아 있는 것이 마치 큰 과일 하나가 먹히지 않아 종자가 되어 다시 생겨날 가능성을 지니고 있는 것과 같다.

219 한(漢)나라의……조짐 : 이 내용은 주자가 70세(1199)에 지은 시 〈성은(聖恩)을 입어 치사(致仕)하려는 뜻을 이루자 진소원(陳昭遠) 어른이 시로써 축하해 주기에 이미 화답하고 다시 한 수를 읊는다.〔蒙恩許遂休致陳昭遠丈以詩見賀已和答之復賦一首〕〉의 "한나라 국운의 중흥을 어찌 기대할 수 있으리오. 내년은 간지(干支)가 또 군탄이로다.〔漢祚中天那可料, 明年太歲又涒灘.〕"라는 구절을 원용한 것이다. 《朱子大全 卷9》 시에서는 흔히 자신의 나라를 '한나라'라고 표현하는바, 주자의 시에서는 송나라를 가리키는데, 매산은 명나라에 빗대었다. '군탄'은 고갑자(古甲子)에 신(申)으로, 송나라가 세워진 해인 경신(庚申)을 뜻한다.

220 황월(黃越)……형제 : 네 사람은 모두 청나라 때 활동했던 학자이다. 황월은 자가 제비(際飛)로, 강희(康熙) 기축년(1709)에 진사가 되고 다시 서길사(庶吉士)가 되었으며, 《사서대전합정(四書大全合訂)》, 《상서고금문변(尙書古今文辨)》, 《삼전득실변(三傳得失辨)》 등을 편찬하였고, 문집으로 《퇴곡집(退谷集)》이 있다고 전하는 것 외에는 자세하지 않다.

왕우(汪佑)는 자가 계아(啓我), 호가 성계(星溪)이다. 은거하여 주로 정주학을 연구하며 강학하였다. 저술로 《속근사록(續近思錄)》이라고 불리는 《오자근사록(五子近思

꺾지 않았는지를 알 수 없으나, 이들 또한 세상에 은둔하여도 근심함이 없어서 구학(丘壑)에서 자취를 없앤 자이다. 이들이 학문을 닦고 책을 지어서 우리 동방에 전하였으니, 불초가 구경(九京)의 신계(神契)[221]로 의탁한 지 오래이다.

그 사람과 그의 뼈는 이미 모두 썩었고 책만 남아있다. 세 사람을 뒤이어서 나온 자 가운데에 반드시 훌륭한 분이 있을 것인데, 생존해 있으면 그 사람을 찾아볼 것이고, 죽고 없으면 그 책을 찾아볼 것이다. 사람과 책을 모두 볼 수 있으면 서로 마음에 맞는 것이 더욱 드러날 것이니, 어찌 천하의 선한 선비와 벗하는 것이 되지 않겠는가. 만일 그렇다면 이 번 걸음이 헛되지 않을 것이니, 문로(文老)는 노력할지어다.

불초는 한 곳에 매달려 있는 박[222]과 같아서 평소에 중국이 크다는 것을 알지 못했는데, 그대의 여행에 힘입어 그 사람에 대해 듣고 그

錄)》이 유명한데, 주돈이(周敦頤)·정호(程顥)·정이(程頤)·장재(張載) 등 사자(四子)의 글에 주자와 여조겸(呂祖謙)이 지은 《근사록》의 글을 추가한 것이다.
이패림(李霈霖) 형제는 이패림과 아우 이정(李禎)을 가리키는데, 두 사람이 함께 《사서주자이동조변(四書朱子異同條辨)》을 지었다는 것 외에 정보가 자세하지 않다. 이패림은 이패림(李沛霖)으로도 표기한 것이 보이는데, '패(霈)'와 '패(沛)'를 같은 뜻의 글자로 혼용한 듯하다.

221 구경(九京)의 신계(神契) : 구경은 구천(九泉)이나 황천(黃泉)과 같은 뜻이고, 신계는 신교(神交)와 같은 말로 정신적으로 사귀어 뜻이 서로 투합함을 이르는바, 곧 살았던 장소와 시대는 다르나 그들의 저서를 통해 깊은 교감을 나눔을 말한 것이다.

222 한 곳에……박 : 박처럼 한 곳에 매달려 있어 자유롭게 다니지 못하는 자신의 처지를 비유하는바, 공자가 "내가 어찌 뒤웅박과 같아서 한 곳에 매달려 있어 먹지 못하는 것과 같겠는가."라고 한 데서 온 말이다. 《論語 陽貨》

책을 읽어 본다면 만 리의 신교(神交)를 맺어 서로 대명(大明)의 유민임을 인정할 것이다. 그리고 건주 오랑캐의 운이 다할 것임을 또한 여기에서 점칠 수 있으니, 다만 공수(拱手)하고 기다리노라.

제양[223]으로 돌아가는 소순여 휘면[224] 에게 준 서 갑오년[225]

贈蘇純汝 輝冕 歸濟陽序 甲午

호남에는 희조(熙朝)[226]의 중엽에 도덕과 문장으로 이름난 선비가 많았다. 품은 뜻이 기절(氣節)로 발로되고 사업에 드러나서 우뚝하고 찬란한 자취가 역사책에 실려있어 국가의 성대함을 울렸으니, 다른 도에서 비견할 수 있는 바가 아니었다. 그런데 현자(賢者)의 은택이 점점 매몰되자 피폐하고 누추하여 떨치지 못한 지가 또한 오래되었다. 그 사이에 태어난 영걸스러운 선비들은 응당 옛날과 지금의 차이가 없을 터인데 적막하여 알려짐이 없으니, 괴이한 일이다. 그러나 성하고 쇠하는 이치가 항상 서로 인하여 행해지니, 앞으로 장차 옛날의 성대한 아름다움을 돌이킬 것인가.

계사년〔1833〕 맹동(孟冬)에 익주(益州)에 사는 소휘면(蘇輝冕) 순여(純汝)군이 사립문을 두드려 수학할 것을 청하였는데, 나는 부끄럽

223 제양(濟陽) : 전라도 익산군(益山郡)에 있는 마을이다.

224 소순여(蘇純汝) 휘면(輝冕) : 순여는 소휘면(1814~1889)의 자로, 호는 인산(仁山)이고, 본관은 진주(晉州)이며, 시호는 문량(文良)이다. 전라도 익산 출신으로 9세에 아버지를 여의고 할아버지와 어머니에게 가르침을 받았는데, 20세 이전에 문명(文名)이 있었고, 뒤에 매산을 사사하였다. 1858년(철종9) 관찰사에 의해 학행으로 천거된 이후 여러 차례 관직을 제수 받았으나, 모두 응하지 않고 학문 연구와 후학 양성에 전념하였다. 저서로 《인산집》이 있다.

225 갑오년 : 1834년(순조34)으로, 매산의 나이 59세 되던 해이다.

226 희조(熙朝) : 흥성한 조정이라는 뜻인데, 여기서는 조선조를 가리킨다.

게도 덕으로 이끌어줄 수 없으므로 오직 선철들의 격언을 써서 주었다. 그런데 다음해 다시 방문하였을 적에 달과 날짜가 약속과 조금도 어긋나지 않았다. 세상 사람들은 "호남의 풍속은 문식을 숭상하기 때문에 질박함이 부족하다."고 말하나, 신의가 높고 돈독한 순여를 보면 이는 참으로 그림자나 메아리와 같은 말[227]이다.

나는 순여와 함께 거처하였는데, 기운이 매우 온화하고 용모가 매우 공손하였으며 지취(志趣)가 매우 바르니, 참으로 함께 도에 들어갈 만한 인물이었다. 다만 도움을 얻기 위해 찾아간 자가 도움을 주기에 적당한 사람이 아닌 데다 몸은 고질병으로 죽을 날을 코앞에 두고 있어 목소리와 숨소리도 제대로 잇지 못하는 상태였다. 그래서 겨우 《대학》과 〈태극도설(太極圖說)〉과 〈서명(西銘)〉[228]을 가르쳤는데, 은미한 말씀과 깊은 뜻을 또한 다 깨우쳐주지 못하였다. 나는 멀리 찾아와서 배우는 사람을 크게 그르쳤으니, 다만 육항(陸抗)에게 뒤지고 공손정(公孫丁)에게 부끄러울 뿐이겠는가.[229]

227 그림자나……말 : 그림자나 메아리처럼 공허하여 실체가 없는 말을 이른다.

228 태극도설(太極圖說)과 서명(西銘) : 〈태극도설〉은 북송(北宋)의 학자 염계(濂溪) 주돈이(周敦頤)가 우주 생성론을 약 250자의 짧은 글로 서술한 것인데, 주자가 〈태극도설해(太極圖說解)〉를 지어 자신의 이론을 덧붙여 해설한 이후로 성리학의 기본서가 되었다. 〈서명〉은 횡거(橫渠) 장재(張載)가 서재(書齋)의 서쪽 벽에 걸어 놓았던 명(銘)으로, 하늘을 아버지, 땅을 어머니, 그리고 사람을 자식으로 보아 이일분수(理一分殊)를 밝힌 내용인데, 주자가 별도로 주를 달아 해설한 뒤로 크게 유행하였다.

229 육항(陸抗)에게……뿐이겠는가 : 당나라 한유(韓愈)가 제자 장철(張徹)에게 준 시에 "그대를 벗으로 삼자니 그대는 육항이 되기를 사양하고, 나를 스승으로 받드는데 나는 공손정이 되기가 부끄럽네.〔結友子讓抗, 請師我慙丁.〕"라고 한 데서 원용한 것으로, 스승은 제자를 벗으로 삼으려 하나 제자가 사양하고, 제자는 스승을 스승으로 삼으

순여가 돌아갈 적에 송별의 말을 청하였는데, 그 뜻이 매우 간곡하였으나 송별의 말을 주는 것은 인자(仁者)의 일이니, 내가 어찌 감히 할 수 있겠는가. 그러하나 또한 어찌 한 마디 말로 송별하지 않을 수 있겠는가.

깊은 산중에 은거하는 선비들은 나무나 돌과 함께 짝하고 큰사슴이나 사슴과 벗이 되어 사람들을 버리고 세상의 얽매임을 끊는다. 그러다 보니 선각자를 따라 간절히 묻고 자세히 자문하여 학업을 넓히지 못하면, 고루한 문제가 많고 또한 서로 보고 잘함[230]이 없어서 왕왕 중도에 폐하는 병폐가 있다. 이는 벗들과 떨어져 홀로 지내는 자가 마땅히 기억하고 경계하여야 할 바이다.

려 하나 스승이 스승 되기 부족하다고 여긴 것인데, 매산은 이를 원용하여 소휘면에 대해 이보다 더 부족하게 여김을 말하였다. 《韓昌黎集 卷2 答張徹詩》

육항은 삼국 시대 오(吳)나라 장군으로, 진(晉)나라 장수 양호(羊祜)와는 적대관계에 있었으나 교분이 두터워 서로 깊게 믿었는바, 육항이 양호에게 술을 보내면 양호는 의심 없이 그것을 마시고 양호가 육항에게 약을 보내면 육항 역시 의심 없이 약을 먹었다고 한다. 《三國志 卷58 陸抗傳》

공손정은 춘추 시대에 활을 잘 쏘기로 유명했던 유공차(庾公差)의 스승으로, 유공차가 위 헌공(衛獻公)을 추격할 때 공손정이 그 수레를 몰고 있었는데 유공차가 "활을 쏘면 스승을 배반하게 되고 활을 쏘지 않으면 죽임을 당하게 되니, 활을 쏘는 것이 예에 맞다."라고 하고는 두 대의 화살을 쏘아 멍에만 맞힌 고사가 전한다. 《春秋左氏傳 襄公 14年》

230 서로 보고 잘함 : 친구들끼리 서로 좋은 점을 보고 배우는 것을 이르는바, 《예기》 〈학기(學記)〉에 "대학(大學)의 교육 방법은 나쁜 것을 미연에 방지하는 것을 '예(豫)'라 하고, 적절한 시기에 가르치는 것을 '시(時)'라 하고, 감당할 수 있는 한도 내에서 가르치는 것을 '손(孫)'이라 하고, 서로 좋은 점을 보고 배우도록 하는 것을 '마(摩)'라고 한다. 이 네 가지는 교육이 흥기한 이유이다."라고 보인다.

진실로 마땅히 마음을 엄한 스승으로 삼고 성인의 경서(經書)에 정력을 다한다면 저절로 터득하여 변화할 것이다. 잘 배우지 못하는 자들은 경서의 진리를 터득할 수가 없어서 외고 익히는 것은 충분하나 조처하고 시행함에는 통달하지 못한다.

이 이치에 대해서 눈으로는 기뻐하나 마음에는 통하지 못하고 평상적인 것은 연구하나 변통은 연구하지 못한다. 비유하건대 부잣집의 보배로운 옥을 구경하는 것과 같아 그 진귀함을 모르는 것은 아니나 자기의 소유로 삼지는 못하니, 이와 같은 자가 어떻게 도를 들을 수 있겠는가.

진실로 명리(名理 성리(性理))를 연구하고 몸과 마음에 체험해서 순수하게 기르고 독실히 지키면, 사물에 의해 옮겨가거나 습속(習俗)에 의해 빼앗기지 않아서 점점 지극한 덕이 도에 응집하게 될 것이다. 이렇게 되면 나보다 나은 자가 경계하고 유익하게 해줄 필요가 없으니, 어찌 고루함이 있겠는가.

작은 성취에 안주하지 않은 뒤에야 큰 그릇을 이룰 수 있고 눈앞의 이익에 현혹되지 않은 뒤에야 원대한 공을 세울 수 있다. 그러므로 정자(程子)가 말씀하기를 "학문을 말할 때에는 곧바로 도를 뜻으로 삼아야 하고 사람을 말할 때에는 곧바로 성인을 뜻으로 삼아야 하니, 이와 같이 하지 않으면 곧 스스로 작게 여기고 스스로 포기하는 것이다."[231]라고 한 것이다. 순여여! 작은 성취에 안주하지 말고 눈앞의 이익에 급급하지 말고 빨리 원대한 것에 나아가 성인의 경지에 이른 뒤에

231 학문을……것이다 : 명도(明道) 정호(程顥)의 말로, 《근사록》 권2 〈위학류(爲學類)〉에 보인다.

야 자신의 일이 비로소 끝날 것이다.

자기가 서고 남을 세워줌은 바로 남이 선(善)을 하도록 도와주는 것이다.[232] 한 지방의 준걸스러운 선비들을 창솔(倡率)하여 도덕과 인의의 실마리를 고찰하여 논하고, 그 하는 바를 확충하여 올바른 학문을 온 도내(道內)에 밝힌다면, 순수함과 질박함을 회복하여 유교가 크게 행해지고 호남의 아름다운 옛 풍기(風氣)를 회복할 수 있을 것이다. 순여여! 공경히 생각할지어다.

232 자기가……것이다 : 이 내용은 《논어》 〈옹야(雍也)〉에 인자(仁者)에 대해서 "자기가 서려고 하면 남을 세워 주고, 자기가 통달하려고 하면 남을 통달하게 해 준다.〔己欲立而立人, 己欲達而達人.〕"라고 평한 공자의 말과 《맹자》 〈공손추 상(公孫丑上)〉의 "남에게 취하여 선(善)을 행함은 남이 선을 하도록 도와주는 것이다. 그러므로 군자에게는 남이 선을 하도록 도와주는 것보다 더 훌륭함이 없다."라는 내용을 원용한 것이다.

《신암집》 서 을미년[233]

信菴集序 乙未

옛사람이 말하기를 "죽어도 세 가지 불후(不朽)가 있으니, 덕(德)을 세우는 것과 공(功)을 세우는 것과 말〔言〕을 세우는 것이다."[234]라고 하였다. 말은 반드시 공과 덕을 빌려 세워지고 공과 덕도 말을 필요로 하니, 말이 세워지지 않으면 공과 덕이 어디에 의탁하여 불후하게 되겠는가. 그렇다면 덕과 공과 말 세 가지가 갖추어진 뒤에야 비로소 "오래되어도 없어지지 않는다."고 말할 수 있는 것이다. 불초가 일찍이 세교(世敎)와 인물에 마음을 두어 이 세 가지를 가지고 동시대의 군자들을 하나하나 헤아려 보았는데, 오직 고 유선(諭善) 신암(信菴) 선생 윤 공(尹公)[235]이 여기에 해당하는 분일 것이다.

공은 말년에 과거에 급제하여 영조(英祖)와 정조(正祖) 두 조정을 차례로 섬겼는데, 특별히 청렴한 지조를 지키고 말씀을 다 아뢰고 숨기

233 을미년 : 1835년(헌종1)으로, 매산의 나이 60세 되던 해이다.

234 죽어도……것이다 : 《춘추좌씨전》 양공(襄公) 24년의 "덕을 세우는 것〔立德〕이 최상이요, 공을 이루는 것〔立功〕이 그다음이요, 훌륭한 말이나 글을 남기는 것〔立言〕이 그다음인데, 이 세 가지는 세월이 아무리 흘러도 없어지지 않으니, 이를 일러 '불후〔不朽〕'라고 한다."는 말을 원용한 것이다.

235 유선(諭善)……윤 공(尹公) : 신암(信菴)은 윤득부(尹得孚, 1723~1799)의 호인데, 예조 참판에 발탁되었을 때 세손강서원(世孫講書院)의 좌유선(左諭善)을 겸직하였기 때문에 유선이라고 한 것이다. 윤득부는 자가 사휴(士休), 본관은 해평(海平)으로, 대제학을 지낸 윤근수(尹根壽)의 후손이다. 52세 때인 1774년(영조50)의 식년문과에 병과로 급제하고 대사간, 예조참판 겸 좌유선 등을 지냈다.

지 아니하여 두려움 때문에 피부가 떨리거나 눈동자를 피하는 일이 거의 없었다. 이로써 강상(綱常)을 붙들고 명분과 의리를 바로잡은 것이 마땅히 옛날의 유직(遺直)[236]과 아름다움을 짝할 만하였다.

정직하다는 명성이 온 조정에 진동하여 부녀자와 어린아이와 하인들에게도 존경과 칭송을 받았다. 권력을 잡은 자의 비위에 거슬려 거의 큰 죄에 빠졌다가 정조의 밝고 성스러움을 힘입어 만 번 죽을 고비에서 기사회생하였으니,[237] 이 또한 공이 수립한 바가 있어서 그렇게 된 것이다.

정조가 일찍이 경연에 임하여 탄식하기를 "윤모(尹某)가 계묘년의 조참일(朝參日)에 아뢴 것[238]은 사람의 귀와 눈을 불러 깨웠는데 오랫

236 옛날의 유직(遺直) : 올곧은 도를 행하여 고인(古人)의 유풍(遺風)을 지닌 사람을 말하는바, 공자가 춘추 시대 진(晉)나라 숙향(叔向)에 대하여 "옛날의 유직(遺直)이다."라고 칭찬한 말이 보인다. 《春秋左氏傳 昭公 14年》

237 권력을……기사회생하였으니 : 정조 4년(1780)에 홍국영(洪國榮)은 이미 실각한 상태였으나 그 동류들이 아직도 요직을 차지하고 있었다. 이 때 윤득부가 정언(正言)으로 있으면서 그들이 또다시 홍국영처럼 권병(權柄)을 잡을 기회를 가지지 못하도록 철저하게 억제할 것을 청하는 상소를 올렸다. 이것을 빌미로 권력자들이 윤득부를 탄핵하여 사지로 몰아갔으나 정조가 그의 죄를 인정하지 않았다. 4년 후 다시 정언이 되었을 적에 또다시 이와 유사한 일이 있었는데, 이러한 일련의 일들을 가리키는 것이다. 《국역 정조실록 4년 2월 29일, 8년 6월 5일》

238 윤모(尹某)가……것 : 윤모는 윤득부로, 계묘년(1783) 조참 때 부수찬으로 입시하여 스승인 우암 송시열을 배반한 명재(明齋) 윤증(尹拯)을 복관하라는 명을 거두라고 아뢴 것을 이른다. 이에 앞서 1781년에 숙종의 탄신일(1661)이 두 번째 회갑을 맞이하고 아울러 영조가 왕세자가 되었던 해(1721)가 회갑을 맞이하자, 정조가 전에 없는 큰 경사의 해를 기념하여 여러 은전을 베풀었다. 이 가운데 윤증의 관작을 삭탈했던 숙종 때의 법을 받들어 다시 관작 삭탈의 명을 내리기도 하였으나, 1년 뒤인 1782년에

동안 벼슬에 나오지 못하고 있으니, 또한 세상의 도를 알 수 있다."라고 하였다. 이로 인하여 성상이 마음속으로 선별해 두셨다가 공에게 주자(冑子)를 가르치는 임무[239]를 전담하도록 하였으니, 이것은 이른바 "모름지기 천하에 제일등(第一等)의 인물을 찾아 맡겨야 한다."[240]는 것이다.

공은 정성을 다하여 세자를 보익(輔翼)해서 순조(純祖)의 바름을 기르는 공부[241]를 우러러 도와 삼기(三紀)[242] 동안 무위(無爲)의 교화를

이를 번복하여 복관(復官)의 명을 내린 일이 있었다. 윤득부가 계묘년 조참 때 아뢴 내용의 요지는 '윤증을 복관하는 것은 장래의 세도를 혼란하게 하는 일이므로 통촉하기를 바란다.'는 것이었다. 《국역정조실록 7년 1월 5일》

239 주자(冑子)를……임무 : 주자는 임금의 맏아들을 이르는데, 여기서는 이후에 순조가 되는 세자를 가리키는바, 윤득부가 강학청의 좌유선이 된 것을 이른다. 우의정 윤시동(尹蓍東)이 1797년(정조21) 1월 22일에 원자의 강학을 앞두고 원자 책봉 전에 보양청(輔養廳)의 관원을 갖춘 국조(國朝)의 고사에 의거하여 원자의 사부인 송환기(宋煥箕) 외에 강학청 관원을 더 뽑기를 청하였는데, 이때 겸 대사성(兼大司成) 윤득부와 이조 참의 이성보(李城輔)를 추천하므로 정조가 이들을 원자의 좌유선과 우유선으로 삼았다. 《日省錄 正祖 21年 1月 22日》

240 모름지기……한다 : 제일등(第一等)의 인물은 주자(朱子)와 같이 학덕이 당대에 제일가는 인물을 가리킨다. 송나라 신하 황상(黃裳)이 뒷날 영종(寧宗)이 된 황태자 가왕(嘉王)의 익선(翊善)으로 있을 적에 강설하여 개도(開導)를 잘하니, 가왕의 학문이 하루가 다르게 진보하였다. 어느 날 광종(光宗)이 선유(宣諭)하기를 "가왕의 학문이 진보한 것은 모두 경(卿)의 공이다."라고 하자, 황상이 사례하고 나아가 아뢰기를 "만약 덕을 진전하고 업을 닦아 옛날 철왕의 자취를 따르게 하고자 하신다면, 모름지기 천하에서 제일등의 인물을 찾아야 할 것입니다.〔若欲進德修業追蹤古先哲王, 則須尋天下第一等人乃可.〕"라고 하였다. 광종이 그가 누구냐고 묻자, "주희(朱熹)입니다."라고 대답하고 주자를 적임자로 천거하였다. 《宋史全文 卷28 宋光宗》

241 바름을……공부 : 이 내용은 《주역》 〈몽괘(蒙卦) 단(彖)〉의 "어릴 때에 바름을

펴는 터전을 만들었으니, 공이 스스로 공(功)으로 여기지 않더라도 공(功)은 여기에 있다. 공은 평소 몸을 잘 지켜서 독행군자(篤行君子)의 덕을 생각하여 의리상 당세에 구차히 영합하지 않아서 당세에 용납되지 못하였다. 그러나 용납되지 못한 것이 어찌 해롭겠는가. 용납되지 못한 뒤에야 군자를 알아보는 것이니,[243] 이것이 바로 공이 훌륭한 공이 된 이유이다.

이 때문에 우항(遇巷)의 알아줌을 받아서[244] 끝내 이와 같이 종국(宗國)에 도움이 있었던 것이니, 어찌 본바탕이 없이 그러하였겠는가. 이것은 이른바 "먼저 자기 몸이 좋아짐을 얻으면 우리 군주가 좋아지고 천하와 국가도 좋아진다."[245]라는 것이다.

기름이 성인이 되는 공부이다.〔蒙以養正, 聖功.〕"라는 구절을 원용한 것이다.

242 삼기(三紀) : 일기(一紀)는 10년 또는 12년을 가리키는바, 삼기는 순조 재위 기간(1800~1834)을 대략적으로 말한 것이다.

243 그러나……것이니 : 이 내용은 공자가 진(陳)・채(蔡)의 사이에서 포위되어 안회(顔回)에게 "《시경》에 '외뿔소도 아니고 범도 아닌데, 어째서 저 거친 들판을 헤매게 한단 말인가.'라고 하였다. 나의 도가 잘못되었는가. 어째서 내가 이런 곤욕을 당해야 한단 말인가."라고 묻자, 안회가 "선생님의 도는 지극히 광대합니다. 그래서 세상 사람들이 용납하지 못하는 것입니다. 그러나 선생님께서는 그 도를 추진해서 행하시기만 하면 될 것이니, 세상에 용납 받지 못한들 해롭겠습니까. 용납 받지 못한 뒤에야 군자를 알아볼 수 있는 것입니다.〔不容何病? 不容然後見君子.〕"라고 대답하였는데, 초(楚)나라 소왕(昭王)이 병력을 보내어 포위를 풀어주게 한 고사에서 온 말이다.《史記 卷47 孔子世家》

244 우항(遇巷)의……받아서 : 군주의 곡진한 지우(知遇)를 받았음을 말한 것이다. 우항은 군주를 골목에서 만난다는 뜻으로,《주역》〈규괘(睽卦) 구이(九二)〉에 "군주를 골목에서 은밀히 만나면 허물이 없으리라.〔遇主于巷, 无咎.〕"고 한 데에서 온 말인데, 이는 신하와 군주가 서로 도(道)가 합하기를 곡진하게 구한다는 의미이다.

공은 타고난 재주가 매우 특별하고 일찍부터 스스로 학문에 뜻을 두어 백씨(伯氏) 죽암처사(竹菴處士)[246] 밑에서 학문을 익혔고, 여호(黎湖)와 미호(渼湖)[247] 두 현자를 스승으로 섬겨 배웠다. 오로지 스스로 터득함을 힘써서 조예가 독특하였고, 안으로 충신(忠信)을 쌓아 먼저 큰 것을 확립하는 데[248]에 부지런히 힘썼으니, 이는 '묵묵히 성취함은 덕행에 있다.'[249]는 것에 가깝다.

245 먼저……좋아진다 : 이 내용은 《주자대전》 권36 〈답진동보(答陳同甫)〉에 "모름지기 먼저 내 몸이 좋아져야 당류(黨類) 또한 좋게 되고, 이렇게 되어야 비로소 내 임금이 좋게 되고 천하와 국가가 좋게 될 수 있다."라고 보인다.

246 백씨(伯氏) 죽암처사(竹菴處士) : 죽암은 윤득부의 맏형인 윤득관(尹得觀, 1710~?)의 호로, 자는 사빈(士賓)이다. 1738년(영조14) 식년 진사시에 합격하여 교부(敎傅) 벼슬을 지냈다. 기원(杞園) 어유봉(魚有鳳)에게 경전을 배웠고, 담옹(澹翁) 박창원(朴昌元)에게 시를 배웠다. 젊어서는 성균관에서 시로 이름을 날렸는데, 노년에는 경전에 몰두하였다. 저서로 《죽암집》이 있다.

247 여호(黎湖)와 미호(渼湖) : 여호와 미호는 각각 박필주(朴弼周, 1665~1748)와 김원행(金元行, 1702~1772)의 호이다. 박필주는 자가 상보(尙甫), 본관이 반남(潘南), 시호가 문경(文敬)으로, 삼연(三淵) 김창흡(金昌翕)의 문인이다. 영조 때 은일(隱逸)로 지평, 장령 등을 거쳐 이조 판서와 우찬성에 이르렀다. 김원행은 자가 백춘(伯春), 본관이 안동(安東), 시호가 문경(文敬)으로, 도암(陶菴) 이재(李縡)의 문인이다. 농암 김창협(金昌協)의 종손으로 입양되었으며, 당대 낙론(洛論)을 대표하는 산림(山林)이었다.

248 먼저……데 : 이 내용은 《맹자》 〈고자 상(告子上)〉에 "귀와 눈의 기능은 생각하지 못하여 물건에 가려지니, 물건이 물건과 사귀면 거기에 끌려갈 뿐이다. 마음의 기능은 생각하는 것이니, 생각하면 얻고 생각하지 못하면 얻지 못한다. 이것은 하늘이 우리 인간에게 부여해 주신 것인데, 먼저 큰 것을 세우면 작은 것이 빼앗지 못할 것이다. 이것이 대인이 되는 이유이다.〔此天之所與我者, 先立乎其大者, 則其小者弗能奪也. 此爲大人而已矣.〕"라고 보이는데, 큰 것은 마음을 가리키고 작은 것은 귀와 눈 등을 통해 생기는 욕망을 가리킨다.

품은 뜻이 발로하여 문장을 지은 것이 모두 요약됨을 지키고 실제를 행하여, 실제로 자기 몸에 소유한 것을 미루어 간 것인데 순수하게 한결같이 참됨에서 나왔으니, 참으로 훌륭한 덕이 있는 자는 훌륭한 말이 있다는 것이다.[250]

아! 세상의 운이 기울어 상전벽해와 같이 변해서 도도(滔滔)하게 위엄을 두려워하고 이익에 병들었으니, 지조에 입각하여 살아가는 자가 적다. 그런데 공은 홀로 표방(標榜)의 밖에 몸을 두고[251] 우뚝하게 꼿꼿이 서서 엄동설한의 소나무와 같아 굽어보고 우러러봄에 부끄러울 것이 없어서,[252] 몸과 명예가 모두 완전하였다. 만약 겸손하여 잘난 체하지 않고 세상과 함께 유유히 흘러가서 생명을 다하도록 얽매임이 없는 자가 아니면, 어찌 세상에 명예를 남기고 먼 후세에까지 이르러 조선조의 찬란한 광채가 될 수 있겠는가.

249 묵묵히……있다 : 이 내용은 《주역》 〈계사전 상(繫辭傳上)〉의 "묵묵히 성취하며 말하지 않아도 믿음은 덕행에 있다.〔默而成之, 不言而信, 存乎德行.〕"라는 구절을 원용한 것이다.

250 훌륭한……것이다 : 이 내용은 《논어》 〈헌문(憲問)〉의 "덕이 있는 사람은 반드시 훌륭한 말이 있기 마련이지만, 훌륭한 말을 하는 사람이 반드시 덕이 있는 것은 아니다."라는 공자의 말에서 온 것이다.

251 표방(標榜)의……두고 : 표방은 명예와 같이 내세워 자랑할 만한 것들을 이르는 바, 세속의 이해득실에서 초탈하였다는 말이다.

252 굽어보고……없어서 : 아래로는 사람들에게 부끄러울 것이 없고 위로는 하늘에 부끄러울 것이 없다는 말로, 《맹자》 〈진심 상(盡心上)〉의 "군자가 세 가지 즐거움이 있으니, 천하에 왕 노릇함은 여기에 들어있지 않다. 부모가 모두 생존해 계시고 형제가 무사한 것이 첫 번째 즐거움이요, 우러러 보아 하늘에 부끄럽지 않고 굽어보아 인간에 부끄럽지 않은 것〔仰不愧於天, 俯不怍於人.〕이 두 번째 즐거움이요, 천하의 영재를 얻어 교육하는 것이 세 번째 즐거움이다."라는 구절을 원용한 것이다.

불초는 공을 가장 깊이 흠모하였고 또 주진(朱陳)과 같은 친척의 의리[253]가 있었으나 형적(形迹)에 구애되어 평상(平床) 아래에서 절 한 번 올리지 못하였으니, 이는 천고의 한이다.

공의 사손(嗣孫)인 경렬(經烈) 여상(汝常)씨가 불초에게 문집의 서문을 부탁하니, 이 또한 그만 둘 수 없는 것인가. 끝내 말이 없을 수 없다면, 특별히 학문에 바탕을 두고 명예와 절개에 중함을 돌려 세 가지 불후를 이룬 것을 가지고 의체(義諦)로 삼는다.

그러나 공의 뜻은 문장에 있지 아니하여 문장이 전해지기를 기약하지 않았는데, 이렇게 문장을 통해 전하는 것은 바로 공이 도에 나아가고 덕을 이룬 내용이 이 문장에 기재되었기 때문이다. 한 세상에 공개하여 이 문집을 읽는 자들로 하여금 명(名)과 실(實)이 부합하는 참다운 사대부임을 알고 지금과 후세의 표준으로 게시하기를 바라노라.

253 주진(朱陳)과……의리 : 주진은 중국의 서주(徐州) 고풍현(古豐縣)에 있던 마을로, 주씨(朱氏)와 진씨(陳氏) 두 성씨가 주진촌에서 서로 혼인하며 화목하게 살았는바, 이를 원용하여 매산의 집안과 해평 윤씨 가문이 인척 관계임을 빗댄 것이다. 《白樂天詩集 卷10 感傷二 朱陳村》 매산의 손아래 누이가 윤득부의 셋째 아들인 윤지동(尹趾東)의 며느리인데, 두 가문이 주씨와 진씨처럼 한 지역에 함께 살면서 대대로 혼인하며 살아간 것에 대해서는 미상이다. 《梅山集 卷50 亡妹尹氏婦行狀》

《청덕사지》 서 병신년[254]

淸德祠誌序 丙申

청덕사(淸德祠)는 바로 시호가 정의공(靖懿公)인 진안대군(鎭安大君) 이방우(李芳雨)[255]의 사당인데, 조정에서 백이(伯夷)의 청(淸)과 태백(太伯)의 덕[256]을 취하여 이름을 내린 것이다.

254 병신년 : 1836년(헌종2)으로, 매산의 나이 61세 되던 해이다.

255 시호가……이방우(李芳雨) : 이방우(1354~1393)는 태조 이성계(李成桂)의 장자로, 진안대군(鎭安大君)에 봉해졌으며 영조 때 시호를 정의(靖懿)로 추봉하였기 때문에 이렇게 칭한 것이다. 정종(正宗) 시절 정난정사 공신(靖難定社功臣)으로 봉녕후(奉寧侯)에 봉해졌을 때에는 '안간(安簡)'이라는 시호를 받았다. 《태조실록》의 〈진안군 이방우의 졸기〉에는 "진안군 이방우는 임금의 맏아들인데, 성질이 술을 좋아하여 날마다 많이 마시는 것으로 일을 삼더니, 소주를 마시고 병이 나서 졸하였다. 3일 동안 조회를 정지하고 '경효(敬孝)'라는 시호를 내렸다. 아들은 이복근(李福根)이다."라고 보인다. 《太祖實錄 2年 12月 13日》《燃藜室記述 卷1 太祖朝故事本末》《正祖實錄 13年 2月 16日》

256 백이(伯夷)의……덕 : 이 내용은 다음의 맹자와 공자의 말을 인용한 것이다. 백이는 제후인 주(周)나라의 무왕(武王)이 황제국인 은(殷)나라를 정벌하자 아우 숙제(叔齊)와 함께 주나라의 녹을 먹을 수 없다고 하여 수양산(首陽山)에서 고사리를 뜯어 먹다가 죽었는데, 맹자는 "백이는 성인 가운데 맑은 분이다.〔伯夷, 聖之淸者也.〕"라고 칭찬하였다. 태백(泰伯)은 주나라 태왕(太王)의 큰아들로, 태왕이 막내아우인 계력(季歷)에게 제후의 자리를 물려주려 하는 것을 알고는 아우 중옹(仲雍)과 함께 형만(荊蠻)으로 달아나 문신과 단발을 하고 자취를 감추었는데, 공자가 "태백은 지극한 덕이라고 말할 만하다. 세 번 천하를 사양하였으나 백성들이 그 덕을 칭송할 수 없게 하였구나.〔泰伯其可謂至德也已矣. 三以天下讓, 民無得而稱焉.〕"라고 말하였다. 《孟子 萬章下》《論語 泰伯》

공은 태조(太祖)의 큰 아드님으로, 고려조에서 벼슬하여 대종백(大宗伯)[257]이 되었는데, 태조가 무진년에 위화도(威化島)에서 회군하자[258] 공은 집안을 변화시켜 나라로 만들려는 기미[259]를 살피고는 가솔을 데리고 철원(鐵原)의 산중으로 들어갔다. 임신년에 태조가 보록(寶籙)에 빛나게 응하자[260] 공은 함주(咸州)의 옛 마을로 피하였는데, 태조가 그의 뜻을 굽히고 싶지 않아 한 구역의 토지와 집을 하사하여 노년을 마치게 하였다.

아! 공은 태조의 큰 아드님으로 지위를 잇는 존엄한 자리에 처하고 전통을 드리우는 시원(始原)을 당하여 망망연히 떠나가서 집안과 나라의 일에 관여함이 없었던 것은 어째서인가? 공은 마음속에 정종(定宗)과 태종(太宗)이 모두 성인의 덕을 보유하여 하늘이 주고 사람들이

257 대종백(大宗伯) : 주(周)나라 때 예를 관장하는 으뜸 벼슬인 종백(宗伯)과 같은 말로, 고려 시대 예조의 판사(判事)와 조선 시대 예조의 판서가 여기에 해당하는바, 《서경》 〈주관(周官)〉에 "종백은 나라의 예를 관장하니, 신(神)과 사람을 다스려 위아래를 화합시킨다."라고 보인다.

258 무진년에……회군하자 : 무진년은 우왕(禑王) 14년인 1388년으로, 이 해에 이성계가 감행한 위화도 회군(威化島回軍)을 이른다. 이성계는 회군한 다음 우왕을 폐위하고 창왕(昌王)을 세웠으며, 다음해에는 다시 공양왕(恭讓王)을 세우고 권력을 장악하였다가 3년 후인 임신년(1392)에 조선을 건국하고 등극하였다.

259 집안을……기미 : 새 왕조를 세우려는 기미를 뜻하는바, 《동몽선습(童蒙先習)》에 "당나라 고조(高祖)와 태종(太宗)이 수(隋)나라의 왕실이 어지러운 것을 틈타 집을 변화시켜 나라로 만드니, 역년(歷年)이 3백 년이었다."라고 보이는데, 이는 공경(公卿)의 집안을 임금의 나라로 만듦을 말한 것이다.

260 태조가……응하자 : 보록(寶籙)은 전설상 봉황이 황제(黃帝)와 요(堯)임금에게 전후로 내려주었다는 도록(圖籙)으로, 천명(天命)을 상징하는바, 태조가 조선을 건국하여 왕으로 등극한 것을 이에 빗대었다.

돌아옴이 희종(姬宗)의 왕계(王季)와 문왕(文王)과 같음을 알고는 마침내 태백이 했던 도피를 한 것이다.[261] 사람들은 단지 공이 세 번 사양한 지극한 덕에 부끄러움이 없음만 알고, 창업하기 전에 세속을 초탈하여 길이 은거하고 혁명한 뒤에 몸을 숨겨 스스로 충절을 지킨 것이 두 소나무의 깨끗함[262]에 뒤지지 않음은 알지 못한다.

옛날 사마천(司馬遷)이 일찍이 "공자께서 옛날의 인자(仁者)와 성인과 현인을 차례대로 논할 적에 오(吳)나라의 태백과 백이와 같은 무리에 대해서 자세히 말씀하였다."라고 말하였다.[263] 태백은 형만(荊蠻) 지방으로 약을 캐러 가서는 알몸을 꾸밈으로 삼았으니, 백이와 심한 차이가 난다. 그런데도 지금 그를 백이와 동등한 반열에 올려 칭찬하

261 공은……것이다 : 정종과 태종은 각각 태조의 둘째와 다섯째 아들인 방과(芳果)와 방원(芳遠)이고, 희종(姬宗)은 희성(姬姓)인 주나라 왕실의 기반을 닦은 태왕(太王)을 가리키고, 왕계(王季)와 문왕(文王)은 태왕을 이어 왕이 된 계력과 창(昌) 부자를 가리키는바, 정의공 이방우가 두 아우가 왕이 될 덕이 있음이 주나라 때 계력과 창 부자와 같음을 알고서 태백처럼 은둔했다는 말이다. 《정종실록》에 따르면, 정종이 아우 방원을 왕세자로 삼으려 하자 당시 어떤 대신이 동모제(同母弟)를 세자로 삼은 전례가 없다며 '왕태제(王太弟)'로 봉해야 한다고 헌의했으나, 정종은 아우를 아들로 삼겠다며 방원을 왕세자로 책봉한 것으로 기록되어 있다. 《定宗實錄 2年 2月 4日》

262 두……깨끗함 : '청성(淸聖)'으로 불리는 백이와 숙제를 가리킨 것으로 보이는데, '두 소나무'는 사마천(司馬遷)이 《사기》 〈백이열전(伯夷列傳)〉에서 "해가 저물어 날씨가 추워진 뒤에야 소나무와 측백나무가 뒤늦게 시듦을 안다.〔歲寒然後知松柏之後彫也.〕"라는 공자의 말을 인용한 데서 유래한 것으로 보인다.

263 사마천(司馬遷)이……말하였다 : 이 내용은 《사기》 권61 〈백이열전(伯夷列傳)〉에 "내가 기산(箕山)에 올라가니, 그 꼭대기에 허유(許由)의 무덤이 있었다. 공자께서 오나라 태백〔吳太伯〕이나 백이와 같은 고대의 인자(仁者)와 성인과 현인을 차례대로 논한 것이 자세하다."라고 보인다.

니, 어찌 까닭이 없겠는가.

주자가 일찍이 "태백의 마음은 바로 백이·숙제가 말고삐를 잡고 간(諫)하던 마음이다."[264]라고 하였다. 아우 중옹(仲雍)이 태백과 함께 돌아가자, 공자는 또 "몸이 깨끗함에 맞았다."라고 칭찬하였다.[265] 그렇다면 자취는 백이와 다소 다르나 덕은 또한 어찌 일찍이 똑같지 않겠는가.

공과 같은 분은 바로 아버지를 따르지 않았기 때문에 지위를 계승하지 않았으니, 관(冠)을 부수고 면류관(冕旒冠)을 찢을[266] 필요가 없었다. 그리고 산에 올라가 고사리를 캐먹으며 바보나 귀머거리처럼 지내면서 형적을 숨겨 사람들로 하여금 덕을 칭송할 수 없게 하였으니, 어찌 홀로 마음을 온전히 하여 안팎으로 유감이 없는 자가 아니겠는가.

명예를 좋아하는 자는 나라를 사양할 수 있고 어진이의 행실을 보는 자는 자신도 그와 똑같기를 생각하는 법이다.[267] 공은 위함이 있어서

264 태백의……마음이다 : 이 내용은 《주자어류》 권35 〈논어(論語) 태백편(泰伯篇)〉에 보인다.

265 공자는……칭찬하였다 : 이 내용은 《논어》 〈미자(微子)〉에 "공자께서 우중(虞仲)과 이일(夷逸)을 평하시되 '숨어 살면서 말은 함부로 하였으나, 몸은 깨끗함〔淸〕에 맞았고 벼슬하지 않음은 권도(權道)에 맞았다.' 하셨다."라고 보인다. 우중은 바로 중옹(仲雍)이다.

266 관(冠)을……찢을 : 주나라의 조정을 배척함을 뜻하는 '열관훼면(裂冠毁冕)'에서 온 말인데, 여기서는 태조가 세운 조선 왕조를 배척함을 빗댄 것이다. 《春秋左氏傳 昭公 9年》

267 명예를……법이다 : 이 내용은 《맹자》 〈진심 하(盡心下)〉의 "명예를 좋아하는 사람은 천승(千乘)의 나라를 양보할 수 있지만, 정말로 그러한 사람이 아니라면 한 그릇의 거친 밥과 나물국에서도 본색이 얼굴빛에 드러난다."라는 맹자의 말과 《논어》

한 것[268]이 아니요 참다운 천성이 발로되는 바가 저절로 백이·숙제 두 분과 합하였으니, 이는 더더욱 기이한 일이다.

아! 공이 은둔한 것은 진실로 백이와 태백의 마음이니 천지의 떳떳한 법이고, 태조의 의거는 바로 무왕이 백성을 구제하려는 마음이니 옛날과 지금에 공통된 의리이다.[269] 그러나 성스러운 아버지가 없었다면 빼앗기지 않으려는 공의 뜻을 이루지 못했을 것이요, 어진 아들이 아니었다면 태조가 변고에 대처하는 도리를 다하지 못했을 것이다. 이 의리가 두 가지 모두 행해져 모순되지 않았다고 이를 만한 것이다.

공이 별세한 지 400년 만에 처음으로 정조께 인정을 받아 나라에서 묘도(墓道)에 큰 비를 세우고 가묘(家廟)에 은혜로운 제수를 하사하였다. 정조는 또 일찍이 경연의 신하에게 전교하기를 "우리 조선조에 태백과 중옹은 바로 양녕(讓寧)대군과 효령(孝寧)대군인데,[270] 진안대군

〈이인(里仁)〉의 "현인(賢人)을 보면 그와 똑같기를 생각하고, 그렇지 못한 자를 보면 안으로 자신을 살펴보아야 한다."라는 공자의 말을 원용한 것이다.

268 위함이……것 : 이 내용은 송나라 때의 학자 장식(張栻)의 말을 원용한 것으로, 《근사록》 권7 〈출처류(出處類) 맹자변순척지분(孟子辨舜跖之分)〉의 주에 "위한 바가 없이 하는 것은 의(義)이고, 위한 바가 있어 하는 것은 이(利)이다."라고 보인다. 위한 바가 있다는 것은 명예나 이익을 얻기 위해 선행(善行)함을 이른다.

269 공이……의리이다 : 이 내용은 《주자어류》 권35 〈논어 태백편〉의 "태백의 마음은 바로 백이가 말고삐를 잡고 간할 때의 마음이고 태왕(太王)의 마음은 바로 무왕(武王)이 은나라를 정벌하기 위해 맹진(孟津)에 모였을 때의 마음이니, 이 두 가지는 '도가 아울러 행해져 서로 모순되지 않는다.〔道竝行而不相悖〕'는 것이다. 그러나 성인〔공자(孔子)〕이 태백을 '지극한 덕〔至德〕'이라고 칭하고 무왕의 음악을 '지극히 좋지는 못하다.〔未盡善〕'고 하셨으니, 또한 절로 억누름과 찬양의 구분이 있다. 태백과 백이·숙제의 일은 천지의 떳떳한 법이고, 태왕과 무왕의 일은 옛날과 지금에 공통된 의리이다. 다만 그 사이에 우열의 차이가 약간 있다."라는 내용을 원용한 것이다.

은 양녕과 효령 두 분에 비하여 더 드높다. 내가 특별히 표창하려는 뜻을 가지고 있었으나 아직 겨를이 없었다."라고 하였다. 그러다가 순조(純祖) 무자년〔1828〕에 이르러 사당에 '청덕(淸德)'이라고 사액하였으니, 이는 드러내어 밝히려는 정조의 유지를 유감없이 받든 것이다.

아! 거룩하다. 공의 사손(嗣孫)인 민곤(敏坤)과 후손인 하영(夏永)이 공사(公私)의 문자를 모아 《청덕사지(淸德祠誌)》라 이름하고 불초로 하여금 이 일을 서술하게 하였는데, 이는 불초가 미칠 수 있는 것이 아니다. 그러나 불초가 일찍이 공이 왕씨(王氏 고려조)의 순수한 신하와 태조의 어진 아들로서 우뚝이 백세의 스승이 되셨음에 탄복하였고, 공의 후손들이 선조의 공렬(功烈)을 능히 계승하여 충성과 효도를 다함이 한갓 풍문을 듣고 흥기한 다른 사람과는 같지 않으므로 이렇게 서문을 짓노라.

270 우리……효령(孝寧)대군인데 : 양녕대군과 효령대군은 태종의 장남과 차남으로 왕위가 세종대왕인 충녕(忠寧)에게 전해지도록 사양하고서 출가하여 많은 불사(佛事)를 주관하며 불교의 진흥에 크게 공헌하였는바, 태왕의 장남과 차남인 태백과 중옹이 태왕의 생각을 미리 알고 형만으로 달아나 왕위가 막내아우인 계력을 거쳐 문왕에게 전해지게 한 것에 빗댄 것이다. 정조의 말은 《홍재전서(弘齋全書)》 권172 〈일득록12(日得錄十二) 인물2(人物二)〉에 보인다.

《사례휘고》 서 정유년[271]

士禮彙攷序 丁酉

예서(禮書)는 만들기 어렵다. 《의례(儀禮)》는 빠진 부분이 있어서 완전하지 못하고 《예기(禮記)》는 잡되고 질서가 없다. 예에는 완전한 경서(經書)가 없어서 시대에 따라 각기 책을 만들었으나 절충한 것이 없었는데, 《주자가례(朱子家禮)》가 지어지자 아랫자리에 있는 자들의 예[272]가 정해졌다. 그러나 이 책은 중간에 없어져 주자가 다시 수정하지 못하였다.[273] 오직 《통해(通解)》 한 질[274]이 경(經)을 가지고 전(傳)을 통솔하고 전을 가지고 경을 해석하여 예의 대전(大全)이 되었다.

271 정유년 : 1837년(헌종3)으로, 매산의 나이 62세 되던 해이다.

272 아랫자리에……예 : 아랫자리는 윗자리에 있는 군주를 제외한 관료와 일반 선비들을 가리키는바, 《주자가례》가 관료와 선비들이 집에서 행하는 관·혼·상·제례의 실제를 정리한 것이기 때문에 이렇게 말한 것이다.

273 이 책은……못하였다 : 주자가 40세에 모친상을 당하여 시묘할 적에 《가례(家禮)》를 편찬하였는데, 수정을 거치지 않은 초고 상태에서 어떤 아이에게 도난을 당하였다가 약 30년 뒤인 주자 별세 후에 다시 발견된 것을 이르는바, 관련 내용이 《성리대전(性理大全)》 권19 〈가례 2(家禮二)〉 서문의 부주(附註)에 보인다.

274 통해(通解) 한 질 : 《통해》는 주자가 편찬한 《의례경전통해(儀禮經傳通解)》로, 초명은 《의례집전집주(儀禮集傳集註)》이다. 《의례》를 경(經)으로 삼고 《예기》 및 여러 경서(經書)와 사서(史書), 잡서(雜書)에 실린 내용 가운데 예에 관한 글들을 경의 아래에 부기하여 총 37권 60편으로 편성하였는데, 권24부터 권37까지는 초고본을 그대로 실은 것이어서 《의례집전집주》라고 표기되어있다. 《四庫全書 經部四 儀禮經傳通解提要》

그러나 오히려 광대한 체재에 힘이 겨워 이 일을 끝마치지 못하였는데, 다행히 황(黃)·양(楊) 두 현자가 능히 스승의 뜻을 이어서 상례와 제례 두 편을 보완함에 힘입어 큰 강령(綱領)과 작은 줄거리, 자세한 법과 간략한 법칙이 거의 모두 구비되었다.[275]

그러나 만일 천지의 변고를 다하고 고금의 마땅함을 참작하고자 하며 또 남쪽과 북쪽의 풍기를 통달하고 문(文)을 덜고 질박함으로 나아가서 그 중도(中道)에 맞기를 구한다면, 또한 후대를 기다려야 하는데, 이는 뒤에 나오는 것이 더 밝기 때문이다.

두우(杜佑)의 《통전(通典)》과 정초(鄭樵)의 《통지(通志)》[276]는 역대의 전례(典禮)를 다 포함하였으나 사가(私家)의 예는 빠져있고, 서건학(徐乾學)과 진혜전(秦蕙田)의 《통고(通考)》[277]는 공가(公家)와

275 광대한……구비되었다 : 원문의 '황양(黃楊)'은 주자의 문인인 황간(黃榦)과 양복(楊復)을 가리키는바, 《의례경전통해》에 없는 상례(喪禮)를 주자의 유훈(遺訓)을 받은 황간이 총 15권으로 완성하였고, 황간이 별세함으로써 미완이 된 제례 13권과 〈의례상복도식(儀禮喪服圖式)〉 상·하 각1권을 황간의 집우(執友)인 양복이 완성하였는데, 이를 두고 한 말이다. 황간과 양복이 편찬한 자료들은 《의례경전통해속(儀禮經傳通解續)》으로 묶여 최종적으로 《의례경전통해》에 편입되었다. 《四庫全書 經部四 儀禮經傳通解 提要》

276 두우(杜佑)의……통지(通志) : 《통전(通典)》은 당나라 중기의 재상이자 학자인 두우(735~812)가 지은 제도사(制度史)로, 현종(玄宗) 때 유질(劉秩)이 편찬한 《정전(政典)》을 근간으로 하고 상고 시대로부터 당나라 천보(天寶) 연간에 이르기까지 역대의 자료를 모아, 식화(食貨)·선거(選擧)·직관(職官)·예(禮)·악(樂)·병(兵)·형(刑)·주군(州郡)·변방(邊防)으로 분류하여 총 2백 권으로 편찬하였다. 《통지》는 송 나라 정초(鄭樵, 1104~1162)가 기전체로 지은 중국 통사(通史)로, 제기(帝紀)·황후열전(皇后列傳)·연보(年譜)·약(略)·열전(列傳)으로 분류하여 총 2백 권으로 편찬하였다.

사가(私家)의 상례(常禮)와 변례(變禮)를 다 갖추었으나 우리 동방에는 미치지 않았다.

우리 동방에 예교(禮敎)가 성행함은 주(周)나라의 예가 노(魯)나라에 남아있는 것[278]과 같아서 전후로 제작한 것이 찬란하여 삼고(三古)[279]에 짝할 수 있었다. 그러나 여러 현자(賢者)가 편찬한 저술에서 뒤섞여 나오는 것들은 그 양이 한우충동(汗牛充棟)에 가까워 익숙하게 기억하기가 어렵고 조리 있게 강습(講習)하지 못하니, 이는 배우는 자들이 병통으로 여기는 것이다.

상사(上舍) 함진태(咸鎭泰) 성등(聖登)[280] 군은 일찍이 스스로 몸의

277 서건학(徐乾學)과……통고(通考) : 청나라 학자 서건학(1631~1694)의 《독례통고(讀禮通考)》와 진혜전(秦蕙田, 1702~1764)의 《오례통고(五禮通考)》를 가리킨다. 《독례통고》는 이전에 나온 문헌들을 통섭(通涉)하여 큰 갈피를 상기(喪期)·상복(喪服)·상의절(喪儀節)·장고(葬考)·상구(喪具)·변례(變禮)·상제(喪制)·묘제(廟制)로 나누어 총 120권으로 편찬한 책인데, 중국의 역대 상례를 정리한 것 중에는 가장 완비된 자료로 평가된다. 《오례통고》는 예를 크게 길(吉)·가(嘉)·빈(賓)·군(軍)·흉(凶)으로 분류하여 총 262권으로 편찬한 책인데, 중국의 고대 예학을 집대성한 자료로 평가된다.

278 주(周)나라의……것 : 이 내용은 춘추시대 때 진(晉)나라 한선자(韓宣子)가 노(魯)나라를 빙문(聘問)하여 태사씨(太史氏)의 집에서 도서를 구경할 적에 《역상(易象)》과 《노춘추(魯春秋)》를 보고서 "주(周)나라의 예(禮)가 모두 노나라에 남아있구나. 나는 오늘에야 주공의 덕과 주나라가 왕국이 된 까닭을 알았다."라고 한 데에 보인다. 《春秋左氏傳 昭公 2年》

279 삼고(三古) : 일반적으로 상고(上古)·중고(中古)·하고(下古)를 이르는데, 《예기》 〈예운(禮運)〉의 소(疏)에는 "복희(伏羲)가 상고, 신농(神農)이 중고, 오제(五帝)가 하고이다."라고 하고, 《한서》 〈예문지(藝文志)〉의 주에는 "복희가 상고, 문왕(文王)이 중고, 공자(孔子)가 하고이다."라고 하여 설이 분분한바, 여기서는 성군(聖君)들에 의해 예악(禮樂)이 흥성했던 오랜 옛날을 가리킨 것으로 보인다

지조를 지키고 백발에 경서를 연구하였으며, 또 삼례(三禮)[281]를 전문으로 하여 공검(恭儉)·장경(莊敬)의 가르침[282]에 부지런히 힘썼다. 일찍이 여러 예서(禮書)들을 수집하여 강령을 세우고 조목을 나누되 옛 경서를 앞에 놓고 의식(儀式)을 다음에 두었으며, 백가(百家)의 변설(辨說)을 절마다 편입하여 크고 작은 것을 하나도 빠뜨리지 않았는데, 반드시 정밀하게 가리고 요점에 맞게 정리하였으니, 참으로 천지간에 하찮게 볼 수 없는 책이다.

이름하기를 《사례휘고(士禮彙攷)》라 하고 왕조(王朝)와 향학(鄕學)과 삼례(三禮)를 덧붙였는데, 이름을 '사례(士禮)'라고 한 것은 편목(篇目)의 차례가 오로지 《주자가례》를 종주로 하였고 《주자가례》는 바로 사(士)의 예이기 때문이다. 200권으로 엮었는데, 예서를 편집한 이래로 처음 있는 것으로, 매우 풍부하다. 그 누가 이 보다 더하겠는가.

성등은 붓과 종이를 잡고 노심초사하여 노년에 힘을 다해 이 책을 완성하였으니, 전할 만한 것임은 의심의 여지가 없다. 그러나 삼가 선철들의 저술을 살펴보건대 반드시 동시대의 군자가 분별해준 뒤에야 불후(不朽)를 도모할 수 있었다. 진호(陳澔)의 《예기집설(禮記集說)》과 진력(陳櫟)의 《예기해(禮記解)》[283]가 이루어졌으나 세상에 아는 자

280 상사(上舍)……성등(聖登) : 상사는 조선 시대의 성균관으로, 소과인 생원, 진사시에 합격한 사람 또는 그들이 묵는 곳을 이르고, 성등은 함진태(咸鎭泰, 1761~?)의 자인바, 함진태가 신유년(1801) 식년시에 합격하였기 때문에 이렇게 칭한 것이다.

281 삼례(三禮) : 세 가지 예서로, 《주례(周禮)》·《의례(儀禮)》·《예기》이다.

282 공검(恭儉)·장경(莊敬)의 가르침 : 이 내용은 《예기》〈경해(經解)〉에 공자가 육경(六經)의 교화적 성격을 요약한 말 가운데 예에 대해 "공검·장경은 예의 가르침이다.〔恭儉、莊敬, 禮敎也.〕"라고 한 말을 원용한 것이다.

가 없었는데, 오유청(吳幼淸)[284]이 말하기를 "두 진군(陳君)이 예를 설명한 것은 흠잡을 만한 것이 없다."라고 하였는데, 뒤에 모두 이것을 학궁(學宮)[285]에 나열하였다.

이 책은 일찍이 노주(老洲) 오 선생(吳先生)[286]의 지시를 받아 마침내 완성되었고 안설(按說)도 오 선생에게 여쭈어 정리하였으니, 그렇다면 소중하게 여겨짐이 어찌 다만 두 진(陳)군이 유청(幼淸)에게 소중히 여겨진 것과 같을 뿐이겠는가.

아! 예는 하늘에 근본하였기 때문에 성인이 천리로써 재단(裁斷)하였다. 이것은 오전(五典)을 바로잡고 오례(五禮)를 떳떳하게 함[287]에

283 진호(陳澔)의……예기해(禮記解) : 송말 원초의 학자 진호(陳澔, 1260~1341)의 《예기집설(禮記集說)》과 진력(陳櫟, 1252~1334)의 《예기집의상해(禮記集義詳解)》를 가리킨다. 진호는 자가 가대(可大), 호가 운주(云住)로, 송나라를 멸망시킨 원나라 조정에 벼슬하지 않고 학문에만 전념하였으며 총 10권의 《예기집설》을 편찬하였다. 진력은 자가 수옹(壽翁), 호가 정우(定宇)인데, 신안(新安) 사람이기 때문에 흔히 '신안 진씨(新安陳氏)'로 불린다. 평생 주자학에 침잠했으며, 송나라 멸망 이후 은거하여 세상에 나오지 않았다. 만년에 '동부노인(東阜老人)'으로 자호하였다.

284 오유청(吳幼淸) : 유청은 송말 원초의 오징(吳澄, 1249~1333)의 자로, 허형(許衡)과 함께 '남오 북허(南吳北許)'로 불릴 만큼 경학에 조예가 깊었다. 저서로 《의례일경전(儀禮逸經典)》·《오문정공집(吳文正公集)》·《초려정어(草廬精語)》 등이 있는데, 두 진군의 예설에 대한 오징의 언급은 출처가 자세하지 않다.

285 학궁(學宮) : 나라의 최고 교육기관인 태학(太學)을 가리킨다.

286 노주(老洲) 오 선생(吳先生) : 노주는 오희상(吳熙常, 1763~1833)의 호로, 자는 사경(士敬), 본관은 해주(海州), 시호는 문원(文元)이다. 1800년(정조24) 천거로 세자익위사 세마(世子翊衛司洗馬)에 제수되고, 찬선(贊善) 등 여러 관직에 제수되었으나 모두 사양하고 나아가지 않았다. 성리학에 조예가 깊어 이황(李滉)과 이이(李珥)의 설을 절충하였다.

287 오전(五典)을……함 : 오전은 오륜(五倫)을 가리키고, 오례는 이 오륜에 대한

반드시 하늘을 들어 진실하게 한 것이다. 성인의 마음은 이치는 하나이나 용(用)은 다르고, 천하의 일은 만 가지로 다르나 근본은 하나이다. 그러므로 삼백 가지 큰 예와 삼천 가지 작은 예[288]가 모두 성인의 가슴속에서 흘러나와 영원히 후세의 법이 되었다. 이로써 동이(同異)를 분별하고 시비(是非)를 밝히며 친소(親疏)를 정하고 혐의(嫌疑)를 결단해서[289] 만사의 기강을 세우고 여섯 가지 정(情)[290]을 잘 조탁(雕琢)한 것이다.

이는 모두 하늘의 도를 계승하고 사람의 성(性)을 다한 것인데 자연스러움을 따랐을 뿐이다. 그러나 인심의 발로(發露)는 과(過) · 불급(不及)의 차이가 있으니, 성인은 과함은 억제하고 불급한 것은 면려하여 중(中)에 나아가게 하였는바, 중이란 예이다. 이 때문에 염계(濂溪)가 〈태극도설(太極圖說)〉에서 '예'를 '중'이라 하였으니,[291] 중도(中道)

예절을 가리는바, 《서경》 〈고요모(皐陶謨)〉에 보인다.

288 삼백……예 : 이 내용은 《예기》 〈예기(禮器)〉의 "경례가 3백 가지이고 곡례가 3천 가지인데, 그 근본을 따져 보면 경(敬) 한 가지일 뿐이다.〔經禮三百, 曲禮三千, 其致一也.〕"라는 말을 원용한 것이다. 예에 있어서 큰 강령이 되는 것을 '경례'라 하고, 그 강령을 실천하기 위하여 필요한 절차에 관한 작은 것을 '곡례'라 한다.

289 동이(同異)를……결단해서 : 이 내용은 《예기》 〈곡례 상(曲禮上)〉에 "'예'라는 것은 친소(親疏)를 정하고 혐의(嫌疑)를 결단하고 동이(同異)를 구별하고 시비(是非)를 밝히기 위한 것이다."라고 보인다.

290 여섯 가지 정(情) : 희(喜), 노(怒), 애(哀), 낙(樂), 애(愛), 오(惡) 여섯 가지 감정을 가리킨다.

291 염계(濂溪)가……하였으니 : 염계 주돈이(周敦頤)의 〈태극도설〉에 "성인은 중정(中正)과 인의(仁義)로써 정(定)하되 정(靜)을 위주로 하여 사람의 법도를 세웠다."라고 보이는데, 이에 대해 《주자어류》 권94 〈주자지서(周子之書) 태극도(太極圖)〉에서 "성인이 사람의 법을 세울 적에 인(仁) · 의(義) · 예(禮) · 지(智)를 말하지 않고

에 맞지 않으면 예가 아니다. 그러므로 "예는 중도를 따르는 것이다."[292]라고 한 것이다.

자사자(子思子)가 성인의 중화(中和)의 극치를 논하면서 크고 넉넉함을 찬미하였으니,[293] 또한 예가 중이 됨을 볼 수 있다. 관례(冠禮)로 사람을 완성하는 도와 혼례로 단서를 만드는 법칙[294]과 상례에 실정과 문채를 구비하게 함과 제례에 정성과 공경을 극진하게 함이 모두 중(中)일뿐이다. 지금 관(冠)·혼(婚)·상(喪)·제(祭)의 사례(四禮)를 거행하는 자들은 이것을 찾지 않고 한갓 의장(儀章)과 도수(度數)의 하찮은 것에 급급하니, 어찌 예를 행한다고 할 수 있겠는가.

배우는 자가 반드시 경(敬)을 주장으로 삼아 계구(戒懼 경계하고 조심함)하여 천리(天理)를 보존하고 홀로를 삼가 인욕(人欲)을 막아서 큰 근본이 먼저 확립되고 사물을 응함에 어긋남이 없게 한다면,[295] 말하고

인·의·중(中)·정(正)을 말한 것은 중·정이 더욱 친근하기 때문이다. 중은 예(禮)의 마땅함이고, 정은 지(智)의 정당함이다."라고 한 말에 근거한 것이다.

292 예는……것이다 : 이 내용은 《공자가어(孔子家語)》 권6 〈논례(論禮)〉에 보인다.

293 자사자(子思子)가……찬미하였으니 : 자사자는 자사(子思)에 대한 존칭인바, 이 내용은 자사가 지은 《중용》에 성인의 도를 찬탄하며 "크고 넉넉하다. 예의(禮儀)가 삼백 가지이고, 위의(威儀)가 삼천 가지이니, 훌륭한 사람을 기다린 뒤에 행해진다."라고 한 말을 가리킨다.

294 혼례로……법칙 : 이 내용은 《중용장구》 제12장의 "군자의 도는 부부에게서 단서를 만드니, 그 지극함에 이르면 하늘과 땅에 밝게 드러난다."라는 말을 원용한 것이다.

295 큰 근본이……한다면 : 큰 근본은 '중(中)'을 가리키고, 사물에 응함에 어긋남이 없게 함은 '화(和)'를 가리키는데, 계구(戒懼)는 정(靜)할 때에 천리를 보존하는 공부로 바로 중을 지극히 하는 것이며, 홀로를 삼감은 동(動)할 적에 인욕을 막는 공부로, 화를 지극히 하는 것인바, 관련 설명은 《중용》 수장(首章)에 대한 주자의 집주(集註)에 자세히 보인다.

침묵함과 동(動)하고 정(靜)함으로부터 예가 이미 행해지는 것이다. 무릇 한 집안의 떳떳한 체(體)[296]를 세우고 길흉의 큰 예절을 삼가는 자가 이로 말미암아 간다면, 어찌 중도를 얻지 못함을 염려하겠는가. 그렇다면 수신(修身)을 근본으로 하지 않고 사례(四禮)를 잘할 수 있는 자는 없으니, 예가 피폐해진 지가 오래되었다.

이 의리를 아는 자가 없어서 쓸쓸하였는데, 성등(聖登)이 홀로 괴로워한 마음은 아마도 세교를 걱정하는 뜻에서 나왔을 것이다. 이미 작업을 끝내고서 장차 노주(老洲)께 서문을 청하려 하였는데, 노주가 갑자기 별세하였고[297] 성등도 뒤이어 세상을 떠났다. 성등의 아우 진숭(鎭嵩) 성중(聖中)도 예학에 조예가 깊어 함께 편집에 참여하였으니, 도량(都梁) 형제가 《사서조변(四書條辨)》을 함께 편찬한 것[298]과 같다.

불초가 일찍이 서론(緖論)을 함께 들었다고 해서 책의 서문을 쓰게

296 한 집안의……체(體) : 이 내용은 《주자가례》 서문의 "그 근본은 집안에서 날마다 쓰는 떳떳한 체(體)이니, 참으로 하루도 닦지 않아서는 안 되는 것이다."라는 말을 원용한 것으로, 예는 집안과 같이 자신과 가장 밀접한 곳에서 일상적으로 행하는 실체임을 이른다.

297 별세하였고 : 원문은 '연함장(捐函丈)'으로, '스승의 자리를 버리다.'는 뜻인바, 어른의 죽음에 대한 완곡한 표현인 '연관사(捐館舍)'를 원용한 것이다.

298 도량(都梁)……것 : 원문의 '대소도량(大小都梁)'은 청나라 도량 사람으로 각각 '대도량'과 '소도량'이라고 칭해지는 이패림(李沛霖)과 이정(李禎) 형제를 가리키고, 《사서조변(四書條辨)》은 이패림이 초고를 작성하고 이정이 교정하여 40권으로 만든 《사서주자이동조변(四書朱子異同條辨)》의 약칭이다. 《사서조변》은 주자의 집주와 장구(章句), 그리고 《사서혹문(四書或問)》과 《주자어류》 등을 차례로 실은 뒤에, 송(宋)·원(元)·명(明)의 학자들의 설을 싣되 주자의 설과 같으면 '동(同)' 자의 아래에, 주자의 설과 다르면 '이(異)' 자의 아래에 각각 나누어 수록하였으며, 마지막으로 '변조(辨條)' 아래에 총평격인 이패림의 안설(按說)을 기록하였다.

하므로 사양할 수 없었다. 그래서 특별히 자사와 염계의 가르침을 예로 들어 이 책을 읽는 자로 하여금 예의 근본을 얻고 중(中)을 쓸 바를 알도록 하여 무궁한 세상으로 가버린 자를 위로하는 바이다.

〈동산이공 병태 전〉[299] 후서 무술년[300]

東山李公 秉泰 傳後序 戊戌

홍문관 부제학 동산(東山) 이병태(李秉泰)공이 별세한 뒤에 설창(雪窓) 김순택(金純澤)[301]공이 공의 전(傳)을 지었고 뇌연(雷淵) 남문청(南文淸)[302]공이 전 뒤에 서문을 지어 빠진 부분을 보충하였다. 그런데 내가 들은 것을 가지고 보건대 한스럽게도 여전히 내용이 미진하므로 다시 서문을 서술하는 바이다.

공은 천성이 매우 효성스러워 부모의 뜻을 잘 받들어 어버이를 봉양하였다. 아버지가 염병(染病)으로 별세하였을 적에 집이 가난하여 수

299 동산(東山)……전 : 동산은 이병태(李秉泰, 1688~1733)의 호인바, 김순택(金純澤, 1714~1787)이 지은 이병태의 전을 가리킨다. 이 전은 《동산선생주의(東山先生奏議)》에 부록으로 실려있는데, 전 뒤에 남유용(南有容, 1698~1773)과 이천보(李天輔, 1698~1761)가 각각 지은 〈이유안전후서(李幼安傳後序)〉가 실려있다. 《東山先生奏議 卷9 續集》 이병태는 자가 유안(幼安), 본관이 한산(韓山)이다. 1723년(경종3) 증광 문과에 을과로 급제하고 홍문관 부제학 등 여러 청요직을 거쳐 호조 참의가 되었으나, 영조의 탕평책을 배척하다가 파직되었다. 좌천되어 합천 군수를 지낸 것이 마지막 관직이다. 청백리에 녹선되고 이조 판서에 추증되었으며, 시호는 문청(文淸)이다.

300 무술년 : 1838년(헌종4)으로, 매산의 나이 63세 되던 해이다.

301 설창(雪窓) 김순택(金純澤) : 설창은 김순택의 호로, 자는 유문(孺文)이고, 본관은 광산(光山)이다.

302 뇌연(雷淵) 남문청(南文淸) : 뇌연과 문청은 각각 남유용의 호와 시호로, 자는 덕재(德哉)이고, 본관은 의령(宜寧)이며, 도암(陶庵) 이재(李縡)의 문인이다. 1740년(영조16) 알성 문과에 급제하고 벼슬이 대제학을 거쳐 형조 판서에 이르렀다. 저서로 《뇌연집》이 있다.

의(壽衣)와 장례 도구를 제대로 구비하지 못하고 당시의 의복으로 염습(殮襲)하였다. 공은 종신토록 이것을 애통하게 여겨서 통렬히 자신의 의복과 음식을 나쁘게 하였는데, 굶주림과 추위가 골수에 사무쳐도 돌보지 않았다. 어머니가 일찍이 준여(餕餘)[303]를 주었는데, 이것이 어디서 나왔는지 알고는 나가서 토해버렸다.

평시서(平市署)의 낭관(郎官)이 되었을 적에는 추치(騶直)[304]를 집 안에 들이지 않았다. 지부(地部 호조(戶曹))의 일을 맡았을 적에는 세금으로 받은 곡식에서 남는 쌀을 사용하는 것이 관례였음에도 공은 남은 것을 받아들이지 않고 "어찌 호조의 서리(胥吏)들과 이익을 나누겠는가."라고 하였다.

합천 군수(陜川郡守)가 되었을 적에는 관청에서 아침밥과 저녁밥을 먹는 것 외에는 취하는 바가 없었으며, 큰 흉년을 만나자 녹봉을 모두 털어 가난한 백성들을 구휼하였다. 관찰사가 부내(部內)를 순행하다가 합천 고을에 이르렀는데, 공은 관찰사를 위해 음식을 장만할 적에 다만 생선 한 마리를 준비하였다. 관찰사 막하의 비장(裨將) 가운데 반찬을 살피던 자가 놀라 부엌일을 담당한 아전을 꾸짖자, 공이 그 사람을 불러 책망하기를 "현재 굶어죽은 시체가 골짝을 메우고 있어 백성들이 목숨을 구제하기에도 겨를이 없다. 나는 거친 밥을 먹을 때에 반찬에 생선이 없었고, 생선을 먹더라도 반 토막의 저민 고기를 먹었

303 준여(餕餘) : 제사를 지내고 제상에서 물린 음식으로, '제퇴선(祭退膳)'과 같은 바, 《예기》 〈곡례 상(曲禮上)〉에 "준여로는 제사지내지 않으니, 아버지도 준여로 자식에게 제사지내지 않으며, 지아비도 준여로 아내에게 제사지내지 않는다."라고 보인다.

304 추치(騶直) : 관원이 녹봉 이외에 마부의 급료(給料) 조(條)로 받는 금곡(金穀)이나 포백(布帛)을 말한다.

다. 관찰사가 오셨기 때문에 생선 한 마리를 통째로 바친 것이다. 당신은 어떤 사람인데 감히 이렇게 말한단 말인가."라고 하니, 관찰사가 그 사람을 즉시 축출하고 사과하였다.

한 여름에 가뭄이 들었는데 공이 재계하고 기우제를 지내자 비가 즉시 내려서 오직 합천 경내만 흡족하였다. 해인사(海印寺)의 홍류동(紅流洞)은 바위와 폭포의 경치가 매우 뛰어나서 유람하는 자들이 모두 바위에 이름을 쓰니, 온전한 석면(石面)이 없었다. 승려들은 공이 부역을 면제해준 것에 감복하였는데, 지극한 은혜에 보답할 길이 없자 공의 이름을 바위에 새겨 드릴 것을 청하였다.

공은 다른 사람의 이름과 나열되는 것을 혐의하여 절벽을 가리키며 말씀하기를 "이곳이 마땅하나 아래에 깊은 용추(龍湫)가 있어서 인력이 미칠 수 있는 곳이 아니니, 어찌하겠는가?" 하였다. 여러 승려들이 치성으로 용추에 제사를 지내자 용추에 갑자기 얼음이 얼었다. 비로소 사다리를 놓고 석각(石刻)을 시행하였는데, 일이 끝나자 얼음이 녹았다. 내가 일찍이 그 바위 아래에서 발걸음을 멈추고 공의 성명을 우러러보니, 글자 획이 새로 새긴 것처럼 완연하였다. 한동안 배회하고 떠나가지 못하였는데, 승려들이 그 일을 나에게 자세히 말해주었다.

공은 관청에 있을 적에 중제(重制)[305]를 당했었다. 돌아갈 때에 받아 입었던 상복의 웃옷을 벗어 합천 사람들에게 되돌려 주니,[306] 합천 사람들이 생사당(生祠堂)을 세워 이 옷을 걸어두었고, 공이 별세하자 제사

305 중제(重制) : 중복(重服)과 같은 말로, 대공(大功) 이상의 상복(喪服)을 말한다.

306 상복의……주니 : 옛날에는 삼베가 귀하였으므로 상기(喪期)가 지난 상인(喪人)이 상복을 가난한 사람들에게 나누어주었다.

하였다. 내가 여러 번 영남지방을 방문하였는데, 영남 사람들은 공의 훌륭한 행실을 입이 닳도록 끊임없이 칭술하였다.

또 들으니, 공이 서쪽 고을의 원이 되었는데 임기가 차자 입었던 옷을 벗어서 관청의 창고로 보내고 부임했을 때의 옷을 입고 돌아왔다 한다. 고을에서는 말을 사서 노자로 주는 관례가 있어서 아전이 공의 처소에 말을 묶어놓자 공이 말씀하기를 "이것은 관청의 말이요, 내 물건이 아니다." 하고는 받아들이지 않았으니, 이는 마땅히 고려조(高麗朝)의 팔마비(八馬碑)[307]와 아름다움을 짝해야 할 것이다.

공의 청렴하고 올곧은 행실은 진실한 정성에서 나왔다. 그러므로 남이 믿고 감동함이 그림자와 메아리보다 더 빨랐으니, 어찌 억지로 힘써서 되는 것이겠는가. 세상에서는 공을 거짓으로 꾸몄다고 비방하는 자들이 있는데, 성실함을 알지 못한 자이다. 성실이라는 것은 쉼이 없는 것이니, 성실하지 않다면 어떻게 평생토록 지조를 바꾸지 않을 수 있었겠는가. 또한 어찌 이와 같이 사람들로 하여금 오랫동안 잊지 못하게 할 수 있겠는가. 정자(程子)가 말씀하기를 "남을 감동시키지 못함은 다만 진실한 정성이 지극하지 못해서이다."[308]라고 하였으니,

307 고려조(高麗朝)의 팔마비(八馬碑) : 고려 충렬왕(忠烈王) 때의 문신인 최석(崔碩)에 관한 고사로, 최석이 승평 부사(昇平府使)가 되었다가 임기를 마치고 돌아갈 적에 고을 사람들이 관례에 따라 좋은 말 8필을 고르기를 청하였으나, 최석은 말을 고르지 않고 1필을 받아 타고 서울로 갔다. 도착한 뒤에는 타고 온 말은 물론이고 그 말이 낳은 망아지까지 돌려보내자, 고을 사람들이 그의 덕을 칭송하여 비석을 세워 '팔마비'라고 하였다. 그 후로 수령에게 말을 주는 폐단이 없어졌다고 한다. 《新增東國輿地勝覽 卷40 全羅道 順天都護府》

308 남을……못해서이다 : 이 내용은 《이정유서(二程遺書)》 권5에 보인다.

진실한 정성은 하늘을 감동시키는데 하물며 사람이겠는가. 공과 같은 분은 또한 하늘을 감동시키고 사람을 감동시킨 사람이라고 할 수 있다.

돌아보건대 지금 세상의 풍속이 나빠져서 명검(名檢)이 땅에 떨어져 자신의 지조를 다소나마 아끼는 자들도 찾아볼 수가 없으니, 하물며 성실한 사람이랴. 어이하면 구원(九原)에 있는 공을 다시 나오게 해서 사람들의 혼미한 정신을 불러 깨울 수 있겠는가. 공의 깨끗한 절개를 상상해 보고 사모하는 마음이 가득히 일어나 빠진 일을 기술하여 당세의 군자들을 풍자하노라.

《이충장공[309]실기》 서 신축년[310]

李忠莊公實記序 辛丑

고(故) 순흥 부사(順興府使) 충장공(忠莊公) 이 선생(李先生)이 순국한 지 400년이 다 되었는데, 지금까지도 늠름한 생기가 해와 달에 이르고 태산(泰山)과 숭산(嵩山)처럼 높아 오래될수록 더욱 드러나니, 어찌 절개와 공(功)이 무궁한 세상에 나란히 세워진 것이 아니겠는가.

선생은 젊은 나이에 과거에 급제하여 금마(金馬)·옥당(玉堂)[311]에 비상(飛翔)을 하여 성(成) 공과 박(朴) 공[312] 등 여러분과 하전(廈氈)[313]

309 이충장공(李忠莊公) : 충장은 이보흠(李甫欽, ?~1457)의 시호로, 자는 경부(敬夫), 호는 대전(大田), 본관은 영천(永川)이다. 1429년(세종11) 식년 문과에 병과로 급제하여 집현전 박사를 역임하고, 1457년 순흥 부사로 있으면서 순흥에 유배중인 금성대군(錦城大君)과 함께 재향품관(在鄕品官)과 군사 등 이른바 영남 사인(士人)들을 규합하여 단종(端宗)을 몰아내고 임금 자리를 빼앗은 세조(世祖)를 제거할 것을 모의하였다가, 박천(博川)에 유배된 뒤 처형되었다.

310 신축년 : 1841년(헌종7)으로, 매산의 나이 66세 되던 해이다.

311 금마(金馬)·옥당(玉堂) : 금마문(金馬門)과 옥당서(玉堂署)로, 한(漢)나라 때에 학사들을 우대하였던 곳인바, 인하여 한림원이나 한림학사를 지칭하였는데, 조선시대에는 예문관이나 홍문관의 별칭으로 쓰였다.

312 성(成) 공과 박(朴) 공 : 성삼문(成三問, 1418~1456)과 박팽년(朴彭年, 1417~1456)인바, 집현전 학사로 세종을 보필하였으며 단종을 위해 목숨을 바쳐 충절을 지킨 사육신(死六臣)에 든 명신들이다. 성삼문은 자가 근보(謹甫)이고, 호가 매죽헌(梅竹軒)이며, 본관이 창녕(昌寧)으로, 시호는 충문(忠文)이다. 저서로는 《매죽헌집》이 있다. 박팽년은 자가 인수(仁叟)이고, 호가 취금헌(醉琴軒)이며, 본관이 순천(順川)으로, 시호는 충정(忠正)이다.

에서 보필하여 한 세상의 보불(黼黻)과 생용(笙鏞)[314]의 쓰임에 응하려 하였다. 그런데 일이 끝내 크게 잘못되어 물러나 시골에서 농사를 지었으니, 공이 흥주(興州)의 명에 응한 것[315]은 장차 훌륭한 일을 하려고 해서였다.

수많은 골짜기를 통과하여 영월(寧越)로 찾아가서 임금께 끊임없이 문후(問候)하여 군주를 사랑하고 추대하는 혈성(血誠)을 폈다. 그리고 금성대군(錦城大君)[316]과 함께 하늘에 맹세하고 마음에 다짐하여 대의에 입각해서 군대를 일으켰고, 원근(遠近)에 격문을 돌리고서 조령(鳥嶺)과 죽령(竹嶺) 두 고개를 차단하고 영남지방의 충의(忠義)로운 선비들을 창도하여 일으켰다. 이로써 상왕(上王)인 단종을 맞이하여 복위시키고 다시 종국(宗國)을 세우려 하였다. 이는 명분이 바르고 말이 순(順)하였는데, 일이 끝내 이루어지지 못한 것은 천운(天運)이다.

313 하전(廈氈) : '하(廈)'는 큰 집이고 '전(氈)'은 가는 털방석으로, 원래는 임금이 거처하는 대궐 또는 임금의 자리를 일컫는데, 여기서는 경연의 강석(講席)의 뜻으로 쓰였다.

314 보불(黼黻)과 생용(笙鏞) : 보불은 옛날 임금들의 대례복(大禮服)에 놓은 수이고, 생용은 악기의 종류인 생황(笙簧)과 대종(大鐘)인데, 조정에서 임금을 보좌하는 귀한 인재를 비유하는 말로 쓰인다. '보(黼)'와 '불(黻)'은 각각 도끼 모양의 흑백색과 아(亞)자 모양의 흑청색(黑青色) 수를 놓은 것이다.

315 흥주(興州)의……것 : 흥주는 순흥을 가리키는바, 정축년(1457)에 순흥 부사에 제수된 것을 이른다.

316 금성대군(錦城大君) : 세종의 제6자인 유(瑜, 1426~1457)인데, 태조(太祖)의 제7자인 이방번(李芳蕃)의 후사로 출계하였다. 수양대군의 핍박으로부터 단종을 보호하려다 삭녕(朔寧)·광주(廣州) 등에 유배되고, 사육신의 단종 복위 모의가 실패로 돌아가자 순흥에 안치되었다. 이후 순흥에서 부사 이보흠과 함께 단종 복위를 모의했다 하여 반역죄로 처형당하였다.

이때를 당하여 세 정승[317]은 사직을 붙들다가 죽었고 육신(六臣)[318]은 상왕의 복위를 도모하다 죽어서 뜨거운 불길이 공중을 태워 하늘과 땅이 작렬(炸裂)하였으니, 선생이 어찌 한 손으로 하늘과 다툴 수 없음을 몰랐겠는가.

남의 헤진 수레를 탄 자는 멍에가 부러졌다하여 구원하지 않을 수 없고, 남의 부서진 배에 오른 자는 물에 빠졌다하여 구원하지 않을 수 없는 것이 오직 자신에게 있는 도리를 다하는 것일 뿐이니, 어찌 성패와 이해를 계산하겠는가.

이와 같은 경우는 구우일모(九牛一毛)를 가지고 천지를 유지하고 삼광(三光 해와 달과 별)에 참여하고자 한 것이다. 여기에서 영릉(英陵 세종)이 선비들을 교화하여 많이 길렀고 단종(端宗)이 현자를 높여서 보답하는 예의 중함[319]을 얻은 것이 마침내 이와 같았음을 징험할 수 있다.

317 세 정승 : 이른바 '삼상신(三相臣)'으로, 1453년(단종1)에 수양대군이 정권을 탈취할 목적으로 이른바 '계유정난(癸酉靖難)'을 일으켜 단종을 보좌하고 있던 대신들을 죽이거나 귀양 보냈는데, 이 때 죽은 영의정 황보인(皇甫仁), 좌의정 김종서(金宗瑞), 우의정 정분(鄭苯) 세 정승을 가리킨다.

318 육신(六臣) : 사육신을 가리킨다. 세조가 1455년 단종을 상왕(上王)으로 내몰고 왕위를 찬탈하자, 지난날 세종・문종의 총애를 받았던 집현전의 학사 출신들이 이에 반발하여, 1456년(세조2) 세조를 제거하고 단종을 복위시킬 것을 모의하다가 사전에 탄로되어 이에 연루된 70여 명이 모두 처형되었는데, 이때 주동한 죄로 죽은 성삼문・박팽년・하위지(河緯地)・이개(李塏)・유성원(柳誠源)・유응부(兪應孚)를 사육신이라 한다.

319 보답하는……중함 : 이 내용은 《중용장구》 제20장에 "임금이 신하들을 자기 몸처럼 보살피면, 사(士)가 그 예에 중하게 보답한다."라고 보인다.

선생은 혁명할 때에 태어나서[320] 스스로 한 번 죽을 것을 각오하였는데, 마침내 형벌하는 칼과 톱 앞에서 담소하였고 사람을 삶아 죽이는 솥과 가마솥을 가리키며 질타하여 구족(九族)이 멸해도 후회하지 않았다. 이는 천리에 당연한 것이기 때문이었으니, 또한 어찌 사후의 명예에 관여함이 있었겠는가.

그러나 공의 충성을 서글퍼하는 누대의 선비들이 모두들 길게 노래하고 짧게 기술해서 통곡하고 눈물 흘리는 것을 거의 스스로 가누지 못하였으니, 여기에서 죽지 않은 사람의 마음을 볼 수 있는 것이다. 이미 실추된 강상(綱常)을 붙들어 세우고 나약해진 사풍(士風)을 격려한 것은 바로 선생이 야은(冶隱)을 찬양한 것인데, 이는 곧 선생 스스로를 찬양한 것이리라.[321]

천운이 다시 돌아와서 단종이 뒤늦게 보위(寶位)를 바로잡으셨는

320 혁명할……태어나서 : 원문의 '정혁(鼎革)'은 기존의 왕조를 뒤집고 새 왕조를 세운다는 뜻의 '정신혁고(鼎新革故)'를 줄인 말이고, 유태좌(柳台佐, 1763~1837)의 《학서집(鶴棲集)》 권10 〈이대전선생전(李大田先生傳)〉에 "정축년(1457)의 기록을 가지고 살펴보건대 선생이 형벌을 받을 적에 연세가 이미 60이었으니, 생년이 아마도 정축년(1397, 태조6) 즈음일 듯하다.〔以丁丑錄攷之, 先生臨刑時, 年已六十, 其生似在丁丑間.〕"라고 하였는바, 이보흠이 조선의 개국 초기에 태어났다는 말이다.

321 실추된……것이리라 : 야은(冶隱)은 길재(吉再, 1353~1419)의 호이다. '선생이 야은을 찬양한 것'은 이보흠이 지은 야은의 제문을 가리키는바, 그 제문의 "큰 절개는 백이(伯夷)에 견줄 수 있고 지극한 효행은 민자건(閔子騫) 못지않아 실추된 강상(綱常)을 붙들어 세우고 나약해진 사풍(士風)을 격려했다."라는 구절을 두고 한 말이다. 《冶隱言行拾遺 卷中 李甫欽祭文》 길재는 자가 재보(再父)이고, 본관이 해평(海平)으로, 목은(牧隱) 이색(李穡), 포은(圃隱) 정몽주(鄭夢周)와 함께 '고려 삼은(三隱)'으로 불린다. 태조가 새로운 왕조를 세우려 하자, 고향인 선산(善山)의 봉계(鳳溪)로 돌아와 조정의 부름에 나아가지 않고 여생을 마쳤다.

데,[322] 이는 선생의 평소 뜻이 굳게 뭉쳐서 백겁(百劫)을 지나도 없어지지 않은 것이다. 당시에 성취되지 못한 것이 끝내 300년의 오랜 뒤에 이루어졌으니, 진실로 국사를 위해 죽은 여러 현자(賢者)의 깨끗한 충성이 위로 하늘을 감동시키지 않았다면 어찌 능히 여기에 참여할 수 있었겠는가.

단종이 복위(復位)한 일은 비록 숙종(肅宗)이 의리로 일으킨 것[323]이나 복위하는 계책은 실로 선생에게서 시작되었으니, 위에서 말한바 "절개와 공(功)이 나란히 세워졌다."는 것이 어찌 진실이 아니겠는가.

원릉(元陵 영조(英祖)) 무오년에 특별히 선생에게 대총재(大冢宰 이조판서)를 추증하였고 건릉(健陵 정조(正祖)) 신해년에 또다시 '충장(忠莊)'이라는 시호를 하사하여 충절을 세웠던 여러 분과 함께 장릉의 충신단(忠臣壇)에 배향하였다.[324] 이는 방효유(方孝孺)와 철현(鐵鉉) 여러분이 건문제(建文帝)에게 얻지 못한 것이다.[325]

322 단종이……바로잡으셨는데 : 숙종 24년(1698)에 단종을 복위시킨 일을 가리킨다.

323 의리로……것 : 선왕의 예문(禮文)에 없는 경우에도 의리에 합당하면 예를 새로 만들 수 있다는 말로, 《예기》 〈예운(禮運)〉에 "예라는 것은 의(義)의 실제이니, 의에 합하여 맞으면 그 예가 비록 선왕이 예를 만든 때에 있지 않았더라도 의리로 일으킬 수 있다."라고 보인다.

324 원릉(元陵)……배향하였다 : 영조가 무오년(1738)에 여러 대신의 상소로 인하여 이보흠의 관작을 '자헌대부 이조판서 겸 지경연춘추관성균관 의금부사 오위도총부도총관 세자좌빈객(資憲大夫吏曹判書兼知經筵春秋館成均館義禁府事五衛都摠府都摠管世子左賓客)'으로 추증하였으며, 정조가 신해년(1791)에 시호를 '충장(忠莊)'으로 내리고 장릉(莊陵)의 홍살문 밖에 충신단(忠臣壇)을 설치하여 단종을 위해 충절을 지킨 안평대군(安平大君) 장소공(章昭公) 이용(李瑢)부터 이보흠을 포함하여 엄홍도(嚴興道)까지 32인을 배향한 것을 가리킨다. 《鶴棲集 卷10 李大田先生傳》

명나라의 임오년 난리에 순사(殉死)한 것[326]과 본조의 병자·정축년 난리에 의리를 위해 죽은 것[327]은 똑같은 운수인데, 일체(一體)로 제사 올리는 것을 능히 흠향하여 신명의 이치와 사람의 정이 두 가지 다 유감이 없는 것은 유독 선생 등 몇 분이 있을 뿐이다. 우리 성조(聖朝)에서 충성을 드러내고 어진 것을 이루어주어 높은 보답을 지극히 한 것이 천고에 크게 뛰어나니, 아! 거룩하다.

325 방효유(方孝孺)와……것이다 : 방효유(1357~1402)와 철현(鐵鉉, 1366~1402)은 명나라의 건문제(建文帝)의 충신들로, 반란에 성공한 성조(成祖) 영락제(永樂帝)에게 대항하며 충절을 지키다가 처참하게 희생된 인물들이다.
방효유는 자가 희직(希直)으로 시강학사(侍講學士)로서 당대 제일의 학자라는 중망을 받았는데, 영락제가 황위(皇位)를 찬탈한 뒤 등극 조서를 작성할 것을 명하자, '연적찬위(燕賊簒位)'라고 쓰고 충절을 지키다가 집안 전체가 죽음을 당하였다. 철현은 자가 정석(鼎石)으로, 병부 상서로 있었는데 영락제를 황제로 인정하지 않고 끝까지 욕을 하다가 죽음을 당하고 시체가 기름 솥에 튀겨졌다.
명나라 신종(神宗)이 재위(1572~1620) 초년에 조서를 내려 방효유와 철현 등 건문제의 충신 7인을 포양(褒揚)하여 건문제의 사당에 배향하였으나 시호가 내려지지 못하다가 방효유에게는 남명(南明) 때에 '문정(文正)'이라는 시호를, 철현에게는 '태보(太保)'의 관작과 '충양(忠襄)'이라는 시호를 추증하였다. 건문제는 명나라를 일으킨 태조(太祖) 주원장(朱元璋)의 손자로, 태조를 이어 즉위하였으나 반란을 일으킨 연왕(燕王) 주체(朱棣, 1360~1424)에게 쫓겨났는데, 주체가 바로 성조이다.

326 명나라의……것 : 이른바 '임오순란(壬午殉亂)'으로, 훗날 명나라 성조(成祖)가 되는 연왕 주체(朱棣)가 임오년(1402)에 남경(南京)을 점거하였을 적에 건문제의 대신들 대다수가 절개를 굽히지 않다가 주체에게 참혹하게 피살된 사건을 이른다. 죽은 대신들이 100명을 넘고 방효유의 십족(十族)이 멸한 것이 대표적인 참상이다. 십족은 구족(九族)에다가 문생(門生)을 더한 것이다.

327 본조의……것 : 병자년(1456)인 세조 2년에 단종 복위를 도모하다가 죽은 사육신 사건과 그 다음해인 정축년에 이보흠이 금성대군을 추대하려다가 처형된 사건을 가리킨 것이다.

선생이 거의(擧義)할 적에 뜻을 함께한 선비 가운데 죽은 자들은 마치 즐거운 땅으로 달려가듯이 목숨을 바쳐 뜻을 이루었고 산 자들은 북쪽을 등지고 동쪽을 향하여[328] 종신토록 스스로 충절을 지켰다. 그러나 그 이름들이 매몰되고 알려지지 못해서 설암화상(雪菴和尙)과 동호초부(東湖樵夫)가 방효유와 철현과 함께 전하는 것[329]처럼 하지 못하였으니, 이것이 한스럽다. 그러나 이름이 전하고 전하지 않는 것을 어찌 그 분들이 개의하였겠는가.

선생은 문장이 풍부하였으나 저술한 것이 모두 병란에 불타 없어지니, 한두 쪽 끊긴 글에서도 온전한 봉황새에서 떨어져 나온 깃털 하나를 볼 수 있다. 영천(永川)의 유림들이 공사(公私)의 문헌을 수집하고 "《대전실기(大田實記)》"라 명명하였는데, 대전은 선생이 거처하던 곳이다.

선생의 방손(傍孫)인 원흠(遠欽)이 불초에게 서문을 청하였다. 불초는 항상 선생의 기절(氣節)을 흠모하여 선생을 위해 채찍을 잡고자 하였으나 될 수가 없었다.[330] 이에 이 일을 자세히 서술해서 남의 신하

328 북쪽을……향하여 : 단종이 있는 곳이 영월인바, 생육신을 위시한 여러분이 북쪽에 있는 서울을 등지고 단종이 있는 동쪽을 바라보며 신하의 충절을 지킴을 이른다.

329 설암화상(雪菴和尙)과……것 : 설암화상과 동호초부(東湖樵夫)는 모두 생애가 자세하지 않으나 건문제 때 충절을 지킨 인물들로, 청나라 건륭(乾隆) 41년(1776)에 편찬한 《승조순절제신록(勝朝殉節諸臣錄)》 권12 〈건문순절제신(建文殉節諸臣)〉에 방효유와 철현 등 100여 명의 충신들과 함께 기재되어 전하기 때문에 이렇게 말한 것이다. 설암화상은 섭희현(葉希賢)의 호로, 간당(奸黨)으로 몰려 피살되었다는 설도 있고 달아나 승려가 되었다는 설도 있다. 동호초부는 우경선(牛景先)의 호로, 난리 때 복장을 바꾸고 밤을 틈타서 달아나 항주(杭州)의 불사(佛寺)에서 죽었다고 한다. 《明史 卷141, 卷143》

가 되어 군주를 저버리고 나라를 팔아먹는 자들을 경계하는 바이다.

330 선생을……없었다 : 이보흠을 매우 흠모하여 그의 마부가 되어 말채찍을 잡는 일이라도 하고 싶지만 동시대를 살지 못하여 그렇게 할 수 없다는 말로, 사마천(司馬遷)의 "안자(晏子)가 지금 살아 있다면 그의 마부가 되어 말채찍을 잡는 일이라도 흔쾌히 할 것이다."라는 말을 원용하였다. 《史記 卷62 管晏列傳》

《송헌권공[331]실기》 서

松軒權公實記序

본조 임진왜란에 나라가 중흥한 것은 전적으로 사대부에 힘입은 것인데, 충의(忠義)를 분발하여 공을 세우고 난을 막은 선비는 대부분 영남지방에서 나왔다. 영남은 왜구가 하륙(下陸)하는 첫 번째 길목이 된다. 풀어놓으면 분탕질과 노략질을 자행하고 숨게 되면 소굴이 되어서 천 리의 넓은 지역에 거주하는 사람이 없었다. 그런데 끝내 이들을 토벌하고 광복하는 공훈(功勳)을 세운 분이 있었으니, 바다에서는 이충무공(李忠武公 이순신(李舜臣))이, 육지에서는 권충의(權忠毅)[332]가 최고이다. 그리고 충의의 집안에 송헌(松軒) 권여정(權汝精) 공이 있

331 송헌(松軒) 권 공(權公) : 송헌은 권여정(權汝精, 1567~?)의 호로, 자는 자중(子中)이고, 본관은 안동(安東)이다. 선조 25년(1592) 4월 임진왜란이 일어나 경주성이 함락되었다는 소식이 전해지자 외종(外從) 김현용(金見龍) 형제들과 의병을 일으켜 경주로 들어가서 많은 전공을 세우고, 이후에 문경과 안강(安康)에서도 침투한 왜적을 격파하였다. 1596년 9월 여러 의사들과 함께 팔공산회맹(八公山會盟)에 참가하고 이듬해 7월에는 화왕산(火旺山)으로 진군하여 곽재우(郭再祐) 장군과 회맹하였으며, 12월에는 울산에서 조명(朝明) 연합군과 함께 도산성(島山城)에서 마지막으로 저항하던 왜군을 무찌르는 데 공을 세웠다. 전란이 끝나자 고향으로 돌아와 서실을 짓고 여생을 보냈다. 《(慶州壬亂義士)倡義錄》(慶州壬亂義士追慕事業會, 1998.)

332 권충의(權忠毅) : 충의는 권응수(權應銖, 1546~1608)의 시호로, 자는 중평(仲平)이고, 호는 백운재(白雲齋)이며, 본관은 안동(安東)이다. 무과에 급제해서 여러 벼슬을 지내다가 임진왜란 때 의병대장으로 큰 활약을 하였다. 선무원종공신에 녹훈되었고, 도총부 도총관과 경상도 방어사 등의 벼슬을 지냈다. 사후에 좌찬성에 추증되었다.

었는데 또한 적개심을 분발하여 한 지방을 보존하였으니, 그 공훈이 거룩하지 않는가.

공은 대대로 영일(迎日)에 거주하며 독서하여 독행군자(獨行君子)의 덕의(德義)를 사모하였다. 그런데 왜적이 쳐들어오자, 여러 진영이 소문만 듣고 흩어져 달아나 적을 향해 용감하게 싸워 화살 하나 쏠 자가 없다는 말을 듣고는 크게 탄식하기를 "나는 태평성세에 생장하여 군주의 은혜로 옷을 입고 밥을 먹었는데, 견양(犬羊)의 난리[333]를 만나 어찌 차마 구차히 목숨을 부지할 계책을 쓰겠는가."라고 하였다.

마침내 친척과 마을의 이웃들과 함께 맨 먼저 의병을 일으킬 것을 제창해 눈물을 닦으며 여러 사람들에게 유시(諭示)하기를 "죽음을 바쳐 국은에 보답하는 것은 신하의 직분이니, 만약 형세가 궁하고 힘이 다하면 죽어서 마땅히 의로운 귀신이 될 것이다."라고 하였다. 그리하여 마침내 가산(家産)을 털어 전쟁에 쓸 도구를 장만하였으며 하늘에 제사하고 군대를 출동하였다.

왜적을 형산강(兄山江)에서 대패시켰고, 권충의〔권응수(權應銖)〕와 연합하여 왜적을 영천(永川)에서 대패시켰으며, 또다시 서천(西川)과 달현(達峴)에서 대패시켰다. 망우당(忘憂堂) 곽재우(郭再祐)와 만나 화왕산성(火旺山城)에서 왜적을 물리치고 다시 권충의와 함께 달성(達城)에서 왜적을 토벌하여 세 번 싸워 세 번 승리하였다. 그리고 팔공산(八公山)으로 진군하여 여기저기 옮겨 다니며 싸우다가 도산(島山)[334]에 이르렀는데, 승전(勝戰)을 고하지 않은 곳이 없었다.

333 견양(犬羊)의 난리 : '견양'은 외적(外敵)을 멸시하여 부르는 말인바, 임진왜란을 비유한 것이다.

공은 훈련시키지 않은 수백 명의 민병을 가지고 천만의 사나운 왜적에 항거하였으니, 한 치의 풀 줄기로 천균(千鈞)을 대적하는 것과 어찌 다르겠는가. 그러나 전승(全勝)을 거두고 패전이 없었던 것은 충분(忠憤)이 격동하여 의로운 기운이 절로 분발해서이니, 어찌 군세(軍勢)의 강하고 약함과 병력의 많고 적음을 비교할 수 있겠는가.

끝내 옛 강토를 회복하여 종묘와 사직이 빛나게 안정된 것은 실로 위엄이 있는 명나라와 성스럽고 신명한 조종(祖宗)들이 천명(天命)을 받들어 크고 치밀하게 다져서 확고하여 뽑을 수 없는 형세가 있었기 때문이다. 또한 사기(士氣)를 배양하고 인심을 결속하여 마치 자제들이 부형을 호위하듯이 목숨을 바쳐 지키고 떠나가지 않았기 때문이니, 아! 거룩하다.

공의 선조 중에 고려시대 판사(判事)로서 조선이 혁명하던 즈음에 스스로 충절을 지킨 분이 있었고 또 장릉(莊陵 단종(端宗))을 위하여 순절(殉節)해서 영일(迎日)로 유배 간 분이 있었으니,[335] 공이 분발하

334 도산(島山) : 울산의 도산성(島山城)으로, 지금의 울산 학성(鶴城) 지역이다.

335 고려시대……있었으니 : 고려 왕조에 절개를 지켜 조선조에서 벼슬하지 않고 은거하였던 권초(權軺, ?~?)와 단종 복위를 도모하다가 사육신의 뒤를 이어 자결한 권산해(權山海, 1403~1456)를 가리킨다. 권초는 고려조에서 판사 벼슬을 지냈는데 조선이 개국한 뒤에 함경도 관찰사에 제수되었으나 나아가지 않고 용궁(龍宮) 대죽리(大竹里)에서 평생 은거하였다. 권산해는 권초의 손자로, 계유정난 이후에 큰일을 도모하기 위해 벼슬을 하였다가 을해년(1455)에 수양대군이 왕위를 찬탈하자 더 이상 조정의 부름에 응하지 않았고, 이듬해 사육신이 잡혀 국문을 받게 되자 뜻을 이루지 못할 것을 알고 높은 누각에서 투신 자결하였으며, 처자식들은 영일로 귀양 가서 100년 동안 벼슬을 하지 못하였다. 《臨汝齋集 卷8 野逸權公行狀》《敬菴集 卷10 贈吏曹參判竹林權公神道碑銘》

여 한 몸을 돌보지 않고 위급한 나라를 도운 것은 어찌 연유한 바가 없이 이렇게 할 수 있었겠는가. 공이 수립한 것이 높고도 거룩하여 동시대의 여러 선비들보다 못하지 않으나, 이름이 인멸되어 세상에 알려지지 못한 것은 공을 위하여 주선한 이가 없었기 때문이다. 그러나 공이 오직 나라가 있음만 알고 자기 몸이 있음을 알지 못한 것은 바로 "천리에 당연하여 내가 이렇게 하지 않을 수 없다."[336]는 것이니, 명성과 지위의 높고 낮음과 천양(闡揚)의 있고 없음이 또한 어찌 공에게 상관이 있겠는가.

공의 후손 익(翌)이 일찍이 나를 종유하였는데, 공이 의병을 일으킬 때의 일기를 보여주고 서문을 청하며 말하기를 "원본의 일기가 태반이 손상되었고 또 증빙할 만한 문헌이 없지만, 기술해 주시기를 원합니다." 하였다. 나는 그 진솔함을 가상히 여겨 증거가 없는 것을 가지고 증거가 있는 것으로 만들어 마침내 병을 무릅쓰고 서술하였다. 또 익에게 다음과 같이 말하였다.

"신하의 지절(志節)은 충의(忠義)보다 더 큰 것이 없으며, 위급한 일은 국가에 수시로 있는 것이다. 공의 후손들은 각자 노력해서 선조

336 천리에……없다 : 이 내용은 《주자대전 》 권46 〈답여도일(答呂道一)〉에 "군자가 부지런히 학문을 닦는 것은, 끝내 남들과 다르게 되려고 부지런히 하는 것이 아니기 때문에 또한 끝내 남들과 다름이 없다고 해서 마음이 풀어지지 않으며, 이름을 내기 위해서 권면한 것이 아니기 때문에 또한 이름이 나지 않는다고 해서 뜻이 꺾이지 않으며, 이득을 얻으려고 하는 것이 아니기 때문에 또한 이익이 없다고 해서 그만두지도 않는다. 이렇게 마음을 쓰는 것은 조금도 인위적인 목적이 없고 단지 천리에 당연한 것이라서 자신이 이렇게 하지 않을 수 없는 것이다.〔是其設心蓋儻然一無所爲者, 獨以天理當然, 而吾不得不然耳.〕"라는 내용을 원용한 것이다.

의 훌륭함을 잘 계승하여 평상시에는 충성과 공경을 강론하고 일이 있어 출동하면 국가를 보위할 것을 생각해서, 안으로 국정을 닦고 밖으로 오랑캐를 물리치는 방도를 다해야 한다. 그래서 우리 열성조(列聖朝)의 깊은 은혜와 후한 은덕을 우러러 갚는다면, 어찌 한 도의 밝은 광채가 되어 영원토록 후세의 칭찬이 있지 않겠는가. 권씨여, 부디 공경하여 생각할지어다."

《회재[337]집》 서

懷齋集序

옛사람이 말하기를 "군주의 어려움에 달려가는 것은 충(忠)이요 국가의 일에 죽는 것은 의(義)이니, 충과 의에 죽는다면 또한 다시 무엇을 바라겠는가."라고 하였으며, 또 "죽는 것이 어려운 것이 아니요, 죽음에 대처하는 것이 어렵다."라고 하였다.

이 때문에 충절을 위하여 죽는 것이 참으로 마땅함에 부합한다면 의로운 지아비가 어찌 죽음을 아까워하겠는가. 만약 나라를 위하여 적절한 죽음을 맞는다면 열사(烈士)가 생명을 아끼지 아니하여 신하의 도리가 완성되는 것이다. 본조의 용사(龍蛇)의 변고〔임진왜란〕에 국운은 위태롭고 사직은 쑥대밭으로 변하였으며 백성들은 어육(魚肉)이 되고 간과 뇌가 땅에 뿌려졌으니, 아! 차마 말할 수 있겠는가.

처음 왜구가 쳐들어왔을 적에 우리나라는 편안함에 익숙한 지가 오래되었다. 갑자기 큰 돼지와 긴 뱀이 흉한 독을 마구 뿜어대는 것[338]을

337 회재(懷齋) : 박광옥(朴光玉, 1526~1593)의 호로, 자는 경원(景瑗)이고, 본관은 음성(陰城)이다. 1546년 진사시에 합격하고 예조 정랑·지평 등을 지냈으며, 정여립(鄭汝立)의 옥사(獄事)에 관직이 삭탈되었다가 임진왜란 때 고경명(高敬命)·김천일(金千鎰) 등과 함께 의병을 일으켰다. 권율(權慄)을 도와 세운 공으로 나주 목사에 재임되었다. 나주의 의열사(義烈祠)와 운봉(雲峯)의 용암서원(龍巖書院)에 제향되었다.

338 큰 돼지와……것 : 원문의 '봉시장사(封豕長蛇)'는 《춘추좌씨전》 정공(定公) 4년 조의 "오나라는 큰 멧돼지와 긴 뱀이라서 끊임없이 상국을 잠식하고 있다.〔吳爲封豕長蛇, 以荐食上國.〕"라는 데서 온 말로, 임진왜란 때 왜군이 조선을 잔학하게 침략한 것을

알고는 절월(節鉞)을 쥐고 병부(兵符)를 허리에 찬 자[339]들이 대항하지 못하고 소문만 듣고서 도망하니, 당시의 국세가 매우 위급하였다.

이때 의병이 일어나서 비분강개한 마음으로 충성심을 분발하여 몸소 화살과 포석(砲石)을 무릅써, 끝내 더러운 오랑캐들을 소탕하고 우리의 편안한 잠자리를 회복하였다. 군자들이 이르기를 "종묘의 신령이 빛나게 안정되고 금구(金甌)가 변함이 없는 것[340]은 전적으로 명나라의 은혜에 힘입은 것이지만, 비록 명나라 군대가 없었더라도 나라가 중흥할 이치가 있었던 것은 성스럽고 신령스러운 조종(祖宗)이 천명을 너그럽고 치밀하게 다져 이미 사기를 배양하여 백성의 마음을 안정시킨 바가 있었기 때문이다." 하였다. 아! 거룩하다.

의리를 드높여 국난을 막은 것으로는 호남이 첫 번째였으니, 예컨대 조중봉(趙重峯)·고제봉(高霽峯)·김건재(金健齋)[341]와 같은 분은 몸

이른다.

339 절월(節鉞)을……자 : 절월과 병부는 지방 장관을 임명할 때 내려주는 것인바, 관찰사나 절도사 등을 가리킨다.

340 금구(金甌)가……것 : 금구는 흠이 없고 견고한 금사발로 강토(疆土)에 비유되는바, 국토가 손상됨이 없이 안전함을 말한 것이다. 남조 시대 동위(東魏)의 후경(侯景)이 동위를 배반하여 13개 주(州)를 가지고 양(梁)나라에 귀순하겠다고 청하자, 무제는 동위와의 관계가 악화될 것을 우려하여 말하기를 "우리 국가가 금구(金甌)와 같아 한 곳도 손상되거나 이지러진 곳이 없는데, 지금 갑자기 후경(侯景)의 땅을 받아들인다면 어찌 마땅한 일이겠는가. 혹시라도 분란을 불러온다면 후회막급이다."라고 하였다. 《梁書 武帝紀》

341 조중봉(趙重峯)……김건재(金健齋) : 중봉, 제봉(霽峯), 건재는 각각 조헌(趙憲, 1544~1592), 고경명(高敬命, 1533~1592), 김천일(金千鎰, 1537~1593)의 호로, 곽재우(郭再祐, 1552~1617)와 함께 임진사충신(壬辰四忠臣)으로 추앙되었다. 조헌은 자가 여식(汝式)이고, 본관이 배천(白川)이다. 1567년 식년문과에 병과로 급제하고

으로 순국하여 더욱 드높으며, 맨 먼저 일을 선창하여 한 도의 의사들의 마음을 격발한 분으로 말하면 오직 회재(懷齋) 박광옥(朴光玉) 공뿐이다.

고제봉과 김건재 두 현자가 출병할 적에 박 공은 병으로 종군하지 못하고 남아서 군량을 조달하였는데, 공(功)이 이루어지기 전에 몸이 먼저 죽었다. 공과 두 현자는 만 번 죽더라도 한목숨을 돌아보지 않는 용감한 계책을 내어 국가의 난에 달려갔다. 죽음은 비록 다르나 뜻은 같으니, 어찌 두 현자와 차별하여 볼 수 있겠는가.

이광(李洸)[342]의 군대가 재차 무너질 때에는 전도(全道)의 인심이

보은 현감(報恩縣監) 등을 역임하다가, 1587년(선조20) 정여립(鄭汝立), 이산해(李山海) 등을 논박하는 상소가 계속해서 받아들여지지 않자 사직하였다. 임진왜란이 일어나자 옥천(沃川)에서 의병을 모아 청주(淸州)에서 왜적을 격파하고, 이어 금산(錦山)의 전투에서 의병 700여 명과 함께 전사하였다. 1604년(선조37) 선무원종공신(宣武原從功臣) 1등에 책록되고, 1734년(영조10) 영의정에 추증되었다. 시호는 문열(文烈)이고, 저서로 《중봉집》이 있다.

고경명은 자가 이순(而順)이고, 본관이 장흥(長興)이며, 시호가 충렬(忠烈)이다. 1558년 식년 문과에 장원급제하고 벼슬이 동래 부사에 이르렀는데 파직되자 고향으로 돌아와 은거하였다. 임진왜란이 일어나자 전라 좌도에서 의병을 모아 혁혁한 공을 세웠고, 금산 싸움에서 왜적과 싸우다가 전사하였다.

김천일은 자가 사중(士重)이고, 본관이 언양(彦陽)이며, 시호가 문열(文烈)이다. 1573년에 학행(學行)으로 발탁되어 수원 부사 등을 지냈고, 임진왜란에 고경명, 박광옥 등과 함께 의병을 일으켜 많은 공을 세웠다. 경상우도 병사 최경회(崔慶會), 충청도 병사 황진(黃進) 등과 함께 진주성(晉州城)을 지켰는데, 10만에 달하는 왜군의 공세로 성이 함락되자, 아들 상건(象乾)과 함께 남강에 투신하여 자결하였다.

342 이광(李洸) : 1541~1607. 자는 사무(士武)이고, 호는 우계산인(雨溪散人)이며, 본관은 덕수(德水)이다. 1574년 별시 문과에 급제하고 함경도 관찰사 등을 지냈다. 임진왜란 때 용인의 왜적을 공격하다가 적의 기습을 받아 실패하자 전라도로 돌아왔다.

흙이 무너지듯 와해하였는데, 공이 홀로 분발하여 눈물을 흘리면서 행재소[343]에 상소문을 올려 관찰사 이광의 죄를 성토하고 권원수(權元帥 권율)를 천거하였다. 그리하여 겁이 많고 나약한 자들을 물리치고 어진 자와 능한 자를 등용하여, 한 번 싸워 용성(龍城)의 첩보를 알리고 두 번 싸워 행주(幸州)의 공적을 거두어서[344] 끝내 광복(匡復)하는 기틀을 이루었다. 이것은 이른바 "수양(睢陽)을 보존하여 강회(江淮) 지방을 보존하고 강회지방을 보존하여 사해를 보존했다."[345]는 것이다.

그 후 왜적이 전주·금산 지역으로 침입하자 권율과 함께 웅치(熊峙)에서 적을 크게 무찔렀고, 전주로 돌진한 왜적을 고을 선비 이정란(李廷鸞)과 함께 격퇴하였다. 그러나 용인 패전의 책임자로 탄핵을 받아 파직되었고, 백의종군하다가 의금부에 감금된 후 벽동군(碧潼郡)으로 유배되었다. 저서로 《우계집》이 있다.

343 행재소 : 왕이 상주하는 궁궐을 떠나 멀리 거둥할 때 임시로 머무르는 별궁(別宮)을 이르는바, 선조가 임진왜란 때 수도를 떠나 머무른 의주(義州)의 행재소이다.

344 한 번……거두어서 : 용성(龍城)은 전라도 남원의 고호인바, 권율이 남원에서 의병을 일으켜 금산 전투에서 대승을 거둔 것과 행주산성에서 3만의 왜군을 대파한 것을 각각 가리킨다. 왜병에 의해 수도가 함락된 뒤 전라도 관찰사 이광과 방어사 곽영(郭嶸)이 4만여 명의 병사를 모집하여 북진할 적에 권율이 광주 목사로서 곽영의 휘하에서 중위장(中衛將)으로 있었는데, 용인 전투에서 대패하자 홀로 군대를 이끌고 광주로 퇴각하였다가 남원에서 1,000여 명의 의병을 모집하여 금산군 이치(梨峙) 싸움에서 왜적을 대파하고 전라도 순찰사로 승진하였다. 또 북진 중에 수원의 독왕산성(禿旺山城)에서 왜적을 격퇴하고 행주산성에서 3만 명의 왜적을 대파하였다. 이 공으로 도원수에 올랐다.

345 수양(睢陽)을……보존했다 : 이 내용은 송나라 황진(黃震, 1213~1280)의 《황씨일초(黃氏日抄)》에 "회양(睢陽) 태수 장순(張巡)이 지친 병사 수천을 가지고 안녹산(安祿山)의 강한 오랑캐 십만에 항거하여 400여 차례의 전투를 치렀는데 패한 적이 없었으니, 천하의 기이한 재주이다. 회양을 보호하여 강회(江淮)를 보호하고 강회를 보호하여 사해(四海)를 보호하였는데, 당나라가 이로 인하여 중흥하였으니, 천하의

자취의 전후 시종을 궁구해보면 박 공의 공이 크며, 또 이보다 더 큰 공이 있다. 옛날 한(漢)나라 사람들은 다만 군량을 공급하여 군량 수송로를 끊지 않은 것이 소하(蕭何)의 공이 되는 것만 알았고, 소하가 회음후(淮陰侯) 한신(韓信)을 천거한 공을 알지 못하였다.[346] 그런데 박 공은 이 두 가지 아름다움을 구비하고서도 세상에 아는 자가 없는 것은 두 현자와 죽음을 함께 하지 않아서일 것이다.

기자(箕子)와 미자(微子), 비간(比干)이 행한 것이 똑같지 않았으나 그 행실이 똑같이 지극한 정성과 간곡한 마음에서 나왔으므로 성인〔공자(孔子)〕이 '삼인(三仁)'이라고 허여하였다.[347] 하물며 박공은 군량을

기이한 공적이나, 한 번 죽는 것은 회양 태수에게는 여사(餘事)일뿐이었으니, 한갓 절개를 지켜서 죽은 것만 가지고 그를 평가해서는 안 된다."라고 보인다.《黃氏日抄 卷49 讀史 唐書 忠義傳》

346 옛날……못하였다 : 초(楚)·한(漢)이 서로 대결할 때 소하(蕭何)가 관중(關中) 지방을 맡아 군량 수송과 병력 보충을 하여 한 고조(漢高祖) 유방(劉邦)을 도왔던 고사와, 항우(項羽)의 진영에 있던 한신(韓信)이 유방을 따라 한중(漢中)으로 들어갔으나 유방이 자신을 제대로 대우해주지 않자 한나라를 떠나 도주하였는데 소하가 급히 한신을 뒤쫓아 가 다시 데리고 와서는 유방으로 하여금 한신을 대장(大將)에 임명하도록 한 고사를 들어 말한 것이다.《史記 卷53 蕭相國世家, 卷92 淮陰侯列傳》

347 기자(箕子)……허여하였다 : 기자와 미자(微子), 비간(比干)을 두고 공자가 "은(殷)나라에 세 명의 인자(仁者)가 있었다."고 말한 것을 가리킨다. 미자는 주왕(紂王)의 서형이고 비간과 기자는 모두 주왕의 숙부이다. 미자는 주왕의 무도함을 보고 멀리 떠나갔고, 기자와 비간은 간언하다가 비간은 죽음을 당하고 기자는 종이 되었는바, 공자가 이들을 두고 "은나라에는 삼인이 있었다.〔殷有三仁焉〕"라고 하였는데, 주자의 주에 "세 사람의 행동이 똑같지 않으나 똑같이 지성스럽고 간절한 뜻에서 나왔다. 그러므로 사랑의 이치에 어긋나지 않아 마음의 덕을 온전히 할 수 있는 것이다."라고 주하였다.《論語集註 微子》

계획하여 마음과 힘을 다해 애쓰다가 병을 얻어 죽었는데, 죽으면서도 나라를 잊지 않았으니, 어찌 반드시 야전(野戰)에서 피땀을 흘린 뒤에야 국사(國事)에 죽었다고 말할 수 있겠는가.

세상에서 박 공을 두 공과 차별하여 보는 자들은 이 또한 이치를 제대로 알지 못한 것이다. 공은 성리학에 종사하여 추천을 받아 백리 고을의 수령이 되었는데, 사암(思菴) 박 문충공(朴文忠公)[348]이 문무를 겸비한 재주라고 인정하여 국가의 동량(棟樑)에 대비하게 하였다. 그리하여 대각(臺閣 사헌부와 사간원)에서는 바른말을 하는 명성을 떨쳤고 군읍(郡邑)에 등용되어서는 바람 앞에 풀이 쓰러지는 교화[349]를 일으켰으며, 도를 행할 수 없으면 처음 먹었던 마음을 이루어서 벼슬길에 진출하거나 은둔하며 말하거나 침묵하는 것이 한 가지도 법도에 맞지 않는 것이 없었다.

그리하여 목숨을 바쳐 순국을 하고 험난함을 겪으면서도 절조를 변치 않는 경지에 이르렀으니, 어찌 본바탕이 없이 이렇게 될 수 있었겠는가. 학문에 근본을 두고 절의로써 끝마쳤으니, 이것은 공의 시조리

348 사암(思菴) 박 문충공(朴文忠公) : 사암은 박순(朴淳, 1523~1589)의 호이고, 문충은 그의 시호로, 자는 화숙(和叔)이고, 본관은 충주(忠州)이다. 1553년(명종8) 정시 문과에 장원 급제하고 대제학, 영의정 등을 지냈다. 중년에 이황(李滉)을 사사하였고 말년에 이이(李珥), 성혼(成渾)과 깊이 사귀었으며 동향의 기대승(奇大升)과도 교분이 두터웠다. 관직에서 물러나 영평(永平)의 백운산(白雲山)에 은거하였다. 나주 월정서원(月井書院) 등에 제향되고, 저서로 《사암집》 등이 있다.

349 바람……교화 : 위정자가 올바른 도로써 모범을 보이면 백성들이 이에 쉽게 감화됨을 이르는바, 《논어》 〈안연(顔淵)〉의 "군자의 덕은 바람과 같고 소인의 덕은 풀과 같아서 풀 위에 바람이 불면 풀은 반드시 그쪽으로 쓰러지게 된다."라는 데에서 온 말이다.

(始條理)와 종조리(終條理)[350]가 되는 것이다. 공은 학문을 쌓고 문학을 공부하여 남긴 문사(文詞)가 풍부하였으나, 후손이 끊김으로 인하여 수습한 것이 없었다.

공의 종 7대손인 □□가 끊기고 흩어진 것들을 수집하고 여러 자료의 기록을 붙여 도합 네 편을 만들었는데, 황금 부스러기와 봉황새 깃털 조각이 더욱더 진귀할 수 있으니, 또한 어찌 많을 필요가 있겠는가.

공의 종□대손인 난혁(蘭赫)이 불초에게 책의 서문을 요청하였다. 불초가 일찍이 듣건대 공은 하서(河西)[351]의 유풍(遺風)을 사모하고 고봉(高峯 기대승(奇大升)), 사암(思菴 박순(朴淳)), 옥계(玉溪)[352] 등 여러 현자(賢者)와 종유해서 도의를 강마하여 조예와 성취가 사우(師友)

350 시조리(始條理)와 종조리(終條理) : 시조리는 조리를 시작하는 것이고 종조리는 조리를 끝마치는 것인데, 여기서는 지(知)와 행(行)의 전체를 말한 것이다. 조리는 '맥락'과 같은 말로 음악을 연주할 때 처음에 종이나 징 따위를 쳐서 소리를 퍼뜨리는 것을 '시조리'라 하고, 음악이 끝날 때에 석경(石磬)을 쳐서 음악을 끝마치는 것을 '종조리'라 하는바, 《맹자》〈만장 하(萬章下)〉에 보인다.

351 하서(河西) : 김인후(金麟厚, 1510~1560)의 호로, 자는 후지(厚之)이고, 본관은 울산(蔚山)이다. 고향인 장성(長城)에서 학문 도야와 제자 양성에 힘썼으며, 성리학에 조예가 깊었는데, 후일 기대승(奇大升)의 성리설에 많은 영향을 미쳤다. 저서로 《하서집》·《주역관상편(周易觀象篇)》 등이 있으며, 시호는 문정(文正)이다. 1796년(정조20)에 문묘에 배향되었다.

352 옥계(玉溪) : 노진(盧禛, 1518~1578)의 호로, 자는 자응(子膺)이고, 본관은 풍천(豊川)이다. 1546년(명종1) 증광 문과에 급제하고 1575년(선조8) 예조 판서에 올랐으나 사퇴하고, 그 뒤 대사헌과 이조 판서 등에 연이어 제수되었으나 모두 병으로 나가지 않았다. 기대승을 비롯하여 소재(蘇齋) 노수신(盧守愼), 하서 김인후 등과 도의(道義)로 교유하였다. 남원의 창주서원(滄州書院), 함양의 당주서원(溏州書院)에 제향되었으며, 저서에 《옥계집》이 있다. 시호는 문효(文孝)이다.

의 올바른 연원에서 나왔으니, 비록 임진년에 수립한 공이 없더라도 또한 한 시대의 명유(名儒)가 되기에 부족함이 없다.

학문이 기절(氣節)에 가려졌는데 기절이 있지 않았으면 또한 어떻게 학문의 참다운 모습을 볼 수 있겠는가. 병을 무릅쓰고 그의 소청에 부응하여 호남지방의 학자들에게 보여주게 하니, 행여 학자들이 공의 유풍을 듣고 흥기하기를 바라노라.

《홍충평공[353]사적고》 서
洪忠平公事迹考序

《충평공사적고(忠平公事迹考)》 다섯 편은 바로 고려의 충신인 정헌(靜軒) 홍 선생(洪先生)의 실기인데, 선생의 후손인 병철(秉喆)씨가 수집하여 만든 것이다.

처음 선생은 좌복야(左僕射)로 도성에서 숙직하다가 이자겸(李資謙)이 척준경(拓俊京)과 함께 반역을 도모하여 대궐을 침범했다[354]는 말을 듣고는 즉시 밤중에 줄을 타고 성(城) 안으로 들어가서 왕의 좌우를 떠나지 않았다. 이자겸이 궁전을 불태우고 왕을 남내(南內)[355]로

353 홍 충평공(洪忠平公) : 충평은 홍관(洪灌, ?~1126)의 시호로, 자는 무당(無黨)이고, 호는 정헌(靜軒)이며, 본관은 남양(南陽)이고, 시조 은열(殷悅)의 5대손이다. 수사공 상서좌복야(守司空尙書左僕射)로 있던 인종 때, 이자겸(李資謙)의 난이 일어났는데, 낭시 도성에서 직숙하다가 변고를 듣고 들어가 왕을 시위하였고, 왕이 연덕궁(延德宮)으로 옮기게 되자 노병(老病)의 몸으로 뒤따라가다가 서화문(西華門)에서 척준경(拓俊京)의 난군에게 살해되었다.

354 이자겸(李資謙)이……침범했다 : 고려 인종(1122~1146) 때 최고 권력자였던 척신(戚臣) 이자겸이 '십팔자(十八子)'가 왕이 될 것이라는 도참설(圖讖說)을 내세워 척준경(拓俊京) 등과 함께 인종을 폐위시키고 스스로 왕위를 찬탈하고자 일으켰던 반란으로, 이른바 '이자겸의 난'이라는 것이다.

355 남내(南內) : 본래 당나라 흥경궁(興慶宮)으로, 안사(安史)의 난 이후 태자였던 숙종(肅宗)이 즉위하고 현종(玄宗)은 태상황(太上皇)이 되어 실권을 잃은 채 흥경궁에 머물렀는데, 여기서는 대궐에서 쫓겨난 인종이 남쪽의 별궁에 유폐되어 있는 것을 당나라 현종이 파천한 이후에 남내에 머물렀던 것에 비의하여 이렇게 언급한 것이다. 《신증동국여지승람》 권5 〈개성부 하(開城府下) 고적(古跡)〉에서 '경희궁(景禧宮) · 수창궁

옮기자, 선생은 왕을 호위하였고, 걸어서 서화문(西華門)[356]에 이르러 칼날을 무릅쓰고 전진하다가 죽었다. 이자겸이 실패하자, 보국공신(保國功臣)에 녹훈되고 태위문하시랑(太尉門下侍郞)에 추증되었으며 '충평(忠平)'이라는 시호를 받으니, 군자가 말하기를 "이렇게 한 뒤에야 천하의 군신이 된 자들이 안정되었다."라고 하였다.

군신 간의 분수는 하늘과 땅 사이에서 피할 수가 없으니, 이 의리는 하늘에 밝게 걸려 있는 해와 달과 같아서 보통 사람들도 다 알고 있다. 그러나 국가의 운명이 끊기게 될 때를 한 번 만날 경우 왕왕 역(逆)·순(順)의 변고를 알지 못하니, 선생과 같이 능히 신명을 바쳐 순국(殉國)을 하고 험난한 고비를 겪으면서도 절개를 바꾸지 않은 사람은 옛날 분들 중에서 하나하나 뽑아보아도 겨우 한두 분을 꼽을 정도이다.

더구나 이때를 당하여 선생은 병환으로 벼슬길에서 물러나 쉬고 있어서 구차하게 목숨을 보전한다는 책망이 없는데도, 난리를 당하자 분개하여 "군주가 치욕을 당하면 신하가 죽어야 하니, 내가 어찌 스스로 편안히 있을 수 있겠는가."라고 하고는 위험과 어려움을 돌보지 않고 무릅써 시퍼런 칼날을 밟는 것을 집으로 돌아가는 것과 같이 편안히

(壽昌宮)'에 대해 "서소문(西小門) 안에 있으니, 연경궁(延慶宮)이 불탄 이후로는 임금이 모두 이 궁에서 거처하였고, 우리 태조도 이 궁에서 왕위에 올랐다."라고 한 것으로 보아 남내가 이곳이었던 듯하다. 연경궁은 이자겸의 난 때 불에 탄 본궁의 이름이다.

356 서화문(西華門) : 고려 때 개경의 본궁인 연경궁의 서쪽 문으로, 《신증동국여지승람》 권5 〈개성부 하(開城府下) 고적(古跡)〉의 '연경궁'에 대한 설명에 "정전(正殿)은 건덕궁(乾德宮)으로, 대관(大觀)이라고도 칭한다. 남문은 광화문(廣化門)이요, 동문은 동화문(東華門)이요, 서문은 서화문이요, 북문은 현무문(玄武門)이다. 인종 때에 이자겸이 불태웠고, 공민왕 때에 또 홍건적(紅巾賊)의 난을 겪고서 새로 재건하지 못하였다."라고 보인다.

여겼다. 만일 웅장(熊掌)과 어육(魚肉)의 판별[357]에 대해 평소의 강마(講磨)에서 정해짐이 있는 자가 아니라면, 어찌 여기에 참여할 수 있겠는가.

옛사람이 말하기를 "죽는 것이 어려운 것이 아니요, 죽음에 대처하는 것이 어렵다."라고 하였다. 예컨대 자신의 팔뚝을 자른 신괴(申蒯), 자신의 간을 군주의 배에 넣은 홍연(弘演),[358] 탕음(蕩陰)에서 화살을 맞아 피를 뿌린 시중(侍中),[359] 청성(青城)에서 옷을 갈아입힐 적에

357 웅장(熊掌)과……판별 : 원문의 '웅어(熊魚)'는 팔진미의 하나인 곰 발바닥과 어물 요리로, 이를 판별한다는 것은 사람은 누구나 수오지심(羞惡之心)이 있어서 생명과 의리를 둘 다 취할 수 없는 경우에 생명을 버리고 의리를 취함을 말하는바, 《맹자》 〈고자 상(告子上)〉의 "어물도 내가 원하는 바요 곰 발바닥도 내가 원하는 바이지만, 이 두 가지를 겸하여 얻을 수 없을진댄 어물을 버리고 곰 발바닥을 취하겠다. 삶도 내가 원하는 바요 의(義)도 내가 원하는 바이지만 이 두 가지를 겸하여 얻을 수 없을진댄 삶을 버리고 의를 취하겠다."라는 말에서 온 것이다.

358 자신의 팔뚝을……홍연(弘演) : 신괴(申蒯)와 홍연은 각각 춘추시대 때 제(齊)나라와 위(衛)나라의 충신인바, 당나라 서견(徐堅)의 《초학기(初學記)》 권17 〈충(忠) 신괴단비(申蒯斷臂)·홍연납간(弘演納肝)〉에 "유향(劉向)의 《신서(新序)》에 '최저(崔杼)가 장공(莊公)을 시해하자 신괴가 바다에서 고기를 잡으며 살다가 대궐로 들어가 최저를 죽이려고 하였다. 문지기가 이 사실을 고하니, 최저가 들어오지 못하게 하라고 명하였다. 신괴가 문지기에게 「너는 나를 의심하느냐? 너에게 나의 팔을 주겠다.」 하고는 왼쪽 팔을 잘라 주니, 문지기가 그것을 최저에게 보여주었다. 최저가 8열의 진을 치고 들어오게 하니, 신괴가 검을 뽑아 하늘을 우러러 부르짖고 싸웠다.'라고 하였다. 《여씨춘추(呂氏春秋)》에 '적(狄)이 위 의공(衛懿公)을 형택(滎澤)에서 추격하였다. 의공을 죽여 고기를 다 먹었는데 그의 간만 먹지 않았다. 홍연이 사신으로 갔다가 돌아와서 곡을 마치고는 하늘을 우러러 부르짖고 슬픈 마음을 다한 뒤에 그쳤다. 이어서 자신의 간을 꺼내어 의공의 배에 넣었다.' 하였다."라고 보인다.

359 탕음(蕩陰)에서……시중(侍中) : 시중은 벼슬이 시중에 이르러 혜시중(嵇侍中)

군주를 안고 통곡한 시랑(侍郎)[360]은 모두 수레를 뒤집을 것처럼 기개가 격동하고 푸른 벽으로 변할 것처럼 뜻이 견고하여[361] 호호(皓皓)한 결백함이 가을 서리와 뜨거운 태양에 견줄 수 있다.

그러나 이와 같은 자들도 한 때의 의기로 힘쓴 것이고, 오로지 평소의 바른 수양(修養)이 있었던 것은 아니다. 선생으로 말하면 배운 것이 주공(周公)과 공자의 도이고, 강마한 것이 육경(六經)과 사서(四書)였

이라는 별칭을 얻은 혜소(嵇紹, 253~304)를 가리키는바, 진(晉)나라가 영흥(永興) 초에 하간왕(河間王) 사마옹(司馬顒) 등의 반란으로 탕음에서 패했을 때 다른 백관들과 시어(侍御)들이 모두 도망간 상황에서 혜소만 홀로 혜제(惠帝)를 호위하다가 병사들에게 살해되어 피가 혜제의 옷에 물들었는데, 사태가 안정되어 근신(近臣)들이 피 묻은 황제의 옷을 세탁하려 하자 혜제가 "이것은 혜시중의 피이니, 없애지 말라.〔此嵇侍中血, 勿去.〕"라고 하며, 그의 충성심을 잊지 않는 뜻을 보였다.《晉書 卷89 嵇紹列傳》 혜소의 자는 연조(延祖)이고, 죽림칠현(竹林七賢)의 한 사람인 혜강(嵇康)의 아들이다.

360 청성(靑城)에서……시랑(侍郎) : 시랑은 송나라 때 이부 시랑(吏部侍郎)을 지낸 이약수(李若水, 1093~1127)인바, 1127년에 금(金)나라가 재차 침입하여 청성에 주둔하고 있을 때에, 휘종(徽宗)과 흠종을 호종하고 갔다가 포로로 잡혔는데, 금나라 사람이 황제를 핍박하며 옷을 갈아입히자 이약수가 황제를 끌어안고 통곡하며 크게 꾸짖은 것을 가리킨다. 이후에 금나라의 태자 점한(粘罕)이 그의 충성과 용기를 가상히 여겨 온갖 방법으로 회유하였으나 이약수는 끝내 듣지 않고 저항하다가 35세로 죽으니, 금나라 사람들이 "남조(南朝)에는 이 시랑(李侍郎) 한 사람뿐이다."라며 칭찬하였다.《宋史 卷22 徽宗本紀, 卷23 欽宗本紀, 卷446 忠義列傳 李若水》

361 푸른……견고하여 : 원문의 '화벽(化碧)'은 충신이 절개를 굳게 지키다가 흘린 피가 벽옥으로 변하였다는 뜻으로,《장자》〈외물(外物)〉의 "장홍(萇弘)이 촉에서 죽었는데 그 피를 보관한 지 3년 만에 벽옥으로 변하였다.〔藏其血三年, 而化爲碧.〕"라는 구절에서 나온 말이다. 장홍은 주(周)나라 영왕(靈王) 때의 대부로 간언(諫言)을 하다가 왕이 듣지 않자 자살한 충신이다.

다. 이로 말미암아 군주를 이끌어 도리에 합당하게 하고, 이로 말미암아 영재들을 잘 길렀다. 또한 이로 말미암아 상국(上國)에 사신을 가서 군주의 명령을 욕되지 않게 하고 중화의 예법으로 오랑캐를 변화시켜 인문을 크게 펼쳤다. 그래서 장차 도학이 책에 밝아지고 교화가 몸에 이루어져 세상을 경륜하고 백성들을 선하게 하여 무궁한 후세에 은택을 남길 수 있었는데, 끝내 도를 위하여 몸을 희생해서 먼저 큰 것을 확립하였다.

의논하는 자들은 다만 선생의 충성이 순수한 것임만 알고 순수한 충성의 유래가 근본이 있어서 이와 같이 하였음은 알지 못한다. 만약 학문의 체용(體用)의 온전함을 궁구한다면 이것도 큰 덕 가운데에서 냇물이 흘러나온 것이니,[362] 혹 선생을 최탁(崔卓), 김진(金縝), 안보린(安甫鱗)[363]이 무리에 견주는 자는 어찌 선생을 제대로 안다고 말할 수 있겠는가.

동시대에 화를 당한 자가 수십 명이었는데 모두 포효하는 역적의 기세를 곧바로 범하여 화를 모면할 여지가 없었다. 그러나 선생으로 말하면 환난을 피할 수 있는데도 피하지 않았으니, 이른바 "군주의 어

362 큰 덕……것이니 : 큰 덕 중에 일부분인 작은 덕에 해당된다는 말로, 《중용장구(中庸章句)》에 "작은 덕은 냇물의 흐름과 같고 큰 덕은 화(化)를 돈후히 한다.〔小德川流, 大德敦化.〕"라고 한 데에서 온 말이다.

363 최탁(崔卓)……안보린(安甫鱗) : 모두 이자겸의 난 때의 충신들로, 상장군(上將軍) 최탁과 내시녹사(內侍錄事) 안보린은 내시지후(內侍祗侯) 김찬(金粲), 동지추밀원사(同知樞密院事) 지녹연(智祿延) 등과 함께 이자겸과 척준경을 제거하려다가 실패하여 죽었고, 김진(金縝)은 궁궐이 불탈 때 이자겸과 척준경의 손에 죽느니 불에 타 죽는 것이 낫다고 하며 숙직하는 처소의 문을 닫고 불에 타 죽었다. 김진의 시호는 열직(烈直)이다. 《高麗史 卷15 仁宗世家1 4年》

려움에 달려감은 충(忠)이요 국가의 일에 죽음은 의(義)이다."[364]라는 것이다. '충성과 의리로써 군신 간을 공고히 하고 사직을 편안히 하고 천지를 감동시키고 귀신을 감동시킨다.'고 했는데, 선생이 어찌 이러한 분이 아니겠는가.

일찍이 생각하건대 한 몸으로 삼강(三綱)과 오상(五常 오륜(오륜))의 중한 임무를 자임(自任)한 분은 승국(勝國 고려(高麗)) 오백 년에 오직 선생과 포은(圃隱) 정 문충공(鄭文忠公)[365]이 있을 뿐이다. 포은이 성취한 것은 진실로 한 가지 일을 가지고 전체를 포괄할 수가 없다. 그러나 선생과 시종으로 조리(條理)가 되어 왕씨(王氏 고려)의 최후를 함께 하였다.

중봉(重峯) 조 문열공(趙文烈公)[366]이 충신의 계통을 차례로 서술할 적에 고려에서는 "홍충평과 정문충 두 분을 얻었다."[367]라고 하였고,

364 군주의……의(義)이다 : 이 내용은 《진서(晉書)》 권37 〈초강왕손열전(譙剛王遜列傳)〉에 보인다.

365 포은(圃隱) 정 문충공(鄭文忠公) : 포은은 정몽주(鄭夢周, 1337~1392)의 호이고, 문충은 시호로, 자는 달가(達可), 본관은 영일(迎日)이다. 1360년 문과에 장원하여 벼슬이 문하시중에 이르렀다. 이성계(李成桂)의 위망(威望)이 날로 높아지자 기회를 보아 이들을 제거하려 하였으나, 도리어 선죽교(善竹橋)에서 이방원(李芳遠 태종)의 부하인 조영규(趙英珪) 등에게 격살되었다. 고려조의 충신으로서 성리학에 대한 조예가 깊어 목은(牧隱) 이색(李穡)이 그를 '동방 이학(理學)의 시조'라고 하였다. 저술로 《포은집》이 있으며, 1517년(중종12) 문묘에 종향(從享)되었다.

366 중봉(重峯) 조 문열공(趙文烈公) : 중봉은 조헌(趙憲, 1544~1592)의 호이고 문열은 시호로, 자는 여식(汝式)이고, 본관은 배천(白川)이다. 자세한 내용은 278쪽 주 341 참조.

367 홍충평과……얻었다 : 이 내용은 《중봉집》 권13 〈제평양박선생【팽년】문(祭平陽朴先生【彭年】文)〉에 보인다.

또 시가(詩歌)를 지어 그 기개와 의리에 감동함을 읊었으니,[368] 중봉이 충성을 바쳐 죽고자 하여 끝내 절개를 지켜 죽은 것은 또한 선생이 계도한 것이다.

선생은 후손들이 매우 번성하고 명망과 덕을 서로 계승하여 지금에 이르도록 전국의 벌열(閥閱) 중에 선생의 핏줄이 아닌 자가 거의 없는데, 충현(忠賢)들 중에 후손들에게 넉넉한 복을 이와 같이 풍성하게 남겨준 경우가 없다. "천도(天道)는 사사로이 친한 자가 없어서 언제나 선인(善人)과 함께한다."[369]는 것이 어찌 진실이 아니겠는가.

병철씨는 이미 유문(遺文)과 고사(故事)를 모으고 또 연표를 지어 도표로 나타내어 드러난 것을 은미하게 하고 그윽한 것을 밝혀[370] 더 이상 남은 것이 없도록 하였다. 완성된 이 책은 만세토록 신하가 된 자들을 권면할 수 있어서 다만 한 집안의 문헌이 됨에 그치지 않으리니, 아! 아름답다.

원편(原編)은 이미 군위(軍威)에서 판각하였는데, 병철씨의 큰 아드님인 조섭(祖燮)이 영남에 사는 집안사람 택수(宅秀), 범구(範九)와 함께 여러 친족들과 상의하고는 나에게 "그대가 선조의 방손이 되고

368 시가(詩歌)를……읊었으니 : 《중봉집》 권2에 실린 시 〈익성군출시기원조홍충평공【관】행장 삼복감탄 인제기후(益城君出示其遠祖洪忠平公【灌】行狀三復感歎因題其後)〉를 가리킨다.

369 천도(天道)는……함께한다 : 이 내용은 《도덕경(道德經)》 〈임계(任契)〉에 보인다.

370 드러난……밝혀 : 선현의 덕과 행적을 기술하여 세상에 잘 알려지지 않은 것들을 천양(闡揚)함을 말하는바, 이 말은 《주역》 〈계사전 하(繫辭傳下)〉에 보이는데, 이때에는 '그윽한 것을 밝힘'에만 뜻이 있다.

또 미생(彌甥)[371]이 되기 때문이다."라고 하며 서문을 청하였다.

나는 대답하기를 "불초가 어찌 감히 이 일을 담당하겠는가. 다만 일찍이 고려의 역사를 읽으면서 선생의 덕업과 높은 지조를 외고 탄복한 지가 오래되었으니, 또한 어찌 감히 사양하겠는가." 하고는 마침내 병을 무릅쓰고 붓을 잡아 높은 산을 우러러 보고 큰 길을 따라가며 사모하는 마음[372]을 펴는 바이다.

371 미생(彌甥) : 먼 친족의 조카 또는 외손을 가리키는데, 매산과 홍병철이 시조 홍은열(洪殷悅)의 손자인 홍의(洪毅)에게서 갈라진 먼 친족 관계이면서 외손 관계이므로 이렇게 말한 것이다.

372 높은……마음 : 높은 산과 큰길처럼 훌륭한 인품을 사모함을 이르는바, 《시경》 〈소아(小雅) 거할(車舝)〉의 "높은 산처럼 우러르고 큰 길처럼 따라간다.〔高山仰止, 景行行止.〕"라는 구절을 원용한 것이다.

《삼은합고》 서
三隱合稿序

고려 말기에 절의를 지켜 명성을 이룬 선비가 많다. 그 중에 은(隱)을 호로 삼은 분이 열 분인데, 전씨(田氏) 형제 세 분이 여기에 들어있다.[373] 야은(埜隱) 휘 녹생(祿生)[374]은 현릉(玄陵 공민왕(恭愍王))의 때를 만나 역신(逆臣) 이인임(李仁任)[375]이 원나라 사신을 맞이하고 명나라

373 고려……들어있다 : 고려 말기에 절의를 지킨 인물은 대표적으로 포은 정몽주, 야은 길재, 목은 이색이 있고, 야은(埜隱) 전녹생(田祿生), 뇌은(耒隱) 전귀생(田貴生), 경은(耕隱) 전조생(田祖生) 형제를 포함한 두문동 72현이 있는데, 실세로 '은(隱)'을 호로 삼은 인물은 이들을 포함하여 10명을 넘는바, 매산이 열 명이라고 한 것은 그 대략적인 수를 말한 것으로 보인다. 두문동 72현 중에 '은(隱)'을 호로 삼은 인물은 전씨 3형제 외에 송은(松隱) 구홍(具鴻), 천은(川隱) 이맹운(李孟芸), 농은(農隱) 민안부(閔安富), 순은(醇隱) 신덕린(申德鄰), 수은(樹隱) 김충한(金沖漢), 벽은(僻隱) 유번(柳藩), 아은(丘隱) 노신(魯愼) 등이 더 있다.

374 야은(埜隱) 휘 녹생(祿生) : 자는 맹경(孟耕)이고, 본관은 담양(潭陽)이며, 시호는 문명(文明)이다. 충혜왕(忠惠王) 때 과거에 급제하고 기거사인(起居舍人), 문하평리(門下評理) 등을 역임하였다. 1375년(우왕1) 간관 이첨(李詹)과 전백영(全伯英)이 권력을 독점하고 전횡하는 이인임을 주살할 것을 청했다가 투옥되고 국문을 받았는데, 이때 박상충(朴尙衷)과 함께 연루되어 국문을 받고 유배 가던 도중 장독(杖毒)으로 별세하였다.

375 이인임(李仁任) : ?~1388. 본관은 성주(星州)이다. 음보로 출사하고 벼슬이 수문하시중(守門下侍中)에 이르렀다. 1369년(공민왕18) 서북면 도통사(西北面都統使)가 되어 원나라의 동녕부(東寧府)를 정벌하고, 광평부원군(廣平府院君)에 책봉되었다. 1374년 공민왕이 승하하자, 우왕(禑王)을 추대하여 정권을 잡고 친원정책(親元政策)을 추진하면서 친명파(親明派)를 대거 추방하였다.

를 배반할 것을 의논하자, 포은(圃隱) 정 문충공(鄭文忠公 정몽주(鄭夢周))과 반남(潘南) 박 문정공(朴文正公)[376]이 함께 그 불가함을 간쟁하였다. 이 때 야은은 간관(諫官) 이첨(李詹)[377]을 데리고 상소를 올려 이인임을 처형할 것을 청했다가 함께 중형(重刑)을 받고 별세하였다.

야은의 중씨(仲氏)인 뇌은(耒隱) 휘 귀생(貴生)[378]은 왕조가 망함을 보고는 두문동(杜門洞)의 여러분들과 함께 각자 소원을 말하였는데, 뇌은은 "산중에 깊이 들어가면 농사짓는 자를 누가 알아주겠는가."라고 말하고 마침내 먼 바다로 도망하였다.

뇌은의 계씨(季氏)인 문원공(文元公) 휘 조생(祖生)[379]은 학문으로

376 반남(潘南) 박 문정공(朴文正公) : 반남은 박상충(朴尙衷, 1332~1375)의 본관이고, 문정은 시호로, 자는 성부(誠夫)이다. 공민왕 때 문과에 급제한 뒤, 예조 정랑으로 있으면서 향사(享祀)의 법식을 정리하여 사전(祀典)을 편찬하였다. 친명책(親明策)을 주장하였고, 이인임의 사형을 주장하다가 도리어 탄핵을 받고 유배되었는데 도중에 별세하였다. 경사(經史)와 역학(易學)에 밝았고 문장에 뛰어났다.

377 이첨(李詹) : 1345~1405. 자는 중숙(中叔)이고, 호는 쌍매당(雙梅堂)이며, 본관은 신평(新平)이고, 시호는 문안(文安)이다. 1365년(공민왕14)에 과거에 급제하고 우정언(右正言) 등을 역임하였다. 조선 건국 후 1398년(태조7)에 등용되어 지의정부사(知議政府事), 예문관 대제학 등을 역임하였다. 문장과 글씨에 뛰어났으며, 하륜(河崙) 등과 함께 《삼국사략(三國史略)》을 찬수하고 소설 《저생전(楮生傳)》을 지었으며, 저서에 《쌍매당협장집(雙梅堂篋藏集)》이 있다.

378 뇌은(耒隱) 휘 귀생(貴生) : 뇌은은 전귀생의 호로, 자는 중경(仲耕)이고 시호는 문혜(文惠)이다. 충숙왕(忠肅王) 때 과거에 급제하고, 삼사좌윤(三司左尹), 밀직제학(密直提學) 등의 관직을 지냈다. 조선이 건국된 후에는 조선의 신하가 되는 것을 거부하고 섬으로 숨어들어갔다. 1740년에 영조가 송도로 행차하여 두문동 72현의 단을 세워 제사할 때, 그 중 한 사람으로 제사를 지냈으며, 자손을 등용하였다.

379 문원공(文元公) 휘 조생(祖生) : 문원은 전조생의 시호로, 자는 계경(季耕)이고, 호는 경은(耕隱)이다. 충숙왕 때 과거에 급제하고 찬성첨의부사(贊成僉議府事) 등을

이름이 나 충혜왕의 인정을 받았다. 왕이 두 왕자를 부탁할 적에 곽광(霍光)과 제갈량(諸葛亮)[380]이 되어줄 것을 기대하니, 눈물을 흘리며 왕명을 받았는데 조복(朝服)이 눈물에 다 젖었다. 그러다가 충정왕(忠定王)이 손위(遜位)하자 왕을 따라 강화도로 가서 은둔하여 농사지으며 살았다. 삼은(三隱)은 명성과 아름다움이 똑같아서 가씨(賈氏) 가문의 세 호랑이[381]와 왕씨(王氏) 가문의 세 진주[382]보다 더 대단하다.

지냈으나, 충정왕(忠定王)이 손위하자 왕을 호종하였다가 그 길로 은둔하여 벼슬에 나아가지 않았다.

380 곽광(霍光)과 제갈량(諸葛亮) : 곽광(? ~기원전 68)은 한 무제(漢武帝)의 두터운 신임을 받은 명신이고 제갈량(諸葛亮, 181~234)은 삼국 시대(三國時代) 촉한(蜀漢)의 승상으로, 모두 전왕의 유명을 받들어 어린 왕을 보필하여 국정을 이끌어간 대표적인 인물이다.

곽광은 무제의 유조(遺詔)를 받고 김일제(金日磾) 등과 함께 8세에 등극한 소제(昭帝)를 보필하면서 대사마(大司馬)·대장군(大將軍)이 되고, 소제가 죽자 창읍왕(昌邑王) 유하(劉賀)를 옹립하였으나 그가 무례한 짓을 자행하자, 폐위시키고 다시 선제(宣帝)를 영입하는 등 전후 20년 동안 국정을 이끌었다. 《漢書 卷68 霍光傳》

제갈량은 자가 공명(孔明)이고, 호가 와룡(臥龍)으로, 유비(劉備)의 삼고초려에 감동하여 출사하였고, 유비가 죽은 뒤 유명(遺命)을 받들어 후주(後主) 유선(劉禪)을 보필하고 목숨을 바쳐 촉한의 부흥을 꾀하였다. 《三國志 卷35 蜀書 諸葛亮傳》

381 가씨(賈氏)……호랑이 : 후한(後漢) 때 소위 '당고(黨錮)의 화(禍)'가 있던 시기에 지절(志節)이 있고 불의를 보면 비분강개하였던 가표(賈彪) 삼형제를 가리키는데, 삼형제 가운데 가표가 제일 용맹하여 당시 세상 사람들이 "가씨 집안에 세 호랑이가 있는데, 위절이 가장 용맹하다.〔賈氏三虎, 偉節最怒.〕"라고 하였다. 위절은 가표의 자로, 당고의 화가 있을 때 금고형(禁錮刑)을 받고 집에서 죽었고, 나머지 형제는 미상이다. '당고의 화'는 환제(桓帝)와 영제(靈帝) 때 사대부인 이응(李膺), 진번(陳蕃) 등이 태학생들과 연합하여 권세를 쥔 환관들을 숙청하려다가, 오히려 붕당을 결성하여 조정을 비방한다는 죄목으로 역공을 받아, 수백 명이 죽고 유배된 사건을 말한다.

382 왕씨(王氏)……진주 : 당나라 때의 왕면(王勔), 왕거(王勮), 왕발(王勃) 삼형제

아! 동시대를 살았던 여러 은자(隱者)들은 생명을 가볍게 여겨 순국하기도 하고 자신과 세상을 잊고 스스로 절개를 지켰으니, 이것은 이른바 "은(殷)나라의 삼인(三仁)의 행동은 똑같이 지성스럽고 간절한 마음에서 나와 마음의 덕을 온전히 했다."[383]는 것이다. 야은과 경은은 고려조에서 충성을 바치다가 죽었고 뇌은은 기미를 알아차리고 조선조로부터 멀리 떠나갔으니, 이것은 "처지가 바뀌었으면 모두 그 처지에 맞게 대처하였을 것이다."[384]는 것이다.

역성혁명(易姓革命)하는 즈음에 충신과 열사가 인(仁)을 이루고 의(義)를 취한 것을 한두 마디로 설명하기가 쉽지 않다. 죽는 환난을 당하여 지조를 빼앗기지 않았으나 칭찬할 만한 공적이 없는 경우도 있고, 절개와 공적이 모두 드러났으나 처세와 마음가짐에 후일의 비난이 없지 않은 경우도 있다. 그러나 사람을 논할 때에는 마땅히 큰 절개를 살펴보아야 하니, 큰 절개가 확립되었다면 나머지는 어찌 굳이 따질 것이 있겠는가.

를 찬미한 것으로, 《신당서(新唐書)》 권201 〈왕발열전(王勃列傳)〉의 "당나라 초기에 왕면, 왕거, 왕발 삼형제는 재능으로 명성이 자자해서 두이간(杜易簡)이 이들을 '삼주수'라고 칭하였다.〔初, 勔、勮、勃皆著才名, 故杜易簡稱三珠樹.〕"라는 말에서 온 것이다.

383 은(殷)나라의……했다 : 은나라의 삼인(三仁)은 은나라의 세 명의 인자인 기자(箕子), 미자(微子), 비간(比干)으로, 미자는 주왕(紂王)이 무도한 것을 보고 떠나갔고, 기자와 비간은 간언하다가 비간은 죽음을 당하고 기자는 종이 되었는바, 이 내용은 《논어》 〈미자(微子)〉의 주자 주에 보인다.

384 처지가……것이다 : 이 내용은 《맹자》 〈이루 하(離婁下)〉에 보이는바, 우(禹)임금과 직(稷)은 물에 빠지거나 굶주린 사람을 보면 자기 탓으로 여겨 가정을 돌볼 틈도 없이 급급히 구제하였고, 안회(顔回)는 세상일에 관여하지 않고 누추한 시골에서 안빈낙도(安貧樂道)하였는데, 공자가 이들에 대해 모두 어질다고 한 것에 대한 맹자의 평이다.

공자가 말씀하기를 "나라에 도가 있을 때에는 평소 곤궁했을 때에 간직한 절개를 변치 않고, 나라에 도가 없을 때에는 죽음 앞에서도 절개를 변치 않는다." 하였으며, 맹자는 말씀하기를 "군자의 본성은 비록 크게 행해지더라도 더해지지 않고 비록 곤궁하게 살더라도 줄어들지 않는다."라고 하였다.[385] 반드시 이와 같이 한 뒤에야 군자가 될 수 있으니, 삼은과 같은 분이 이에 가까울 것이다.

또 절효공(節孝公) 한로(漢老)와 송담(松潭) 공 유추(有秋), 성암(性菴) 공 좌명(佐命), 회정(晦亭) 공 자수(子壽)[386]가 있는데, 출사하고 은둔함은 비록 다르나 모두 명망과 덕으로 칭송받았으니, 전씨의 가문에 어쩌면 이리도 어진 이가 많단 말인가. 바로 이른바 "각각 본심

385 공자가……하였다 : 이 두 가지 내용은 《중용장구》 제10장과 《맹자》 〈진심 상(盡心上)〉에 각각 보인다.

386 절효공(節孝公)……자수(子壽) : 전한로(田漢老)는 전녹생의 손자이고, 전유추(田有秋)는 10대손이며, 전좌명(田佐命)은 전귀생의 7대손이고, 전자수는 전주생의 손자이다.
전한로는 효행으로 관직을 제수 받고 정려(旌閭)되었는데, 9살에 아버지가 설사병에 걸렸을 적에 직접 대변의 맛을 보고 상태를 확인했으며, 아버지가 죽자 3년을 여묘(廬墓)하며 염채(鹽菜)를 입에 대지 않았고, 13세 때 모친상에도 이와 같이 한 내용이 《동국속삼강행실(東國續三綱行實)》의 〈효자도(孝子圖)〉에 실려있다.
전유추는 유학자의 행실이 있어서 고향에 배향되었다. 전좌명은 효행으로 관직에 나아가고 정려되었는데, 어렸을 때 연이어 부모상을 당하여 6년 동안 여묘하면서 한 번도 집에 가지 않은 내용이 《동국신속삼강행실(東國新續三綱行實)》의 〈효자도〉에 실려있다. 외손녀가 성종의 비이자 중종의 어머니인 정현왕후(貞顯王后)이다.
전자수는 자가 백인(伯仁)이고 호가 회정(晦亭)으로, 공민왕 18년(1369) 문과에 급제하고 좌사간(左司諫), 강원도 안렴사(江原道按廉使) 등을 역임하였는데, 안렴사 때에 고려의 국운이 기운 것을 애달파하여 벼슬을 버리고 평해(平海)에서 은둔하여 살았다.

을 얻었으므로 똑같이 인자(仁者)라고 이른 것이다."[387]는 것이리라.

야은과 경은 두 분의 유고가 간행된 지 오래되었는데, 삼은의 후손들이 삼은의 유고를 합하여 옛날 연주화악(聯珠花萼)[388]과 같이 하나로 만들 것을 도모하고서 불초에게 서문을 청하였다. 불초는 늙어 붓과 종이를 폐기하였으나 명망과 덕행, 유풍과 절개에 감동하여 병을 무릅쓰고 써서 그윽한 것을 밝히는 뜻에 붙이는 바이다.

387 각각……것이다 : 이 내용은 은(殷)나라를 위해 절개를 지킨 기자, 비간, 미자를 '삼인(三仁)'이라고 칭한 공자의 말씀에 대해 양시(楊時)가 "이 세 사람은 각각 본심을 얻었다. 그러므로 똑같이 인자(仁者)라고 이르신 것이다."라고 주한 데에 보인다. 《論語集註 微子》

388 연주화악(聯珠花萼) : '연주'는 한 줄로 꿰어놓은 여러 개의 진주라는 뜻으로 훌륭한 시나 문장 등을 한 데 모아 엮은 것을 비유하고, 화악은 아름다운 상체(常棣) 꽃과 꽃받침이라는 뜻으로 상체 꽃은 서로 붙어있어 우애가 좋은 형제를 비유하는바, 우애 좋은 형제들의 훌륭한 작품을 이른다. 화악은 《시경》 〈소아(小雅) 상체(常棣)〉의 "상체의 꽃이여, 꽃받침이 환하게 빛나는구나. 무릇 지금 사람들은 형제만 한 이가 없네."라는 시구에서 온 것인데, 이를 원용한 예로 당나라 때 문명(文名)이 있었던 이예(李乂, 647~714) 삼형제의 작품을 합하여 《이씨화악집(李氏花萼集)》이라고 칭한 것이 대표적이다. 《新唐書 卷119 李乂列傳》

《권충장공실기》 서 신해년[389]

權忠壯公實記序 辛亥

우리나라 병화(兵火)의 참혹함은 임진왜란의 변고보다 더 가혹한 것이 없다. 이때에 도원수(都元帥) 권 공(權公 권율(權慄))은 육지에서 싸웠고 통제사(統制使) 이 공(李公 이순신(李舜臣))은 바다에서 싸웠는데, 공적이 모두 최고여서 국사(國史)에 기재되었다.

그러나 이 공은 어려서부터 무과에 종사하여 사마양저(司馬穰苴), 손무(孫武), 《악기(握奇)》[390] 등의 여러 병서(兵書)를 꿰뚫었으니, 전란에 임하여 승리한 것은 진실로 축적한 바가 있어서였다. 반면에 권 공은 정승 집안의 자제로 법도를 따르고 경학(經學)을 숭상해서 늦게 과거에 급제하여 조정에 오르니,[391] 사람들도 또한 오직 국가의 큰 계책을 돕기를 기대했었다. 그런데 하루아침에 큰 난리를 당하자 신묘한 지혜를 크게 발휘하여 적의 요새를 공격하고 빈틈을 공격하니, 모두

389 신해년 : 1851년(철종2)으로, 매산의 나이 76세 되던 해이다.

390 사마양저(司馬穰苴)……악기(握奇) : 사마양저는 춘추 시대 제(齊)나라의 장군이자 병법가로 《사마병법(司馬兵法)》을 지었고, 손무(孫武)는 춘추 시대 오나라의 병법가로 《손자병법(孫子兵法)》을 지었으며, 악기는 고대 황제(黃帝)의 신하인 풍후(風后)가 고안한 군진(軍陣) 이름이자 《악기경(握奇經)》의 약칭이다. 《사마병법》과 《손자병법》은 북송 원풍(元豐) 연간에 《오자(吳子)》, 《위료자(尉繚子)》, 《이위공문대(李衛公問對)》, 《삼략(三略)》, 《육도(六韜)》와 아울러 무학(武學)으로 지정하여 '무경칠서(武經七書)'라고 명명하였다.

391 권공은……오르니 : 권율의 아버지가 영의정 권철(權轍, 1503~1578)이고 권율이 46세 때인 선조 15년에 문과에 급제하였기 때문에 이렇게 말한 것이다.

기의(機宜)에 합당하여 끝내 세상에 드문 공훈을 이루었다.

아! 예부터 국가가 위태롭고 멸망하는 때에 하늘이 그 국가를 끝내 전복하려고 하지 않으면, 반드시 문무(文武)의 재주를 온전히 갖추어 난을 그치게 할 사람을 탄생하여 쓰임에 대비하였다가 난을 다스려 바른 상태로 돌려놓게 하였다. 주(周)나라의 길보(吉甫)[392], 진(晉)나라의 두예(杜預)[393], 당나라의 필함(畢諴)[394], 북송의 종여림(宗汝霖)·우윤문(虞允文)[395]이 바로 이러한 사람이다.

392 주(周)나라의 길보(吉甫) : 주나라 선왕(宣王) 때의 중신(重臣)으로, 문무의 재주를 모두 지녀 북방의 험윤(玁狁)을 정벌하는 데에 큰 공을 세운 윤길보(尹吉甫)이다. 이를 찬미한 내용이 《시경》 〈소아(小雅) 유월(六月)〉에 "문무겸전한 길보여, 만방에서 법으로 삼도다."라고 보인다.

393 진(晉)나라의 두예(杜預) : 두예는 문신(文臣)으로 학식이 깊고 넓어 마치 무기 창고에 온갖 병장기들이 구비되어있는 것과 같다고 하여 '두무고(杜武庫)'라고 불리었으며, 몸은 말에 올라타지도 못하고 활을 쏘면 갑옷을 뚫지도 못했으나 용병술에 뛰어나 매번 큰일에 임할 때마다 번번이 장수의 대열에 처하였고 안서 군사(安西軍司)와 진남대장군(鎭南大將軍) 등을 지냈으며, 《춘추좌씨전》에도 밝아 집해(集解)를 내기도 하였다. 《晉書 卷34 杜預傳》

394 당(唐)나라의 필함(畢諴) : 당 선종(宣宗) 때 한림학사 필함이 강족(羌族)을 격파할 대책을 상세히 올리자, 황제가 "우리 시종신 중에 염파(廉頗), 이목(李牧)과 같은 명장이 있을 줄 어떻게 생각이나 했겠는가.〔孰謂頗牧在吾禁署?〕" 하고, 필함을 절도사(節度使)로 임명하여 공을 세우게 하였다. 《新唐書 卷183 畢諴傳》 염파와 이목은 전국시대 조(趙)나라의 명장들이다.

395 북송……우윤문(虞允文) : 여림(汝霖)은 종택(宗澤, 1059~1128)의 자인바, 종택과 우윤문(1110~1174)은 모두 송나라 때 문관이면서 무재(武才)를 겸비한 인물이다. 종택은 철종(哲宗) 원우(元祐) 6년(1091)에 진사시에 급제하고 고종 때 동경 유수(東京留守)가 되어 명장 악비(岳飛)를 통제(統制)로 발탁해 금나라 군대를 여러 차례 격파하였다. 우윤문은 고종 소흥(紹興) 23년(1154) 진사시에 급제하고 유신(儒臣)으

우리 조선조로 말하면 섬 오랑캐〔왜적〕들이 창궐해서 승승장구하여 쳐들어와 삼경(三京 한양, 평양, 개성)이 함락되고 어가(御駕)가 패하였다. 그래서 대가(大駕)가 서쪽으로 파천하여 청천강(淸川江)의 동쪽은 더 이상 우리의 소유가 아니었다.

더구나 도성(都城)을 소굴로 삼고 수시로 출몰하는 왜군의 유격 기병이 교외에 가득하였으며, 뱀처럼 서려있고 지렁이처럼 서로 엉켜있어서 공략할 수가 없었다. 그런데 공은 남쪽 지방의 한 목사로서 의병들을 불러 모으고 머리를 북쪽으로 향하여 근왕(勤王)해서 부상당하고 굶주리고 피폐한 병사들을 창솔(倡率)하였는데, 병기와 갑옷도 노후하였다. 충성과 절의만 가지고 서로 격려하여 한 번 진격해서는 웅치(熊峙)에서 첩보(捷報)가 있었고, 두 번 진격해서는 행주(幸州)의 전적(戰績)을 아뢰었다.

왜적들은 분한 마음을 품고 독기를 뿜어 죽기로 맹세하고 한 번 분풀이하려 하였으나, 끝내 하지 못하자 마침내 경성(京城)을 포기하고 도망하니, 종묘의 종 틀이 변동되지 않고[396] 나라가 중흥하였다. 이에 권원수(權元帥 권율)가 용병을 잘한다고 천하에 알려졌는데, 이것은

로 참모군사(參謀軍事)로 있을 때 남송의 군대가 금나라 군대에 패하여 전멸의 위기에 놓이자 병사들에게 충의(忠義)를 권면하여 다시금 싸우게 하였고, 패잔병들을 이용하여 지원군이 도착한 것처럼 꾸며 금군을 무찌르는 등 여러 무공(武功)을 세웠다.《宋史 卷360 宗澤列傳, 卷383 虞允文列傳》

396 종묘의……않고 : 나라가 멸망하면 종묘의 종과 종 틀도 변동되기 때문에 환란을 극복하여 종묘사직이 편안함을 이렇게 표현한 것이다. 당나라 이성(李晟)이 주차(朱泚)의 반란을 평정하고 수도를 수복한 뒤에 우공이(于公異)를 시켜 임금에게 보고하기를 “종묘에 설치한 종과 종 틀이 변동되지 않고 종묘의 모습도 예전과 같습니다.〔鍾簴不移, 廟貌如故.〕”라고 한 데서 온 말이다.《新唐書 卷203 列傳 文藝下 于公異》

이른바 "무부(武夫)는 기운이 빼앗기고, 유자(儒者)가 도성을 안정시켰다."[397]는 것이다.

불초가 일찍이 집이 한강 상류에 있었으므로 배를 저어 행주에 가서 공이 싸우던 성벽과 보루의 남은 터를 찾아보았는데, 비탈진 언덕이 목책(木柵)과 같고 깎아지른 절벽이 칼과 창이 빽빽이 모여 있는 것처럼 높이 솟아있었다. 공이 기운을 내어 군대를 순시하며 위엄과 용맹을 빛낸 것을 상상해 보고는 방황하고 탄식하며 오랫동안 떠나지 못하였다. 지금 그 후인들이 역사책을 널리 상고하고 여러 명공(名公)과 문인(文人)들의 말을 채집해서 공의 실기(實記)를 만들고서 불초가 공의 외손이 된다고 하여 서문을 짓게 하였다.

아! 공의 공로의 전말은 어찌 이 책을 읽어야 다 알겠는가. 위에서

397 무부(武夫)는……안정시켰다 : '무부는 기운이 빼앗긴다'는 말은 용기와 지략을 갖춘 문인 아사(文人雅士)가 무장(武將)의 기를 꺾는다는 말로, 당나라 때 한유(韓愈)가 반란군 오원제(吳元濟)의 군대와 대치하고 있는 유공작(柳公綽, 763~832)에게 보낸 편지에 "문자와 장구(章句)를 전업으로 삼는 문인 아사〔儒雅〕로서 천하 무사들의 선두가 되어 저들의 입을 다물게 하고 저들의 기를 꺾으셨습니다."라고 한 데에서 온 말이고, '유자(儒者)가 도성을 안정시켰다'는 말은 당나라의 도성인 장안(長安)을 함락한 황소(黃巢)가 중화(中和) 원년(881)에 피신한 희종(僖宗)을 항복시키려고 3만의 병사를 출격시켰을 때, 정전(鄭畋, 825~883)이 봉상농서절도사(鳳翔隴西節度使)로 몇 천밖에 되지 않는 군대를 이끌고 적병 2만을 섬멸하는 대승을 거두어 황소로 하여금 두려워 감히 황제를 공격하지 못하게 하고, 또 격문을 보내어 흩어진 각 진영의 병사 수만 명을 행재소(行在所)로 달려오게 하여 황제의 군대를 안정시킨 데에서 유래한다. 《韓昌黎集 卷19 鄂州柳中丞書 又一首》《新唐書 卷185 鄭畋列傳》 이 두 가지 고사는 《연감유함(淵鑑類函)》 권208 〈유학장 2(儒學將二)〉의 "무부가 기가 꺾이다.〔武夫奪氣〕"와 〈유학장 1(儒學將一)〉의 "유자가 도성을 안정시켰다.〔儒者奠京師〕"에 실린 주석에 각각 보인다.

말한 "방황하고 탄식하며 행주에서 찾아보았다."는 것도 겨우 열에 한두 마디에 불과할 뿐이다. 그러나 공은 앞뒤로 왜적을 맞아 독성(禿城)[398]에서 크게 싸우며 기이한 계책을 내어 적의 혼이 날아가게 하고, 직산(稷山)에서 왜적을 만나 적의 사나운 발톱을 뽑아놓고, 도산(島山)[399]에서 무찔러 적의 뿔을 뽑았다. 가는 곳마다 큰 공을 세우니, 모두 이정(彝鼎)에 새기고 태상기(太常旗)에 기록할 만하다.[400] 그런데도 의논하는 자들이 특별히 웅치(熊峙)와 행주(幸州)의 전투를 첫 번째로 꼽는 것은 어찌 당시 상황이 어려워서 관련됨이 더욱 컸기 때문이 아니겠는가. 나는 여기에 큰 감회가 있다.

이 공(李公 이순신)의 한산도(閑山島)와 명량(鳴梁)의 공훈[401]은 공과

398 독성(禿城) : 독성산성(禿城山城)을 가리키는바, 경기도 오산시 지곶동에 있는 백제 때의 석축산성으로, '독산성(禿山城)'이라고도 한다. 선조 26년(1593) 7월에 전라도 관찰사 겸 순변사 권율이 근왕병(勤王兵) 2만을 이끌고 북상(北上)하다가 이 성에 진을 치고 왜적을 물리쳤다.

399 도산(島山) : 울산의 도산성(島山城)으로, 지금의 울산 학성(鶴城) 지역이다.

400 이정(彝鼎)에……만하다 : 원문의 '이(彝)'는 고대에 제례에 사용한 기물인 이정으로, 국가에 큰 공적이 있으면 여기에 이름을 새겨 영원히 전하였고, '상(常)'은 제왕의 정기(旌旗)인 태상기(太常旗)로, 역시 나라에 큰 공이 있으면 여기에 기록하여 영원히 전하였는바, 권율의 공적도 이렇게 할 것들이 많다는 말이다.

401 이 공(李公)의……공훈 : 이순신이 지휘하여 큰 공을 세운 한산도 대첩과 명량해전을 가리키는바, 한산도 대첩은 1592년(선조25) 7월 8일 한산도 앞바다에서 전라좌수사(全羅左水使)인 이순신이 지휘하는 조선 수군이 일본 수군을 크게 무찌른 전투로, 진주대첩, 행주대첩과 함께 임진왜란 3대 대첩으로 불리고, 명량해전은 정유재란 때인 1597년(선조30) 9월 16일에 삼도수군통제사(三道水軍統制使)인 이순신이 전라남도 진도와 육지 사이의 해협인 명량에서 일본 수군을 대파한 해전으로, 재차 통제사로 부임한 뒤의 최초의 대첩이며 조선의 수군을 재기시키는 데 결정적인 역할을 한 싸움이

함께 우뚝하였는데, 중간에 법망(法網)에 걸리고 곧바로 전사하여[402] 그 쓰임을 다하지 못하였다. 그러나 공은 화난(禍難)을 깨끗이 평정하고 편안히 지내며 천수(天壽)를 다 누리고 일생을 마쳐 슬픔과 영화로움이 모두 지극하니, 그 다행함과 다행하지 않음이 어떠한가.

다만 근세에 역사책을 자세히 보는 자가 드물어 혹은 해전과 육지의 성공을 차별하여 보는 자가 있음은 어째서인가? 그러나 두 공의 이름이 우주에 찬란하여 미천한 하인과 부녀자와 아동들도 외워 전하여 지금까지도 늠름하게 생기가 있다. 두 분이 예전에 똑같지 않았던 것은 잠시뿐이요 후세에 똑같은 것은 장차 무궁무진할 것이니, 또 어찌 다행함과 다행하지 않음이 있겠는가.

옛사람이 말하기를 "무후(武侯)의 〈출사표(出師表)〉를 읽고도 눈물을 흘리지 않는 자는 사람의 마음이 없는 자이다."[403]라고 하였는데, 나 또한 "공의 실기를 읽고도 감발(感發)하여 흥기하지 않는 자가 있으

었다.

402 중간에……전사하여 : '중간에 법망에 걸렸다.'는 것은 이순신이 임진왜란 때 여러 차례의 수전(水戰)에서 왜적을 크게 격파하여 혁혁한 공을 세우고 삼도수군통제사에 올랐으나, 조정이 간첩 요시라(要時羅)를 통해 입수한 적의 흉계에 빠져 명령을 잘못 내렸을 때 이순신이 즉시 따르지 않자, 조정에서는 곧바로 이순신을 파직하여 서울로 압송해 가혹한 고문을 가함으로써 모진 고통을 겪게 하였던 것을 이른다. '곧바로 전사했다.'는 것은 1598년(선조31) 11월 노량해전에서 이순신이 왜적을 크게 무찌르고 전사한 것을 말한다.

403 무후(武侯)의……자이다 : 무후는 촉한(蜀漢)의 승상 제갈량(諸葛亮)의 시호로, 진력(陳櫟, 1252~1334)이 쓴 《고문진보》 〈출사표(出師表)〉의 소주(小註)에 "선배들이 말하기를 '이 〈출사표〉를 읽고도 눈물을 떨어뜨리지 않는 자는 참으로 사람의 마음이 없는 자이다.' 하였다."라고 한 것을 원용하였다.

면 〈증민(烝民)〉시의 첫 장의 뜻[404]이 민멸된다."라고 말하노라.

404 증민(烝民)시의……뜻 : '〈증민〉시'는 《시경》 〈대아(大雅) 증민〉의 시로, '첫 장의 뜻'은 "하늘이 여러 백성을 내시니, 사물이 있으면 여기에 합당한 법칙이 있네. 사람은 떳떳한 성품을 간직하여 이 아름다운 덕을 좋아한다.〔天生烝民, 有物有則. 民之秉彝, 好是懿德.〕"는 내용을 가리키는바, 여기에서는 이로써 사람은 누구나 아름다운 마음이 있어 권율의 실기를 보고 그의 훌륭한 덕을 사모할 것임을 말한 것이다.

《난국재[405]유고》 서

蘭菊齋遺稿序

불초가 일찍이 《소대예기(小戴禮記)》[406]의 〈유행편(儒行篇)〉을 읽고서 학자는 고금을 막론하고 오직 그 뜻과 행실이 어떠한가를 보아야 한다는 것을 알았는데, 난국재(蘭菊齋) 이 공(李公)의 유편(遺編)과 행록(行錄)을 보고서 또 마침내 개연히 감탄하였다.

우리 동방은 문교(文敎)를 숭상하고 선비를 높이는 것이 성대하여 여러 노선생(老先生)이 천명하고 개발해서 도술(道術)이 홀로 천하에 분열되지 아니하여 공자를 할아버지로 높이고 주자(朱子)를 아버지로 높여 이와 같이 찬란하였다. 그런데도 문호(門戶 학파)가 나뉘며, 듣고 행함의 차이가 없지 않아 왕왕 독실한 행실과 높은 식견을 가지고 숨어 살면서 곤궁하게 지내며 어렵게 정도(正道)를 지키면서도 일생을 마치도록 이름이 알려지지 않은 자가 있다.

사우(師友) 간의 강습함과 행실의 순박함과 예법의 근엄함을 가지고

405 난국재(蘭菊齋) : 이예환(李禮煥, 1772~1837)의 호로, 자는 치화(治和)이고, 본관은 경주(慶州)이다. 익재(益齋) 이제현(李齊賢, 1287~1367)의 후손이고 송치규(宋穉圭, 1759~1838)의 문인으로, 문명(文名)이 있었으며 학행(學行)으로 관찰사에 천거되었으나 나아가지 않았다.

406 소대예기(小戴禮記) : 소대는 한(漢)나라 선제(宣帝) 때 활동했던 학자 대성(戴聖)이고, 《소대예기》는 대성이 지은 책으로 현재 전하는 《예기》 49편을 이른다. 《소대예기》는 대성의 숙부인 대덕(戴德)이 편찬한 《대대예기(大戴禮記)》와 구별하여 붙여진 이름이다.

공을 근세의 여러 유자(儒者)들과 비교하면 이미 힘써 나아가 넉넉히 들어갈 수가 있었다. 다만 서울에서 다소 멀리 있어 명성이 크게 드러나지 못하였고 남이 추천해주는 것을 마음에 좋아하지 아니하여 돌처럼 굳은 절개로 지조를 지켰다.

그러나 사물의 이치를 연구한 것을 살펴보면 한 회초리의 혈흔이 남아있고 한 주먹의 혈흔이 생겨[407] 더욱 정밀함을 볼 수 있고, 실천한 것을 논하면 호랑이 꼬리를 잡은 듯이 두려워하고 봄에 살얼음을 밟은 듯이 조심하여 더욱더 삼가고 두려워하는 마음을 다하였으니, 한 도의 선한 선비에게서 찾아보더라도 대략 이와 같은 분이 드물다.

그리고 남긴 업적으로 말하면 더욱 미치기 어려움을 볼 수 있다. 서독(書牘)의 여러 편은 온축된 것이 모두 드러나 조예의 깊이가 선인(善人)과 신인(信人)[408]의 경지에 해당하니, 시운을 편인히 여기고 순하게 대처하여 밝지도 않고 어둡지도 않은 자[409]에 가깝다. 동시대를

407 한 회초리의……생겨 : 이 내용은 《주자어류》 권10 〈독서법(讀書法)〉의 "한 번의 회초리질에 어김없이 한 줄 회초리의 혈흔이 남아있고, 한 번의 주먹질에 어김없이 한 주먹의 혈흔이 생긴다.〔一棒, 一條痕; 一摑; 一掌血.〕"라는 말을 원용한 것으로, 목표한 공부에 온신의 노력을 기울여 얻어진 결과를 이른다.

408 선인(善人)과 신인(信人) : 《맹자》 〈진심 하(盡心下)〉의 "좋아할 만한 사람을 선인이라 이르고, 선을 자기 몸에 소유한 사람을 신인이라 이르고, 선을 충실히 한 사람을 미인(美人)이라 이르고, 충실하여 빛남이 있는 사람을 대인(大人)이라 이르고, 대인이면서 저절로 화한 사람을 성인(聖人)이라 이르고, 성스러워 알 수 없는 사람을 신인(神人)이라 이른다."라는 내용을 원용한 말이다.

409 시운을……자 : 의도적으로 자신을 감추지도 않고 드러내지도 않아 그저 순리대로 사는 사람을 가리키는바, 《장자》 〈양생주(養生主)〉의 "때마침 이 세상에 온 것은 부자(夫子)가 올 때였기 때문이고, 때마침 저 세상으로 간 것은 부자가 갈 차례였기

살면서 일면식도 하지 못했으니, 어찌 평생의 한으로 남지 않겠는가.

불초는 늙고 용렬하여 더욱 남을 위해 문자를 지을 수 없다. 그러나 공의 손자인 규현(奎鉉)이 공의 유고에 대한 서문을 부탁하려고 와서 한 달 넘게 함께 있으면서 지극한 정성을 쌓으니, 감히 끝내 사양할 수가 없었다.

진실로 숨은 것을 드러내고 그윽한 것을 밝히는 책임이 후인들에게 있으나, 공처럼 깊고 간절하게 이치를 살펴보고 참되고 돈독하게 행실을 단속한 분은 진실로 《예기》 〈유행(儒行)〉에서 말한 바에 부끄러울 것이 없다.[410] 그렇다면 후세의 자운(子雲)과 요부(堯夫)가 반드시 공의 글을 외고 읽어 인품을 알아서 공의 세대를 논하는 자가 있을 것이다.[411] 문고가 모두 네 편인데 질박하고 정심(精深)한 면모는 서독에 더 많이 실려있다. 문하생이 많지 않아 질문에 따라 발명한 내용이

때문이다. 편안히 때에 맞추고 차례를 따랐으니,〔安時而處順〕 슬픔과 즐거움 따위가 마음속에 들어올 수 없었다."라는 말과 《도덕경(道德經)》 제14장의 "그 위는 밝지 않고, 그 아래는 어둡지 않다.〔其上不皦, 其下不昧.〕"라는 구절을 원용한 표현이다.

410 공처럼……없다 : 《예기》의 〈유행(儒行)〉편은 공자가 유자(儒者)가 수행해야 할 덕목을 구체적으로 설명한 편인바, 이예환의 행실이 〈유행〉편에서 설명한 유자의 행실에 부합한다는 말이다.

411 후세의……것이다 : 자운(子雲)은 한나라 양웅(揚雄)의 자이고, 요부(堯夫)는 송나라 소옹(邵雍)의 자로, 당대에는 알아줄 사람이 없어서 후세에 제대로 평가해줄 사람을 기다린다고 할 때 거론되는 인물들인바, 이를 인용하여 이예환의 저서를 당세에는 몰라주어도 후세에 양웅과 소옹 같은 분이 나오면 반드시 알아줄 것임을 말한 것이다. 《주서백선(朱書百選)》 두주(頭註)에 "전한(前漢)의 양웅이 《태현경(太玄經)》을 지어 놓고 '후세에 양자운(揚子雲)이 나오면 반드시 이 책을 좋아할 것이다.' 하였고, 송대의 소옹은 《황극경세서(皇極經世書)》를 지어 놓고 '요부(堯夫)가 후세의 요부에게 드린다.'라고 했다."는 내용이 보인다.

상대적으로 간략한 점이 애석하다.

공은 내면의 수행에 전력하였기 때문에 아름다운 글을 지을 겨를이 없었다. 글을 지을 때 성실을 세움은 실제로 업을 닦는 것이 되지만[412] 마침내 원하는 바가 수행에 있었으니, 문장을 가지고 공의 경중을 평가하는 자는 어찌 공을 얕게 아는 자가 되지 않겠는가. 이 문집을 읽는 자는 이 뜻을 몰라서는 안 될 것이다.

412 글을……되지만 : 이 내용은 《주역》 〈건괘(乾卦) 문언(文言)〉의 "군자는 덕을 진전시키고 업(業)을 닦으니, 충(忠)・신(信)이 덕을 진전시키는 것이요, 말을 함에 그 성실함을 세움이 업을 보유하는 것이다."는 말을 원용한 것이다.

《열암집》[413] 서 갑오년[414]

悅菴集序 甲午

선비가 몸의 지조를 지킴은 처녀가 규중(閨中)에 처하여 한걸음도 문지방을 넘지 않는 것과 같이 하여야 한다. 만약 넘는다면 얼굴에 분을 곱게 바르고 시문(市門)에 기대어 손님을 기다리는 기생과 별로 다를 것이 없다. 이 때문에 책을 읽고 홀로 행하는 군자의 덕의(德義)를 사모해서 세속 밖에서 몸을 감추고 개연히 세속을 떠나 산중에서 말라 죽으며 남에게 인정받지 못하더라도 후회하지 않는다. 이렇게 하는 것이 바로 자신의 지조를 잘 지키는 것이다.

내가 살펴보건대 열암(悅菴) 처사 하시찬(夏時贊) 같은 분이 바로 여기에 부끄러움이 없을 것이다. 처사는 대대로 달성(達城)의 만촌(晩村)에 거주하였다. 일찍부터 성현의 학문을 좋아하여 송심재(宋心齋)와 이경호(李鏡湖)[415] 두 현자를 종유하여 명리(名理 성리(性理))를 배웠

413 열암집(悅菴集) : 하시찬(夏時贊, 1750~1828)의 문집인바, 5권 3책으로, 1836년(헌종2)에 목판으로 간행되었다. 하시찬은 자가 경양(景襄)이고, 호가 열암이며, 본관이 달성(達城)이다. 송환기(宋煥箕, 1728~1807), 이의조(李宜朝, 1727~1805)의 문인으로, 성리학과 역학(易學)에 조예가 깊었다. 벼슬하지 않고 재실을 지어 당대의 석학과 교유하고 후학을 양성하였다.

414 갑오년 : 1834년(순조34)으로, 매산의 나이 59세 되던 해이다.

415 송심재(宋心齋)와 이경호(李鏡湖) : 심재와 경호는 각각 송환기(宋煥箕)와 이의조(李宜朝)의 호이다. 송환기는 자가 자동(子東)이고, 또 다른 호는 성담(性潭)이며, 본관은 은진(恩津)으로, 우암 송시열의 5대손이고 시호는 문경(文敬)이다. 1762년(영조38) 생원시에 합격하고 벼슬이 예조 참판에 이르렀다. 학덕을 겸비하여 문하에 많은

다. 말년에 송추(松楸)[416]에서 여생을 마치고자 하여 병사(丙舍 재실(齋室))를 짓고 거처하였으니, 바로 이른바 '독무암서(獨茂巖棲)'라는 곳이다. 온갖 세속의 인연을 잊고 산문(山門)을 나가지 않고 살다가 향년 79세에 별세하였다.

처사는 둘째 아드님의 몸으로 후사가 없다 하여 죽을 때에 족손(族孫)에게 편지를 남겨 몸은 선영(先塋)의 묘에 장례하고 신주는 사당에 부묘(祔廟)하게 하되 자신의 제사는 형의 손자대까지만 지내게 하였다. 사후의 일을 조처함이 예(禮)에 하나하나 부합하여 평소 견지하던 것과 같았으니, 살았을 때에나 죽었을 때에나 어찌 법을 달리했겠는가.

불초는 항상 동시대에 태어나서 일면식도 못한 것이 한스러웠다. 달성부(達城府)로 근친(覲親)하였을 적에 처사에게 한 번 찾아오기를 요구하였으나 처사는 언언(言偃)의 집무실[417]에 들어가지 않는 뜻을

제자를 길렀으며, 호락논쟁(湖洛論爭)에 있어서는 호파로 인물성이론(人物性異論)을 지지하였다. 이의조는 자가 맹종(孟宗)이고, 본관이 연안(延安)으로, 도암(陶菴) 이재(李縡)와 운평(雲坪) 송능상(宋能相)의 문인이다. 1779년(정조3)에 학행으로 천거되어 공릉참봉(恭陵參奉)에 제수되었으나 나아가지 않고 학문 연구와 후진 양성으로 일생을 보냈다. 저서로 《가례증해(家禮增解)》가 있는데, 이는 《주자가례》를 보충하고 해설한 것이다.

416 송추(松楸) : 소나무와 가래나무로, 선영(先塋)에 많이 심는 나무여서 부모의 산소가 있는 고향 또는 선산(先山)을 가리킨다.

417 언언(言偃)의 집무실 : '언(偃)'은 공자의 제자인 자유(子游)의 이름으로, 성이 언(言)이고 자가 자유인바, 공자가 무성(武城)의 수령인 언언에게 훌륭한 인물을 얻었냐고 묻자, 언언이 담대멸명(澹臺滅明)을 거론하면서 "공무가 아니면 저의 집무실에 찾아온 적이 없습니다.〔非公事, 未嘗至於偃之室也.〕"라고 대답한 데에서 연유하여 '언실(偃室)'은 지방 수령의 거처를 뜻하는 말로 쓰였다. 《論語 雍也》

인용하여 사양하니, 나는 그가 스스로 자신을 소중히 여기는 것에 더욱 탄복하여 만나보지 못함을 유감으로 여기지 않았다.

처사는 항상 명예를 얻는 것을 부끄러워하여 관찰사의 추천을 여러 번 피하였다. 어떤 사람이 천거하려고 하였는데, 공의 이름이 자신의 선조의 휘(諱)와 같은 것을 혐의하여 빨리 개명할 것을 요구하자, 처사는 "《예기》에 '고자(孤子)는 이름을 고치지 않는다.'[418]라고 하였습니다." 하고는 마침내 사양하였다. 바른 의리를 따름이 마침내 이와 같았으니, 진실로 지키는 바를 바꾸지 않음이 견고한 자가 아니라면 또한 어찌 여기에 참여할 수 있겠는가. 선비들이 태도를 바꾸고 행실을 더럽혀서 자신의 지조를 잃는 것이 치욕임을 알지 못하는 자가 처사의 행실을 본다면 얼굴이 달아오르고 마음이 부끄러워지지 않을 수 있겠는가.

처사의 종손(從孫)인 정익(正益)과 정창(正昌)이 공의 유고를 가지고 천 리 멀리 서울로 들어와서 나에게 서문을 요청하니, 소리와 기운의 감동함을 친소(親疏)로 제한할 수 없음을 안 것이다.[419] 돌아보건대 나는 좁은 식견으로 다만 그 외부만 잠깐 보았고 깊은 경지를 엿보지 못하여 형식적인 말을 가지고 간략히 요구에 부응할 뿐이니, 또한 어찌 처사를 높일 수 있겠는가.

418 예기에……않는다 : '고자(孤子)'는 아버지를 잃은 아들에 대한 칭호로, 이 내용은 《예기》 〈곡례 하(曲禮下)〉에 "군자가 아버지를 여의고서는 이름을 고치지 않으며, 아버지를 잃고 갑자기 귀해져서는 아버지의 시호를 짓지 않는다."라고 보인다.

419 소리와……것이다 : 이 내용은 《주역》 〈건괘 문언(文言)〉의 "같은 소리는 서로 응하고 같은 기운은 서로 찾는다.〔同聲相應, 同氣相求.〕"라는 구절을 원용한 것으로, 주인공인 하시찬과 이 글을 지은 자신은 의기(意氣)가 서로 합하므로 친소에 관계치 않음을 말한 것이다.

또 글을 지음에는 성실함을 세우는 것이 필요하니, 성실함을 세워 처할 수 있으면 이것이 실로 업을 쌓는 것이다. 문장의 정밀하고 거칢을 가지고 처사를 논하는 자는 처사를 얕게 아는 자이다. 이 때문에 특별히 처사가 지조를 지킨 대강을 들어 "열암 처사와 같이 세속에 바라는 바가 없고 평소의 지조를 고수하여야 비로소 떳떳한 법을 지키는 선비라고 인정할 수 있다."라고 고하노라.

《독서요결》 서
讀書要訣序

주자(朱子)가 처음으로 독서하는 요점을 기술하여 성현이 만들어놓은 가르침을 높이고 배우는 자의 순서를 엄격히 하였으며, 석담(石潭 이이(李珥)) 선생이 뒤이어 《격몽요결(擊蒙要訣)》의 〈독서장(讀書章)〉을 지어서 항상 의리가 마음속에 스며들어 잠시도 중단하는 때가 없게 하였으니, 이미 지극하다.

수재(修齋) 송 공(宋公)[420]이 또다시 《독서요결(讀書要訣)》을 편집하였는데, 앞에는 그림을 놓고 학문하는 방도와 독서하는 근본을 차례로 들어서 법과 순서 어느 것 하나 빠트린 것이 없으며, 황 문숙공(黃文肅公)의 '진실한 심지로 각고의 공부를 한다.〔眞實心地刻苦工夫〕'는 여덟 글자[421]를 절도(節度)로 삼았다.

강령이 이미 게시되고 조목이 펼쳐졌으니, 넓히면 만물의 이치를

420 수재(修齋) 송 공(宋公) : 송후연(宋厚淵, 1754~1802)으로, 호가 율수재(聿修齋)이기 때문에 이렇게 칭하였다. 송후연은 자가 중고(仲高)이고, 본관이 은진(恩津)으로, 동춘(同春) 송준길(宋浚吉)의 후손이다. 김양행(金亮行), 송명흠(宋明欽)의 문하에서 학문을 익혔고, 임성주(任聖周), 김정묵(金正默)과 교유하였다. 세자익위사(世子翊衛司)의 부솔(副率)에 천거되고, 내외의 관직을 두루 거쳤으며, 저서로 《율수재집》이 전한다.

421 황 문숙공(黃文肅公)의……글자 : 문숙은 주자의 문인인 황간(黃榦, 1152~1221)의 시호로, 인용한 말은 황간이 임천현(臨川縣)을 맡고 있을 적에 현승(縣丞)의 아들인 하기(何基)를 제자로 받아들이면서 당부한 말이다. 《宋史 卷438 何基列傳》

다하고 요약하면 일심(一心)의 묘함을 높인다. 입지(立志)의 원대함은 본성을 회복하여 천지에 참여하는 것이고, 체험의 실제는 자신을 수양하여 백성을 편안하게 하는 것이니, 체(體)와 용(用)이 겸비되고 등급이 치밀하다. 박학에 치우친 자는 돌이켜 요약하는 방법을 얻을 수 있고, 과문(寡聞)한 자는 강학하는 단서를 알 수 있다. 이로 말미암아 나아간다면 성현이 되고 현인이 되는 것이 손바닥을 보는 것처럼 쉬울 것이다. 이것은 공이 평소 늘 했던 말씀이니, 다시 평론할 필요가 없다.

학문하는 방도는 오직 지(知)와 행(行)이다. 이 두 가지는 수레의 두 바퀴와 새의 두 날개와 같아 한 가지도 폐할 수 없는 것이다. 경중을 논하면 진실로 지가 가볍고 행이 중하다. 그러나 만약 지와 행의 전체를 궁구한다면 건(乾)이 비록 만물의 시작하는 근원이 되나 곤(坤)이 물건을 이루지 못하면[422] 실로 시작하는 근원이 됨을 귀하게 여길 것이 없고, 또한 만물을 시작하지 않고서 물건을 이루는 것은 있지 않다. 이런 의리를 미루어 보면 지와 행에 경중을 나눌 수 없을 듯하다.

이 때문에 책을 읽고 이치를 연구함은 학문을 하는 데 있어 첫 번째 의체(義諦)가 되는데, 우리나라 유학의 병폐는 고질이 되어서 말을 하는 데에는 익숙하나 새것을 아는 데에는 게으르다. 애초에는 누구인들 박문(博文)과 약례(約禮)가 나란히 이루어지기를 원하지 않겠는가마는 이른바 '박문'이 끝내 소략하여 왕왕 귀동냥이나 눈동냥으로 하여

422 건(乾)이……못하면 : 이 내용은《주역》〈건괘(乾卦) 단(彖)〉의 "위대하다 건원이여, 만물이 이를 근원으로 시작되니, 이에 하늘의 일을 총괄한다.〔大哉乾元! 萬物資始, 乃統天.〕"는 말과《주역》〈계사상전(繫辭上傳)〉의 "건은 시작함을 맡고, 곤은 물건을 이룬다.〔乾知大始, 坤作成物.〕"는 말을 원용한 것이다.

일정한 기준이 없으니, 이는 이 《독서요결》을 만든 이유이다.

배우는 자가 진실로 한결같이 이것을 법도로 삼아 순서를 따라 정밀하게 하여, 잠김이 부족하면 또 자맥질하고, 익힘이 부족하면 또 무르익게 하고, 섭취함이 부족하면 또 실컷 배불리 먹는다. 그리하여 깊이 통달해서 극(極)에 모인다면[423] 자연스럽게 마음이 이치와 더불어 하나가 될 것이니, 이치를 연구하고 본성을 다하여 천명에 이름[424]을 서서히 이루는 것도 어찌 이것을 버리고 능하겠는가. 이것이 수재 공이 후학들에게 깊이 바란 것이다.

아! 동춘(同春 송준길(宋浚吉)) 선생이 명도(明道 정호(程顥))의 자품을 받고 자양(紫陽 주희(朱熹))의 학문을 밝혀서 천덕(天德)과 왕도(王道)[425]를 구비하지 않음이 없었는데, 공이 가학(家學)의 연원을 거슬러 올라가 일찍 스스로 수립하였다. 그리하여 약관이 되기도 전에 이 책을 찬술하였는데, 바로 동춘옹(同春翁)이 종사한 것을 인하여 써서 만든 것이다. 또한 공의 집안에만 전하는 은밀한 비결이라고 말할 수 있으니, 어찌 주자와 율곡 두 현자가 온축한 묘한 도와 정밀한 뜻을 밝힐

423 극(極)에 모인다면 : 공평정대한 이치에 통달하여 인욕이 사라진다는 뜻으로, 《서경》 〈홍범(洪範)〉의 "편벽됨이 없고 편당함이 없으면 왕의 도가 탕탕(蕩蕩)하며, 편당함이 없고 편벽됨이 없으면 왕의 도가 평평(平平)하며, 상도(常道)에 위배됨이 없고 기욺이 없으면 왕의 도가 정직할 것이니, 그 극(極)에 모여 그 극에 돌아올 것이다."라는 말에서 온 것이다.

424 이치를……이름 : 이 내용은 《주역》 〈설괘전(說卦傳)〉에 보인다.

425 천덕(天德)과 왕도(王道) : 천덕은 자신의 마음과 몸을 닦는 명명덕(明明德)을 이르고 왕도는 인의(仁義)의 도로 백성을 다스리는 신민(新民)을 이르는바, 곧 수기(修己)・치인(治人)을 강조한 정주학(程朱學)을 가리킨다.

뿐이겠는가.

공의 손자인 정희(正熙) 문오(文吾)[426]가 일찍이 불초에게 서문을 써 줄 것을 요구하였는데, 불초 또한 일찍이 공에게 가르침을 받들었으나 끝내 노쇠하여 거의 죽을 날이 다 될 때까지도 도를 듣지 못해서 작은 것이라도 지하에 가지고 가서[427] 공을 배알할 것이 없음을 부끄러워하였다. 원컨대 남은 생애 동안 은혜로운 가르침을 실천하고자 하며, 인하여 문오를 경책(警策)해서 한결같이 이루어 놓은 방법을 따라 계술(繼述)[428]의 의리를 다하게 하고자 한다.

426 정희(正熙) 문오(文吾) : 문오는 송정희(1802~1881)의 자로, 호는 풍야(豊埜)이다. 1834년(순조34) 사마시에 합격하고, 음직(蔭職)으로 보은 군수(報恩郡守), 공조 참판 등을 지냈으며, 저술로 《풍야집》이 있다.

427 작은……가서 : 원문은 '자수(藉手)'로, 《춘추좌씨전》 양공(襄公) 11년의 "우리 동맹국들은 소국이 죄가 있어 대국이 토벌할 때 작은 것이라도 바침이 있으면〔苟有以藉手〕 용서하지 않은 적이 없다."는 말에서 온 것이다.

428 계술(繼述) : 《중용》의 "효도란 부모나 선조의 일을 잘 계승하고 잘 따르는 것이다.〔夫孝者, 善繼人之志, 善述人之事.〕"는 구절을 축약한 말이다.

《성당집》[429] 서

性堂集序

선비에게는 두 가지 길이 있는데, 출세와 은둔뿐이다. 세상에 나가면 훌륭한 일을 하고 은둔하면 지킴이 있어야 한다. 지킴은 몸의 지조를 지키는 것보다 더 큰 것이 없는데, 몸의 지조를 지키는 것도 때에 마땅한 조처가 있다.

아! 명나라가 멸망하자 하늘과 땅이 무너졌다. 관(冠)과 신이 도치되고 비린내 나는 오랑캐가 함께 중국을 다스리니, 중국의 사대부들이 일상에 안주하고 옛것에 익숙하여 다시는 원통한 마음을 참고 머금는 뜻을 알지 못하고, 오랑캐의 조정에 이마를 조아리고서도 태연하고 부끄러워하지 않는다. 이어서 변명하기를 "저들이 비록 오랑캐이지만 도를 소중히 여기고 유학을 높인다면 군자도 벼슬할 수 있다."라고 한다.

저 오랑캐들은 당(唐), 우(虞)와 삼대(三代)가 전수한 바의 신기(神器)[430]를 도둑질하여 예악(禮樂)을 무너트리고 백성들의 머리를 깎아

429 성당집(性堂集) : 정혁신(鄭赫臣, 1719~1793)의 문집이다. 정혁신은 자가 명준(明峻)이고, 호가 성당이며, 본관은 경주(慶州)이다. 보령(保寧)에서 태어났고 남당(南塘) 한원진(韓元震)을 사숙하였다. 1787년(정조11)에 학행으로 천거되어 광릉 참봉(光陵參奉)에 제수되었으나 사직하였다. 산림에 은거하며 자연을 노래한 산중시를 많이 남겼고, 심성론에 있어서는 한원진의 학설을 지지하였다.

430 신기(神器) : 원래 왕위(王位) 계승에 따르는 보물인 옥새(玉璽)나 보정(寶鼎)을 이르는데, 여기서는 요순시대로부터 내려오는 중국 정통 왕조의 왕위를 가리키는

서 풍속을 바꾸고서 말하기를 "우리가 선성(先聖)의 도를 높인다."고 하였다. 이는 거짓말을 하고 중화를 어지럽혀 죄가 천지에 가득해서 인경(麟經)의 주벌을 피할 수 없는 것이니,[431] 어찌 군자로서 헛되이 여기에 구애되어 몸을 욕되게 하여 중화와 오랑캐의 큰 구분을 없앨 수 있겠는가.

유독 우리 동방의 선비들 중에는 청나라의 배신(陪臣)이 되는 것을 부끄러워하여 왕왕 의리를 드높여 스스로 충정을 지키는 분이 있다. 이는 천하와 후세에 충분히 내세울 만한 점인데, 근고(近古)의 성당(性堂) 처사 정 공(鄭公)도 그 중에 한 분이다.

공은 어릴 때부터 병자년과 정축년의 일[432]을 듣고는 분개하여 말씀하기를 "내 차마 건주(建州)의 오랑캐[433] 백성이 될 수 없다." 하였고,

말로 썼다.

431 인경(麟經)의……것이니 : 인경은 공자가 저술한 《춘추》를 비유한 말로, 오랑캐를 물리치고 주(周)나라 왕실을 높이는 존왕양이(尊王攘夷)의 정신을 강조하는 것이 《춘추》의 대의(大義)이기 때문에 청나라가 그 주벌을 피할 수 없다고 한 것이다. 《춘추》는 공자가 당시의 난신적자(亂臣賊子)들을 경계하기 위해 새로 만든 역사책으로, 노나라 은공(隱公) 원년(기원전722)에서 시작하여 애공(哀公) 14년(기원전479) 노나라가 서쪽으로 사냥을 나갔다가 기린을 잡은 기사에서 끝난다. 기린은 상서로운 동물로 이 짐승이 나타나면 성인이 나온다고 전해지는데, 난세에 기린이 나와 사람에게 잡혔으므로 공자는 이에 눈물을 흘리고 여기에서 기록을 멈추었다고 하는바, 이 때문에 '인경'이란 말이 생겼다.

432 병자년과……일 : 병자호란(丙子胡亂)이 병자년(1636, 인조14)에 일어나 이듬해인 정축년(1637, 인조15)에 끝났는바, 병자호란을 가리킨다.

433 건주(建州)의 오랑캐 : 청나라를 세운 여진족(女眞族)을 가리킨다. 건주는 지금의 길림(吉林) 부근으로, 명나라 성조(成祖)가 만주 남쪽의 여진족을 통치하기 위하여 이곳에 건주위(建州衛)를 설치하였다.

마침내 폐인(廢人)이 될 것을 마음에 맹세하고 종신토록 사립문의 누추한 집에서 살았는데, 술지게미와 겨도 충분치 못하여 처자가 굶어죽어도 후회하지 않았다. 공은 사람들과 북벌(北伐)을 논하거나 군대의 일을 논할 때이면 목소리와 기운이 격앙되어 몸속의 피가 끓는 듯하였으며, 이것을 시로 읊은 것이 모두 동해(東海)에 뛰어들어 죽는 것이거나[434] 서대(西臺)의 통곡[435]이었으니, 풍천(風泉)의 마지막 편으로 실을 수 있는 것이었다.[436]

434 동해(東海)에……것이거나 : 오랑캐에 굴하지 않는 높은 절의를 표현한 것이다. 전국시대에 진(秦)나라가 조(趙)나라를 공격하여 수도 한단(邯鄲)을 포위하자, 여러 제후들이 진나라를 두려워하여 감히 조나라를 구원하지 못하였다. 이 때 위(魏)나라의 안희왕(安釐王)이 조나라를 구원하고자 하였으나, 진나라의 위협에 위군(魏軍)은 진군하지 못하였다. 위나라에서는 신원연(新垣衍)이라는 변사(辯士)를 조나라에 보내, 진나라 임금을 황제로 섬기면 진나라가 포위를 풀 것이라는 계책을 말하게 하였는데, 이 말을 들은 노중련(魯仲連)이 "저 진나라가 방자하게 황제를 칭하고 무력으로 천하에 정사를 편다면, 나는 동해에 뛰어들어 죽을 뿐이요,〔連有蹈東海而死耳〕 차마 그의 백성 노릇은 하지 못하겠다."라고 하였다. 《史記 卷83 魯仲連列傳》

435 서대(西臺)의 통곡 : 서대는 지금의 절강성(浙江省) 동려현(桐廬縣) 남쪽 부춘산(富春山)에 있었던 대의 이름이다. 송나라 말기 문천상(文天祥)을 따라 원군(元軍)과 싸웠던 의사(義士) 사고(謝翶, 1249~1295)가 문천상의 처형 소식을 듣고는 서대에 올라 신주를 마련하고 잔을 올려 호곡(號哭)하였는데, 이때 대나무 여의(如意)로 돌을 치며 초혼(招魂)의 노래를 부르자, 대나무와 돌이 모두 부서졌다. 이에 〈서대통곡기(西臺慟哭記)〉를 짓고 사방을 떠돌아다니다가 생을 마친 고사가 있으므로 이렇게 말한 것이다. 《宋元學案 卷56》

436 풍천(風泉)의……것이었다 : 풍천은 《시경》 회풍(檜風)과 조풍(曹風)의 마지막 편인 〈비풍(匪風)〉과 〈하천(下泉)〉을 합하여 칭한 것인바, 두 시는 모두 주(周)나라 왕실이 쇠망하는 것을 근심하고 탄식하는 내용을 담고 있으므로 정혁신이 지은 시를 그 뒤에 실을 수 있다는 말이다. 원문의 '난(亂)'은 시나 음악의 마지막을 가리키는

공이 한 몸으로 대경(大經)[437]을 담당하여 휩쓸리는 물결 가운데에서 우뚝이 자립한 것이 이미 훌륭하고, 또 호해(湖海)의 변고[438]를 우려해서 기미를 보고 떠나가 깊은 산속에서 몸을 감추어 곤륜산(崑崙山)의 화염[439]에 초연하였으니, 만일 이치를 밝게 알고 기미를 아는 자가 아니

말이다.

437 대경(大經):《중용》 제32장에 "오직 천하에 지극히 성실한 분이어야 천하의 대경(大經)을 경륜할 수 있다."라고 하였는데, 주자가 "대경이란 다섯 가지의 인륜이다.〔大經者, 五品之人倫.〕"라고 주하였다.《中庸章句》

438 호해(湖海)의 변고 : 호서와 해서 지방에서 발생한 역모 사건을 가리킨다. 홍국영(洪國榮)이 실각한 이후 삼사(三司)에서 송덕상(宋德相)이 홍국영의 역모에 동조했다는 이유로 송덕상의 추국(推鞫)을 청하였는데, 이때 충청도 유생들이 통문(通文)을 돌려 송덕상을 구호하려 하여 관련 유생들은 처벌하고 송덕상은 삼수부(三水府)에 안치(安置)하는 사건이 있었다. 이어 수원(水原)의 원유(院儒)들이 통문을 돌려 구명운동(救命運動)을 펼치려다가 발각되어 호서 심핵사(湖西審覈使)가 이 사건을 함께 조사하였다.《正祖實錄 5年 9月 13日, 10月 9日, 10月 11日, 10月 14日》 또 해서(海西)에서는 평산(平山)에 사는 신형하(申亨夏) 등이 송덕상을 비호하는 글을 지어 송시열의 영당(影堂)에 고유(告由)하자, 그 뜻이 음침(陰慘)하고 구절이 패악하다면서 같은 고을의 윤임정(尹任鼎)이 신형하를 붙잡아서 고발하는 사건이 발생하였다. 이때 조정에서는 김이희(金履禧)를 심핵사로 삼아 조사하게 하였다.《正祖實錄 6年 3月 28日》 송덕상은 송시열의 현손(玄孫)으로, 일찍이 영조 때 진암(晉菴) 이천보(李天輔)가 경학과 예학에 밝아 등용하면 동궁의 학업에 많은 도움이 될 것이라는 명목으로 추천하면서 세자익위사에 제수되어 정조 때까지 벼슬하던 인물인데, 홍국영이 누이인 원빈(元嬪)이 죽었을 때 왕자를 생산하려는 정조의 대계(大計)를 저지하고 상계군(常溪君) 이담(李湛)을 원빈의 양자로 삼아 대통(大統)을 잇게 하고자 유신(儒臣)인 송덕상에게 흉소(凶疏)를 전해 올리게 하였다가 적발되면서 함께 처벌 받았다.《英祖實錄 29年 3月 23日》《正祖實錄 3年 6月 18日, 5年 4月 28日》

439 곤륜산(崑崙山)의 화염 : 옥(玉)과 돌을 가리지 않고 모두 태워버리는 곤륜산의 불로, 선인(善人)과 악인(惡人)을 가리지 않고 주륙(誅戮)하는 것을 비유하는바, 위에

라면 또한 어찌 여기에 참여할 수 있겠는가.

공은 독서하여 홀로 행하는 군자의 덕의(德義)를 사모하고 구차히 당세에 영합하지 않으니, 당세에 공을 물고 씹는 자들이 매우 많았다. 화(禍)의 기운이 침상까지 이르러 면하지 못하게 되었는데, 밝고 성스러운 건릉(健陵 정조(正祖))을 만나 구덩이에서 건져져 편안한 자리에 놓이게 되었다. 건릉이 반드시 등용하고자 하여 간곡히 부르기를 마지않았으나, 끝내 개석(介石)의 뜻[440]을 꺾지 못하였다. 이는 이른바 "몸을 숨겨 드러내지 않은 것이 아니요 입을 닫아 말하지 않은 것이 아니요 지혜를 감추어 드러내지 않은 것이 아니다."[441]는 것이다. 때가 그러했을 뿐이니, 이것이 바로 훌륭한 공이 된 이유일 것이다. 이와 같지 않다면 어떻게 유명(有明)의 유민(遺民)[442]이 될 수 있겠는가.

몸의 비색함과 형통함은 시운에 말미암고, 도의 비색함과 형통함은

서 말한 호해의 변고를 빗댄 것이다.

440 개석(介石)의 뜻 : 돌처럼 확고한 지조를 이르는바, 《주역》 〈예괘(豫卦) 육이(六二)〉의 효사에 "육이는 절개가 돌과 같아 하루를 마치지 않고 떠나가니, 정(貞)하고 길(吉)하다."라고 보인다.

441 몸을……아니다 : 이 내용은 《장자》 〈선성(繕性)〉에 "옛날 이른바 은둔한 선비들은 몸을 숨겨 드러내지 않은 것이 아니요 입을 닫아 말을 꺼내지 않은 것이 아니요 지혜를 감추어 밖으로 드러내지 않았던 것이 아니다. 시운이 크게 어긋났기 때문이다. 시운을 만나 천하에 크게 시행하게 되면 사람들을 하나로 돌아가게 하되 자취를 남김이 없고, 시운을 만나지 못해 천하에서 크게 곤궁하게 되면 뿌리를 깊이 박고 지극한 도를 편안히 여겨 때를 기다렸으니, 이것이 몸을 보존하는 도리이다."라고 보인다.

442 유명(有明)의 유민(遺民) : 유명은 명나라를 가리키고, 유민은 나라가 망한 뒤에 충절을 지키는 백성을 이른다. 옛날 한 글자로 된 국호(國號) 앞에 유(有)나 태(大)를 붙였으므로 명나라를 '유명(有明)' 또는 '태명(大明)'으로 칭하였다.

자신에게 말미암는다. 그러므로 "대인은 비색하여야 형통하다."[443]고 하였으니, 도를 따르지 않고 몸이 형통함은 바로 도가 비색한 것이다. 공과 같은 분은 평생 동안 의리를 지켜 죽음이 이르더라도 괘념치 않았으니, 또한 몸과 도가 모두 형통하다고 이를 만하다. 어찌 본받을 만한 뜻이 있어 나아가고 물러감이 모두 도에 합하는 자가 아니겠는가.

공은 학문을 함에 오로지 내면의 수양을 힘쓰고 저술을 일삼지 않았으며, 저술하더라도 수사(修辭)를 좋게 여기지 않은 데다 남긴 저술도 산일(散佚)되어 거의 없어졌으니, 남은 것은 온 솥의 한 점 고기[444]도 되지 못한다. 시(詩) 가운데 사람들 입에 회자되는 것이 많은데, 삼산재(三山齋) 김 공(金公)[445]이 "맑은 물의 부용(芙蓉)이다."라고 평하였으니, 문예를 가지고 바른 성정(性情)을 징험할 수 있다.

공의 손자인 호건(浩乾)과 호곤(浩坤)이 공이 유문을 간행할 적에 셋째 사위의 아들인 김박연(金博淵) 유성(惟誠)[446]씨가 몇 권으로 정리하여 나에게 서문을 요구하였다. 불초는 총각 시절부터 공의 의리를

443 대인은……형통하다 : 이 내용은 《주역》 〈비괘(否卦) 육이(六二)〉의 효사에 "육이는 품고 있는 것이 순히 받드는 것이니, 소인은 길하고 대인은 비색(否塞)하여야 형통하다."라고 보인다.

444 온……고기 : 저술이 모두 산일되고 약간만 남아있음을 비유하여 말한 것이다.

445 삼산재(三山齋) 김 공(金公) : 삼산재는 김이안(金履安, 1722~1791)의 호로, 자는 원례(元禮)이고, 본관은 안동(安東)이며, 시호는 문헌(文獻)이다. 농암 김창협의 증손이고 미호 김원행의 아들이다. 1762년(영조38) 학행(學行)으로 천거되어 경연관(經筵官)에 기용되고, 충주 목사, 좨주(祭酒) 등을 지냈다. 부친 문하의 박윤원(朴胤源) 등과 교유하며 성리학과 예학을 깊이 연구하였다.

446 김박연(金博淵) 유성(惟誠) : 유성은 김박연(金博淵, 1789~?)의 자로, 본관은 연안(延安)이고, 음관으로 벼슬을 하여 회덕 현감(懷德縣監), 사헌부 장령 등을 지냈다.

끊임없이 칭송하였으니, 감히 늙고 병들었다는 이유로 사양할 수가 없다. 마침내 붓을 들어 이와 같이 써서 사람들로 하여금 천지 사이에 중화(中華)를 높이고 오랑캐를 물리치는 대의가 있음을 알게 하고, 또한 내가 죽은 뒤에 이 서문을 가지고 선철(先哲)을 뵐 수 있게 하니, 덕을 아는 자는 부디 취함이 있을지어다.

임명로[447]의 자친 홍씨의 칠십 세에 축수한 서 임자년[448]

任明老慈夫人洪氏七十歲壽序 壬子

하남(河南) 노자(老子)가 항상 말씀하기를 "사람이 부모가 돌아가시면 생일에 응당 비통한 마음이 갑절이나 더 할 것이니, 어찌 차마 술자리를 베풀고 음악을 연주하겠는가." 하였는데, 주자가 이 말씀을 《소학(小學)》과 《근사록(近思錄)》에 기재하여 후세에 가르침을 남겼다.[449]

스스로를 위해 이와 같이 한다면 어버이를 섬김과 남을 접함에 어찌 유독 그렇지 않겠는가. 그러나 주자는 일찍이 모친의 생신에 축수(祝壽)한 글을 짓고 또 일찍이 탁부인(卓夫人)의 생신에 글을 지었으며, 또 일찍이 고(高) 현령의 생신을 축하한 글을 지었다.[450] 그렇다면 주사

447 임명로(任明老) : 명로는 임헌회(任憲晦, 1811~1876)의 자로, 호는 전재(全齋), 본관은 풍천(豊川), 시호는 문경(文敬)이며, 매산의 문인이다. 1858년(철종9) 효릉 참봉에 제수된 이래 여러 벼슬이 제수되었으나 모두 나아가지 않다가, 노년에 대사헌과 성균관 좨주를 역임하였다. 경학과 성리학에 조예가 깊어 매산의 낙론(洛論)을 계승하여 간재(艮齋) 전우(田愚)에게 전수하였다.

448 임자년 : 1852년(철종3)으로, 매산의 나이 77세 되던 해이다.

449 하남(河南)……남겼다 : 하남 노자(老子)는 북송의 학자인 이천(伊川) 정이(程頤)를 가리킨 것으로, 하남성(河南省) 낙양현(洛陽縣)에 살았기 때문에 이렇게 칭한 것이고, 노자는 늙은 스승이라는 뜻이다. 인용한 내용은 《이정유서(二程遺書)》에 실린 것으로, 《근사록》 〈가도(家道)〉와 《소학》 〈가언(嘉言)〉에도 실려있다.

450 주자는……지었다 : 이 내용은 《주자대전》 권57 〈답진안경(答陳安卿)〉에 보이는데, 주자가 모친인 축부인(祝夫人)의 생신에 축수한 시 〈수모생조(壽母生朝)〉와 탁부인(卓夫人)의 생신에 축수한 시 〈탁국태석인생조(卓國太碩人生朝)〉는 《주자대전》 제2권에 실려있지만, 고(高) 현령의 생신을 축하한 글은 미상이다.

가 술자리를 베풀어 즐거워하였음을 알 수 있다.

진안경(陳安卿)이 이것을 깊이 의심하고 정자(程子)의 가르침을 들어 묻자, 주자가 답하기를 "나는 역량이 부족하여 정자의 가르침을 방과함을 면치 못하였다. 그러나 또 부득이한 일이 있어서 그 실정이 각기 다르다."라고 하였으니,[451] 그 뜻을 또한 볼 수 있다.

임군(任君) 헌회(憲晦) 명로(明老)가 나에게 편지를 보내오기를, "부모의 수갑(晬甲 회갑)에 축수의 술잔을 올리고 기쁨을 아름답게 꾸밈은 자식이 하지 않을 수 없는 것입니다. 옛날 선친의 회갑에는 선친이 정자의 가르침을 굳게 지켜 허락하지 않으셨고, 편모의 회갑에는 선친의 상중이어서 또한 행하지 못했습니다. 이번에는 자친(慈親)의 연세가 칠순에 이르니, 기쁨과 두려움이 모두 지극하여[452] 더욱더 그만둘 수가 없습니다. 장차 생신날에 작은 술잔을 마련하여 〈속수가의(涑水家儀)〉[453]에 따라 집안에 아름다운 축원을 올리고 부

451 진안경(陳安卿)이……하였으니 : 이 내용은 《주자대전》 권57 〈답진안경(答陳安卿)〉에 보인다. 안경은 진순(陳淳, 1159~1223)의 자로, 호는 북계(北溪)이고, 시호는 문안(文安)이다. 주자의 고제(高弟)인데, 주자가 "남쪽으로 내려온 이래 나의 도는 진순이 얻었다.〔南來, 吾道喜得陳淳.〕"고 말할 정도로 신임하였다.

452 기쁨과……지극하여 : 부모의 연세를 떠올리면 오래 사신 것에 기쁘고 사실 날이 얼마 남지 않았다는 것에 두렵다는 뜻이다. 《논어》 〈이인(里仁)〉에 "부모님의 연세를 기억하지 않을 수 없으니, 한편으로는 오래 사셔서 기쁘지만 또 한편으로는 살아 계실 날이 얼마 남지 않아 두렵다."라고 보인다.

453 속수가의(涑水家儀) : 송나라 때 사마광(司馬光, 1019~1086)이 지은 〈거가잡의(居家雜儀)〉의 이칭인데, 사마광이 산서성(山西省) 하현(夏縣)의 속수향(涑水鄕) 사람이기 때문에 일명 '속수선생'이라고 불리므로 이렇게 칭한 것이다. 사마광의 《서의(書儀)》에는 〈거가잡의〉가 〈혼의(婚儀)〉 아래에 편성되어있으나, 주된 내용이 사대부

로(父老)와 친구들을 초청해 즐거움을 함께 하려고 하니, 원컨대 선생께서는 영광스럽게 서문을 써주어 황폐하고 빈한한 집안을 빛내 주십시오."

라고 하였다.

나는 사양하지 않고 다음과 같이 말하였다.

"군자가 생일이 되면 자신을 돌아보고 다시 돌아봐주신 부모의 은혜[454]를 생각하고 풍수(風樹)의 애통함[455]이 간절하여 음악을 들어도 즐겁지 않고 맛있는 음식을 먹어도 입에 달지 않다. 그러므로 잔치를 하지 않는 것은 천리(天理)상 자연스러운 것이다.

그러나 효자가 어버이를 위하는 마음으로는 이 날이 되면 모른 체하고 지나갈 수가 없다. 그렇다면 가축을 잡고 술을 빚어서 축수의 술잔을 차례로 올려 손님이 술에 취하여 노래 부르고 또 춤추는 것도 도리상 당연한 것이다. 이 두 가지는 함께 행해지면서 서로 모순되지

집안의 각종 예절을 기록한 것이어서 《주자가례(朱子家禮)》에는 〈통례(通禮)〉에 실려있다. 《書儀 卷4 婚儀下 居家雜儀》《家禮 卷1 通禮 司馬氏居家雜儀》《說郛 卷71 涑水家儀》

454 자신을……은혜 : 이 내용은 《시경》 〈소아(小雅) 육아(蓼莪)〉의 "아버지 나를 낳아주시고 어머니 나를 길러 주시니, 나를 어루만지고 나를 길러주시며 나를 자라게 하고 나를 키워주시며, 나를 돌아보고 나를 또 돌아보시며〔顧我復我〕 나가고 들어옴에 나를 가슴 속에 두셨네."라는 구절에서 원용한 것이다.

455 풍수(風樹)의 애통함 : 풍수지탄(風樹之嘆)과 같은 말로, '효도를 다하지 못한 자식의 슬픔'을 비유한다. 공자가 길을 가는데 고어(皐魚)란 사람이 슬피 울고 있으므로 그 까닭을 물었더니, "나무는 고요하고자 하여도 바람이 그치지 않고 자식은 부모를 봉양하고자 하여도 어버이가 기다려 주지 않는다.〔夫樹欲靜而風不止; 子欲養而親不待.〕"라고 대답한 데서 유래하였다. 《韓詩外傳》

않는다. 그러므로 정자의 평소 말씀은 저와 같았고 주자의 평소 행하심은 이와 같았던 것이다. 그렇다면 선친이 옛날에 굳이 막으신 것과 명로(明老)가 오늘에 기쁨을 꾸미는 것은 두 가지 다 옳다고 할 수 있다.

또 더구나 명로의 자친은 친정에 있을 때에는 부모가 '효도한다.'고 칭찬하고, 시집와서는 시부모[456]가 '나를 잘 섬긴다.'고 말씀하고, 남편을 섬겨서는 남편이 '매우 마땅하다.'고 하였으며, 이것을 동서간과 종족 간에 미루어 실천하니, 모두들 '옛날의 여사(女士)이다.'라고 칭찬하였다. 사람들에게 신임 받은 규문(閨門)의 범절이 이와 같았다.

베풀기를 좋아하고 곤궁한 사람을 구휼하며 남의 악을 숨겨주고 선을 드날렸다. 그리고 개미 같은 미미한 벌레도 차마 살상하지 아니하여 상서(祥瑞)와 화기(和氣)를 함육하였다. 그리하여 이미 장수하고 또 강녕하시니, 하늘을 감동시킨 인자한 마음이 이와 같았다.

명로는 나와 종유하여 낙민(洛閩)[457]의 책을 읽고 과거 공부를 포기하였는데, 부인은 기뻐하여 이것을 순히 따르셨으니, 고매한 식견이 화정(和靖)의 모친[458]에게 뒤지지 않는 것이다. 가난을 편안히

456 시부모 : 원문은 '존장(尊章)'으로, 시부모의 경칭인 '존장(尊嫜)'과 같은 말이다.

457 낙민(洛閩) : 명도 정호와 이천 정이가 살았던 낙양(洛陽)과 주자가 살았던 민중(閩中)을 아울러 칭한 것으로, 정주학(程朱學)을 의미한다.

458 화정(和靖)의 모친 : 화정은 송나라 흠종(欽宗)으로부터 '화정처사(和靖處士)'라는 칭호를 하사받은 윤돈(尹焞)으로, 일찍이 과거에 응시했을 때 책문(策問)의 제목이 '주원우제신의(誅元祐諸臣議)'였다. 이는 철종(哲宗) 원우(元祐) 연간에 활동했던 여러 신하들을 주벌한다는 뜻으로, 구법당(舊法黨)인 사마광(司馬光), 이천 정이 등을 가리

여기고 곤궁함을 굳게 지키시며 의로운 방법으로 아들을 가르쳐 부귀영달에 담박하여 부러워하는 뜻이 없으시다. 그렇다면 축부인(祝夫人)이 양식이 없어 솥에 불을 때지 못하면서도 아드님에게 끝없는 도의로 권면하며 견고하고 강한 큰 절개로 면려한 것[459]과 어찌 백중(伯仲)을 가릴 수 있겠는가.

명로는 도를 배운 지 십 년에 녹봉에 뜻을 두지 아니하여 고상한 의표(儀表)와 지조가 죽군(竹君)이요 석우(石友)[460]이다. 이는 자품과 학문이 보통사람보다 크게 뛰어난 것이요, 또한 영지(靈芝)는 뿌리가 있고 예천(醴泉)은 근원이 있다[461]는 것도 속일 수 없는 점이다. 이에 병을 무릅쓰고 써서 사랑과 효도가 모두 극진한 의체를 갖추어 말하는 바이다."

킨 것이었다. 이에 윤돈은 "아, 세상이 이러함에도 녹봉을 구해야 한단 말인가.〔噫, 尙可以干祿乎哉!〕"라고 하고는 대책문(對策文)을 내지 않고 물러나와 스승인 정이에게 "저는 더 이상 진사시에 응시하지 않겠습니다.〔焞不復應進士擧矣.〕"라고 하였다. 정이로부터 봉양할 어머니를 생각하라는 말을 듣고는 집에 돌아가 모친 진씨(陳氏)에게 스승의 말을 고하였더니, 모친이 "나는 네가 나를 잘 봉양하는 것만 알 뿐이요, 네가 나를 녹봉으로 봉양하는 것은 모른다.〔吾知汝以善養, 不知汝以祿養.〕"라고 대답하였다. 정이가 이 말을 듣고 윤돈의 모친을 훌륭하다고 칭찬하였다. 《宋史 卷428 尹焞列傳》

459 축부인(祝夫人)이……것 : 이 내용은 《주자대전》 권2 〈수모생조(壽母生朝)〉에 보인다.

460 죽군(竹君)이요 석우(石友) : 흔히 대나무와 벼루를 의인화하여 표현하는 말인데, 여기에서는 임헌회의 고상한 의표와 지조를 대나무와 같은 군자와 돌과 같은 벗으로 표현하였다.

461 영지(靈芝)는……있다 : 영지는 불로장생한다는 약초이고 예천(醴泉)은 맛이 달고 시원한 샘물로, 영지는 그냥 나오는 것이 아니고 뿌리가 있어야 나오며 예천 역시 근원이 있다는 뜻인바, 곧 훌륭한 사람에게는 훌륭한 조상이 있음을 비유한 것이다.

매산집

제28권

記기

염지기 정축년[1]

鹽池記 丁丑

물이라는 것은 땅의 혈기(血氣)이니, 사람의 힘줄과 혈맥(血脈)이 서로 통하는 것과 같아 막히는 곳이 없어 흐르지 않는 곳이 없다. 바로 그 음(陰)의 조화가 만물을 적셔주어 은밀히 윤택하게 하고 남몰래 널리 퍼져서 구렁의 크고 작음에 따라 가득 채우나, 그 차가운 성질은 천하의 물이 똑같기 때문에 물은 차갑지 않음이 없는 것이다.

그러나 온천(溫泉)이 있어서 불을 때지 않아도 물이 스스로 끓어오르고 열기가 불로 태우는 것과 같아 모피(毛皮)를 삶고 알을 삶으며 명주를 삶아 곱게 세탁하니, 이 어찌 물과 불의 덕을 합하여 그런 것이 아니겠는가. 그러나 이것은 물의 참다운 성질이 아니다.

물의 맛은 바닷물은 짜고 민물은 담담한데, 근원이 있는 샘물은 더욱 시원하고 깨끗하여 마름처럼 맛있고 단술처럼 달며 얼음으로 얼고 거울처럼 맑아서 지형의 높고 낮음에 따라 그 맛이 다르니, 이 또한 물의 성질이다.

그러나 검남(劍南)의 서천(西川)은 소금이 우물에서 나오고, 대동(大同)의 횡야(橫野)는 소금이 못에서 나오며,[2] 또 영강(永康)과 임공

1 정축년(丁丑年) : 1817년(순조17)으로, 매산의 나이 32세 되던 해이다.

2 검남(劍南)의……나오며 : 이 내용은 《신당서(新唐書)》 권54 〈식화지(食貨志) 제44〉에 나오는 내용을 원용한 것으로 보인다. 〈식화지〉의 관련 부분은 아래와 같다. "안북 도호부(安北都護府)에는 호락지(胡落池)가 있어 해마다 소금 1만 4천 곡(斛)을 생산해서 진무군(振武軍)과 천덕군(天德軍)에 공급하였다. 검주(黔州)에는 염정 41개

(臨邛)에도 염정(鹽井)이 있고 병주(幷州)와 서하(西夏)에도 염지(鹽池)가 있어서, 수고롭게 물을 다리지 않고도 자연적으로 소금이 만들어지니, 이는 어째서인가?

성질이 윤택하고 아래로 내려가는 것은 짠 것이 되니,[3] 이는 물의

가 있고 성주(成州)와 수주(嶲州)에는 염정이 각각 하나씩 있다. 과덕(果德)·낭주(閬州)·개봉(開封)·통주(通州)에는 염정이 120개인데 삼산 남서원(三山南西院)에서 관할하고, 공주(邛州)·미주(眉州)·가흥(嘉興)에는 염정이 13개인데 검남 서천원(劍南西川院)에서 관할하였으며, 재주(梓州)·수령(遂寧)·면주(綿州)·합천(合川)·창릉(昌陵)·유주(渝州)·노주(瀘州)·자천(資川)·영창(榮昌)·능천(陵川)·간양(簡陽)에는 염정 460개가 있는데 검남 동천원(東川院)에서 관할해서, 모두 달마다 할당량을 독려하였다. 유주(幽州) 대동(大同) 횡야군(橫野軍)에는 염둔(鹽屯)이 있고 둔마다 역정(役丁)과 병정이 있어, 해마다 소금 2천 800곡을 생산하며, 적을 때에도 1천 500곡을 생산하였다.〔安北都護府, 有胡落池, 歲得鹽萬四千斛, 以給振武天德. 黔州有井四十一, 成州, 嶲州井各一. 果·閬·開·通井百二十, 三山南西院領之, 邛·眉·嘉有井十三, 劍南西川院領之, 梓·遂·緜·合·昌·渝·瀘·資·榮·陵·簡有井四百六十, 劍南東川院領之, 皆隨月督課. 幽州大同橫野軍, 有鹽屯, 每屯有丁有兵, 歲得鹽二千八百斛, 下者千五百斛.〕" 검남은 당나라의 10도(道) 가운데 하나로 지금의 사천성(四川省) 일대이다. 검각(劍閣)의 남쪽 지역이므로 검남이라고 하였다. 대동은 지금의 산서성(山西省) 대동시 일대로 산서성 북쪽 경계인 만리장성 바로 아래에 있다.

3 성질이……되니 : 이 내용은 《서경》 〈홍범(洪範)〉에 "오행은 첫 번째는 수(水)이고, 두 번째는 화(火)이고, 세 번째는 목(木)이고, 네 번째는 금(金)이고, 다섯 번째는 토(土)이다. 수는 성질이 윤택하고 아래로 내려가고, 화는 불타고 또 올라가고, 목은 굽고 또 곧고, 금은 그대로 따르고 또 변하고, 토는 이에 곡식을 심고 또 거두는 것이다. 윤택하고 아래로 내려가는 것은 짠 맛이 되고, 불타고 또 올라가는 것은 쓴 맛이 되고, 굽고 또 곧은 것은 신 맛이 되고, 그대로 따르고 또 변하는 것은 매운 맛이 되고, 심고 또 거두는 것은 단 맛이 된다.〔五行, 一曰水, 二曰火, 三曰木, 四曰金, 五曰土. 水曰潤下, 火曰炎上, 木曰曲直, 金曰從革, 土爰稼穡. 潤下作鹹, 炎上作苦, 曲直作酸, 從革作辛, 稼穡作甘.〕"라고 보인다.

이치이다. 하늘은 불을 용(用)으로 삼고 땅은 물을 용으로 삼는다. 그러므로 불을 거친 물은 그 맛이 반드시 짜니, 이는 바로 습한 것이 뜨거워지기 때문에 그렇게 된 것이다.

불이 타면 액체가 되고 물이 깊으면 따뜻해지는 것은 바로 감(坎)과 이(离)의 이치이다.[4] 그러므로 불이 물 가운데 있어서 물고기의 성(性)이 불에 속하고, 물이 불 가운데 있어서 감(鑑)을 가지고 달에서 물을 취하는 것이다.[5] 이 때문에 천하의 물이 바다로 유입된 것은 녹고 끓어 오르내려서 삼양(三陽)의 불[6]에 도달하기 때문에 그 맛이 짜니, 이는 사람에게 비유하면 물과 곡식의 즙이 액체로 화하여 오르내려서 삼초(三焦)[7]의 양기(陽氣)를 지나기 때문에 그 흘러내리는 오줌이 또한 짠 것이다. 이 때문에 바닷물을 다려 소금을 만드는 것은 나라의 큰 보배가 되니, 이는 떳떳한 이치이다.

우물과 못의 물 또한 짠 성질을 갖추고 있어서 다리면 소금이 되고

4 감(坎)과 이(离)의 이치이다 : 《주역》의 팔괘(八卦)에 감(坎☵)은 물의 상이 되고 이(离☲)는 불의 상이 되므로 말한 것이다.

5 감(鑑)을……것이다 : 감은 고대에 달 아래에서 이슬을 받아 물을 취하던 기구인 방저(方諸)를 이른다. 《주례(周禮)》 〈추관(秋官) 사훤씨(司烜氏)〉에, "감을 가지고 달에서 맑은 물을 취한다.〔以鑑取明水於月.〕"라고 보인다.

6 삼양(三陽)의 불: 삼양에는 여러 가지 뜻이 있는데, 여기서는 하늘을 뜻하는 건(乾)을 이른 것으로 보인다. 《주역》의 팔괘 중에 건괘는 삼양의 효(爻)로 구성되었기 때문에 삼양이 건괘를 가리킨다.

7 삼초(三焦) : 동양의학에서 이르는 오장육부(五臟六腑) 중 육부(六腑)의 하나로 수분의 고른 산포(散布)와 원활한 배설을 맡는 기관이다. 상초(上焦), 중초(中焦), 하초(下焦)로 나누어지므로, 한데 묶어서 삼초(三焦)라고 부른다. 그러나 서양의학의 해부학으로 보면 존재하지 않는다.

다리지 않아도 온갖 맛을 조미(調味)할 수 있는데, 떠내도 줄어들지 않고 취하여도 고갈되지 않으니, 이는 현덕(玄德)[8]이 은밀히 성(盛)한 것이요 영액(靈液)이 은밀히 불어난 것이다. 그러나 그러한 연유를 알 수 없으니, 어찌 이치 밖의 이치가 아니겠는가.

곽경순(郭景純)[9]은 이치에 통달한 선비였는데, 오히려 "찬란함이 은하수처럼 밝고, 환한 것이 노을처럼 붉으며, 바라보면 구름처럼 피어오르고 나아가면 흰 눈처럼 쌓인다."[10]라고 하여, 염지를 찬미한 것이 이와 같았으니, 어찌 곽경순 정도의 인물이 허황된 말을 지어내어 과장하여 말했겠는가.

우리 동방에도 염정이 있다고들 말하나 어느 곳에 있는지 알지 못하였는데, 관서 지방의 한 선비가-선천(宣川) 사람으로 성이 박씨인 분이다- 오대산 가운데 염정이 있다는 말을 듣고 양구(楊口)의 갈령(葛嶺)에서 오대산으로 들어갔다. 희미한 길이 중간에 끊겨서 어디로 나아가야 할지를 알 수 없어 가파른 바위에 오르고 우거진 수풀을 해치면서 영(嶺)의 동쪽과 서쪽을 두루 찾으며 풍찬노숙(風餐露宿)을 하다가, 몇

8 현덕(玄德) : 밖으로 들어나지 않는 덕을 이르나, 여기서는 물이 오색(五色)에 있어 검은[玄]색이 되므로 중의적(重義的)으로 이른 것이다.

9 곽경순(郭景純) : 동진(東晉)의 학자인 곽박(郭璞, 276~324)으로, 경순은 그의 자이다. 문학(文學)과 훈고학(訓詁學)에 조예가 깊었고, 오행(五行)과 천문(天文), 특히 점술로써 이름을 떨쳤다. 322년 대장군 왕돈(王敦)이 반역을 도모하면서 곽박에게 점을 치게 하자, 흉(凶)한 점괘로 반역해서는 안 됨을 극언하다가 왕돈에 의해 살해당하였다.《晉書 卷72 郭璞列傳》

10 찬란함이……쌓인다 : 이 구절은 곽박이 지은 〈염지부(鹽池賦)〉에 보인다.《漢魏六朝百三家集 卷56 晉郭璞集》

주야(晝夜)가 지나 어느 곳엔가 도달하였다.

10여 가호가 산에 의지하여 하나의 취락(聚落)을 이루었는데 울타리 안팎이 쓸쓸하니, 객(客 박씨)은 절로 놀라고 의심하였으며 마을 사람들은 객이 온 것을 보고 또한 놀라고 괴이하게 여겨 어디서 왔는지도 묻지 않다가 얼마 뒤에야 객을 맞이하였다. 마을 사람들이 스스로 말하기를

"처자를 데리고 서로 앞서거니 뒤서거니 와서 한 번 이 절역(絶域)에 들어온 뒤에는 다시는 밖으로 나가지 않았는데, 들어올 때 안고 온 송아지가 커서 큰 소가 되었습니다. 산에 불을 놓아 화전(火田)을 만들어 부지런히 농사짓고 곡식을 쌓아 스스로 생활하니, 가을에 곡식이 익어도 세금이 없고 겨울이 이르러도 환자곡(還子穀)을 내는 일이 없습니다. 여러 해가 지났으나 외인(外人)이 이른 경우가 없어서 산 밖에 다시 무슨 일이 있는지 알지 못합니다. 이곳에 온 사람들끼리 서로 혼인을 하였기 때문에 바로 한 주진촌(朱陳村)[11]이 되었습니다."

라고 하였다.

객이 어디에서 소금을 취하는가를 묻자, 주민들이 산 사이에 물이 모여 있는 못을 가리키며 말하기를 "이것이 염지(鹽池)이니, 이 물을 메주와 잘 배합하여 장(醬)을 만들고 김치를 담가 반찬을 만듭니다."라

11 주진촌(朱陳村) : 당(唐)나라 때 서주(徐州) 고풍현(古灃縣)에 있던 외딴 마을로, 이곳은 주씨(朱氏)와 진씨(陳氏) 두 집안만이 살면서 대대로 서로 혼인하여 화목하고 순박하게 살았다고 한다. 백거이(白居易)의 〈주진촌(朱陳村)〉이라는 시로 인해 널리 알려졌는데, 이후로 순박하고 인심 좋은 고장을 가리키게 되었고, 또 혼인관계를 지칭하는 말로 쓰이기도 하였다.

고 하였다.

객이 감탄하며 말하기를 "이곳이 염지가 있는 마을이군요."라고 하고 못에 다가가서 살펴보니, 못 위에 석벽이 천 길 높이 곧게 솟아 있고 아래로는 깊이를 측량할 수 없었으며 물은 땅 속으로 흘러가서 동해에 도달하고 바닷물 또한 왕래하여 마치 조수(潮水)와 같았으므로 그 맛이 짰다.

객이 물맛을 보니 그 맛이 마치 소금과 같았으니, 바로 이른바 강(䲜 소금밭)이라는 것이었다. 염지에 가서 둘러보니 또한 지역이 탁 트이고 밝으며 평평하고 넓어 집을 짓고 살 만한 곳이 있으니, 비단 현재 촌락이 거주할 수 있을 뿐만이 아니었다. 객은 즐거워하며 돌아갈 것을 잊었는데, 돌아갈 때에 후일을 기약하기를 장차 온 식구를 데리고 와서 이곳에 은거하겠다고 하였다.

주민들이 전송하다가 산문(山門)에 이르자 말하기를 "부디 세상 사람들에게 말하지 말아 주십시오." 하였는데, 설령 그 사람들로 하여금 다시 이곳을 찾아가게 하더라도 또한 길을 잃지 않으리라고 장담할 수가 없었다.

무릇 깊고 험준한 산 중에 은둔하는 선비로서 영영 세상을 떠나 돌아오지 않는 자들은 거의 세상과 서로 잊어서 관여하는 바가 없을 것 같으나, 끝내 세상과 단절하지 못하는 것은 생리(生理 생활하는 습성이나 본능)에 끌리기 때문이다. 거친 밥을 먹고 맹물을 마시면 또한 그런대로 살 수 있으나, 소금이 없으면 음식을 만들 수 없고 음식이 없으면 살 수 없으니, 이미 매미의 배와 거북의 창자가 될 수 없고,[12] 또 나무

12 매미의……없고 : 원문의 '선복구장(蟬腹龜腸)'은 매미의 배는 속이 텅 비어 이슬

열매를 먹고 시냇물을 마실 수 없다면 소금이 어찌 없을 수 있겠는가.

만일 염천(鹽泉)을 이웃에 둘 수만 있다면, 비록 궁벽한 산중과 깊고 험준한 두메산골로 인가의 밥 짓는 연기가 미치지 않는 지역에 있더라도, 산에서 나물을 캐고 물에서 낚시질하여 조미하여 먹을 수 있으니, 어찌 다시 밖을 그리워할 것이 있겠는가.

옛날 도원(桃源)과 순창(順昌)[13]의 선비들은 모두 집이 깊숙한 곳에

만으로 살 수 있고, 거북의 창자는 가늘어서 굶주림을 견딜 수 있다는 말인데, 사람으로서는 감당할 수 없는 지경을 비유하기도 한다. 남조(南朝) 송(宋)나라 때 단규(檀珪)란 인물이 몹시 곤궁한 나머지, 벼슬을 구하기 위해 왕승건(王僧虔)에게 보낸 편지에 "매미의 배와 거북의 창자가 된 지 이미 날이 오래입니다. 굶주린 범은 으르렁거릴 수 있으니 사람들이 고기를 주지만, 굶주린 기린은 물지 못하니 누가 터럭 하나라도 던져 주겠습니까〔蟬腹龜腸, 爲日已久. 饑虎能嚇, 人遽與肉, 餓麟不噬, 誰爲落毛.〕"라고 하였다. 《南史 卷15 列傳第5 檀珪》

13 도원(桃源)과 순창(順昌) : 도원은 진(晉)나라의 고사(高士) 도연명(陶淵明)이 지은 〈도화원기(桃花源記)〉에 보인다. 진(晉)나라 때 무릉(武陵)의 어부가 길을 잃고 복사꽃이 흘러 내려오는 물길을 따라 거슬러 올라갔다가 진(秦)나라 때에 난리를 피해 들어온 사람들을 만났는데, 그곳이 워낙 선경(仙境)이라서 바깥세상을 전혀 모른 채 살고 있었다. 어부는 뒤에 다시 이 마을을 찾아가고자 하였으나 찾을 수 없었다고 한다. 순창은, 《어정연감유함(御定淵鑑類函)》 권289 〈인부(人部)48 은일(隱逸)2〉에 "정강(靖康 송 흠종(宋欽宗)의 연호) 말년에 순창산 속으로 피난간 자들이 산속 깊이 들어가다가 초가 한 채를 만났는데, 그 초가의 주인은 풍채(風彩)가 매우 단정하였는바 나아가 말해보니 사군자(士君子)였다. 그 주인이 괴이하게 여겨 묻기를 '여러분들은 무슨 일로 처자를 거느리고 여기까지 왔습니까?' 하므로, 그 이유를 말해 주었다. 주인이 탄식하고 슬퍼하다가 말하기를 '나의 아버지는 인종(仁宗) 때 사람인데 가우(嘉祐 인종(仁宗)의 연호) 말년부터 이곳에 자리를 잡고 다시는 나가지 않았으므로 나는 다만 희령(熙寧) 연호가 있는 것만을 들었을 뿐, 지금이 몇 해인지도 알지 못합니다.' 하였다.〔靖康末, 有避亂於順昌山中者, 深入得茅舍, 主人風裁甚整, 卽之語士君子也. 怪而問曰"諸君何事挈妻孥至是?" 因語之故, 主人嗟惻. 久之曰"我父爲仁宗朝人也. 自嘉祐末, 卜居於此, 因

있고 산세가 험하였으니, 이 염지를 의지하여 생활하지 않았음을 어찌 알겠는가. 소금이 혹 우물에서 나오고 혹 못에서 나오는데, 못과 우물이 모두 짠 소금기가 있는 땅이라면 당연하지마는, 이것들이 도리어 수려한 산악(山嶽)과 높은 언덕의 단제(丹梯)[14]와 푸른 절벽 사이에 있는 것은 또 무슨 이치인가. 질박하고 진솔한 선비로 하여금 인간 세상을 고고히 떠나가서 초연(超然)하게 노을 너머의 신선의 일을 하도록 한 것이 아니겠는가.

태(兌)를 막고 그림자를 감추어[15] 호정(戶庭)을 나가지 않는 것은

不復出, 以我所聞但知有熙寧紀年, 亦不知於今幾何年矣."〕"라고 보인다.

14 단제(丹梯) : 붉은 빛이 도는 계단이라는 의미로 여러 가지 의미로 쓰이나 여기서는 절경으로 오르는 길의 뜻으로 쓰였다.

15 태(兌)를……감추어 : 원문의 '색태(塞兌)'는 인간의 욕심이 나오는 이목구비(耳目口鼻)를 막는다는 뜻이다. 《도덕경(道德經)》 52장에 "태를 막고 문을 닫으면 종신토록 수고롭지 않게 된다.〔塞其兌, 閉其門, 終身不勤.〕"라고 보이는데, 전한(前漢) 때의 도사(道士)인 하상공(河上公)은 "태는 눈이다.〔兌, 目也.〕"라고 주석하였고, 《회남자(淮南子)》 〈도응훈(道應訓)〉에 "왕께서 이를 오래 유지하시려면 백성들의 태를 막으십시오.〔王若欲久持之, 則塞民於兌.〕" 하였는데, 후한의 학자인 고유(高誘)는 "태는 이목구비이다. 노자가 말한 색기태가 이것이다.〔兌, 耳目鼻口也, 老子曰 "塞其兌", 是也.〕"라고 주하였다. 《老子德經 卷下 河上公章句 第3》《淮南鴻烈解 卷12 道應訓》 '식영(息影)'은 한가로이 은거한다는 뜻으로, 《장자(莊子)》 〈어부(漁父)〉에 "어떤 사람이 자신의 그림자를 두려워하고 자신의 발자국을 싫어하여 이것을 떨쳐내려고 달음질친 자가 있었는데, 발을 들어 올리는 횟수가 많아질수록 발자국도 더욱 많아졌고 달리는 것이 빠를수록 그림자가 몸에서 떨어지지 않았다. 이에 자신의 달리기가 아직 더디다고 생각해서, 쉬지 않고 질주하여 마침내는 힘이 다하여 죽고 말았다. 이 사람은 그늘에 처하면 그림자가 사라지고 고요히 쉬면 발자국도 없게 된다는 것을 몰랐으니, 어리석음이 또한 심한 것이다.〔人有畏影惡迹, 而去之走者, 擧足愈數, 而迹愈多, 走愈疾, 而影不離身. 自以爲尙遲, 疾走不休, 絶力而死. 不知處陰以休影, 處靜以息迹, 愚亦甚矣.〕"라고 한

바로 내가 영원히 맹세한 것이었으나, 성시(城市)의 시끄러운 속진(俗塵)이 사람의 마음을 어둡게 하니, 나는 매번 졸렬한 신세를 한탄하기를, 두소릉(杜少陵)이 지은 〈북정(北征)〉 시의 마지막 구절처럼 하게 된다.[16] 내가 마침 오대산에 올라 염천(鹽泉)을 떠 마시고 이어서 그 사이에서 여생을 마치면서 전념하여 이치를 연찬(硏鑽)하여 물의 성질의 소이연(所以然)을 더욱 더 깊이 연구하려고 하면서, 먼저 들은 바를 기술하여 나의 뜻을 표하는 바이다.

구절에서 연유하였다.

16 두소릉(杜少陵)이……된다 : 두소릉은 당나라의 시성(詩聖) 두보(杜甫)로 소릉은 그의 호이다. 〈북정(北征)〉 시는 안녹산(安祿山)의 난에 두보가 당시 황제의 행재소(行在所)가 있던 봉상(鳳翔)에 있다가 황제의 허락을 받고 그리던 가족을 찾아 부주(鄜州)의 집으로 가면서 도중의 감회를 읊은 장편의 기행시(紀行詩)이다. 이 시의 마지막 구절은 "찬란한 태종의 위업이여, 수립한 바가 몹시 광대하도다.〔煌煌太宗業, 樹立甚宏達.〕"인데, 윗글의 문맥과는 맞지 않는다. 〈북정(北征)〉 시를 내용에 따라 다섯 편으로 나누기도 하는데, 이 경우 첫 번째 편의 마지막 구절이 "온 천지가 전쟁의 상처투성이이니 근심 걱정 어느 때나 끝날까?〔乾坤含瘡痍, 憂虞何時畢?〕"인바, 매산이 가리킨 것은 이 구절로 보이나, 분명하지 않다. 《杜詩詳註 卷5》

엄호장[17] 정려기 정축년[18]

嚴戶長旌閭記 丁丑

열사(烈士)는 환란(患難)에 달려갈 적에 죽음만 알고 삶을 알지 못하며, 충신은 나라를 위해 목숨을 바칠 적에 의리만 보고 이익을 보지 않으니, 위엄과 복(福)[19]에 두려움을 느끼는 자는 덕을 행하지만 제대로 끝마치지 못하고, 이익과 녹봉에 애를 태우는 자는 충성하지만 진실되게 하지 못한다. 모름지기 희망이 없는 자리에서 절개를 지키고 보답 받지 못하는 곳에서 분수를 다한 뒤에야 비로소 '위한 바가 없이

17 엄호장(嚴戶長) : 단종 때의 지사(志士)인 엄흥도(嚴興道)이며 호장은 벼슬 이름으로 향리(鄕吏)의 우두머리이다. 본관은 영월(寧越), 시호는 충의(忠毅)로 단종이 세조에 의하여 상왕(上王)에서 노산군(魯山君)으로 강봉(降封)되고 영월에 안치되었다가 시해되자, 후환을 두려워하지 않고 시신을 수습하였다. 단종이 승하한 이튿날 옥(獄)이 있는 거리를 오가며 통곡하고, 관을 마련하여 아전과 백성들을 모아 영월의 북쪽 5리쯤 되는 동을지(冬乙旨)에 장례를 치르고는 몸을 숨겼다. 1585년(선조18)에 종손인 정병(正兵) 엄한례(嚴漢禮)에게 노산군의 묘역을 수호(守護)하게 하고 호역(戶役)을 면제하여 주었으며, 현종 때 우암(尤菴) 송시열(宋時烈)의 주청으로 그의 자손이 등용되었고, 영조 때 충의(忠義)를 기리는 정려문(旌閭門)이 세워졌으며 뒤에 공조 참판에 추증되고, 사육신과 함께 영월의 창절사(彰節祠)에 배향되었다.

18 정축년(丁丑年) : 1817년(순조17)으로, 매산의 나이 42세 되던 해이다.

19 위엄과 복(福) : 군주가 시행하는 상벌(賞罰)의 권한을 이르는 말이다. 《서경(書經)》〈홍범(洪範)〉에 "오직 군주만이 복을 만들 수 있고, 오직 군주만이 위엄을 부릴 수 있다.〔惟辟作福, 惟辟作威.〕" 하였는데, 공영달(孔穎達)은 "오직 군주만이 복을 만들기 때문에 사람에게 포상할 수 있고, 오직 군주만이 위엄을 부리기 때문에 사람을 처벌할 수 있다.〔惟君作福得專賞人也, 惟君作威得專罰人也.〕"라고 소(疏)를 달았다.

하는 것'[20]이 되니 '위한 바가 없이 하는 것'은 바로 의(義)가 지극한 것이다.

예로부터 살신성인(殺身成仁)[21]하는 선비들이, 만일 절의(節義)를 행하다가 사공(事功)까지 함께 이루게 되면, 두 가지 아름다움이 다 모였다고 이르니, 어찌 부질없이 죽는 것보다 낫지 않겠는가. 옛날 양곤(楊髡)의 변란에 당옥잠(唐玉潛)과 임경희(林景熙) 두 의사(義士)가 한경(寒瓊)을 몸소 수습하여 스스로 주구(珠丘)를 쌓았고,[22] 틈

20 위한……것 : 이 내용은 남송의 학자 장식(張栻, 1133~1180)의 말로, 《근사록(近思錄)》 권7 〈출처(出處)11〉에 "위한 바가 없이 하는 것은 의리이고 위한 바가 있어 하는 것은 이(利)이다.〔無所爲而爲者義也, 有所爲而爲者利也.〕"라고 보인다. 위한 바라는 것은 이익이나 명예를 얻기 위함을 이른다. 주자는 이 구절이아말로 이와 의의 구분을 가장 잘 표현한 말이라고 칭찬하고 자주 인용하였다. 장식은 자가 경부(敬夫), 호가 남헌(南軒)으로, 오봉(五峰) 호굉(胡宏)으로부터 이정(二程)의 학문을 이어받아 호상학파(湖湘學派)를 이끌었으며 주자와 도의지교(道義之交)를 맺은 인물이다.

21 살신성인(殺身成仁) : 인(仁)을 위해 목숨을 바친다는 말로, 《논어》 〈위령공(衛靈公)〉에 "지사와 인인은 삶을 구하여 인을 해치는 경우는 없고, 몸을 죽여 인을 이루는 경우는 있다.〔志士仁人, 無求生以害仁, 有殺身以成仁.〕"라고 한 공자의 말씀에 보인다.

22 양곤(楊髡)의……쌓았고 : 양곤은 라마승 양련진가(楊璉眞伽)로 곤은 승려라는 의미이다. 당옥잠(唐玉潛)은 당각(唐珏, 1247~?)으로 옥잠은 그의 자이고 호가 국산(菊山)이다. 임경희(林景熙, 1242~1310)는 자가 덕양(德暘), 호가 제산(霽山)으로 남송(南宋) 도종(度宗) 함순(咸淳) 7년(1271) 진사시에 급제하고 벼슬이 종정랑(從政郎)에 이르렀으나 남송이 망하자 은거하였다. 양곤의 변란은 원나라 세조(世祖) 지원(至元) 14년(1277)에, 양곤이 강남석교총통(江南釋敎總統)이 되자 송나라 왕릉(王陵)들을 모두 발굴하여 보물들을 차지하고 유해를 내다 버린 일을 이르는데, 이때 당옥잠과 임경희 두 사람이 몰래 이 유해들을 수습하여 난정산(蘭亭山)에 장사 지내고 송나라 상조전(常朝殿)에 있던 동청나무 한 그루를 캐다가 그 위에 심어 표지를 하고 〈동청행(冬靑行)〉이란 시를 지어 애도하는 한편, 해마다 한식(寒食)이 되면 몰래 제사 지냈다

적(闖賊)의 변란에 손번지(孫繁祉)와 백신(白紳) 등의 여러 의사(義士)들이 가산을 모두 털어서 산릉(山陵)을 완성하여 주유(珠襦)와 옥갑(玉匣)이 초야에 드러나지 않게 하였다.[23] 이에 난정(蘭亭)의 동청(冬青)나무가 의구하고, 녹강(鹿岡)의 백성(柏城)이 변치 않게 되었으니,[24] 이는 유민(遺民)들이 스스로 선왕(先王)에게 바친 것이다.

고 한다. 한경(寒瓊)은 차가운 옥이란 의미로 제왕의 유골(遺骨)을 가리키고 주구(珠丘)는 구슬이 쌓인 무덤이라는 뜻으로 제왕의 무덤을 가리킨다. 순(舜)임금을 창오(蒼梧)에 장사 지내자 새들이 물고 온 푸른 구슬이 쌓여 언덕을 이룬 데에서 유래하였다. 《拾遺記 虞舜》

23 틈적(闖賊)의……하였다 : 틈적은 명나라를 멸망시킨 틈왕(闖王) 이자성(李自成, 1605~1645)을 이른다. 민란을 주도하여 1643년(의종16)에 서안(西安)을 점령하고 나라를 세워 국호를 '대순(大順)'이라 하였으며, 1644년에 북경(北京)을 공격하여 의종(毅宗)을 자진하게 하고 명나라를 멸망시켰다. 그러나 산해관(山海關)을 지키던 오삼계(吳三桂)의 귀순으로 만리장성을 통과한 청나라 홍타이지의 대군에 패하여 북경을 내주고 퇴각하던 중, 호북성(湖北省) 통산(通山)에서 명나라에 충성하는 무리들에게 살해되었다. 산릉(山陵)은 명나라 마지막 황제 의종의 능인 사릉(思陵)을 가리킨 것으로, 원래 전귀비(田貴妃)의 능이었는데 자진한 의종을 전귀비의 묘에 합장하였다. 그 후 청나라 순치제(順治帝)가 사릉이라는 칭호를 내리고 비를 세웠다. 주유(珠襦)와 옥갑(玉匣)은 옛날 제왕과 후비(后妃) 및 귀족의 장례에 사용했던 염복(殮服)으로 주유는 구슬로 갑옷 모양처럼 만든 속옷인데 황금 실로 구슬을 꿰맨 것이고, 옥갑은 옥으로 갑을 만들어 시신의 허리 밑으로 발에 이르기까지 감싸고 황금 실로 꿰맨 것이다. 손번지(孫繁祉)와 백신(白紳)은 처음 사릉을 만들 때에 가산(家産)을 내어 놓은 의사들인데, 자세한 인적사항은 미상이다. 《讀禮通考 卷93 葬考12 莊烈愍皇帝思陵》

24 난정(蘭亭)의……됐으니 : 난정의 동청(冬青)나무에 대해서는 앞의 주22 참조할 것. 녹강(鹿岡)은, 녹(鹿) 자가 녹(麓) 자와 통하는바, 산비탈〔麓岡〕의 의미로 쓰인 듯하나, 분명하지 않다. 백성(柏城)은 제왕의 산릉을 이른다. 옛날 제왕의 산릉에 측백나무를 줄지어 심었던 데서 온 말이다. 백거이(白居易)의 시에 "송문에는 새벽까지 달이 배회하고, 백성에는 하루 종일 바람이 소슬하다.〔松門到曉月徘徊, 柏城盡日風蕭

주자가 "복수(復讎)의 대의(大義)가 중(重)하고 장례의 상례(常禮)는 가볍다." 하셨으니,[25] 이는 참으로 옳은 말씀이다. 이미 덮어버린 사직(社稷)의 지붕을 열지 못하고[26] 영원히 끊긴 국가의 운명을 다시 연장하지 못할 바에는 차라리 땅에 떨어져 있는 군주의 해골을 거두어서 오리와 기러기가 먼지를 날리지 못하게 하고 땅강아지와 개미가 감히 구멍을 파지 못하게 해서, 육신을 감추어 신령을 편안하게 한다면 그 공이 참으로 훌륭한 것이다.

우리 동방에는 장릉(莊陵 단종)과 광릉(光陵 세조) 세대에 영월의 호장(戶長)인 엄흥도(嚴興道) 공이 하늘과 땅이 진탕하는 가운데 단종의 옥체(玉體)를 거두어 장례해서 3백 년이 지나도록 교산(喬山)의 검(劍)과 신[27]이 탈이 없었다.

숙종(肅宗) 무인년(1698, 숙종24)에 이르러서 바로 그 자리에 봉분

瑟.〕"라고 보인다.

25 주자가……하셨으니 : 이 내용은 《주자대전》 권25 〈서(書) 답장경부서(答張敬夫書)〉에 보인다.

26 이미……못하고 : 이미 덮어버린 사직(社稷)의 지붕이라는 것은 나라의 멸망을 의미한다. 《예기(禮記)》 〈교특생(郊特牲)〉에 "천자의 대사(大社)는 지붕을 덮지 않아 서리·이슬·바람·비를 직접 맞게 하는데 이것은 천지의 기운이 서로 통하게 하기 위함이다. 이런 까닭에 망한 나라의 사직에는 지붕을 만들어 하늘의 양기를 받지 못하게 한다.〔天子大社, 必受霜露風雨, 以達天地之氣也. 是故喪國之社屋之, 不受天陽也.〕"라고 보인다.

27 교산(喬山)의 검(劍)과 신 : 단종의 능이 탈 없이 전해진 것을 말한다. 옛날 황제(黃帝)가 스스로 죽을 날을 택하여 신하들과 작별하고 붕어하여 교산에 장례를 지냈는데, 후에 갑자기 산이 무너져 살펴보니, 관속에는 시신이 없고 검과 신만 남아 있었다는 전설이 있으므로 말한 것이다. 《列仙傳》

을 만들고 장릉이라 이름하였으니, 장릉이 회복된 것은 비록 뛰어난 임금의 훌륭한 조처에서 나온 것이나, 공이 관(棺)[28]을 갖추어 시신을 안치하고 인산(因山)[29]하여 갈무리하지 않았더라면, 단종의 한 줌 흙을 보존할 길이 없었을 것이니, 높은 언덕에 상설(象設)[30]을 장차 어떻게 베풀 수 있었겠는가.

아! 공과 같은 분은 어찌 이른바 '절의(節義)를 행하다가 사공(事功)까지 함께 이루게 된 분'이 아니겠는가. 당시 상왕(上王 단종)을 위하여 죽은 자가 서른한 분[31]이었는데, 모두 왕실의 지친(至親)이고 고명(顧

28 관(棺) : 원문의 '속벽(屬椑)'은 속관과 벽관(椑棺)으로 관을 이른다. 《예기》 〈상대기(喪大記)〉에 "군주는 대관이 8촌이고 속관이 6촌이고 벽관이 4촌이다.〔君大棺八寸, 屬六寸, 椑四寸.〕" 하였는데, 진호(陳澔)는 《예기집설대전(禮記集說大全)》에서 "대관이 가장 밖에 있고 속관은 대관의 안에 있고 벽관은 또 속관의 안에 있으니, 국군의 관은 삼중이다.〔大棺最在外, 屬在大棺之內, 椑又在屬之內, 是國君之棺三重也.〕"라고 주하였다.

29 인산(因山) : 왕이나 왕후 등의 장례를 이른다.

30 상설(象設) : 능(陵)이나 원(園) 등에 설치하는 여러 가지 석물(石物)과 시설을 이른다.

31 서른한 분 : 단종의 능인 장릉(莊陵)의 정단(正壇)에 배향된 서른 두 분의 신하들 중에 엄흥도를 제하고 말한 것이다. 육종영(六宗英)인 안평대군(安平大君)과 금성대군(錦城大君), 화의군 영(和義君瓔), 한남군 어(漢南君𤣰), 영풍군 천(永豊君瑔), 판중추원사 이양(李穰)과 사의척(四懿戚)인 판돈녕부사 송현수(宋玹壽), 예조 판서 권자신(權自愼), 영양위(寧陽尉) 정종(鄭悰), 돈녕부 판관 권완(權完)과 삼상신(三相臣)인 영의정 황보인(皇甫仁), 좌의정 김종서(金宗瑞), 우의정 정분(鄭苯)과 삼중신(三重臣)인 이조 판서 민신(閔伸), 병조 판서 조극관(趙克寬), 이조 판서 김문기(金文起)와 양운검(兩雲劍)인 도총부 도총관 성승(成勝), 증병조 판서 박정(朴崝)과 사육신인 우승지 성삼문(成三問), 형조 참판 박팽년(朴彭年), 직제학 이개(李塏), 예조 참판 하위지(河緯地), 성균사예 유성원(柳誠源), 도총부 부총관 유응부(兪應孚)와 형조 판서

命)의 대신[32]이고 책을 읽어 의리를 안 학사와 대부들이었다. 나라와 집안이 휴척(休戚 즐거움과 근심)을 같이하고 신하와 군주가 존망(存亡)을 같이하였다면 그 죽음은 당연하지마는, 엄공으로 말하면 바로 작은 고을의 일개 아전일 뿐이었다.

군주의 녹봉을 먹은 자는 군주의 일에 죽을 수 있지마는 공은 평소 군주의 작은 녹봉도 받지 않았으며, 시(詩)와 예(禮)를 돈독히 익힌 자는 웅장(熊掌)과 물고기의 취사(取捨)[33]에 밝지마는, 공이 종사한 것은 도필(刀筆)의 일[34]에 지나지 않았다.

화(禍)의 불꽃이 맹렬하여 시신이 돌아갈 곳이 없음을 차마 보지 못하고, 인자하고 측은히 여기는 마음이 발하고 기개와 의분이 절로

박중림(朴仲林), 지평 하박(河珀), 좌참찬 허후(許詡), 수찬 허조(許慥), 증이조 참판 박계우(朴季愚), 순흥 부사 이보흠(李甫欽), 도진무(都鎭撫) 정효전(鄭孝全), 영월 호장 엄흥도(嚴興道) 등이다. 이 외에도 순절한 분들이 많이 있어 별단(別壇)에 198인을 배향하였다.

32 고명(顧命)의 대신 : 임금이 죽기 전에 후사(後嗣) 등 국가의 대사를 부탁한 대신을 이른다.

33 웅장(熊掌)과 물고기의 취사(取捨) : 취하고 버릴 바에 대해 적절히 판단할 줄 안다는 의미로, 《맹자》 〈고자 상(告子上)〉에 "물고기도 내가 원하는 바요 웅장도 내가 원하는 바이지만 이 두 가지를 겸하여 얻을 수 없을진댄 물고기를 버리고 웅장을 취하겠다. 삶도 내가 원하는 바요 의도 내가 원하는 바이지만 이 두 가지를 겸하여 얻을 수 없을진댄 삶을 버리고 의를 취하겠다.〔魚我所欲也, 熊掌亦我所欲也, 二者不可得兼, 舍魚而取熊掌者也. 生亦我所欲也, 義亦我所欲也, 二者不可得兼, 舍生而取義者也.〕"라고 보인다.

34 도필(刀筆)의 일 : 장부(帳簿)를 기재하는 아전들의 일을 이른다. 옛날 죽간(竹簡)에 문자를 기록할 때에 아전들이 붓으로 문자를 기록하고 잘못 쓴 것은 칼로 깎아내고 다시 쓴 데서 연유한다.

솟아나서 구족(九族)이 멸하는 화(禍)를 잊고 이를 행하였는데, 끝내 죽임을 당하지 않은 것은 또한 다행히 화를 면한 것이다. 이를 행한 것은 바로 자신을 이해(利害)와 화복(禍福)의 밖에 두고 천리(天理)가 당연함에 스스로 그렇게 하지 않을 수 없었기 때문이다.

《시경》에 이르기를 "백성들이 떳떳한 성품을 간직하고 있어 이 아름다운 덕을 좋아한다.〔民之秉彛 好是懿德〕"[35]라고 하였는데, 어찌 진실이 아니겠는가. 아! 동시대에 충성에 죽은 자들이 진실로 많으나, 힘을 다하여 큰일을 담당해서 영원한 후세에 편안하고 장구한 도모를 하신 분은 오직 엄호장 한 분뿐이시다.

마치 서른한 분의 충성을 공의 한 몸에 모아서 그 의리를 다하고 그 충절을 다한 듯하니, 서른한 분은 꽃과 잎이 되고, 공은 열매가 된 것이다. 가령 여러 현자들께서 구천(九泉)에서 다시 살아 나오신다면 공을 위하여 채찍을 잡더라도 사양하지 않을 것이니,[36] 이에 만세에 군신이 된 자들이 안정되는 것이다. 아! 어찌 훌륭하지 않은가.

장릉을 회복시키던 날에 공을 공조 좌랑(工曹佐郎)에 특별히 추증하였다가, 영종(英宗 영조) 계해년(1743, 영조19)에 공조 참의(工曹參議)로 품계를 높여 추증하였으며, 무인년(1758, 영조34)에 능을 회복한

35 백성들이……좋아한다 : 이 내용은 《시경》 〈대아(大雅) 증민(烝民)〉에 보인다.

36 공을……것이니 : 서른한 분의 현자들이 다시 살아나신다면 마부(馬夫)가 되어 말채찍을 잡고 기꺼이 그의 수레라도 끌고 싶을 정도로 엄호장의 덕을 흠모하고 존경할 것이라는 말이다. 이 구절은 《사기》 권62 〈관안열전 찬(管晏列傳贊)〉에 "가령 안자가 지금 이 세상에 살아 있다면 내 비록 그를 위해 말채찍을 잡는다 하더라도 기쁜 마음으로 받들어 모시겠다.〔假令晏子而在, 余雖爲之執鞭, 所忻慕焉.〕"라는 사마천(司馬遷)의 말에서 유래하였다.

지가 환갑(還甲)이 되었다고 하여 또 공조 참판(工曹參判)으로 추증하였다.

처음 영월의 창절서원(彰節書院)과 충신단(忠臣壇)에 함께 제향하였고 또 울산(蔚山)의 원강사(圓岡祠)에는 오로지 공 한 분만을 제향하였으며, 영월 고을에 정려문(旌閭門)을 세우고 충신지문(忠臣之門)이라고 하였으니, 바로 병오년(1726, 영조2)의 일이다. 바야흐로 정려문을 영월에 설치하려고 할 때에, 옛 마을에 전해 오는 집이 없어졌으므로 장차 영월부의 치소(治所)에 세우려고 하였는데, 갑자기 무지개가 일어나 완연(蜿蜒)히 장릉 밖으로 뻗어나가다가 그치므로, 그 그치는 곳에 나아가 정려문을 세웠다.

아! 기이하다. 이는 공의 정신(精神 영혼)이 혁혁하게 선침(仙寢)[37]의 소나무와 측백나무 사이에 있으면서, 오르내리는 단종의 영혼을 보좌하여 함께 이에 감응한 것이 아니겠는가. 이는 바로 백 번 죽어도 바뀌지 않는 공의 일편단심이니, 백겁(百劫)의 세월이 지나도 변치 않고 장차 화산(華山)과 금강(錦江)[38]과 함께 유구할 것이다.

아! 재궁(梓宮)[39]을 몰래 지고 한밤중에 매장할 적에 이미 자기 자신을 생각하지 않았는데, 복위(復位)가 있을 줄을 어찌 알았으며 또 까마귀의 머리와 붉은 다리〔烏頭赤脚〕[40]가 있어서 그 문려(門閭)를 환히

37 선침(仙寢) : 신선이 자는 곳이라는 뜻으로 왕릉(王陵)을 달리 이르는 말인데, 여기서는 장릉을 가리킨 것이다.

38 화산(華山)과 금강(錦江) : 영월에 있는 산과 강으로 화산은 대화산(大華山), 금강은 금장강(錦障江)을 이른다. 《신증동국여지승람 제46권 강원도 영월군》

39 재궁(梓宮) : 왕이나 왕후 등의 유해를 안치한 관을 이른다.

40 까마귀의……다리 : 정려각(旌閭閣)을 이르는 말로 까마귀의 머리〔烏頭〕는 검은

빛낼 줄을 어찌 알았겠는가. 그렇다면 열성조(列聖朝)에서 높이 보답한 것이 비록 유감이 없으나, 공의 입장에서 보면 태허(太虛 하늘)에 떠가는 뜬 구름에 지나지 않을 뿐이니, 이것이 어찌 공을 중하게 하고 가볍게 할 수 있겠는가.

아! 태산과 기러기 깃털[41]은 마음속에 비교할 바가 없는 것이다. 그러므로 살기를 바라고 죽기를 싫어하는 것을 위한 바가 없이 하였으니, 이것이 엄호장이 된 소이(所以)이고 장릉의 신하가 됨에 부끄러움이 없는 이유인 것이다.

공의 후손 석헌(碩憲)은 대를 이어 원강사(圓岡祠)[42]를 지켜오는 자이다. 천 리 길을 지나 서울로 올라와서 나에게 정려문에 대한 글을 청하므로 서로 느끼는 바를 삼가 써서, 신하가 되어 의리를 다할 것을 사람들에게 권면하는 바이다.

원기(原記)는 공의 후손 석헌을 위하여 지은 것인데, 이미 여러 해가 흘렀다. 경진년(1820, 순조20)에 가친을 따라 월주(越州 영월)의 임소(任所)로 와서 청령포(淸泠浦)와 자규루(子規樓)를 방문하였는데, 심경(心境)에 감촉(感觸)되는 바가 있어 나도 모르게 절로 눈물을 삼키

기와를 붉은 다리〔赤脚〕는 붉은 기둥을 이른다.

41 태산과 기러기 깃털 : 매우 무겁고 매우 가벼운 것의 비유이다. 사마천(司馬遷)의 〈보임소경서(報任少卿書)〉에 "사람은 진실로 언젠가 한 번은 죽는데, 어떤 죽음은 태산보다 무겁고 어떤 죽음은 기러기 깃털 하나보다 더 가볍기도 한 것은 지향하는 바가 다르기 때문이다.〔人固有一死, 或重於泰山, 或輕於鴻毛, 用之所趨異也.〕"라고 보인다.

42 원강사(圓岡祠) : 엄홍도를 모신 사당으로, 1799년(정조23) 울산에 살고 있던 엄홍도의 후손들이 지금의 울산광역시 울주군 온산읍 대정리에 세웠다. 이 글이 쓰인 1817년(순조17)에 사림(士林)의 논의에 따라 원강서원으로 승격되었다.

고 흐느껴 울었는데, 또한 어찌하여 그런지를 알지 못하였다.

장릉을 찾아가니 침원(寢園)이 엄숙하고 깨끗하며 소나무와 측백나무가 빽빽이 우거져 무성한데, 장릉의 상설(象設)이 그 위에 엄숙하게 자리하고 있었다. 높은 산을 우러러보니, 주위의 산세가 존엄(尊嚴)하여 마치 온갖 신령들이 둘러싸고 지키는 듯하니, 이는 참으로 성인(聖人)의 장지(葬地)이다. 아마도 하늘이 높은 산을 만들어서 기다리고 있었던 듯하다.

아! 이것이 누구의 공(功)인가. 만일 엄공이 단종을 장례하는 일에 정성을 바치지 않았다면, 어찌 이런 일이 있었겠는가. 어찌 이런 일이 있었겠는가. 이 땅에 와서 이분을 상상하고 그 유허(遺墟)를 찾았으나 남아있는 것이 없었으며, 오직 붉은 문[43]이 선침(仙寢)의 밖에 우뚝이 솟아있고 충의(忠義)를 표창하는 비각이 비를 보호하고 있었고 비각의 앞에다가 작설(綽楔)[44]을 설치하였다. 사당이 북쪽에 있는데 이름을 창절(彰節)이라 하였고 묘소가 남쪽에 있는데 이름을 팔계(八谿)라 하였는데, 사당과 묘소가 모두 원릉(園陵)과 매우 가까워서 숲이 서로 그늘을 드리우고 구름과 안개가 서로 접하였다.

찬란하게 영험(靈驗)을 드날려 용이 끄는 수레에 예정(霓旌)[45]을 싣고 봉래산(蓬萊山 금강산)과 금강(錦江 금장강) 사이를 날아다니시리라. 이는 바로 필연적인 신도(神道)이니, 공이 충성과 정성을 다하여 천지

43 붉은 문 : 홍살문을 이르는데, 이는 장릉에 세워진 문이다.

44 작설(綽楔) : 정려각 앞에 세워진 홍살문을 이른다.

45 예정(霓旌) : 다섯 색깔의 깃털로 엮은 깃발로 제왕(帝王)의 행차에 쓰던 의장(儀仗)의 하나이다.

신명(天地神明)을 감동시킴이 이에 유감이 없게 되었다.

나는 옛 기록에 의거하여 당일(當日)의 일을 상상해 볼 때마다, 여전히 감당할 수 없는 감회가 일어나 책을 덮고 이어서 여러 번 탄식하게 되는데, 하물며 공의 고통스런 마음이 눈앞에 선함에 있어서이겠는가. 이 땅을 지나면서 눈물을 흘리지 않는 자는 참으로 사람의 마음이 없는 자이다. 아! 누가 이렇게 만드는가.

지금 마침 공의 정려문이 무너져서 새로 지을 것을 도모한다고 알려왔는데, 일을 주관하는 자가 기문(記文)을 게시하려고 한다고 하니, 몇 줄의 글을 아래쪽에 추기(追記)하는 바이다.

태학생 윤공 유허기 무인년[46]

太學生尹公遺墟記 戊寅

국도(國都)의 바로 남쪽에 목멱산(木覓山 남산)이 있으니, 우뚝이 높이 솟아 있어서 서울의 얼굴이 된다. 혹은 종남산(終南山)이라고도 칭하는데, 이는 중국의 장안(長安)에서 이름을 빌려온 것이다.[47] 남산의 한 자락이 서쪽으로 뻗는데, 그 북쪽에 자각봉(紫閣峰)이 있고 또 동북쪽에 독송정(獨松亭)이 있다. 이 둘 사이에 작은 선경(仙境) 하나가 열려 있으니, 여기가 바로 돌아가신 태학생(太學生) 노팽(老彭) 윤공술(尹志述)[48] 공이 사시던 집터이다.

공이 이곳에 집터를 잡고 사신 지 몇 해 만에 공북정(拱北亭)이라는 정자를 지었는데, 이는 정자의 자리가 대궐(大闕)[49]을 향하고 있다고

46 무인년(戊寅年) : 1818년(순조18)으로, 매산의 나이 43세 되던 해이다.

47 혹은……것이다 : 종남산(終南山)은 중국의 장안(長安) 남쪽에 있는 산으로 남쪽에 있다하여 남산(南山)이라 칭하기도 한다. 진령(秦嶺) 주봉(主峰) 중의 하나인데, 도성(都城)의 남쪽에 있는 산을 모두 종남산이라 부르기도 하므로 이렇게 말한 것이다.

48 노팽(老彭) 윤지술(尹志述) : 노팽은 윤지술(1697~1721)의 자이고, 호는 북정(北亭), 본관은 칠원(漆原), 시호는 정민(正愍)이다. 1720년(경종 즉위년) 성균관의 장의(掌議)로 있으면서 이이명(李頤命)이 편찬한 숙종(肅宗)의 지문(誌文)에, 장희빈을 사사(賜死)한 신사년(1701, 숙종27)의 처분과 윤선거(尹宣擧)의 문집을 훼판(毁板)한 병신년(1716)의 처분이 의리상 중대한 사안임에도 불구하고 누락되거나 애매하게 기재되었다고 상소하고, 유생들을 이끌고 권당(捲堂 동맹휴학)을 주동하였는데, 이듬해 신임사화(辛壬士禍) 때에 김일경(金一鏡) 등 소론(少論)의 탄핵으로 사형에 처해졌다.

하여 이렇게 이름한 것이다. 공은 이 정자의 이름을 따라서 북정이라고 자호(自號)하였다.

정자 가에 수많은 소나무가 빽빽하게 늘어서서 하늘로 치솟아 구름에 의지하고 있는데, 차가운 서리와 쌓여 있는 눈 속에 우뚝하고 울창하였다. 좌우에는 층층의 바위와 큰 돌이 가파르고 높이 솟아 있고 그 위에 우암(尤菴)의 글씨가 새겨져 있는데, 마멸되어 알아 볼 수가 없으나, 그래도 봉기(鳳丌)라고 쓴 두 대자(大字)가 남아 있어 벽면에 완연하다.

나는 이 산의 끝자락에 집을 지었는데, 북정(北亭)의 유허(遺墟)와의 거리가 몇 마장[50]으로 가까웠다. 봄과 가을의 한가로운 날이면 항상 걸어서 자주 찾아갔는데, 은거하던 암혈(巖穴)과 냇물을 구경하던 자리[51]는 다시 찾을 수가 없었으나 아직도 무너진 담장과 깨진 주춧돌이 무성한 가시나무 속에 묻혀 있었다.

해질 무렵에 푸른 숲을 보면 한겨울에 홀로 수려한 소나무와 같았던 공의 자태를 상상하게 되고, 겹쳐있는 푸른 이끼 낀 바위를 부여잡고

49 대궐(大闕) : 원문의 '자신(紫宸)'은 자신전(紫宸殿)으로 원래 상제(上帝)가 거처하는 궁전인데, 당송(唐宋) 시대에 조정 백관과 외국 사신들을 접견하던 정전(正殿)의 이름으로 쓰여, 제왕이 사는 대궐을 가리키게 되었다.

50 몇 마장 : 원문의 '수후(數帿)'는 몇 개의 돈대를 지나는 거리를 이른다. 후(帿)는 후(堠)와 통한다. 돈대는 이정(里程)이나 경계를 표시하시 위해 쌓은 토단을 이른다.

51 은거하던……자리 : 원문의 '암거천관(巖居川觀)'은 은거 생활을 하며 유유자적하게 지내는 것을 말한다. 《사기》 권79 〈범수채택열전(范雎蔡澤列傳)〉에 "그대 범수는 어찌하여 지금 정승의 인끈을 풀어 어진 이에게 주고 물러나, 암혈에 살며 냇물을 구경하려고 하지 않는가.〔君何不以此時歸相印, 讓賢者而授之, 退而巖居川觀?〕"라고 한 채택의 말이 보인다.

오르면 천 길의 벼랑과 같았던 공의 절개가 생각나니, 혁혁(奕奕)한 공의 정신이 이 사이에 있는 듯해서 오래도록 배회하고 떠나가지 못하였다.

일찍이 들으니, 공의 선고(先考)이신 사어공(司禦公)[52]께서 세 가지 일을 근심하셨는데, 집이 큰 산기슭에 있어서 무너지기 쉽다는 것과 천성이 노새 타기를 좋아해서 발로 차이고 물리기 쉽다는 것과, 독자(獨子)인데 사론(士論)을 좋아한다는 것이었다. 그런데 공이 마침내 사론으로 인해 사화(士禍)를 당했으니, 선고께서 염려하신 것이 불행히도 적중하였다.

공은 첫 번째로는 이윤(尼尹)이 배사(背師)한 죄를 배척해서 사문(斯文)을 부익(扶翼)하였고[53] 다음으로는 군신 간의 복제(服制)를 논히여 나라의 예를 바로잡았으며[54] 또 동양(董養)과 하번(何蕃), 진농

52 사어공(司禦公) : 윤지술의 부친인 윤경적(尹景績)으로 사어는 세자익위사(世子翊衛司)의 종5품 벼슬이다. 타고난 자품이 뛰어나고 배포가 있었는데 여러 번 과거에 낙방하고, 만년에 음직으로 벼슬하여 사어에 이르렀다. 아들이 사형을 당하는 때에도 자신의 뜻을 잃지 않은 채, 평상시와 같이 지냈다.

53 이윤(尼尹)이……부익(扶翼)하였고 : 이 내용은 《조선왕조실록》 숙종 41년 을미(1715) 11월 26일의 '태학생 윤지술 등의 《가례원류》의 일 등에 대한 상소'라는 기사에 보인다. 이윤은 윤증(尹拯, 1629~1714)으로 그가 거주하던 충청도의 노성(魯城)에 이구산(尼丘山)이 있어 노성을 이산(尼山)이라고도 부르기 때문에 이렇게 칭한 것이다. 자는 자인(子仁), 호는 명재(明齋), 본관은 파평(坡平)으로 학문에만 전념하여 여러 차례 천거되어 조정의 부름을 받았으나 나아가지 않았다. 배사(背師)는 윤증이 원래 송시열(宋時烈)의 고제(高弟)였으나, 1674년(현종15)에 부친 윤선거(尹宣擧)의 묘갈명을 짓는 문제로 사제 간의 의리를 끊고, 소론을 이끌고 송시열을 주축으로 한 노론과 반목한 일을 가리킨다.

54 군신……바로잡았으며 : 이 일은 《조선왕조실록》 숙종 46년 경자(1720) 6월 11일

(陳東)과 구양철(歐陽澈)을 제사하여 사기(士氣)를 격려할 것을 청하였으니,[55] 이 일들은 진실로 후세에 영원히 전해질 만한 일들이며, 경자년(庚子年)에 권당(捲堂)하고 소회(所懷)를 올린 상소문[56]으로 말하

의 '태학생 윤지술 등이 백관·유생의 성복(成服)에 관해 상소하자, 예조에서 복주(覆奏)하다'라는 기사에 보인다.

55 동양(董養)과……청하였으니 : 이 내용은 민우수(閔遇洙)의 《정암집(貞菴集)》 권13 〈태학생윤공행장(太學生尹公行狀)〉에 "먼저 하번과 진동, 구양철의 사당을 세우는 일을 여러 유생을 이끌고 소를 올렸다. 이는 숙종께서 일찍이 세 사람의 사당을 태학 옆에 세울 것을 명하였는데, 실은 세워지지 못하였다. 그런데도 숙종의 지문에 이 일을 싣고 사당이 이미 세워졌다고 하였다. 그러므로 공이 그 오류에 대해 소를 올리고 인하여 사당을 세울 것을 청하니, 일이 마침내 이루어졌다.〔先以何蕃, 陳東, 歐陽澈立祠事, 率諸生陳疏. 盖肅廟嘗命立三人祠於太學之傍, 而實則未立也, 誌文載此事而謂其已立, 故公疏辨其誤, 而因請建之, 事竟得行.〕"라고 보인다. 동양은 진(晉)나라 혜제(惠帝) 때의 태학생으로 태시(泰始) 초에 가후(賈后)가 정승 양준(楊駿)을 죽이고 태후를 폐위하자, 동양은 명륜당에 올라가 탄식하다가 〈무화론(無化論)〉을 지어 이 일을 비난하고 그 뒤 세상이 어지러워지자 아내와 함께 촉(蜀) 땅으로 들어가 종신토록 자취를 감춘 인물이다.《晉書 卷94 隱逸列傳 董養》 하번(何蕃)은 당나라 덕종(德宗) 때 태학생으로 학덕(學德)이 높아 제생(諸生)들의 존경을 받았는데, 주자(朱泚)의 난에 국자학관(國子學館), 태학관(太學館), 사문학관(四門學館), 율관(律館), 서관(書館), 산관(算館) 등의 여섯 학관의 생도들을 준엄하게 질책하여 반역자를 따르지 못하게 한 인물이다.《新唐書 卷194 卓行列傳 何蕃》 진동(陳東)과 구양철(歐陽澈)은 송나라의 태학생으로, 태학생들을 이끌고 상소하여 국세를 위태롭게 한 채경(蔡京)·양사성(梁師成)·이언(李彦)·주면(朱勔)·왕보(王黼)·동관(童貫) 등의 육적(六賊)을 죽여야 한다고 청하고, 금(金)나라와의 화친을 반대한 주전론자(主戰論者)인 이강(李綱)을 등용하게 하였다. 고종(高宗) 때에 황잠선(黃潛善)·왕백언(汪伯彦)·장준(張浚) 등 화친론자들에 의해 이강이 밀려나자 이들을 배척하고 이강을 옹호하다가 연좌되어 참형을 당하였다.《宋史 卷455 忠義列傳10 陳東, 歐陽澈》

56 경자년(庚子年)년에……상소문 : 이 상소문은 후일 윤지술이 사형에 처해지게 되는 원인이 되는 것으로 《경종수정실록》 즉위년(1720) 9월 7일자 기사에 실려 있다.

면, 말이 엄정하면서도 논리가 바르며 의(義)가 정밀하면서도 인(仁)이 완숙(完熟)한 것이다.

공이 올린 글에 "선왕(先王)과 선후(先后)께서 조종(祖宗)이 부탁하신 중대한 임무를 받으시어 전하에게 차례가 전해져서 사직과 생민의 주체가 되셨으니, 전하께서 감히 다시 사친(私親)을 마음에 둘 수 없습니다."[57]라고 한 말씀은 참으로 백세에 성인(聖人)을 기다려도 의혹되지 않는 것이다.[58]

지금 사람들은 작은 이해관계를 만나면 곧바로 이로운 쪽으로 달려가고 해로움을 피하려고 계교(計較)하는 마음을 내는데, 공은 화복(禍福)의 밖에 몸을 두어서 칼과 톱과 가마솥을 보기를 아무것도 아닌 듯이 여기셨으니, 주자가 말씀하신 "마음 사이가 온전히 천리(天理)여서 비록 큰 곤액(困厄)이 있더라도 목숨을 바치고 뜻을 이룸이 있을 뿐이다."[59]라는 것이 공을 말한 것이 아니겠는가.

아! 사람들에게는 모두 한 번의 죽음이 있는데, 죽음이 태산보다 무거운 것도 있고 혹 기러기 털보다 가벼운 것도 있으니, 공의 죽음은 우뚝이 드높으며 명백하고 정대하여 한 자 되는 종이와 한 치 되는 붓으로 하늘의 떳떳한 법을 붙들고 사람의 기강을 세워서 천하와 만세의 법이 되었다.

57 선왕(先王)과……없습니다 : 이 내용은 앞의 주의 경자년에 올린 상소문에 보이는데, 선왕은 숙종(肅宗)을, 선후(先后)는 인현왕후(仁顯王后)를, 사친(私親)은 경종(景宗)의 친모인 장희빈(張禧嬪)을 가리킨다.

58 백세에……것이다 : 이 내용은 《중용장구(中庸章句)》 제29장에 그대로 보인다.

59 마음……뿐이다 : 이 내용은 《주자어류》 권13 〈학(學)7〉에 보인다.

공의 나이가 당시 삼십이 채 못 되었는데 어쩌면 이리도 장하단 말인가. 국가가 선비를 기른 지 삼백 년 만에 비로소 공 한 분을 얻어서, 한 분의 죽음이 세교(世敎)가 높아지고 낮아짐에 있어 중요한 관건이 되었으니, 그 공이 위대하다.

이 시대가 되어서는 세상이 선대의 잘못을 말하지 않는 것을 의리(義理)로 여겨 조야(朝野)의 사람들의 입을 막아서, 한 사람도 감히 말하는 자가 없었으니, 만일 공이 없었다면 후세에 명확한 의논을 펴는 선비들이, 어찌 나라에 인물이 있었다고 말할 수 있겠는가. 공과 같은 분은 "용사(勇士)는 자기 머리를 잃을 것을 잊지 않는다."[60]는 분일 것이며, "지나치게 물을 건너 이마까지 빠져 흉하여도 허물이 없다."[61]는 분일 것이다.

공은 친형제가 없는 독자로 외로운 몸인데도 위험한 화(禍)를 도발하여 극형(極刑)에 처해져서 부모를 슬프게 하였으니, 혹자는 "충은 얻었으나 효를 잃었다."라고 말한다. 그러나 나는 충과 효는 한 가지라고 생각한다. 만일 그렇지 않다면 성인께서 어찌하여 "싸움터나 진영에서 용맹이 없는 것은 효가 아니다.〔戰陣無勇非孝〕"라고 말씀하였겠는가?[62]

60 용사(勇士)는……않는다 : 이 내용은 《맹자》 〈등문공 하(滕文公下)〉에 나오는 맹자의 말씀이다.

61 지나치게……없다 : 이 내용은 《주역》 대과괘(大過卦) 상육(上六)의 효사(爻辭)인데, 주자는 《주역본의(周易本義)》에서 "과극(過極)한 자리에 처하여 재주가 약해서 건널 수 없으나, 의리(義理)에는 무구(无咎)가 되니, 살신성인(殺身成仁)의 일이다.〔處過極之地, 才弱不足以濟, 然於義爲无咎矣, 蓋殺身成仁之事.〕"라고 주하였다.

62 성인께서……말씀하였겠는가 : 성인은 증자(曾子)를 이르고 증자의 이 말씀은

몸을 죽여 인(仁)을 이룸은 있고 살기를 구하여 인을 해침은 없으니,[63] 이 어찌 효 중의 큰 것이 아니겠는가. 그렇다면 사어공이 공에 대해 염려했던 것은 바로 하나의 옳음을 성취한 것이니, 그 귀결을 요약하면 기뻐할 만하고 염려할 만한 것이 아니다.

아! 남산의 기운이 꿈틀꿈틀 힘차게 솟아 충만하게 넘쳐서 울창하게 쌓인 것은 바로 그 깨끗하고 신령스럽고 화(和)하고 맑은 기운인데, 이것이 소나무와 측백나무, 암석(巖石)에만 오로지 모이지 않고 마침내 사람에게 모여서, 공을 얻어 이 터에 살게 해서 수립하게 한 바가 이와 같았다. 공의 큰 명성과 높은 절개가 이 산과 높음을 다투니, 장차 이 산의 영험한 기운이 되어서 천지와 함께 유구(悠久)할 것이다. 《시경》에 이르기를 "높은 산을 우러러 보며 큰 길을 간다.〔高山仰止景行行止〕"[64]하였으니, 나는 공에 대해서 또한 이렇게 말하노라.

《예기》〈제의(祭義)〉에 보인다.

63 몸을……없으니 : 이 내용은 공자의 말씀으로, 《논어》〈위령공(衛靈公)〉에 보인다.

64 높은……간다 : 이 내용은 《시경(詩經)》〈소아(小雅) 거할(車舝)〉의 한 구절이다.

간양도기
看羊島記

우리나라 북쪽 변방은 오랑캐와 국경이 접하여 한 줄기 물로써 경계를 이룬다. 처음에는 숙신씨(肅愼氏)의 나라였는데, 후대로 내려오면서 읍루(挹婁)와 말갈(靺鞨), 발해(渤海)가 되었고 사이에 또 북흉노(北匈奴)와 동여진(東女眞)에 편입되었다. 이 때문에 금나라 사람이 송나라의 휘종(徽宗)과 흠종(欽宗) 두 군주를 회령(會寧)의 운두산(雲頭山)에 유폐하였으니, 바로 이른바 오국성(五國城)이라는 곳이다.[65] 두 군주가 죽어 이곳에 장례하여 지금까지 황제총(皇帝塚)이라고 불린다.

65 송나라의……곳이다 : 휘종(徽宗)과 흠종(欽宗)은 북송의 제8대, 제9대 황제이다. 휘종은 시문과 서화, 도교(道敎)에 심취해 국정을 돌보지 않다가 1125년에 금(金)나라가 침입하자 아들인 흠종(欽宗)에게 양위하고 자신은 도군황제(道君皇帝)가 되어 책임을 모면하려고 하였다. 그러나 흠종 정강(靖康) 2년(1127)에 금나라 태종(太宗)이 대군을 이끌고 송나라를 침략하여 수도 변경(汴京)이 함락되고 휘종과 흠종 부자(父子)와 수많은 황족과 신하들이 금나라로 끌려가 북송은 멸망되고, 남쪽으로 도주한 휘종의 아들 고종(高宗)이 남경에서 즉위하여 왕조의 명맥을 유지하여, 남송(南宋)이 시작되었다. 운두산은 《신증동국여지승람》 제50권 〈함경도 회령도호부〉에 "운두성(雲頭城)과 운두봉(雲頭峰)이 부(府) 서쪽 50리 지점에 있다."라고 보인다. 오국성은 두 황제가 유배되었다가 죽은 곳인데, 청담(淸潭) 이중환(李重煥, 1690~1756)의 《택리지(擇里志)》에 운두산(雲頭山)에 있는 오국성의 성 밖에 송나라의 휘종과 흠종 두 황제의 능이 있다고 하였는바, 매산의 말은 이를 인용한 것으로 보인다. 그러나 성호(星湖) 이익(李瀷)은 《성호사설(星湖僿說)》 제2권 〈천지문(天地門)〉에서 오국성은 만주의 오라성(烏喇城)이라고 하였는바, 오라성은 지금의 길림시 일대이다.

휘종과 흠종은 선(善)하지 못하고 임금답지 못하여 재앙을 빚어내고 난리를 불러서 나라가 망하였는데도 사직을 위하여 죽지 못해서, 자신들은 포로가 되고 온 일족이 몽진(蒙塵)을 하였는데도 낯이 두꺼워 수치가 됨을 알지 못하였다.

당당한 만승천자(萬乘天子)의 존귀한 몸으로서 개와 돼지와 같은 오랑캐에게 절하였고 심지어는 옷을 갈아입고 오랑캐 군주에게 술을 따르는 일도 마다하지 아니하여, 거듭 천하의 멸시와 조소를 받았으니, 비록 천겁의 세월이 지났으나 더러움은 더욱 심해졌을 뿐이다. 일찍이 개, 돼지도 먹지 않아서 해골이 오히려 땅으로 돌아간 것은 또한 요행이다. 저들이 죽은 지역이 우리나라에 속한 것은 다만 우리의 정결한 강토를 오염시켰을 뿐이니, 이는 부끄럽게 여길 만한 일이 아니겠는가.

회령에서 남쪽으로 경성부(鏡城府)의 어랑사(漁郎社)에 이르기까지 다섯 개의 호수가 있는데, 비홍호(飛鴻湖)가 바로 그 중의 하나이다.[66] 호수는 북쪽으로 푸른 바다에 임하여 40리를 뻗쳐 있고 큰 산기슭

66 회령에서……하나이다 : 어랑사는 경성부(鏡城府) 어랑리(漁郎里)에 있는 창렬사(彰烈祠)를 가리킨 것으로 보인다. 약천(藥泉) 남구만(南九萬, 1629~1711)이 지은 〈북관 십경도기(北關十景圖記)〉에 "경성부 남쪽 100리 지점에 어란리(禦亂里)가 있다. 혹은 어랑리(漁郎里)라고도 칭하는데, 이 마을에 팔경대(八景臺)가 있고 팔경대 남쪽 10리쯤 되는 곳에 무계호(茂溪湖)가 있으니, 바로 임진왜란 때 의사(義士) 이붕수(李鵬壽)가 평사(評事) 정문부(鄭文孚)를 맞이하여 의병을 일으킨 곳이다. 금상(今上) 을사년(1665, 현종6)에 평사 이단하(李端夏)가 창의(倡議)하여 호숫가에 사당을 세우고는 정공(鄭公)을 제향하고 함께 맹세한 사람인 이붕수 등을 배향하였다."라고 보인다. 《약천집 제28권 기》 비홍호(飛鴻湖)는 지금의 함경북도 경성군 어랑면에 있는 장연호(長淵湖)의 별칭이다. 한국 제4위의 호수로서 동쪽에는 갑각(岬角)과 반도가 돌출해 있으며 간양도가 호중에 있어 호반의 무성한 삼림과 함께 절경을 이룬다.

이 그 가운데로 비스듬히 들어가 섬이 되었다. 기후가 몹시 추워 거주하는 사람들이 없는데, 세상에 전하기를 소무(蘇武)[67]가 옛날 숫양을 기르던 지역이므로 이름을 간양도(看羊島)라고 하였다고 한다.

《한서(漢書)》를 살펴보면 "흉노의 선우(單于)가 소무를 큰 움 속에 가두고 음식을 끊어 먹고 마시지 못하게 하였는데, 큰 눈이 내리자 소무는 누운 채로 눈을 씹어 모직물의 털과 함께 삼켜서 며칠이 지나도록 죽지 않았다. 흉노는 신(神)이라 하여 마침내 소무를 북해(北海)가에 사람이 없는 곳으로 옮기고 그로 하여금 숫양을 기르게 하였다."라고 하였으니, 그곳이 바로 이곳이다.

그 뒤에 한나라 사자가 선우를 속여 말하기를 "천자가 상림원(上林園)에서 활을 쏘아 기러기를 잡았는데, 기러기의 발에 비단으로 쓴 편지가 매어져 있었고, 여기에 소무가 아무 못 가운데 있다고 쓰여 있었다."라고 말하자, 선우가 놀라 사과하고 소무를 돌려보냈으니, 비홍이라는 이름은 아마도 이 때문에 지어졌을 것이다. '아무 곳'이라고 말하지 않고 '아무 못 가운데'라고 말한 것은 호수이기 때문에 이렇게 말했을 것이다. 만일 이것이 사실이라면 이곳이 소전속(蘇典屬)[68]이 절(節)을 짚으며 숫양을 기르던 곳임이 분명하다.

67 소무(蘇武) : 한나라 무제(武帝) 때의 중랑장(中郎將)으로 흉노에 사신으로 갔다가 흉노의 선우(單于)에게 항복하라는 온갖 협박을 당했으나 한나라의 부절을 끝까지 붙잡은 채 절개를 지켜 굴복하지 않았는바, 이 때문에 북해(北海)에 19년간 억류되었다. 뒤에 귀국하여 전속국(專屬國)에 임명되었으며, 선제(宣帝)의 옹립에도 참여하여 관내후(關內侯)로 봉해졌다. 후대에 사신의 귀감으로 일컬어진다. 《漢書 卷54 蘇武傳》

68 소전속(蘇典屬) : 소무가 귀국하자 소제(昭帝)가 전속국(專屬國)의 벼슬을 내렸으므로 이렇게 칭한 것이다. 전속국은 한나라에 종속된 나라를 다스리는 벼슬이다.

아! 소공(蘇公)은 유학(儒學)으로 출사(出仕)한 분이 아니니, 진실로 일찍이 시(詩)에 힘쓰고 예(禮)를 설명하여 군신(君臣)의 대의(大義)를 강구한 분이 아닌데도 스스로 하늘의 떳떳한 성품을 간직하여 사람의 표준을 세워서 만 번 죽을 계책을 내고 한 번도 살기를 돌아보지 아니하여 19년의 오랜 세월 동안 충절을 온전히 하였으니, 저 한때의 의기(意氣)로 비분강개하여 자기 몸을 죽인 자들에 비하면 어찌 더욱 어려운 경우가 아니겠는가.

이는 참으로 공자께서 말씀하신 "살기를 구하느라 인(仁)을 해침이 없다.〔無求生以害仁〕"[69]는 것이니, 비단 군주의 명령을 욕되게 하지 않았을 뿐만이 아니다. 자사자(子思子)가 "평소 이적(夷狄)에 처해서는 이적대로 행하여, 들어가는 곳마다 스스로 만족하지 않음이 없다."라고 말하셨는데,[70] 공이 실로 이러함이 있었다. 어찌 거듭 이름답게 여길 만하지 않겠는가.

나는 《한서》의 〈소무전(蘇武傳)〉을 읽을 때마다 격앙(激昂)되고 사모하는 마음이 일어나니, 공이 만일 구천(九泉)에서 다시 살아 나오신다면 공을 위하여 말채찍을 잡는 일이라도 사양하지 않겠다.[71] 이제

69 살기를……없다 : 이 내용은 《논어》 〈위령공(衛靈公)〉에 보인다.

70 자사자(子思子)가……말하셨는데 : 이 내용은 《중용》 제14장의 "평소 부귀에 처해서는 부귀대로 행하며, 빈천에 처해서는 빈천대로 행하며, 이적에 처해서는 이적대로 행하며, 환난에 처해서는 환난대로 행하니, 군자는 들어가는 곳마다 스스로 만족하지 않음이 없다.〔素富貴, 行乎富貴, 素貧賤, 行乎貧賤, 素夷狄, 行乎夷狄, 素患難, 行乎患難, 君子無入而不自得焉.〕"라는 구절을 일부 인용한 것이다. 자사자는 자사를 높여 말한 것으로 자사가 《중용》을 지었다고 하므로 이렇게 말한 것이다.

71 공을……않겠다 : 마부(馬夫)가 되어 말채찍을 잡고 기꺼이 그의 수레라도 끌고

간양도와 비홍호의 명실(名實)이 서로 부합됨을 알게 되니, 소공이 들쥐가 저장한 풀 열매를 파서 먹은 것〔掘野鼠食草實〕[72]을 상상해 봄에 홀연히 직접 이 지역에 가서 눈으로 이 일을 보는 듯하여, 감개(感慨)하여 서로 감응됨이 있다.

아! 이 땅이 우리나라에 속하게 된 것이 어찌 우리 해동의 영광이 되지 않겠는가. 그리고 우리나라가 군자가 거처하여 충현(忠賢)이 절개를 드러내 곳이 되지 않겠는가.

옛날 태백(泰伯)과 중옹(仲雍)이 형만(荊蠻)으로 도망하자, 형만의 땅이 두 분을 얻어 황폐했던 지역이 개척되어 인문(人文)이 밝아져서 중화(中華)의 일원으로 자리하게 되었으니,[73] 관북지방이 옷깃을 왼쪽으로 하는 오랑캐 풍속에서 변화되어 문명화(文明化)된 것은 또한 소공의 계도가 있었기 때문일 것이다. 이일은 너무도 훌륭하다.

홍호(洪皓)와 주변(朱弁)은 칼날과 화살촉, 도끼와 모탕의 위협을 무릅쓰고 위태롭기 짝이 없는 오랑캐를 상대하여 죽기를 맹세하고 굽히지 아니하여 끝내 스스로 절개를 더럽히지 않고 완벽하게 돌아왔으

싶을 정도로 상대방의 덕을 흠모한다는 말이다. 자세한 내용은 348쪽 주36 참조.

72 소공(蘇公)이……것 : 이 내용은 《한서(漢書)》 권54 〈소무전(蘇武傳)〉의 "들쥐가 저장한 풀 열매를 파서 먹었다.〔掘野鼠去艸實而食之.〕"라는 구절을 원용하였다.

73 태백(泰伯)과……되었으니 : 태백과 중옹(仲雍)은 주나라 태왕(太王)의 장남과 차남으로, 태백은 아버지 태왕이 자신들의 아우인 왕계(王季)에게 제후의 자리를 물려주고 싶어 하는 것을 알고 아우인 중옹과 함께 형만(荊蠻)으로 달아나 문신을 하고 단발을 하여 자취를 감추니, 형만의 사람들이 의롭게 여겨 많이 따라 춘추시대 오(吳)나라의 시조가 되고 뒤에 오나라는 열국 중의 하나가 되었으므로 이렇게 말한 것이다. 《史記 卷31 吳太白世家》

니,[74] 이는 소공의 유풍을 듣고 분발한 자들일 것이다. 그러나 휘종과 흠종을 군주로 삼아서 신하와 군주가 함께 영화를 누리지 못하였으니, 이는 시운(時運)을 만나지 못한 것이다. 슬프다.

아! 송나라 군주와 한나라 신하가 똑같이 치욕을 당하여 한 지역에 있었으나, 혹은 땅에 떨어진 분뇨(糞尿)가 되고 혹은 하늘에 걸린 해와 별이 되었으니, 이는 누가 그렇게 만든 것인가? 어찌 사람들이 사랑하고 미워함이 달라서이겠는가. 바로 선과 악에 대한 보답이 똑같지 않을 뿐이다.

남의 군주가 되어 나라가 망하면 군주가 죽는 의리를 알지 못하는 자는 반드시 악인의 괴수라는 나쁜 이름을 얻고, 남의 신하가 되어 몸을 죽여 인(仁)을 이루고 생명을 버려 의(義)를 취하는 도리를 알지 못하는 자는 반드시 사죄(死罪 죽어 마땅한 죄)의 이름에 빠지는 것이니, 아! 경계하지 않을 수 있겠는가.

74 홍호(洪皓)와……돌아왔으니 : 두 사람 모두 남송(南宋) 고종(高宗) 때 금(金)나라에 사신으로 가서 억류되었다가 돌아온 인물들이다. 홍호(1088~1155)는 자가 광필(光弼)로 건염(建炎) 3년(1129)에 대금통문사(大金通問使)가 되어 휘종과 흠종의 귀국을 요청하기 위해 금나라에 사신으로 갔으나 임무를 이루지 못하고, 당시 금나라의 괴뢰정권인 제(齊)나라에 벼슬하라는 금나라의 제의를 거절하여 냉산(冷山)으로 유배되었다가 15년 뒤에 화의가 성립된 뒤에야 돌아왔다. 주변(朱弁, 1085~1144)은 자가 소장(少章)으로 고종 건염 원년(1127)에 대금통문사가 되어 금나라에 사신으로 갔다가 제나라에서 벼슬할 것을 강요하자 이를 거절하여 17년 동안 억류되었다가 화의가 성립되자 귀국하여 봉의랑(奉議郎)에 올랐다. 《宋史 卷373 朱弁, 洪皓列傳》

도봉산 유람기

遊道峰記

기묘년(己卯年) 여름에 징악장인(澄岳丈人)이 종산(鍾山)으로 은거지를 옮기셨다.[75] 내가 찾아가 뵙고 도봉산을 유람할 것을 청하자, 장인이 "나는 야외(野外)에 사는 한가로운 사람이니, 참으로 그대의 뜻을 따를 수 있다."라고 하셨다.

가을에 되어 다시 예전의 약속을 말씀드렸더니, 장인이 편지를 보내시어 소청문(小靑門)[76] 밖의 푸른 소나무와 흰 모래 사이에서 만나기로

75 기묘년(己卯年)……옮기셨다 : 기묘년은 1819년(순조19)으로, 매산의 나이 44세 되던 해이다. 징악장인(澄岳丈人)은 오희상(吳熙常, 1763~1833)을 가리킨 것으로, 광주(廣州)의 징악산(徵岳山)에 은거하였기 때문에 이렇게 칭한 것이다. 자는 사경(士敬), 호는 노주(老洲), 본관은 해주(海州), 시호는 문원(文元)이다. 1800년(정조24) 천거로 세자익위사 세마(世子翊衛司洗馬)에 제수되고, 황해도 도사 등을 지낸 뒤, 벼슬에서 물러나 은거하였고 이후 찬선(贊善) 등 여러 관직에 제수되었으나 모두 사양하고 나아가지 않았다. 성리학에 조예가 깊어 이황(李滉)과 이이(李珥)의 설을 절충하였다. 종산(鍾山)은 지금의 고려대 뒷산 일대로 여기에 종 모양의 큰 바위가 있어 종암이라고 불렸기 때문에 이렇게 칭한 것이다. 여기에 해주 오씨의 별장이 있었다. 원문의 '과축(薖軸)'은 현인이 은거하는 곳을 말한다. 《시경(詩經)》 〈위풍(衛風) 고반(考槃)〉에 "고반이 언덕에 있으니, 석인의 마음이 넉넉하도다.……고반이 높은 언덕에 있으니, 석인이 한가로이 서성이도다.〔考槃在阿, 碩人之薖.……考槃在陸, 碩人之軸.〕"라고 한 구절에서 과(薖)와 축(軸)을 따와 합한 것이다.

76 소청문(小靑門) : 도성의 사소문(四小門) 중 동쪽에 있는 혜화문(惠化門)으로 흔히 동소문(東小門)이라고 불린다. 오색(五色) 중의 청(靑)은 오행(五行) 상 목(木)으로 방위는 동쪽을 가리킨다.

기약하니, 이날은 중양절(重陽節 음력 9월 9일) 다음날이었다.

일찍 조반을 먹고 출발하여 성곽을 나가 객사(客舍)에서 기다리자, 잠시 후에 장인이 도착하셨는데, 작은 나귀를 타고 어린 종을 데리고 오신 행색(行色)이 매우 청초(淸楚)하였다. 길에 서서 서로 안부를 나누고 함께 길을 걸으니, 표표하여 속세를 초월하는 생각이 있어서 정신이 만장봉(萬丈峰) 산머리 위에서 노닐었다.

문촌(汶村)에 이르러 장인이 객점(客店)에서 잠시 쉬셨는데, 이 사이에 자강(子岡)[77]이 찾아뵈었을 때의 이야기를 나누고 함께 오지 못한 것을 한탄하였으니, 비단 사람 한 명이 적은 것을 한스러워 했을 뿐이 아니었다. 노원역(蘆原驛)을 바라보고 장인께서 예전에 은거하셨던 곳을 물었더니, 장인이 어느 한 곳을 가리키며 말씀하기를 "마을 가운데에 압각수(鴨脚樹 은행나무)가 서있는 곳이 그곳이다."라고 하셨으므로, 나는 한동안 목을 길게 빼고 바라보았다.

지난밤에 된서리가 내려서 떠도는 먼지가 깨끗이 사라지니, 하늘은 더욱 높고 공기는 더욱 맑아서 마치 온갖 형상이 모두 텅 빈 듯하였다. 내가 말하기를 "바로 이 광경은 참으로 이른바 '가을의 숙살지기(肅殺之氣)까지 모두 드러난다.'[78]는 것입니다."라고 하였더니, 장인이 옳다

77 자강(子岡) : 매산과 절친한 사이인 이봉수(李鳳秀, 1778~1852)의 자이다. 호는 대은(大隱), 본관은 연안(延安)으로 노주 오희상에게 수학하였다. 1805년(순조5) 증광 생원시에 합격하고, 1812년 세마(洗馬)가 되었으며, 의령 현감 등의 벼슬을 지냈다.

78 가을의……드러난다 : 이 내용은 명도(明道) 정호(程顥)의 말로《이정유서(二程遺書)》 권5에 "공자는 원기이고, 안연은 봄의 생기이고, 맹자는 가을의 숙살지기까지 모두 드러난다.〔仲尼元氣也, 顔子春生也, 孟子幷秋殺盡見.〕"라고 보인다. 원기는 하늘과 땅이 나뉘기 이전의 기운으로 태극을 가리키고, 봄의 생기는 인(仁)이고 숙살지기

고 하였다.

도봉동(道峰洞) 입구에 이르러서 풀로 자리를 만들고 앉아 즐겁게 정을 나누노라니,[79] 단풍나무 숲은 시들었고 바윗길은 쓸쓸하였다. 물가에 임하여 한동안 대화를 나누다가 도봉서원(道峰書院)[80]으로 들어갔다. 침류당(枕流堂)의 제월루(霽月樓)에 올라 조금 쉬었다가 사당을 배알하고 이어서 소광정(昭曠亭)을 방문하니, 정자는 도봉산 서쪽 기슭 험한 절벽에 있었다. 골짝을 찾고 시내를 건너 곧바로 정자의 북쪽에 이르니, 커다란 바위와 층층의 폭포와 깊은 못과 얕은 물가가 사이에 굽이굽이 이어졌는데, 평평히 흐르는 물은 깊고 검푸르며 험준한 곳을 흐르는 물은 하얗게 거품을 내며 솟구쳤다.

이때 물이 줄어들어 돌이 드러나고 계곡물이 솟아 부딪치며 흐르는 소리가 마치 패옥(佩玉)이 울리는 것처럼 그윽하여, 크게 들리는 듯도 하고 작게 들리는 듯도 하였다. 장인이 말씀하기를 "'산수에 맑은 소리가 다 있다.〔山水有淸音〕'고 하니, 고인이 시로 밝힌 뜻이 참으로 옳다."[81]라고 하였다. 이어서 말씀하기를 "선현께서 흐르는 냇물을 가지

(肅殺之氣)는 초목(草木)을 다 말려 죽이는 가을의 엄혹(嚴酷)하고 차가운 기운을 이른다.

79 풀로……나누노라니 : 원문의 '반형(班荊)'은 지기(知己)를 만나 정을 나누는 기쁨을 표현하는 말이다. 춘추 시대 초(楚)나라의 오거(伍擧)가 채(蔡)나라의 성자(聲子)와 세교를 맺고 있었는데, 두 사람이 우연히 정(鄭)나라 교외에서 만나 풀 자리를 깔고 앉아서 옛날이야기를 주고받았던 고사에서 유래하였다. 《春秋左氏傳 襄公26年》

80 도봉서원(道峰書院) : 1573년(선조6)에 정암(靜菴) 조광조(趙光祖)의 학문과 덕행을 추모하기 위하여 정암이 자주 찾았던 도봉산 자락에 세운 사액서원(賜額書院)이다. 임진왜란 때 불탔다가 중건하였고, 이후 우암(尤菴) 송시열(宋時烈)을 추가로 배향하였다.

고 도체(道體)의 본연을 비유하였으니,[82] 또한 형용을 잘한 것이다." 하였으므로, 나는 회옹(晦翁)의 〈관란사(觀瀾詞)〉[83]를 외워 뜻을 말하였다.

얼마 후에 날이 저물어 어슴푸레해지면서 곧장 하늘이 어두워졌다. 사방을 돌아봄에 적막하여 아무도 없으니, 정신이 처량해지고 뼈가 시려지며 마음이 서글퍼지고 몸이 멀리 떨어져 있는 듯하여 오래 머물 수가 없었다. 장인이 먼저 일어나서 시냇가를 따라 올라가서 물의 근원으로 거슬러 올라가시므로, 나 또한 따라갔는데, 푸른 나무와 무성한 덩굴이 길을 뒤덮은 채 얽혀있었으며 산재된 돌무덤들이 겹겹이 쌓여서 흐르는 냇물을 막고 있었다.

우암(尤菴 송시열)과 동춘(同春 송준길)과 곡운(谷雲)[84] 등 여러 현자

81 산수에……옳다 : 원문의 '산수유청음(山水有淸音)'이란 시구는 진(晉)나라 좌사(左思)가 지은 시 〈초은시(招隱詩) 2수(首)〉에 "관현악기 반드시 있을 필요 없네. 산수에 맑은 소리 다 있는걸.〔非必絲與竹, 山水有淸音.〕"라고 보인다. 《文選 卷22 》〈초은시〉는 은거하는 즐거움을 읊은 시이다.

82 선현께서……비유하였으니 : 선현은 주자를 이른다. 공자께서 시냇가에 계시면서 "가는 것이 이와 같구나. 밤낮을 그치지 않는도다.〔逝者如斯夫, 不舍晝夜.〕"라고 하셨는데, 주자가 《집주(集註)》에서 "천지의 조화가 가는 것은 지나가고 오는 것이 이어져서 한 순간의 그침이 없으니, 바로 도체의 본연이다.〔天地之化, 往者過, 來者續, 無一息之停, 乃道體之本然也.〕"라고 풀이하였다. 《論語 子罕》

83 회옹(晦翁)의 관란사(觀瀾詞) : 회옹은 주자의 호인데, 흔히 다른 호인 회암(晦菴)을 존칭한 것으로 보기도 한다. 〈관란사〉는 《주자어류》 권36 〈논어18 자한편 상(子罕篇上)〉에 "냇물이 쉬지 않고 흐르는 것을 보고 근본이 있는 것의 무궁함을 깨달았네.〔觀川流之不息兮, 悟有本之無窮.〕"라고 보인다.

84 곡운(谷雲) : 김수증(金壽增)의 호로 영의정 김수항(金壽恒)의 아우이고 농암(農巖) 김창협(金昌協)의 숙부로 특히 팔분체(八分體) 글씨를 잘 썼다.

들이 절묘한 필체로 석면(石面)에 용이 서린 듯 써 놓은 글씨들이 또한 어느 곳에 있는지를 알지 못하겠으니, 참으로 높은 언덕과 깊은 골짜기가 서로 바뀌어 무상(無常)하였다.

이어서 광풍당(光風堂)에 오르니 광풍당의 남쪽에 누각(樓閣)이 있고 누각 옆에 장서각(藏書閣)이 있는데, 지형이 원만하고 깨끗하며 그윽하면서도 넓어서 절로 한 형국을 이루어 이 골짝의 하나의 아름다운 경관이 되었다.

잠시 후 달이 누대의 난간 위로 떠올랐는데, 밤이 깊어가자 더욱 밝게 빛났다. 하늘을 우러러보니 깊고 아득하고 광활하고 확 트여서 하늘과 땅이 함께 고요하고 만뢰(萬籟 자연이 내는 온갖 소리)가 모두 조용하여 우주가 생기기 이전의 혼돈(混沌) 상태와 같은 정취(情趣)가 있었다. 유유(悠悠)함이 마치 맑고 청명한 기운을 타고 가는 듯하여 그 끝을 헤아릴 수가 없었고, 양양(洋洋)함이 마치 조물주와 나란한 듯하여 그 다할 바를 알지 못하니, 형체와 정신을 초월하여 장차 온갖 조화와 묵묵히 투합하는 듯하였다.

장인이 나에게 글을 외울 것을 요청하시기에, 이천(伊川)의 〈역전서(易傳序)〉를 외우다가 숨이 가빠 중지하였다. 장인이 〈역전서〉 가운데에 "체(體)와 용(用)이 근원이 하나이고 드러난 것과 은미한 것이 간격이 없다.〔體用一原 顯微無間〕[85]"는 한 구를 들어서 계속하여 외우시고, 이어서 《추경(鄒經)》의 우산장(牛山章)과 웅어장(熊魚章)[86] 두 장을

85 체(體)와……없다 : 체는 본체로 이치인 태극(太極)을 가리키고 용(用)은 활용(活用)으로 64괘의 상(象)을 이르며, 드러난 것은 바로 상이고 은미한 것은 태극으로, 체와 용이 서로 근원이 똑같고 서로 간격이 없음을 말한 것이다.

외셨는데 목소리가 평온하고 높낮이에 운(韻)의 곡절(曲折)이 있어, 나로 하여금 귀를 기울여 듣게 하니, 아름다운 음악(音樂)[87]에 필적하였다. 주자가 말년에 매번 배우는 자들과 이 장을 외웠는데, 장인이 특별히 이 두 장을 들어 외운 것은 이 또한 쇠퇴한 세상을 근심하는 뜻[88]일 것이다.

밤이 깊어지자 누각 아래에 있는 방에서 나누어 유숙하였다. 실(室)에 첩괄(帖括)[89]을 공부하는 너덧 명의 유생들이 있어서 이웃 방에서 경서를 읽었는데, 강독(講讀)하는 소리가 번잡하고 급하여 거의 들을 수가 없었다. 내가 말하기를 "만일 과거제도를 개혁한다면 먼저 명경과(明經科)[90]부터 바꾸어야 합니다."라고 하니, 장인이 옳은 말이라고 하

86 추경(鄒經)의 우산장(牛山章)과 웅어장(熊魚章) : 《추경》은 바로 《맹자》를 가리키며 우산장은 〈고자 상(告子上)〉의 10장이고 웅어장은 12장이다.

87 아름다운 음악(音樂) : 원문의 '소호(韶濩)'는 탕(湯)임금의 음악이라고 하기도 하고, 소는 순(舜)임금의 음악, 호는 탕임금의 음악이라고 하기도 하는데, 일반적으로 고아하고 바른 고악(古樂)을 가리킨다.

88 쇠퇴한……뜻 : 원문의 '쇠세지지(衰世之志)'는 나쁜 세상을 근심하는 마음을 이른다. 《주역》 〈계사전 하(繫辭傳下)〉 6장에 "그 이름을 칭함이 잡란하면서도 어그러지지 않으나 그 선악과 길흉의 류를 상고함은 쇠퇴한 세상을 근심하는 뜻일 것이다.〔其稱名也, 雜而不越, 於稽其類, 其衰世之意耶.〕"라고 보인다.

89 첩괄(帖括) : 과거에 응시하는 유생들이 경서의 중요한 부분을 뽑아 외우는 것을 가리킨다. 원래는 당나라 때에 명경과(明經科)에서 경서에서 약간의 글자만 보여주며 응시자들에게 대답하게 하였는데, 뒤에 수험생들이 난해하면서도 출제 가능성이 높은 구절들을 모아 책으로 묶은 다음, 외우기 쉽게 노래 형식으로 만들어 부르던 것을 가리키게 되었다.

90 명경과(明經科) : 조선 시대 과거의 하나로 고려의 명경업을 이어받은 것이나, 시험방식은 사서오경(四書五經)을 강(講)하는 것으로 고려의 것과 성격이 조금 달라졌

셨다.

날이 밝자 일어나서 다시 누각에 올라 공령생(功令生 과거를 준비하는 유생)을 불러 서각(書閣)을 열게 하여 정암(靜菴)과 우암 두 분 선생의 문집을 꺼내서, 정암께서 경연(經筵)에서 아뢴 여러 글들을 읽어보니, 한 글귀도 지루한 말씀과 쓸데없는 내용이 없었다. 이 글들은 낙건(洛建)의 명리(名理)[91]를 답습하지 않고 한결같이 자신에게서 나온 것인데 또한 순수하게 군주에게 충성하고 나라를 사랑하는 마음이 넘쳐 나온 것이요 사람들이 보기에 아름답게 하려고 구차하게 말끔하게 한 것이 아니었으니, 마땅히 《서경》의 〈이훈(伊訓)〉과 〈열명(說命)〉[92]과 표리(表裏)가 될 만하였다.

책을 바꾸어 우암의 〈간서잡록(看書雜錄)〉[93]에 미치자, 장인이 말씀하시기를 "예전에 민원리(閔元履)[94]와 함께 왔을 때, 주자의 〈무오당의

다. 처음에는 식년 문과와 무관하게 수시로 행했으나 성종 10년부터 식년 문과와 함께 시행하였고 후기에는 시험방식이 구두(句讀)와 훈석(訓釋)을 암기하는 방식이 되어, 단순히 경전 구절의 정확한 암기 여부를 시험하는 것으로 바뀌었는데, 제술과에 비해 한 등급 낮은 것으로 취급되었다.

91 낙건(洛建)의 명리(名理) : 낙건은 낙양(洛陽)과 복건성(福建省)의 병칭으로 주자와 정자를 이른다. 정명도(程明道)와 정이천(程伊川) 형제는 낙양 사람이고, 주자는 복건성 사람이므로 이렇게 칭한 것이다. 명리는 명칭과 도리로 성리학을 이른다.

92 서경의 이훈(伊訓)과 열명(說命) : 〈이훈(伊訓)〉은 상(商)나라의 명상인 이윤(伊尹)이 군주인 태갑(太甲)에게 몸을 닦고 나라를 다스리는 요체를 아뢴 내용이며 〈열명(說命)〉은 상나라의 고종(高宗)인 무정(武丁)이 부열(傅說)을 정승으로 임명하고 훈계한 말과 부열이 군주에게 치국의 대도를 아뢴 내용이다.

93 우암의 간서잡록(看書雜錄) : 이 글은 《송자대전》 제131권 〈잡저(雜著)〉에 수록되어 있다.

94 민원리(閔元履) : 민치복(閔致福, 1766~1814)으로 원리는 그의 자이다. 호는 확

서(戊午讜議序)〉와 〈왕매계문집서(王梅溪文集序)〉 두 서문[95]을 함께 읽었다."라고 하시니, 내가 장인을 위하여 이 글을 찾아내어 읽어 산중(山中)의 고사(故事)를 따랐다. 이어 누각을 내려와서 동문(洞門)을 나왔다.

장인은 30년 만에 오셨고 나 또한 20년 만에 왔는데, 언덕과 골짝과 바위와 폭포가 호겁(浩劫)[96]을 겪은 듯 다시 예전의 모습이 없으니, 산수(山水)는 진실로 무정한 것인데도 한 세대를 지나지 아니하여 이와 같이 변했는데, 하물며 대자연의 조화 속에 방랑하는 가운데[97]에 그 삶이 덧없는 인간의 경우에 있어서랴. 그러나 험준한 산세와 시원한 물소리는 여전히 귀와 눈과 절로 뜻이 합하고, 아득하게 텅 비고 깊고 고요한 것은 또한 마음과 정신과 융회(融會)하니,[98] 이는 땅에 따라

재(擴齋), 본관은 여흥(驪興)으로 지암(止庵) 김양행(金亮行)의 문인이다. 1789년(정조13) 사마시에 합격하고 음직으로 벼슬이 남평 현감(南平縣監)에 이르렀다.

95 주자의……서문 : 무오당의서(戊午讜議序)는 주자가 위섬지(魏掞之)의 〈무오당의〉를 보고 쓴 서문이다. 〈무오당의〉는 남송(南宋) 고종조(高宗朝)에 진회(秦檜)가 금(金)나라와의 화친을 주장하자 장천(張闡), 호전(胡銓) 등이 반대하다가 당의(讜議)로 몰리게 된 경위를 기록한 글이다. 왕매계문집서(王梅溪文集序)는 정확한 제목은 '왕매계문집서 유공보를 대신하여 짓다.〔王梅溪文集序, 代劉共父作.〕'이다. 왕매계(王梅溪)는 왕십붕(王十朋, 1112~1171)으로, 매계는 그의 호이다. 《朱子大全 卷75 戊午讜議序》

96 호겁(浩劫) : 불교용어로, 인간에게 닥치는 큰 재앙(災殃)이나 긴 세월을 이르는 말이다.

97 대자연의……가운데 : 이 내용은 동진(東晉)의 시인이자 은사(隱士)인 도연명(陶淵明, 365~427)이 지은 시 〈신석(神釋)〉의 "대자연의 조화 속에 방랑하니 기쁘지도 않고 두렵지도 않네.〔縱浪大化中, 不喜亦不懼.〕"라는 구절의 앞 절을 원용한 것이다.

98 험준한……융회(融會)하니 : 이 내용은 당나라 중기의 문장가인 유종원(柳宗元,

변하는 것이 아니어서 천년이 지나도 똑같은 것이다.

또 올해는 조정암 선생이 도를 위해 목숨을 바치신 해이다.[99] 육십갑자(六十甲子)가 다시 돌아온 것에 감회를 느끼고 선생의 정심하고 심오한 말씀을 이어가지 못하는 것을 탄식하니, 이번 걸음이 어찌 다만 깊은 물과 높은 산을 구경하고 술잔을 나누는 일만을 위한 것이겠는가. 고산경행(高山景行)[100]을 사모하는 마음을 삼가 붙이는 바이다.

773~819)이 지은 《고무담서소구기(鈷鉧潭西小丘記)》의 "맑은 형상은 절로 눈과 뜻이 합하고, 졸졸 흐르는 물소리는 절로 귀와 뜻이 합하고, 아득하게 텅 비어 있는 것은 절로 정신과 뜻이 합하고, 깊고 고요한 것은 절로 마음과 뜻이 합한다.〔淸泠之狀與目謀, 瀯瀯之聲與耳謀, 悠然而虛者與神謀, 淵然而靜者與心謀.〕"라는 구절을 원용한 것이다. 《柳河東集 卷29 記山水》

99 올해는……해이다 : 정암 조광조가 중종 기묘년(1519, 중종14)에 기묘사화로 전라도 화순(和順)에서 사사(賜死)되었는데, 이 글이 쓰인 기묘년(1819)이 다섯 주갑(周甲 300년)이 되므로 이렇게 말한 것이다.

100 고산경행(高山景行) : 《시경》 〈소아(小雅) 거할(車舝)〉에 "높은 산처럼 우러르고 큰길처럼 따라간다.〔高山仰之, 景行行止.〕"라고 보이는데, 숭고한 덕(德)과 행실을 비유하는 말이다.

수락산 유람기

遊水落山記

징악장인(澄岳丈人)이 일찍이 말씀하기를 "청절사(淸節祠)[101] 앞에 수석(水石)의 경관(景觀)이 도봉산보다 나은 듯하다."라고 하셨으므로, 도봉산에서 장인을 따라 청절사를 찾으니, 청절사는 수락산 아래 서계(西溪) 가에 있었다. 날아갈 듯한 정자가 그 사이에 자리하고 있기에 난간에 기대어 조금 쉬다가 사당 뜰에 들어가 참배하고 사당에 올라 봉안된 화상(畵像)을 살펴보니, 바로 두타(頭陁 승려)의 모습인데 삭발을 하였으나 수염을 남겨두었으니, 또한 이상하게 여길 만하였다.

내가 말하기를 "김밀암(金密菴)[102]이 절하지 않은 것은 확고한 것이

101 청절사(淸節祠) : 매월당(梅月堂) 김시습(金時習)을 모신 사우(祠宇)로 흔히 동봉서원(東峰書院)으로 불리는데, 현재는 존재하지 않고 그 자리에 노강서원(鷺江書院)이 들어서 있다. 서계(西溪) 박세당(朴世堂)의 《서계집》 제22권 〈부록(附錄) 연보(年譜)〉 병인년(1686, 숙종12) 조에 "매월당 김공(金公)이 거처하던 구지(舊址)가 수락산 동봉에 있었는데, 선생은 오래전부터 동봉의 서쪽 석림사(石林寺) 곁에 사우를 세우고자 하였다. 다만 재력이 없었으므로 모연문(募緣文) 한 통을 지어 석림사에 거처하는 승려에게 써 보내 재물과 양식을 구해 공역을 일으키도록 하였는데, 이때에 이르러 완공되었다. 이어 홍산현(鴻山縣) 무량사(無量寺)에 있는 김공의 자화상(自畵像)을 옮겨 오기를 계획하여 이곳에 봉안한 뒤, 선생은 뜻을 같이하는 선비 수십 인과 함께 석채례(釋菜禮)를 행하였다. 그 뒤 경진년(1700)에 양주(楊州)의 선비가 소장을 올려 건의한 것으로 인해 조정에서 사액(賜額)하기를 '청절사(淸節祠)'라 하였다."라고 보인다.

102 김밀암(金密菴) : 김지행(金砥行, 1716~1774)으로 밀암은 그의 호다. 자는 유도(幼道), 본관은 안동이며, 병계(屛溪) 윤봉구(尹鳳九)의 문인이다. 과거를 보지 않

나, 저는 마땅히 농암(農巖)을 따라 절하겠습니다."라고 하고는, 이어서 예전에 이곳을 지나갈 때 지은 시의 "그대의 머리 위에 털이 남아 있지 않은 것이 부끄럽다.〔愧君頭上不存毛〕"는 시구를 외니, 장인이 옳다고 동의하셨다.

사당의 관리인이 심원록(審院錄)[103]을 올렸는데, 장인께 이름을 써야 하는 지의 여부를 물었더니, 장인이 굳이 쓸 것이 없다고 하시므로 마침내 쓰지 않았는데, 나는 장인의 은미(隱微)한 뜻을 알 수 있었다.

다시 정자 위에서 쉬다가 정자를 내려와 바위에 기대어 시냇물에 임하니, 붉은 벼랑과 푸른 절벽, 맑은 물과 하얀 바위가 어느 한 가지도 마음에 들지 않는 것이 없었다. 흐르는 물은 직문(織文 무늬를 넣어 짠 비단)과 같았고 물 흐르는 소리는 거문고를 타는 듯하였으며, 바람이 산꼭대기에서 불어오자 소리가 골짜기를 진동시켰다. 시력(視力)을 동하지 않자 청력(聽力)이 비로소 멀리까지 미치니, 더욱 가을의 경색(景色)과 서로 어울렸다. 이에 높은 하늘과 아득한 대기(大氣)를 바라보노라니, 사람으로 하여금 즐거워 돌아가기를 잊게 하였다.

예전에는 이곳에 맑은 못이 있어서 그 물빛이 시퍼렇고 수면은 마치 기름처럼 고요하고 물이 깊고 깊어 소리조차 없었는데, 큰 홍수를 만나 어지럽게 흘러 내려온 바위에 막히고 부서져서 한 구역의 뛰어난 풍경

고 공주(公州) 계실곡(溪室谷)에 은거하여 학문을 닦았으며, 50세에 감역(監役)에 임명되었지만 나아가지 않았다. 저서에 《밀암집(密庵集)》이 있다. 밀암이 절하지 않은 것은 아들 김이수가 지은 〈계하견문(溪下見聞) 자이수(子履修)〉에 자세히 보이는데, 이글은 《밀암집(密菴集)》 권17 〈부록(附錄)〉에 실려 있다.

103 심원록(審院錄) : 서원을 방문한 사람들의 이름을 기록하는 방명록(芳名錄)으로, 옛날 서원에는 대부분 심원록이 비치되어 있었다.

이 파괴되었으니, 이것이 흠이 될 만하였다. 또 구역의 국세(局勢)가 가파르고 험하고 좁으며 수원(水源)이 또한 얕고 짧으니, 이는 참으로 도봉산에 비하면 다소의 손색이 있었다. 그러나 그 크고 작음과 치우치고 바름을 논하지 않고 다만 체세(體勢)만을 논한다면 과연 도봉산보다 나으니, 장인의 평이 참으로 잘 살핀 것이었다.

동문(洞門) 서쪽에 산봉우리 하나가 웅장하게 우뚝 솟아 있어 그 형세가 마치 조회하는 듯하니, 바로 이른바 만장봉(萬丈峰)이라는 봉우리이다. 그 신령스럽고 깨끗한 기운이 모여 감아 돌고 성대하게 서려 있어서 천지(天地) 사이에 쌓였는데, 이는 다른 산이 얻지 못한 것으로서, 마치 이 구역에만 전적으로 속한 듯하다.

이제 이것들이 나의 책상에 나열되어서 삼라만상을 지극하게 하니, 사람에 비유하면 우뚝하고 기이하여 만물의 밖에 홀로 선 자일 것이다.

내가 손가락으로 만장봉을 가리키며 말하기를 "이것이 이른바 천 길 높이로 우뚝 선 암벽[104]이라는 것이니, 선비가 말세에 태어나 마땅히 이러한 기절(氣節)을 알아야 합니다. 그렇지 않으면 이익에 유혹되고 가난에 핍박당하여[105] 동쪽으로 넘어지고 서쪽으로 떨어져서 몸의 지조를 잃고야 말 것입니다."라고 하고, 이어서 생육신(生六臣)[106]이 사육신

104 천……암벽 : 범하기 어려운 선비의 드높은 기상과 당당한 기개를 비유하는 표현이다.

105 이익에……핍박당하여 : 원문은 '술박(怵迫)'으로 《관자(管子)》 〈심술 상(心術上)〉에 "이 때문에 군자는 좋아하는 것에 유혹되지 않고 미워하는 것에 핍박당하지 않는다.〔是以君子不怵乎好, 不迫乎惡.〕"라고 한 구절을 원용한 것이다.

106 생육신(生六臣) : 세조가 1455년 단종을 상왕(上王)으로 내몰고 왕위를 찬탈하자, 지난날 세종·문종의 총애를 받았던 집현전의 학사 출신들이 이에 반발하여, 1456

(死六臣)보다 뒤지지 않는다고 말하자, 장인이 "당일에 자정(自靖)[107] 하는 도리로 보면, 살아남으신 분이 죽은 분보다 처신이 더 어려웠다." 라고 하셨다.

아! 이것이 김열경(金悅卿 김시습)이 된 소이일 것이다. 이 어른이 일찍부터 높은 명성을 얻어서 다섯 살의 어린 동자로서 온 나라에 알려졌으니,[108] 관면(冠冕)을 찢고 부수지 않았다면[109] 능히 몸을 지키고

년 세조를 제거하고 상왕을 복위시킬 것을 모의하다가 사전에 탄로되어 연루된 70여 명이 모두 처형되었는데, 이 때 거사를 주동한 성삼문(成三問)·박팽년(朴彭年)·하위지(河緯地)·이개(李塏)·유성원(柳誠源)·유응부(兪應孚) 등을 사육신이라 칭하며, 죽임을 당하지 않았으나 단종에 대한 절의를 지켜 관직에 나가지 않은 김시습(金時習)·원호(元昊)·이맹전(李孟專)·조려(趙旅)·성담수(成聃壽)·남효온(南孝溫) 등의 여섯 신하를 생육신이라 이른다.

107 자정(自靖) : 스스로 의리와 지조를 지키며 편안히 처신하는 것으로, 《서경》〈미자(微子)〉에 "스스로 지조를 지키며 의리에 편안하여 사람마다 스스로 선왕(先王)에게 뜻을 바칠 것이니, 나는 떠나가 은둔함을 돌아보지 않겠다.〔自靖, 人自獻于先王, 我不顧行遯.〕"라고 보인다.

108 다섯……알려졌으니 : 이 내용은 미수(眉叟) 허목(許穆)의 문집인 《미수기언(眉叟記言)》 제11권 〈청사열전(淸士列傳) 김시습(金時習)〉에 "김시습은 본디 창해(滄海 강릉) 사람이다. 태어난 지 8개월에 글을 읽을 줄 알았으며, 5세에 《대학》과 《중용》을 환히 깨달아 어른도 그를 스승으로 삼았다. 집현전(集賢殿) 학사 최치운(崔致雲)이 그를 보고 '뛰어난 인재이다.' 하면서 이름을 시습, 자를 열경(悅卿)이라고 지어 주었다. 세종이 이 소문을 듣고 불러 보고자 하였으나 임금의 신분상 그럴 수 없어서 승정원을 시켜 불러다 보고 그의 집에 많은 하사품을 내리면서, '잘 키워라. 크게 쓰일 것이다.' 하였다. 이리하여 사방에서는 그를 오세동자(五歲童子)라 부르고 이름을 부르지 않았다."라고 보인다.

109 관면(冠冕)을……않았다면 : '벼슬을 스스로 내치지 않았다면'이란 뜻이다. 관면은 관직을 비유한다.

해로움을 멀리 할 수가 없었을 것이며, 공문(空門 불문(佛門))에 자취를 의탁한 것은, 스스로 자정하여 그 뜻을 영릉(英陵 세종)에게 바친 것이다.

그 뜻을 낮추지 않고 그 몸을 욕되게 하지 않은 것은 은(殷)나라의 백이(伯夷)와 숙제(叔齊)와 같고, 몸이 깨끗함에 맞고 벼슬하지 않음이 권도(權道)에 맞은 것은 오(吳)나라의 태백(泰伯)과 우중(虞仲)과 같아서,[110] 태백과 우중, 백이와 숙제가 합하여 한 사람이 되었다. 인극(人極 사람이 지켜야 할 준칙)이 이미 확립되어서 하늘의 기강이 실추되지 않았으니, 생육신 가운데 이 어른처럼 하는 것이 더욱 어려움이 된다.

아! 김열경은 사람 중의 만장봉이요 만장봉은 산 중의 김열경이다. 기절(氣節)이 서로 나란하니, 마땅히 천지와 함께 영원할 것이다. 아름다움은 스스로 드러날 수가 없어서 사람을 통해 드러나니, 만약 이

110 그……같아서 : 이 내용은 공자께서 일민(逸民)들에 대해 평하시면서, 백이와 숙제에 대해 "그 뜻을 굽히지 않고 그 몸을 욕되게 하지 않았다.〔不降其志, 不辱其身, 伯夷叔齊與.〕"라고 하시고 우중(虞仲)과 이일(夷逸)에 대해 "숨어 살면서 말을 함부로 하였으나 몸은 깨끗함에 맞았고 폐함(벼슬하지 않음)은 권도에 맞았다.〔隱居放言, 身中淸, 廢中權.〕"라고 하신 내용을 원용한 것이다.《論語 微子》 여기에서 공자의 말씀과 달리 이일 대신 태백(泰伯)을 든 것은 대구(對句)를 완벽히 맞추기 위한 것으로 보인다. 태백은 주나라 태왕(太王)의 큰 아들이고 우중은 둘째 아들인 중옹(仲雍)이다. 이들에 대해서는《논어집주》〈태백(泰伯)〉 편에 "태왕의 때에 상나라의 도가 점차 쇠약해지고 주나라는 날로 강대해졌으며, 또 계력(季歷)이 아들 창(昌)을 낳았는데, 성덕(聖德)이 있었다. 태왕은 이로 인하여 상나라를 칠 생각이 있었는데 태백이 따르지 않으니, 태왕은 마침내 왕위를 계력에게 전하여 창에게 미치고자 하였다. 태백은 이것을 알고 곧 중옹과 함께 형만으로 도망하였다.〔大王之時, 商道浸衰, 而周日强大, 季歷又生子昌, 有聖德. 大王因有翦商之志, 而泰伯不從, 大王遂欲傳位季歷, 以及昌, 泰伯知之, 卽與仲雍, 逃之荊蠻.〕"라고 한 주자의 설명이 보인다.

구역이 이 어른을 만나지 못했다면, 바로 높고 큰 산과 깊은 물이 텅 빈 산의 풀과 나무 가운데 묻혀 졌을 것이다.

중간에 바르지 못한 사람[111]에게 점유되어서 구름 낀 숲과 물과 돌이 오염되어 거의 훌륭한 자취가 매몰되게 되었는데, 이는 이 산의 수치가 된다. 그러나 수락산 한 구역은 예전 그대로 매월옹(梅月翁)에게 소속되어 주인으로 삼고 있으니, 누가 감히 그 사이를 범하겠는가.

때 마침 지나가는 승려가 있어서 금류동(金流洞)과 옥류동(玉流洞)의 여러 아름다운 경치를 극구 말하였는데, 이곳에서 거리가 수십 리 떨어진 곳이었다. 나는 곧바로 비석(飛錫)[112]들을 따라 가서 구경하고 싶었으나, 해가 저물어서 함께 골짝을 나오면서 산중에 약속을 남겨 두어, 후일에 빚을 갚을 핑계로 삼노라.

111 바르지 못함 사람 : 이 곳에 은거하며 학문에 몰두하였던 서계(西溪) 박세당(朴世堂, 1629~1703)을 이른다. 박세당은 당색이 소론(小論)으로 일찍이 사서(四書)와 《서경》, 《시경》에 대해 《사변록(思辨錄)》이라는 주해서(註解書)를 저술하여 주자의 주해를 반박하였으며, 삼전도비(三田渡碑)의 비문을 썼던 백헌(白軒) 이경석(李景奭, 1595~1671)의 신도비명을 지으면서, 이경석을 비난한 우암 송시열을 소인이라고 폄하하여 노론들의 거센 반발을 불렀으며 탄핵되기도 하였으므로, 노론인 매산이 이렇게 칭한 것이다.

112 비석(飛錫) : 주로 승려의 행각(行脚)의 의미로 쓰이나, 여기서는 행각승이란 의미로 쓰였다. 당나라 장열(張說)의 시 〈양주 경공사의 상인 융의 수행처에서 짓다.〔襄州景空寺題融上人蘭若.〕〉에 "무슨 일로 집 나와 행각승이 되었나. 여기서는 세속의 벼슬도 벗어야 하네.〔何由侶飛錫, 從此脫朝簪.〕"라고 보인다.

장기의 죽림서원 중수기 기묘년[113]

長鬐竹林書院重修記 己卯

영남(嶺南) 장기현(長鬐縣)의 죽림사(竹林祠)는 바로 문정공(文正公) 우암(尤菴) 송시열(宋時烈) 선생의 영령(英靈)을 모신 곳이다. 숙종(肅宗) 을묘년(1675, 숙종1)에 선생이 덕원(德源)에 유배되었다가 장기로 이배(移配)되어 위리안치 되었으니, 마산촌(馬山村)이 바로 그 땅이다. 기미년(1679)에 거제도로 옮겨져 위리안치 되었는데,[114] 이는 선생이 말씀한바 남쪽에서 더 남쪽으로 왔다는 것이다.

을유년(1705)에 장기의 인사(人士)들이 마산촌의 서쪽에 있는 동악산(東岳山) 아래에 사당을 세우고 이름을 죽림서원(竹林書院)이라 하니, 공이 거제도로 떠난 기미년의 27년 뒤가 된다.

세월이 이미 오래되어서 서원의 건물들이 무너지고 기울었는데, 당저(當宁)[115] 무진년(1808, 순조8)에 서원의 유생인 오희채(吳喜采) 등

113 기묘년(己卯年) : 1819년(순조19)으로, 매산의 나이 44세 되던 해이다.

114 숙종(肅宗)……되었는데 : 우암 송시열은 효종(孝宗)의 절대적 신임을 받다가 효종이 급서(急逝)하자 정치 일선을 떠나 낙향하였으나, 당시 정권을 잡은 서인의 영도자로 배후에서 실질적으로 정사를 주도하여 1673년(현종14)에 좌의정에 임명되었다. 그러나 1674년 효종비의 상으로 인한 제2차 예송(禮訟)에서 서인이 패배하자 예를 그르친 죄로 파직되었고, 이듬해 을묘년(1675, 숙종1) 정월 덕원(德源)으로 유배되었다. 뒤에 장기(長鬐)로 이배되고 다시 거제도(巨濟島)로 옮겨졌으며 유배 기간 중에 남인들의 탄핵이 드세져, 한때 생명에 위협을 받기도 하였다. 그러나 1680년 경신환국(庚申換局)으로 남인들이 축출되자, 유배에서 풀려나 중앙 정계에 복귀하였다

115 당저(當宁) : 현재의 임금이란 뜻으로 《예기》 〈곡례 하(曲禮下)〉의 "천자는 저를

이 고을의 유림(儒林)과 함께 재물을 내고 장인(匠人)들을 모아서 다시 개축하였는바, 한 달을 넘기지 않고 완공되었다. 무너진 건물들이 완전해지고 좁던 곳이 넓어져서 찬란하게 윤환(輪奐)[116]의 아름다움이 있게 되니, 읍(邑)의 선비들이 모두 분주히 달려와 배알하고 모두 함께 감모(感慕)하는 마음을 일으켰다.

오희채가 백 리 먼 길을 달려 동경(東京)으로 와서[117] 이 일을 기록해 주기를 청하였고, 또 천 리 멀리 서울까지 올라와 거듭 부탁하니, 내가 사양하였으나 받아들여지지 않아서 마침내 나아가 다음과 같이 고하노라.

아! 선생의 도는 천하의 달도(達道)[118]이니, 천하에 공통된다면 천하

당하여 선다.〔天子當宁而立.〕"라는 구절에서 유래하였는바, 저(宁)는 문병(門屛)의 사이를 말한다. 여기서는 순조(純祖)를 이른다.

116 윤환(輪奐) : 큰 규모의 훌륭한 건물을 의미하는 말로, 춘추시대 진(晉)나라 헌문자(獻文子)가 집을 낙성하자, 대부들이 가서 축하하였는데, 장맹(張孟)이 "아름답도다. 높고 큼이여, 아름답도다. 매우 많구나.〔美哉輪焉, 美哉奐焉.〕"라고 송축한 데서 온 말이다. 《禮記 檀弓下》

117 오희채가……와서 : 동경(東京)은 경주(慶州)를 이른다. 매산은 1813년 9월부터 1815년 8월까지 당시 경주 부윤(慶州府尹)으로 있던 부친 홍이간(洪履簡)의 임소(任所)에 머물고 있다가, 부친의 임기가 끝나자 서울로 올라왔으므로 이렇게 말한 것이다.

118 천하의 달도(達道) : 달도는 사람이면 누구나 공통적으로 행하는 도로, 《중용》에 "기뻐하고 노하고 슬퍼하고 즐거워하는 정이 발하지 않은 것을 중이라 이르고, 발하여 모두 절도에 맞는 것을 화라 이르니, 중이란 천하의 큰 근본이요 화란 천하의 공통된 도이다.〔喜怒哀樂之未發, 謂之中; 發而皆中節, 謂之和. 中也者, 天下之大本也; 和也者, 天下之達道也.〕"라고 하였는데, 주자는 《중용장구(中庸章句)》에서 "달도는 성(性)을 따름을 이른 것으로 천하와 고금에 함께 행하는 것이니, 도(道)의 용(用)이다."라고 주하였다.

사람들이 마땅히 선생을 사랑하고 공경해야 할 줄을 알아야 하는데, 하물며 우리 동방에 있어서이겠는가. 한 때에 지팡이 짚고 신 신고 다니시어 향기가 남아 있는 곳에도 오히려 시축(尸祝 제사)하는 곳이 있는데, 하물며 5년 동안이나 유배되셨던 지역에 있어서이겠는가. 바로 그 유풍(流風)과 여운(餘韻)[119]이 드넓게 재와 바다 사이에 베풀어져서, 김매는 지아비와 길쌈하는 여인들도 오히려 우러러볼 줄을 아는데, 하물며 연원(淵源)이 이어진 제현(諸賢)에 있어서이겠는가. 지금 제현들이 힘을 다하여 마치 자제(子弟)들이 부형(父兄)의 일에 달려오는 것처럼 하는 것은 당연한 것이다.

무릇 선비로서 선현(先賢)을 표창하고 장식하는 것은 진실로 장차 존숭(尊崇)하는 정성을 펴서 풍교(風敎)를 떨쳐 일으키고 명교(名敎)를 붙들어 세우기 위한 것이니, 이른바 "사람들이 떳떳한 성품을 가지고 있으므로 이 아름다운 덕을 좋아한다.〔民之秉彝 好是懿德〕"[120]는 것이다.

그러나 혹은 그 실질을 힘써서 하는 자가 있고, 혹은 그 이름을 사모하여 하는 자가 있고, 또 혹은 그 자취만을 모방하여 하는 자가 있으

119 유풍(流風)과 여운(餘韻) : 예로부터 내려와 전해지는 풍기(風氣)와 좋은 영향을 이르는 말이다. 맹자께서 "군자의 유택도 5대가 되면 다하고, 소인의 유택도 5대가 되면 다한다.〔君子之澤, 五世而斬 ; 小人之澤, 五世而斬.〕"라고 하였는데, 주자는 《맹자집주》에서 유택을 선조의 유풍과 여운이라고 주하였다. 《孟子 離婁下》

120 사람들이……좋아한다 : 이 내용은 《시경》 〈대아(大雅) 증민(烝民)〉 중의 한 구절이다. 병이(秉彝)는 사람의 본성에서 우러나온 양심으로 주자의 〈소학제사(小學題辭)〉에 "어버이를 사랑하고 형을 공경하며 군주에게 충성하고 어른에게 공손함, 이것을 병이라 한다.〔愛親敬兄, 忠君弟長, 是曰秉彝.〕"라고 보인다.

니, 의리가 마음속에 충만하여 사람들을 깨우칠 것을 생각하고 이 때문에 그 사당과 서원을 표창하다면 이는 그 실질을 힘쓰는 자요, 한갓 그 아름다움을 상상하기만 하고 스스로 몸에 소유하지 못한 채 우선 그 건물을 수리하고 그 사실을 표창하는 것은 그 이름을 사모하는 자요, 사당의 동자기둥에 마름 무늬를 장식하고 시서(詩書)와 예악(禮樂)의 근원을 잊으며 형식적인 것과 말과 행위에만 분분(紛紛)해 하면서 인의(仁義)와 충신(忠信)의 근본을 잃는 것은, 그 자취만 모방하는 자이다.

이제 제현들의 이번 일은 그 실질을 힘씀에서 나온 것인가? 그 이름을 사모함에서 나온 것인가? 아니면 자취만을 모방함에서 나온 것인가? 최상(最上)은 말하기가 쉽지 않으니, 제현의 뜻은 그 다음에 있지 않겠는가. 그러나 그 이름을 사모하는 것은 장차 그 실질을 행하기 위해서이니, 내가 서원의 유생들이 그 실질을 얻었다고 말해도 괜찮을 것이다.

아! 선생의 도덕과 문장의 성대함과 사업과 공덕의 올바른 수립은 이정(彝鼎)에 새겨지고[121] 성시(聲詩 노래로 불리는 시)로 전파되어 무궁한 후세까지 길이 빛날 것이니 한 마디 말로 다할 수 없고, 오직 주자(朱子)의 도를 호위하고 주(周)나라를 높이신 것이 선생의 대절(大節)이 된다. 선생은 항상 주자는 공자 뒤의 오직 한 분이라고 여겨 부형과 신명처럼 높이고 믿고 공경하고 복종하였다.

121 이정(彝鼎)에 새겨지고: 이정은 종묘(宗廟) 제사에 쓰는 제기(祭器)로 이는 술잔이고 정은 솥이다. 옛날에는 큰 공을 세우면 그 일을 술그릇이나 솥에 새겨 길이 전하였으므로 이렇게 말한 것이다.

선생은 주자의 동정(動靜)과 어묵(語默), 진퇴(進退)와 행장(行藏)으로부터 이단(異端)을 분변하고 사설(邪說)을 물리침에 이르기까지 이것을 본받고 이것을 계술(繼述)하였고, 그 명리(名理)를 난만(爛漫)하게 사용하고 그 장척(丈尺 법도)을 잡아 지켜서, 벼슬에 나아가서는 대경(大經)을 세우고 기강(紀綱)을 널리 펼치며 은둔해서는 글을 쓰고 가르침을 남기셨다. 그리하여 한결같이 이를 기준으로 삼아 인극(人極)을 세워서 천하와 후세로 하여금 주자를 높이면 성인(聖人)의 무리가 되고 주자를 배반하면 사문(斯文)의 난적(亂賊)이 됨을 알게 하셨으니, 이것이 우암 어른이 주문(朱門)의 종적(宗嫡)이 되시는 이유이다.

병정(丙丁) 이래로 천지가 막히고 관(冠)과 신발의 위치가 뒤바뀌자,[122] 선생은 스스로 궁벽한 산중에서 자정(自靖)[123]하며 장차 넘은

122 병정(丙丁)……뒤바뀌자 : 병정은 병자년(1636, 인조14)과 정축년(1637)에 발발한 호란(胡亂)을 이른다. 병자년에 청나라 태종이 대군을 이끌고 침략하자 인조(仁祖)가 남한산성(南漢山城)으로 피난하였는데, 이듬해인 정축년 정월에 농성하던 남한산성에서 나와 산성 아래의 삼전도(三田渡)에서 청나라 태종(太宗)에게 항복하고 청나라와 군신(君臣)의 관계를 맺는 맹약을 하였다. 천지가 막힌다는 말은 세상이 어지러워진다는 말이다. 《주역》 〈곤괘(坤卦) 문언(文言)〉에 "천지가 변화하면 초목이 번성하고 천지가 닫히면 현인이 은둔한다.〔天地變化, 草木蕃, 天地閉, 賢人隱.〕"라고 하였는데, 이천 정이의 《역전(易傳)》에 "하늘과 땅이 서로 감동하면 만물이 변화하여 초목이 번성하고 임금과 신하가 서로 사귀어 도(道)가 형통하며, 천지가 막히고 닫히면 만물이 이루어지지 못하고 군신의 도가 끊기어 현자가 은둔한다.〔天地交感, 則變化萬物, 草木蕃盛, 君臣相際而道亨, 天地閉隔, 則萬物不遂, 君臣道絶, 賢者隱遯.〕" 하였다. 관(冠)과 신발은 흔히 상하(上下)나 존비(尊卑)를 비유하는 말로 쓰이는바, 당시 오랑캐인 청나라를 섬기게 되었으므로 관(冠)과 신발의 자리가 뒤바뀌었다고 말한 것이다.

123 자정(自靖) : 스스로 분의(分義)에 맞게 처신하여 편안하게 한다는 뜻으로 자세

생을 마칠 듯이 하였는데, 영릉(寧陵)이 크게 훌륭한 일을 하시는 기회를 만나서,[124] 삼강(三綱)과 오상(五常)의 중임(重任)을 스스로 책임지셨다. 비록 영릉께서 활과 검(劍)만 남긴 채 갑자기 승하하시어,[125] 공렬(功烈)을 다 펼치지 못했지만 그 지극한 정성은 금석(金石)을 꿰뚫고 그 대의(大義)는 해와 별처럼 찬란하다.

또 명나라 황제의 영혼으로 하여금 나라가 망한 뒤에 혈식(血食)을 받게 하고, 우리로 하여금 오랑캐의 천하가 된 뒤에도 의관(衣冠)을

한 내용은 378쪽 주107 참조.

124 영릉(寧陵)이……만나서 : 영릉은 효종(孝宗)의 능호이다. 효종은 인조가 삼전도에서 항복한 치욕을 설욕하기 위해 북벌(北伐)의 원대한 계획을 세우고 당시 산림에 있던 우암을 불러 중용하였으므로 이렇게 말한 것이다.

125 활과……승하하시어 : 활과 검(劍)만 남겼다는 것은 임금의 갑작스러운 승하를 비유하는 표현이다. 《사기》〈봉선서(封禪書)〉에 "황제(黃帝)가 수산(首山)에 있는 구리를 채취하여 형산(荊山) 밑에서 정(鼎)을 만들었는데, 정이 완성되자 용 한 마리가 수염을 길게 늘어뜨리고 땅으로 내려와 황제를 맞이하였다. 황제가 용에 올라타자, 여러 신하들과 후궁 70여 명이 따라 올라탔다. 용이 하늘로 올라가자, 나머지 신하들이 용에 타지 못하고 모두 용의 수염을 붙잡으니, 용의 수염과 황제가 지니고 있던 활이 지상으로 떨어졌다. 백성들이 우러러 바라보니, 황제가 이미 하늘로 올라갔으므로 백성들이 그 활과 수염을 안고 통곡하였다. 이 때문에 후세 사람들이 그곳을 '정호(鼎湖)'라고 이름하고, 그 활을 '오호(烏號)'라고 이름하였다.〔黃帝采首山銅, 鑄鼎於荊山下, 鼎既成, 有龍垂胡髥, 下迎黃帝. 黃帝上騎, 羣臣後宮從上龍七十餘人, 龍乃上去, 餘小臣不得上, 乃悉持龍髥, 龍髥拔墮, 黃帝之弓. 百姓仰望, 黃帝既上天, 乃抱其弓與胡髥號, 故後世因名其處曰鼎湖, 其弓曰烏號.〕"라고 보이며, 검은 당나라 장수절(張守節)이 지은 《사기정의(史記正義)》에 "《열선전(列仙傳)》에 '황제가 스스로 죽을 날을 가려 신하들과 작별하고 죽어 교산(橋山)에 장사지냈는데, 산이 무너지자 관은 텅 비었고 그 안에 검과 신발만이 남아 있었다.'라고 하였다.〔《列仙傳》云: "軒轅自擇亡日, 與羣臣辭還, 葬橋山, 山崩棺空, 唯有劒舃在棺焉."〕"라고 보이는바, 두 고사를 합해 말한 것이다.

바꾸지 않게 하였으니,[126] 이것이 바로 우암 어른이 대명(大明)의 충신이 되는 이유이다.

이 두 가지 일은 천지간에 가득 차고 사해에 널리 퍼지며 인(人)과 물(物)에 공통되고 고금(古今)을 관통하여 행하지지 않음이 없고 똑같지 않음이 없으며 또한 변혁됨이 없으니, 이것이 큰 경도(經道)인 것이다. 경도가 바루어지면 서민이 선(善)에 흥기(興起)하고 서민이 선에 흥기하면 사특(邪慝)함이 없어질 것이다.[127]

이 때문에 삼한(三韓) 이래로 선생보다 더 성대한 분이 있지 않은 것이니, 선생이 널리 베풀어 놓으신 것을 장차 만세가 길이 힘입을 것이다. 제현(諸賢)들이 이러한 의리를 안다면, 선생이 선생 되시는 소이를 알 것이니, 어찌 다만 그 아름다움을 상상하고 그 이름을 사모함에 그칠 뿐이겠는가.

아! 사당과 서원이 생긴 지가 오래되었다. 주자가 백록동서원(白鹿洞書院)을 중수하고 퇴계가 백운동서원(白雲洞書院)으로 뒤를 이어

126 명나라……하였으니 : 명나라 황제는 임진왜란 때 군대를 보내 조선을 구해 준 신종(神宗)과 명나라의 마지막 황제인 의종(毅宗)을 이른다. 우암은 의종(毅宗)의 친필인 '비례부동(非禮不動)' 네 글자를 민정중(閔鼎重)에게 얻자, 자신이 은거하던 화양동(華陽洞) 절벽에 이것을 새기고 임종 때에 제자 권상하(權尙夏)에게 이곳에 사당을 세워 의종과 신종을 제사 지내도록 부탁하였다. 스승의 유명에 따라 권상하가 1704년(숙종30)에 인근 유생들과 함께 화양동에 만동묘(萬東廟)를 짓고 두 황제에게 제사를 지냈다. 혈식(血食)은 서원 등의 제사를 이른다. 원문의 '좌임(左衽)'은 옷깃을 왼쪽으로 여미는 것으로, 오랑캐의 풍속을 가리킨다. 《논어》〈헌문(憲問)〉에, "관중(管仲)이 아니었으면 우리는 머리를 풀고 옷깃을 왼쪽으로 여미는 오랑캐가 되었을 것이다.〔微管仲, 吾其被髮左衽矣.〕"라고 하신 공자의 말씀이 보인다.

127 경도가……것이다 : 이 내용은 《맹자》〈진심 하(盡心下)〉에 보인다.

서,[128] 선비가 된 자들로 하여금 장수(藏修)하고 유식(游息)하는[129] 실제를 다하게 하여 도학(道學)을 창도(唱導)하고 천명하며 배식(培植)하는 근본으로 삼았으니, 장차 나라를 살리고 백성을 새롭게 하여 무궁한 후세에 이르기까지 태평을 열 것이라고 생각하였다.

이로부터 서원의 건립이 거의 천하에 두루 퍼졌는데, 우리나라에서 더욱 성행하였다. 그러나 행해진 지가 오래되자 병폐가 생겨나니, 조두(俎豆)[130]로 제사를 지내는 곳에 여러 병폐가 더욱 많아져서 심지어는 서원이 유생들이 술과 밥을 먹는 장소가 되기도 하고 장정(壯丁)들이 군역을 도피하는 소굴이 되기도 하여, 왕왕 차마 들을 수 없는 지경에

128 주자가……이어서 : 백록동(白鹿洞)은 원래 중국 강서성(江西省) 성자현(星子縣)의 북쪽, 광여산(匡廬山) 남쪽에 있는 마을 이름으로 당(唐)나라 때 이발(李渤)이 이곳에 은거하고 서원을 세웠는데 흰 사슴을 길렀기 때문에 백록동서원으로 부르게 되었다. 남당(南唐) 때 이곳에 여산국학(廬山國學)이라는 학관(學館)을 세워 번창하다가 쇠락하였는데, 남송(南宋) 때 주자가 남강군(南康軍)의 지사(知事)로 부임하여 쇠락한 서원을 중수하고 직접 강의하여 다시 명성을 떨치게 되었다. 백운동서원(白雲洞書院)은 지금의 소수서원(紹修書院)으로 1542년(중종37) 주세붕(周世鵬)이 성리학을 처음으로 전래한 안향(安珦)의 사우를 세우고 이듬해 학사(學舍)를 부설하여 건립한 우리나라 최초의 서원이다. 뒤에 이황(李滉)이 풍기 군수(豐基郡守)로 재직 시에 조정에 청하여, 명종(明宗)이 소수서원이란 이름을 사액하고 서적과 노비 등을 하사하여 우리나라 최초의 사액서원(賜額書院)이 되었다.

129 장수(藏修)하고 유식(游息)하는 : 장수는 항상 학문을 닦아 게을리 하지 않는 것을 말하며, 유식은 정해진 과정에 의해 쉬는 시간에도 학문에 마음을 두는 것을 말한다. 《예기》〈학기(學記)〉에 "군자는 학문할 적에 장하고 수하고 유하고 식한다.〔君子之於學也, 藏焉, 修焉, 息焉, 遊焉.〕"라고 보인다.

130 조두(俎豆) : 제물(祭物)을 담는 그릇으로, 조는 고기를 올려놓는 도마이고 두는 포 등을 담는 기구이다.

이르기도 하니, 주자와 퇴계 두 선생께서 세교(世敎)를 위해 가슴에 가득한 고심(苦心)이 이와 같은 데서 그치기를 바라셨겠는가.

서원의 설립은 강학(講學)을 위한 것인데 현송(絃誦)[131]이 끊어진 지가 이미 오래 되었으니, 이것이 병폐가 생겨난 이유이다. 흥하고 침체하고 쇠퇴하고 왕성해짐은 본래 서로 인과(因果)가 되는 형세가 있어서 침체는 흥함에서 기인하고 쇠퇴함은 왕성함에서 기인하니, 이는 또한 승제(乘除)[132]의 이치로 보아 당연한 것이다. 이미 쇠퇴한 것을 흥하게 하고 장차 폐(廢)해질 것을 일으킬 수 있는 것은 또한 오직 진실한 마음으로 진실한 학문을 강(講)하는 것일 뿐이다.

그렇다면 죽림서원의 제현들은 선생이 읽으시던 책을 열심히 읽고 선생이 전수하신 심법(心法)을 찾아 주자의 도를 호위하고 주나라를 높이는 두 가지 일에 먼저 그 대본(大本)을 확립해야 할 것이요, 한갓 그 이름만을 사모하지 말고 먼저 더욱 그 실제를 힘써야 할 것이다.

이렇게 하지 않고 오직 사당의 일에만 급급해 한다면 비록 마룻대와 추녀 끝이 구름과 나란하고 단청이 햇빛에 빛나며 명자(明粢)와 견치(蠲饎)[133]와 희생과 폐백과 진한 술이 지극히 향기롭고 지극히 풍성하

131 현송(絃誦) : 시(詩)를 외우고 배울 때 현악(絃樂)에 맞추어 노래하는 것을 현가(絃歌)라 하고, 음악 없이 낭독하는 것을 송(誦)이라 하는데, 이를 합칭하여 현송이라 하였다. 후대에는 수업하고 송독(誦讀)하는 일을 가리키게 되었다. 《禮記正義 文王世子》

132 승제(乘除) : 승은 수학에 있어 곱셈이고 제는 나눗셈으로, 인간세상의 흥망성쇠(興亡盛衰)에 대한 비유로 쓰인다.

133 명자(明粢)와 견치(蠲饎) : 명자는 제사에 올리는 곡물로 메기장〔稷〕을 이른다. 《예기》 〈곡례 하(曲禮下)〉에 "직을 명자라고 한다.〔稷曰明粢.〕"라고 보인다. 견치는

고 정갈하더라도, 선생의 도와는 이미 거리가 먼 것이다. 기왓장을 부수고 새로 칠한 담장에 함부로 낙서하는 것[134]과 다름이 거의 없는 것이니, 그렇다면 선생의 영령이 어찌 여기에서 기꺼이 흠향하시겠는가. 이와 같은 경우는 제사를 끊음에 가깝지 않겠는가.

선생께서 일찍이 서원(西原)의 현학(縣學)에 기문을 지었는데,[135] 여기에 "이 당에 오르는 사람은 한 마음을 순결하고 청백하게 해서 정자와 주자의 존성(存誠)과 거경(居敬)의 학문에 힘을 다하여 공자와 맹자의 문과 담장을 엿보아야 하니,[136] 그 보고 본받음이 어찌 다만

신체를 정결하게 하고 주식(酒食)을 올리는 것을 이른다. 《시경》 〈소아(小雅) 천보(天保)〉에 "길일을 택하여 정결히 하고 술밥을 지어 이것을 효도로 제향한다.〔吉蠲爲饎, 是用孝享.〕" 하였는데, 주자는 《시경집전(詩經集傳)》에서 "견은 재계하고 씻기를 정결히 함을 말한다. 치는 술밥이다.〔蠲, 言齊戒滌濯之潔, 饎, 酒食也.〕"라고 하였다.

134 기왓장을……것 : 원문은 '훼와화만(毁瓦畫墁)'으로 《맹자》 〈등문공 하(滕文公下)〉에 보이는데, 공(功)은 없고 해(害)만 있음을 말한다.

135 서원(西原)의……지었는데 : 서원은 청주(淸州)가 현으로 강등되었을 때의 이름이고 현학(縣學)은 향교를 이른다. 기문은 〈서원 현학 명륜당 중수기(西原縣學明倫堂重修記)〉로 《송자대전(宋子大全)》 권 140 〈기(記)〉에 실려 있다. 서원현에 대한 기록은 《신증동국여지승람》 제15권 〈충청도(忠淸道) 청주목(淸州牧)〉에 "효종(孝宗) 7년에 서원현(西原縣)으로 강등하였다. -노비(奴婢)가 주인을 살해했기 때문이다.- 현종(顯宗) 8년에 복구하고 숙종(肅宗) 6년 현으로 내려갔다가 15년에 복구하였으며, 영종(英宗) 7년에 현으로 강등하였다. -무신역란(戊申逆亂) 때문이다.- 16년에 복구하였다가 정종(正宗) 원년에 현으로 강등하였다. -역녀(逆女) 효임(孝任)의 출생지이기 때문이다.- 순조(純祖) 25년 현으로 강등하고 34년에 복구하였다가 철종(哲宗) 13년에 현으로 내렸다. -김순성(金順性)이 역모를 하였기 때문이다.- 고종(高宗) 32년에 군으로 고쳤다."라고 보인다.

136 공자와……하니 : 공자보다 자공(子貢)이 더 낫다고 주장한 숙손무숙(叔孫武叔)에게, 자공이 "궁궐의 담장에 비유하면 나의 담장은 어깨에 미쳐 집안의 좋은 것들을

명륜당의 제도의 아름다움에 급급해서야 되겠는가." 하셨다.

아! 선생의 서원에 거처하는 하는 자들은 의당 선생의 가르침을 강론하여 능히 공경히 받들기를 마산촌에서 경서를 펴고 배우던 때와 같이해야 할 것이다. 이렇게 한다면 따라야 할 바에 거의 혼미하지 않을 것이니, 여러 군자들은 빨리 마음을 깨끗이 씻어서 우리 선생의 밝은 가르침을 실천하고 이어 갈지어다.

들여다 볼 수 있지만, 부자(夫子)의 담장은 여러 길이어서 그 문을 들어가지 못하면 종묘의 아름다움과 백관의 많음을 볼 수가 없다.〔譬之宮牆, 賜之牆也, 及肩, 窺見室家之好, 夫子之牆, 數仞, 不得其門而入, 不見宗廟之美、百官之富.〕"라고 하였기 때문에 이렇게 말한 것이다.《論語 子張》

관란정기 경진년[137]

觀瀾亭記 庚辰

군자의 행실이 평소 환란(患難)에 처하여도 그 바름을 잃지 않음은 오직 죽음뿐이다. 마땅히 죽어야 할 때에 죽으면 마음이 편안하고 덕이 완전해지니, 이를 일러 '죽음이 태산(泰山)보다 더 무겁다'[138]라고 한다. 또 시기로 보면 반드시 죽어야 하나 처지로 보면 굳이 죽지 않아도 되는 경우가 있으며, 삶을 구하기 위해 인(仁)을 해치지 않으나 사는 것이 죽음보다도 더 어려운 경우도 있다. 혹은 살고 혹은 죽는 것이 길이 다르나 같은 곳으로 돌아가니, 요컨대 의가 지극한 바를 다하여, 난을 당하여도 그 바름으로써 행함은 똑같으니, 이와 같은 경우는 진실로 어디로 들어가던 반드시 스스로 만족하게 된다.

옛날 장릉(莊陵 단종)과 광릉(光陵 세조)의 시대에 옛 임금을 위해 죽은 자가 전후로 수백 명이지만, 이 중 사육신이 가장 이름이 드러났다. 그러나 몸을 온전히 보존하고 그대로 생존하여 곤강(崑岡)의 불길[139]에 해(害)를 입지 않았으나, 능히 철석(鐵石)과 같은 곧은 충정(衷

137 경진년(庚辰年) : 1820년(순조20)으로, 매산의 나이 45세 되던 해이다.

138 죽음이……무겁다 : 이 내용은 한나라 사마천(司馬遷)이 지은 〈보임소경서(報任少卿書)〉의 "사람은 모두 한 번 죽게 마련인데, 죽음이 혹 태산보다 무겁기도 하고 혹 기러기 털보다 가볍기도 하다.〔人固有一死, 或重於太山, 或輕於鴻毛, 用之所趨異也.〕"라는 구절을 원용한 것이다. 《文選 卷41》

139 곤강(崑岡)의 불길 : 임금이 옥과 돌을 구분하지 않고 모두 죽이는 재앙을 이르는 말로 곤강은 옥이 많이 생산되는 곤륜산(崑崙山)이다. 《서경》 〈윤정(胤征)〉에 "불이

情)을 지키고 송백(松柏)과 같은 고조(苦操)[140]에 힘써서 솥과 가마〔鼎鑊〕[141] 보기를 마치 집에 돌아가는 것처럼 편안히 여기며 삼족을 멸하는 형벌을 범하면서도 근심하지 아니하여 사육신과 몸은 다르나 그 마음은 똑같은 분들이 있었으니, 바로 이른바 생육신(生六臣)이다.

집현전 직제학(集賢殿直提學) 원호(元昊)[142] 선생이 바로 생육신 중의 한 분이시다. 선생은 계유정난(癸酉靖難)의 변란이 있음을 알게 되자 병을 핑계로 벼슬을 사양하고 향리로 돌아갔는데, 단종께서 나라를 선양(禪讓)하고 영월(寧越)로 가시자, 선생 또한 영월부의 서쪽 사라평(沙羅坪)[143]에 집을 짓고 은둔하였다.

곤강(崑岡)을 태우면 옥과 돌이 모두 불탄다.〔火炎崑岡, 玉石俱焚.〕"라고 하였는데, 채침의 《서경집전(書經集傳)》에 "불이 곤강을 태우면 옥과 돌의 좋고 나쁨을 분별하지 않고 태우니, 만약 천리(天吏 왕자(王者))가 되어 덕(德)이 지나쳐서 사람의 선악(善惡)을 가리지 않고 죽이면 그 폐해가 맹렬한 불이 옥과 돌을 구분하지 않는 것보다 심하다."라고 주하였다.

140 고조(苦操) : 간난과 곤경에 처해서도 굳게 지키는 절조를 이른다.

141 솥과 가마 : 원문의 '정(鼎)'은 세 발 달린 솥이고 '확(鑊)'은 발이 없는 가마를 가리킨다. 고대에 죄인을 삶아 죽일 때 쓰던 기물들인데, 전하여 혹독한 형벌을 가리키는 말로 쓰이기도 한다.

142 원호(元昊) : 자는 자허(子虛), 호는 관란(觀瀾), 본관은 원주(原州), 시호는 정간(貞簡)이다. 1423년(세종5) 식년 문과에 급제하고 벼슬이 직제학에 이르렀다. 1453년(단종1) 수양대군이 계유정란을 일으켜 여러 대신들을 죽이고 정권을 잡자, 병을 핑계로 향리인 원주로 돌아가 은거하였다. 1457년(세조3)에 단종이 영월에 유배되자, 영월 서쪽에 집을 짓고 거처하며 단종을 그리워하였고 단종이 죽자 삼년동안 상복을 입고, 상을 마친 뒤 고향인 원주에 돌아와 은거하며 문 밖 출입을 하지 않다가 별세하였다.

143 사라평(沙羅坪) : 《관란유고(觀瀾遺稿)》에 실린 〈관란정기〉에는 사내평(思乃坪)으로 되어 있다.

집 앞에 두 물이 합류하고 그 물가에 석벽(石壁)이 우뚝 서있는데, 선생은 바로 그 자리에 대(臺)를 짓고 또 대 옆에 정자를 짓고 이름을 관란(觀瀾)이라고 하였으니, 이는 묵묵히 조종(祖宗)의 의리를 붙인 것이다.[144]

매일 새벽마다 정자에서 대로 나아가 행재(行在)[145]가 있는 동쪽을 바라보고 울음소리를 삼키며 흐느끼다가 해가 지면 돌아와서, 비바람이 불고 춥거나 덥다고 하여 그만두지 않았다.

향리에 청상과부가 있어 날마다 냇가에서 솜을 빨았는데, 갈 때마다 선생이 냇가에 나와 있었다. 과부가 이를 괴이하게 여겨 사연을 묻자, 선생이 눈물을 흘리며 이르기를 "열녀(烈女)는 두 지아비를 섬기지 않고 충신(忠臣)은 두 임금을 섬기지 않는다오. 나의 임금이 지금 영월에 계시기 때문에 나와서 미인(美人)을 바라보는 회포[146]를 펴는 것이오." 라고 하였다. 그 과부가 울며 말하기를 "천첩이 불원간에 개가(改嫁)할

144 정자를……것이다 : 옛 임금을 잊지 않고 조회하고자 하는 원호의 마음을 말한 것이다. 관란은 《맹자》〈진심 상(盡心上)〉에 "물을 구경함에 방법이 있으니, 반드시 그 여울목을 보아야 한다.〔觀水有術, 必觀其瀾.〕"라는 말에서 나온 것으로, 여울물을 보면 그 근원이 있음을 알 수 있다는 뜻이다. 조종(朝宗)은 본래 《서경》〈우공(禹貢)〉에 "강수와 한수가 바다에 조종한다.〔江漢, 朝宗于海.〕"라는 내용에서 나왔는데, 채침(蔡沈)의 《집전(集傳)》에 "조종은 제후가 천자를 알현하는 명칭이다."라고 하였다.

145 행재(行在) : 행재소와 같은 말로 임금이 궁을 떠나 멀리 나들이할 때 머무는 곳을 이르는 말인데, 단종이 귀양살이 하던 청령포(淸泠浦)의 집을 말하였다.

146 미인(美人)을 바라보는 회포 : 임금을 그리워하는 회포를 이른다. 전국시대 초(楚)나라의 충신인 굴원(屈原)이 지은 《초사(楚辭)》〈구장(九章) 추사(抽思)〉에 "미묘한 이내 속마음을 맺어 사부(辭賦)를 지어 미인에게 올리노라.〔結微情以陳詞兮, 矯以遺夫美人.〕"라는 구절에서 유래하였다.

예정인데, 흐르는 물에 나와 옷을 빨고 있는 것은 바로 이 때문이었습니다. 천첩이 비록 비천(卑賤)하나 공의 말씀을 듣고 자연히 감격하게 되니, 차마 개가를 결행하지 못하겠습니다."라고 하고, 끝내 눈물을 비처럼 쏟았는데, 이 과부는 수절(守節)한 채로 생을 마쳤다고 한다.

정축년(丁丑年)의 변란[147]에 선생은 방상(方喪) 삼년복[148]을 입었고, 이후 앉을 때에는 반드시 영월이 있는 동쪽을 향하여 앉고 누울 때에는 반드시 머리를 동쪽으로 누우며 지냈는데 마침내 호정(戶庭) 밖을 나가지 않다가 삶을 마쳤다. 나는 영월을 유람하던 중에 이 일을 매우 자세히 알게 되었다.

고택이 허물어진 것이 이미 오래되었는데도 원선생의 유허(遺墟)는 여전히 전해온다. 오래된 바위는 푸르고 수려(秀麗)하며 그림자가 물속에 잠겨 있었다. 상상하건대, 선생의 영령(英靈)이 혁혁히게 정자와 대와 숲과 골짝 사이에 계시어 구름을 타고 바람을 몰고서 아침마다 선침(仙寢)[149]에 조회하여, 사육신과 함께 주구(珠丘)[150]의 옥난간 곁

147 정축년(丁丑年)의 변란 : 정축년은 1457년(세조3)으로 이 해에 단종이 서거하였으므로 변란이라고 한 것이다. 1456년 성삼문(成三問) 등 사육신이 단종의 복위(復位)를 도모하다가 발각되어 모두 처형된 후, 1457년 단종은 상왕에서 노산군(魯山君)으로 강봉되어 강원도 영월에 유배되었는데, 이때 숙부인 금성대군(錦城大君)이 다시 경상도의 순흥(順興)에서 복위를 도모하다가 발각되어 사사(賜死)되자 노산군에서 서인(庶人)으로 강등되고 이어 1457년(세조3) 10월에 영월에서 사사되었다.

148 방상(方喪) 삼년복 : 신하가 임금의 상을 당하여, 부모의 상에 복을 입는 예로 임금을 위해 삼년복을 입는 것을 말한다. 《예기》 〈단궁 상(檀弓上)〉에 "군주를 섬기되 면전에서 직간(直諫)함은 있고 은미하게 간함은 없으며, 좌우로 나아가 봉양하되 일정한 방소가 있으며, 부지런히 일하여 죽음에 이르며, 상을 부모의 삼년상에 견줘 입는다.〔事君, 有犯而無隱, 左右就養有方, 服勤至死, 方喪三年.〕"라고 보인다.

에서 나란히 단종을 모시고 있을 것이다.

아, 동시대의 동봉(東峰)과 추강(秋江) 제현이 신체를 훼손시키고 세상에서 도피하고 산에 올라 고사리를 캤으나,[151] 이는 모두 위포(韋布 벼슬하지 않은 미천한 선비)의 젊은 분들이었으니, 그 출처(出處)와 행장(行藏)이 자신에게 달려 있고 남에게 달려 있지 않았다.

선생과 같은 경우는 이미 현달한 벼슬에 올라 아름다운 명성을 날렸는데, 병자년(丙子年)의 사화(史禍)[152]에 같이 죽지 못하였으니 그렇다면 좁은 길에 궁색한 행보였는데, 스스로 걸려 넘어지지 않는 것은 매우 어려운 일이었다. 그런데도 능히 기미를 보고 일어나서 하루가 끝나기를 기다리지 않았고[153] 이어서 남몰래 형만(荊蠻)으로 가는 행차를 따라가 해와 달의 광명을 바라보고 의지하여 스스로 군주가 있는

149 선침(仙寢) : 신선이 자는 곳이라는 뜻으로 '왕릉(王陵)'을 달리 이르는 말인데, 장릉을 가리킨 것이다.

150 주구(珠丘) : 구슬이 쌓인 무덤이라는 뜻으로 제왕의 무덤을 비유하는 말이다. 자세한 내용은 343쪽 주22 참조.

151 동시대의……캤으나 : 동봉(東峰)과 추강(秋江)은 생육신으로 동봉은 김시습(金時習, 1435~1493)의 호이고 추강은 남효온(南孝溫, 1454~1492)의 호이다. 김시습은 세조가 계유정난을 일으켜 왕위를 찬탈하자 3일간 통곡하고 책들을 모두 모아 불사른 뒤 스스로 머리를 깎고 승려가 되어 산사를 떠나 전국 각지를 유랑하였으므로 이렇게 말한 것이고 남효온은 평생 벼슬하지 않고 초야에서 술과 시를 즐기며 살았으며 산수를 좋아하여 전국의 명산을 두루 유람하였으므로 이렇게 말한 것이다.

152 병자년(丙子年)의 사화(史禍) : 병자년은 1456년(세조2)으로 이해 6월에 집현전의 학사 출신을 중심으로 단종의 복위를 위한 거사가 도모되었으나 실패하여, 거사 주동자인 사육신(死六臣)과 그 외 연루자 70여 명이 모두 처형되었다.

153 기미를……않았고 : 시국의 기미를 살펴서 떠남이 옳다고 판단되면 하루도 지체하지 않고 신속하게 떠난다는 말로, 《주역》 〈계사전 하(繫辭傳下)〉에 보인다.

곳에서 목숨을 바치는 의리를 폈으니,[154] 이는 이른바 멀리 있어도 임금의 뜻을 어기지 않고 죽어도 나라를 잊지 않는 분[155]일 것이며 평탄한 길을 가든 험한 길을 가든 절개를 한결같이 하는 분일 것이다.

사육신의 죽음은 부득이한 것이요 선생의 삶 또한 합당한 것이니, 그렇다면 죽음이 진실로 삶보다 무겁지 않고 삶이 또 죽음에 부끄럽지 않은 것이다. 이는 모두 그 심중에 진실한 이치를 얻은 것으로 하나의

154 남몰래……폈으니 : 형만(荊蠻)은 본래 고대 중국의 남쪽에 있던 오랑캐 지역인데, 여기서는 도성에서 멀리 떨어진 궁벽한 지역인 영월을 비유하였다. 원문의 '첨의(瞻依)'는 항상 바라보고 의지한다는 뜻으로, 부모나 존장(尊長)에 대한 경의(敬意)를 나타내는 말인데, 여기서는 단종에 대한 사모의 정을 말한 것이다. 《시경》〈소아(小雅) 소반(小弁)〉의 "우러러볼 것이 아버지 아님이 없으며 의지할 것이 어머니 아님이 없도다.〔靡瞻匪父, 靡依匪母.〕"라는 구절에서 나왔다. 해와 달의 광명은 임금의 은혜를 찬양하는 말로 한유(韓愈)의 〈진찬평회서비문표(進撰平淮西碑文表)〉에 "천지의 모습과 해와 달의 광명을 그려낼 수 없음을 잘 알면서도 뻔뻔스레 글을 지어 분부에 답하는 바입니다.〔乾坤之容, 日月之光, 知其不可繪畫, 强顔爲之, 以塞詔旨.〕"라고 보인다. 군주가 있는 곳에서 목숨을 바치는 의리는 춘추시대 진(晉)나라의 대부인 난공자(欒共子)의 말을 원용한 것으로, 《소학》〈명륜(明倫)〉에 "사람은 세 분에게서 살게 되었으니, 이들을 섬기기를 한결같이 하여야 한다. 아버지는 나를 낳아 주시고 스승은 나를 가르쳐 주시고 임금은 나를 먹여 주셨으니, 아버지가 아니면 낳지 못하고, 임금의 먹여줌이 아니면 자라지 못하고, 스승의 가르쳐줌이 아니면 알지 못하니, 낳아 주신 것과 똑같다. 그러므로 한결같이 섬겨서 오직 그 있는 곳에서 목숨을 바치는 것이다.〔民生於三, 事之如一, 父生之, 師敎之君食之, 非父不生, 非食不長, 非敎不知, 生之族也, 故一事之, 唯其所在, 則致死焉.〕"라고 보이는데, 《소학집주(小學集註)》에서 오증(吳證)은 "있는 바에 목숨을 바친다는 것은 임금에게 있을 때에는 임금을 위해 목숨을 바치고, 아버지에게 있을 때에는 아버지를 위해 목숨을 바치고, 스승에게 있을 때에는 스승을 위해 목숨을 바친다는 것이다.〔所在致死, 謂在君爲君, 在父爲父, 在師爲師也.〕"라고 풀이하였다.

155 멀리……분 : 이 내용은 《한서(漢書)》 권85 〈곡영전(谷永傳)〉에 보인다.

옳음을 성취한 것일 뿐이다.

그러나 사육신이 일시(一時)에 순국한 것은 바로 이른바 비분강개하여 몸을 죽인 것이요 선생이 몸을 숨기고 자정(自靖)한 것은 바로 이른바 조용히 의를 취한 것이니,[156] 선생이 행하신 바가 더 어려운 것이 아니겠는가. 천지가 변화하더라도 자신은 그 바른 이치를 얻었으니, 어찌 진정한 대인이 아니겠는가.[157]

시골 아낙이 지극히 무지하였는데도 선생의 한마디 말씀을 받아들이자마자 곧바로 선심(善心)을 내어 개가를 앞두고 스스로 뉘우쳐 한결같은 절개를 완전히 하여 다른 뜻을 갖지 않았으니, 이는 진실로 공의 성기(聲氣)를 듣고 감동한 경우가 아니라면 어떻게 이와 같을 수 있었겠는가.

남의 마음속에 깊이 들어가서 남을 빠르게 교화시키는 것이 거의 그림자와 메아리처럼 빠를 뿐만이 아니니, 이는 아마도 말로써 하지 않고 실천으로써 하여서 일 것이다. 아. 계유정난을 일으킨 여러 신하들이 혹시라도 이 과부의 행실을 들은 자가 있었는가. 일찍이 조정의 군자라는 분들이 하읍(下邑)의 천한 아낙만도 못하단 말인가.

156 사육신이……것이니 : 이 내용은 주자가 지은 〈발 장충확공가문(跋張忠確公家問)〉에 보이는 "선각자가 말하기를, 비분강개하여 몸을 죽이는 것은 쉽고, 조용히 의를 취하기는 어렵다.〔先覺有言, 慷慨殺身者易, 從容就義者難.〕"라는 구절을 원용한 것이다. 장 충확공(張忠確公)은 송(宋)나라의 장극전(張克戩, ?~1126)으로 1126년 분주지사(汾州知事)로 있던 중 금(金)나라 군대를 맞아 싸우다가 성이 함락되자 자결하였는데, 이때 가족 8명이 함께 화를 당하였다. 《宋史 卷446 忠義列傳 張克戩》 주자가 지은 발문은 《주자대전(朱子大全)》 권84에 실려 있다.

157 천지가……아니겠는가 : 이 내용은 당나라의 문장가 유종원(柳宗元, 773~819)이 지은 〈기자비(箕子碑)〉에 보인다. 《柳河東集 卷5》

청령포기
清泠浦記

청령포(淸泠浦)는 영월부 치소(治所)에서 서쪽으로 8리 쯤 되는 곳에 있다. 서강(西江)의 물이 오대산(五臺山)에서 발원하여 굽이쳐 동쪽으로 흘러 이곳에 이르러 물길이 더욱 넓어지는데, 물이 깊게 감돌아 산기슭을 세 면에서 감싸고 있다. 지세가 낮은 곳은 깊어서 물이 칠흑처럼 검고 높은 곳은 물이 거품을 하얗게 일으켜서 사람의 정신을 서늘하게 하고 뼈를 시리게 하여 구슬프고 처량하게 만들기 때문에 청령포라는 이름이 지어졌다고 한다.

청령포 위에 산이 있는데, 가파르고 험하게 솟아 있는 절벽들이 마치 창과 검(劍)이 나열되어 살기(殺氣)가 하늘을 범하는 것 같기 때문에 이름을 도산(刀山)이라고 하였다. 도산 아래에 무너진 담장과 깨진 주춧돌이 가시덤불 속에 매몰되어 있었는데, 이는 바로 단종께서 동쪽으로 거둥하셨을 때의 유허(遺墟)이다.

병자년의 변고에, 계유정란(癸酉靖難)을 일으켰던 여러 신하들이 상왕(上王)을 이곳에 안치하였는데, 여름 장마에 강물이 불어나 왕이 계신 초옥(草屋)까지 범람하자,[158] 영월부의 객사(客舍)인 관풍헌(觀

158 병자년의……범람하자 : 병자년의 변고는 1456년(세조2) 집현전의 학사 출신을 중심으로 당시 상왕으로 물러난 단종의 복위를 위한 거사가 도모하였다가 실패하여 거사 주동자인 사육신과 그 외 연루자 70여 명이 모두 처형된 일을 이른다. 단종은 이일로 노산군으로 강봉되고 영월로 안치되었다. 계유정난(癸酉靖難)은 계유년(1453, 단종1)에 수양대군(首陽大君)이 정권을 탈취할 목적으로 난을 일으켜 단종을 보좌하고

風軒)으로 옮겨 거처하게 하였다고 한다.

이곳에 영조의 어필비(御筆碑)가 있어서 바로 그 자리임을 표시하고 있는데, 비면(碑面)에는 '단종께서 본 영월부에 있을 때의 유지〔端廟在本府時遺址〕'라는 여덟 자가 새겨져 있고, 비의 뒷면에는 '명나라 숭정(崇禎) 무진년(戊辰年) 후 세 번째 되는 계미년 계추에 흐르는 눈물을 닦으며 공경히 쓰다.〔皇明崇禎戊辰後三癸未季秋抆涕敬書〕'[159]라는 열여섯 자가 새겨져 있는데, 비각(碑閣)을 지어 비를 거두어 놓았다.

정조(正祖) 신해년(1791, 정조15)에 영월 부사 박기정(朴基正)이 연석(筵席)에서 내리신 하교를 듣고 가시덤불을 베어 내고 담장과 주춧돌을 청소한 다음 2층의 단을 축조하였다. 또 작은 비석에 '청령포금표비(淸泠浦禁標碑)' 여섯 자가 쓰여 있었는데,[160] 바로 강원도 감사

있던 영의정 황보인(皇甫仁), 좌의정 김종서(金宗瑞), 우의정 정분(鄭苯) 및 기타 원로 대신들을 죽이거나 귀양 보낸 사건을 이른다. 수양대군이 야심을 품고 심복들로 받아들인 한명회(韓明澮), 권람(權擥), 홍윤성(洪允成) 등이 주도적인 역할을 하였다. 원문의 '회양(懷襄)'은 회산양릉(懷山襄陵)을 줄인 말로 홍수가 범람하여 산과 언덕을 삼키는 것을 말한다. 《서경》 〈요전(堯典)〉에 "넘실대는 홍수가 산을 에워싸고 언덕을 넘어 질펀하게 하늘에 이르고 있다.〔蕩蕩懷山襄陵, 浩浩滔天.〕"라고 보인다.

159 명나라……쓰다 : 숭정(崇禎)은 명나라 마지막 황제 의종(毅宗)의 연호이고 무진년(戊辰年)은 1628년으로 숭정 연호가 시작된 해이다. 세 번째 계미년(癸未年)은 1763년(영조39)이다. 당시 조선의 식자(識者)들은 임진왜란 때 군대를 보내 나라를 보존해준 명나라의 은혜를 기리고 오랑캐인 청나라의 정통성을 부인하여 당시 공식 연호인 청나라의 연호를 쓰지 않고 연도를 이렇게 표기하는 경우가 많았다.

160 작은……있었는데 : 비석은 단종이 머물던 청령포에 일반 백성들의 출입을 제한하기 위하여 영조 2년(1726)에 세운 비석이다. 앞면에는 '청령포금표(淸泠浦禁標)'라고 쓰여 있고, 뒷면에는 '동서로 300척, 남북으로 490척까지, 이후로 진흙이 쌓여 생기는 곳 또한 출입을 금한다.〔東西三百尺, 南北四百九十尺, 此後泥生亦在當禁.〕'라고 음각

윤양래(尹陽來)가 세운 것이다.

경진년(庚辰年) 맹하(孟夏)[161]에 내가 징악 오장(澄岳吳丈 오희상)과 함께 학소암(鶴巢巖) 아래에 배를 띄우고 유람하다가 돌아와 이 포구에 배를 정박하였는데, 비 아래에서 점심을 지어 먹었다. 단 위에 사방으로 푸른 나무들이 빙 둘러 있었는데, 다만 오열하는 여울물 소리만 들리니, 참으로 이른바 '아래로는 가파른 절벽이라 땅이 없고 위로는 휑하여 하늘이 없으며 보이는 것은 분명하지 않고 들리는 것은 모호(模糊)하다'[162]는 것이어서 인간 세상과 같지 않아 오싹하여 오래 머물 수가 없었다.

아! 이곳이 어찌 사람이 거처할 수 있는 곳이겠는가. 깊은 골짝, 궁벽한 산골에 호적(戶籍)에 편입되는 필부(匹夫)의 백성조차도 오히려 그 생활을 감당하기가 어려울 터인데, 하물며 남면(南面)하는 만승(萬乘)의 군주[163]로서 이곳에서 어려움을 참고 살아갈 수 있었겠는가. 이 어찌 야인(野人)들이 소나무와 편백나무 사이에서 살아가는 것과 다를 것이 있겠는가.

되어 있다.

161 경진년(庚辰年) 맹하(孟夏) : 경진년은 1820년(순조20)으로, 매산의 나이 45세 되던 해이고 맹하는 음력 4월을 이른다.

162 아래로는……모호(模糊)하다 : 이 내용은 《초사(楚辭)》 중에 전국시대 초나라의 충신이자 시인인 삼려대부(三閭大夫) 굴원(屈原)이 지은 〈원유(遠游)〉의 구절들이다. 《楚辭章句 卷5》

163 만승(萬乘)의 군주 : 내용 상 단종을 가리키는 말인데, 원래는 천자(天子)를 가리키고 조선은 중국의 제후국이라 하여 '천승의 군주'라고 하는데, 매산이 과장해서 말한 것으로 보인다.

아! 누가 이일을 주관하여 우리 임금님을 이 지경에 빠지게 하였는가? 내가 들으니 계유정난을 일으켰던 여러 신하들 중에 한때 실의에 빠져 방랑하던 자[164]가 일찍이 영월에 놀러왔다가 이 구역을 발견하고 기뻐하였는데 뒤에 정권을 찬탈하는 계책을 이루게 되자, 마침내 상왕을 이곳으로 보냈다고 한다.

만일 이와 같지 않다면 광묘(光廟 세조)께서 영월에 청령포가 있음을 어떻게 아셨겠는가? 반드시 상왕을 이곳에 들여보내려고 한 것은 사람들의 자취가 미치지 못하고 밥 짓는 연기가 통하지 못하게 하여 차마 말하지 못할 지경에 이르고서야 그만두고자 한 것이다.

우리 광묘의 어질고 성(聖)스러움이 아니었다면 또한 어떻게 혼점(昏墊)[165]에서 벗어나 청결함에 자리하고 귀신의 관문을 벗어나 양계(陽界 인간 세상)에 머물 수 있었겠는가. 매월 수령들에게 명하여 물선(物膳)을 올리도록 하고 내시들로 하여금 기거(起居)를 여쭙게 하여 상왕의 마음을 위로하였으니, 이는 상왕으로 하여금 편히 평생을 마치도록 한 것이다.

하늘이 주시고 사람들의 마음이 돌아가 비록 부득이하게 왕위를 사

164 한때……자 : 수양대군이 왕위에 대한 야심을 가지고 사사로이 거둔 심복들 중 가장 뛰어난 책사로 후일 영의정을 지낸 한명회(韓明澮, 1415~1487)를 가리킨 것으로 보이나 분명하지 않다. 한명회는 젊어서 여러 번 과거에 응시했지만 번번이 낙방하자 실의에 빠져 지낸 적이 있었다.

165 혼점(昏墊) : 함닉(陷溺)의 뜻으로 수해(水害)에 곤란을 당하는 것을 가리키는데, 바로 수해를 바로 가리키기도 한다. 《서경》 〈익직(益稷)〉에 "홍수가 하늘에 넘쳐 끝없이 넓게 펼쳐져 산을 감싸고 언덕까지 올라가 백성들이 혼점되었다.〔洪水滔天, 浩浩懷山襄陵, 下民昏墊.〕" 하였는데, 정현(鄭玄)은 "혼은 물에 빠짐이고 점은 가라앉음이다.〔昏, 沒也; 墊, 陷也.〕라고 주하였다.

양하였으나, 상왕의 지위를 부지시키고 안전하게 한 방책은 또한 지극했다고 이를 만하다

정축년의 화란(禍亂)[166]은 바로 간사하고 흉악한 무리들이 스스로를 위해서 만든 계책일 뿐, 어찌 광묘의 본의였겠는가. 신하는 임금에 대해 장차 어찌 해보려는 마음을 가져서는 안 되니, 이러한 마음이 있으면 반드시 주벌되는데도,[167] 자기 자신의 영화를 위하고 자기 집안을 살찌우기 위해 기회를 틈타 이익을 도모하여 나라를 팔고 임금을 팔아 이렇게 지극한 죄에 이르렀으니, 이것을 참을 수 있다면 무엇을 참지 못하겠는가.

아! 푸른 바다가 바뀌고 상왕께서 선계(仙界)에 오르신 일이 아득히 멀어졌는데도, 백성들이 그리워하고 우러러 사모하는 정이 특별히 영월 한 지방에는 있으며, 영월 가운데에서도 사람들이 둘러보고 친근하는 것이 더욱 이 청령포에 있는 것은 바로 지극히 참기 어려운 바가 이곳에 있기 때문이다. 3백 년이 지나도 사라지지 않은 사람들의 마음을 여기에서 볼 수가 있으니, 비록 천대의 먼 후세에 이르러도 장차 하루가 지난 것처럼 똑같을 것이다.

누가 이렇게 만드는가? 여우와 쥐새끼 같은 무리들은 다만 자신들의

166 정축년의 화란(禍亂) : 정축년은 1457년(세조3)으로 이 해에 단종이 서거하였으므로 화란이라고 한 것이다. 자세한 내용은 395쪽 주147 참조.

167 신하는……주벌되는데도 : 이 내용은 송나라 고항(高閌)이 찬한 《춘추집주》 등 여러 책에 그대로 보이는데, 이는 《춘추공양전(春秋公羊傳)》 장공(莊公) 32년의 "임금과 어버이에게는 장(將)함을 가져서는 안 되니, 이러한 마음이 있으면 주살된다.〔君親無將, 將而誅焉.〕"라는 구절에서 유래한 것이다. 장함은 군주를 거역하여 장차 어찌 해보려는 마음을 이른다.

부귀만을 도모하고 하늘의 명의(名義)를 세우는 일에는 마음을 쓰지 않는다. 이에 살아서는 개나 돼지조차도 저들이 먹다 남긴 것을 먹지 않고 죽어서는 침을 뱉고 욕하는 것이 썩은 해골에까지 미친다. 간사함을 제거하는 도끼의 엄숙함이 서리와 눈과 같아 만겁의 세월이 지나도 용서받지 못하며, 허다한 그 기관(機關 책략)은 다만 악명(惡名)을 무궁한 후세에 남길 뿐이니, 돌아보건대 무슨 유익함이 있겠는가.

세교(世敎)가 쇠퇴하고 이해를 따져 의리가 사라지니, 임금을 버리고 어버이를 뒷전에 두는 일이 세상에 성행하여 건잡을 수가 없다. 그러나 하늘의 정해진 이치가 매우 공고하여 끝내는 능히 사람을 이기니,[168] 이러한 짓은 다만 그 마음 씀의 지리멸렬(支離滅裂)함만을 보일 뿐으로, 공교롭게 하려다가 도리어 졸렬해지는 것이다.

그 당시 금오랑(金吾郞)으로 상왕의 행차를 시종하고 따라온 자가 밤중에 청령포 여울 가에 앉아 슬피 노래하며 통곡하였는데, 그 노래에 "천만리 머나먼 길에 고운 님 여의옵고 내 마음 둘 데 없어 냇가에 앉았으니 저 냇물도 내 맘 같아 울어 밤길 예도다.〔千萬里遠遠道 美人離別秋 此心無所着 下馬臨川流 川流亦如我 嗚咽去不休〕"라고 하였다.[169]

168 하늘의……이기니 : 이 내용은 《사기》 권66 〈오자서열전(伍子胥列傳)〉에 "사람이 많으면 하늘(천리(天理))을 이기는 경우도 있지만, 하늘의 이치가 정해지면 능히 사람을 깨뜨리는 법이다.〔人衆者勝天, 天定亦能破人.〕"라는 구절을 원용한 것이다.

169 그……하였다 : 이 내용은 이긍익(李肯翊, 1736~1806)이 지은 《연려실기술》 제4권 〈단종조 고사본말〉의 "7월에 금부도사-그 이름은 잃었다.-가 노산군을 영월 서강 청령포(淸冷浦)에 모셔다 두고 밤에 곡탄(曲灘) 언덕 위에 앉아 슬퍼서 노래를 지었는데, '천만리 머나먼 길에 고운 님 여의옵고, 내 마음 둘 데 없어 냇가에 앉았으니, 저 냇물도 내 맘 같아 울어 밤길 예도다.'라고 하였다."라고 한 구절을 원용한 것으로 보인다. 현재 이 시조는 왕방연(王邦衍)의 작품으로 되어 있으나, 분명하지 않다. 왕방연에

영월 사람들이 지금까지도 전하여 외우고 있으니, 듣는 자로 하여금 눈물을 흘리게 한다. 만일 당시 요로에 있던 인물들이 모두 금오랑의 마음과 같았으면 어찌 이런 일이 있었겠는가. 어찌 이런 일이 있었겠는가. 노주(老洲) 어른과 마주하여 이 일을 말씀드리니, 보는 곳마다 서글픈 마음이 일어나 거의 목 놓아 울고, 이로 인하여 청령포기를 짓는다.

대해서는 같은 글에 "금부도사 왕방연이 사약을 받들고 영월에 이르러 감히 들어가지 못하고 머뭇거리고 있으니, 나장(羅將)이 시각이 늦어진다고 발을 굴렀다. 도사가 하는 수 없이 들어가 뜰 가운데 엎드려 있으니, 단종이 익선관(翼善冠)과 곤룡포를 갖추고 나와서 온 까닭을 물었으나, 도사가 대답을 못하였다."라고 만 보인다. 금오랑은 의금부 도사의 별칭이고 원문의 '취화(翠華)'는 제왕의 의장(儀仗) 중에 비취 깃털로 장식한 기치(旗幟)나 거개(車蓋)를 가리키는 말로, 임금의 행차를 뜻한다.

창렬암기

彰烈巖記

사람은 누구나 한 번 죽기 마련이나 죽음이 제자리를 얻기가 어렵다. 만일 죽음이 제자리를 얻는다면 죽음이 사는 것보다 영예로우니, 이는 죽음보다 더 싫어하는 것이 삶을 원하는 것보다 더 심하기 때문이다.[170] 그러나 삶과 죽음이 사람에게 있어 매우 중대하니, 남자에 있어서도 그러한데 하물며 부인에 있어서이겠는가. 관면(冠冕)을 쓰고 패옥(佩玉)을 차는 군자에 있어서도 그러한데 하물며 후궁(後宮)과 하진(下陳)[171]들에 있어서이겠는가.

삼대(三代)의 제도에 있어 세부(世婦)[172] 이하는 스스로 비자(婢子)라고 칭하였는데, 비(婢)는 비천(卑賤)하다는 말이다. 이들 모두가 시례(詩禮)의 가르침을 돈독히 익혀 온유(溫柔)하고 정숙한 덕(德)을

170 죽음보다……때문이다 : 이 내용은 《맹자》 〈고자 상(告子上)〉에 "삶도 내가 원하는 바이지만 원하는 바가 삶보다 심한 것이 있다. 그러므로 삶을 구차히 얻으려고 하지 않으며, 죽음도 내가 싫어하는 바이지만 싫어하는 바가 죽음보다 심한 것이 있다. 그러므로 환난을 피하지 않는 바가 있는 것이다.〔生亦我所欲, 所欲有甚於生者, 故不爲苟得也하며 死亦我所惡, 所惡有甚於死者, 故患有所不辟也.〕"라는 구절을 원용한 것이다.

171 하진(下陳) : 반열이 낮은 희첩(姬妾)이나 궁녀를 이른다. 임금을 대전(大殿), 왕비를 중전(中殿)이라 하므로 이렇게 이른 것이다.

172 세부(世婦) : 고대 황실의 후궁이나 여관(女官)을 이른다. 《예기》 〈혼의(昏義)〉에 "옛날 천자의 황후는 육궁(六宮)을 세우고, 3명의 부인(夫人), 9명의 빈(嬪), 27명의 세부(世婦), 81명의 어처(御妻)를 두어 천하의 내치를 다스렸다.〔古者, 天子后立六宮, 三夫人, 九嬪, 二十七世婦, 八十一御妻, 以聽天下之內治.〕"라고 보인다.

이룬 것은 아니었다. 양(羊)이 끄는 수레를 유인하여 임금의 잠자리 총애를 받은 자들[173]은 진실로 동관(彤管)[174]에 부끄러움을 남긴 것이지만, 변방의 남편에게 보내는 옷에 정(情)을 전달하고 붉은 단풍잎에 시를 쓰면서 마음속의 깊은 원망을 펴는 것이 또한 어찌 여사(女史)와 내관(內官)의 도리이겠는가.

이 때문에 역대로 나라가 바뀌는 즈음에, 궁중의 시녀들이 순국하였다는 말을 듣지 못한 것이니, 이것이 어찌 하늘이 내려 준 사람의 떳떳한 본성이 달라서 그런 것이겠는가. 궁중에 살면서 울울(鬱鬱)하게 쌓인 기운이 변고로 인하여 발하게 되니, 이 때문에 죽음에 뜻을 두지 않는 것이다.

백제(百濟)가 멸망하였을 적에 궁녀들이 다투어 백마강(白馬江)에 몸을 던졌는데, 이 때문에 그곳을 낙화암(落花巖)이라 이름하였으니, 낙화암이란 이름은 장차 천지와 더불어 유구히 전해질 것이다. 백제는

173 양(羊)이……자들 : 진(晉)나라 무제(武帝)가 궁중에서 양이 끄는 수레를 타고 가다가 이 수레가 멈추는 곳에 거처하는 후궁과 하룻밤의 잠자리를 갖자, 후궁들이 자신들의 거처에 양이 좋아하는 대나무 잎을 꽂고 여기에 염수(鹽水)를 발라 양을 유인한 고사가 있기 때문에 이렇게 말한 것이다.《晉書 卷31 后妃列傳上 胡貴嬪》 원문의 '접행(蝶幸)'은 임금과 하룻밤의 잠자리를 갖는 총애를 이른다. 당나라 현종(玄宗)이 개원(開元) 말엽에 봄이 되면 궁중에서 잔치를 베풀고 비빈들로 하여금 머리에 꽃을 꽂게 하고 자신이 직접 잡은 나비를 풀어 주어 나비가 앉은 비빈과 잠자리를 함께한 고사에서 연유하였다.《歲時廣記 卷1 春》

174 동관(彤管) : 훌륭한 여인에 대한 기록을 가리킨다. 동관은 옛날 여사(女史)가 궁중에서 정령(政令)과 후비(后妃)의 일을 기록할 때 쓰던 붉은 대통의 붓을 이른다. 《후한서(後漢書)》〈광무 곽황후기(光武郭皇后紀)〉에 "여사가 동관으로 공을 기록하고 허물을 쓴다.〔女史彤管記功書過.〕"라고 보이는데, 그 주(注)에 "동관은 붓대가 붉은 붓이다.〔彤管赤管筆也.〕"라고 하였다.

멸망하였지만,[175] 그래도 한 가닥 생기(生氣)가 남아 있는 것은 이에 힘입은 것이다.

단묘(端廟 단종)께서 영월의 황량한 곳에 유배되셨을 적에 옛 궁녀들이 따라와 청령포와 관풍헌(觀風軒)에서 시종을 들며 음식과 일상생활을 돌보았는데, 단종께서 안개와 이슬을 맞아가며 온갖 어려움을 두루 겪으면서도 옥체(玉體)가 무탈하셨던 것은, 이들이 좌우에서 부지런히 시종한 공로가 컸다.

단묘께서 승하하시자, 이들이 모두 영월의 금장강(錦障江)에 나아가 목숨을 버렸는데, 떠오르는 시체가 강물을 뒤덮었다. 이날 큰비가 쏟아지고 번개가 심하게 쳤으며 맹렬한 바람에 나무가 뿌리째 뽑히고 검은 안개가 하늘을 덮은 채 밤이 새도록 흩어지지 않았으니, 이날이 바로 정축년(1457, 세조3) 10월 24일이었다. 고을 사람들이 이들을 가엾게 여겨서 이곳을 낙화암이라고 이름하였으니, 이는 백마강의 일을 그대로 따른 것으로 바위 위에 단을 쌓고, 일이 있으면 이들에게 기도하였다.

영월 부사 홍성보(洪聖輔)가 낙화암이란 세 글자의 비(碑)를 세우고 낙화암 서쪽으로 십여 걸음 떨어진 곳에 사당을 건립하고 제사를 지냈으니, 바로 민충사(愍忠祠)이다. 후일 영월 부사 조하망(曹夏望)이 낙화암을 창렬암으로 개명하고 암벽에 이를 새겼다.

175 백제는 멸망하였지만 : 원문의 '부소(扶蘇)'는 백제의 도읍인 부여(扶餘)의 진산(鎭山)인 부소산으로 여기서는 바로 백제를 가리켰다. '옥사(屋社)'는 패망한 나라의 사직에 지붕〔屋〕을 설치하여 햇볕을 막는 것으로, 나라가 망한 것을 지칭하는 말인바, 《예기(禮記)》 〈교특생(郊特牲)〉에 보인다.

나는 영월에 와서 금강정(錦江亭)을 유람하다가, 위로 올라가 민충사를 거쳐서 낙화암 비를 쓰다듬어 보았다. 또 금장강에 배를 띄워 창렬암을 어루만지고 오랫동안 배회하며 차마 떠나지 못하였다. 사당을 지키는 자의 말에 의하면 달 밝은 밤이면 패옥(佩玉) 소리가 어렴풋이 들려 민충사와 창렬암 사이를 오가는 영혼이 보이는 듯 느껴진다고 한다. 만일 그렇다면 아름다운 혼(魂)과 정명(貞明)한 백(魄)이 사라지지 않고 여전히 남아 있는 것인가? 대자연의 큰 조화를 따라 무덤[176]으로 돌아가지 않은 것인가?

아! 궁중의 부녀자와 내시의 충성은 오직 궁중에서 복종하여 섬기면서 부지런히 달려가 공경히 순종함에 있을 뿐이니, 군신간의 대의(大義)를 강론하고 웅장(熊掌)과 물고기를 취하고 버림에 대해 분변[177]할 겨를이 없는데도, 환난에 임하여 목숨을 바쳐 죽는 것을 마치 집으로

176 무덤 : 원문의 '명막(冥漠)'은 명막군묘(冥漠君墓)를 줄인 말로 무덤이란 뜻이다. 《지대금릉신지(至大金陵新志)》 권(卷)12하 〈고적지(古蹟志)〉에 "팽성왕(彭城王) 의강(義康)이 동부성(東府城)을 수리하다가 고총(古塚)을 발견하여 동쪽 언덕에 다시 매장하고 법조 참군(法曹參軍) 사혜련(謝惠連)으로 하여금 제문을 지어 제사 지내도록 하였는데, 이 고총에 묻힌 사람의 성명을 알 수 없기 때문에 명막군묘라고 임시로 이름하였다.〔彭城王義康, 脩東府城, 得古塚, 改葬東岡, 使法曹參軍謝惠連, 爲文祭之, 不知其名字遠近, 故假爲之號.〕"라고 보인다.

177 웅장(熊掌)과……분변 : 생명과 의리를 둘 다 취할 수 없는 경우에는 생명을 버리고 의리를 취함을 말한다. 《맹자》 〈고자 상(告子上)〉에 "물고기도 내가 원하는 바요 웅장도 내가 원하는 바이지만 이 두 가지를 겸하여 얻을 수 없을진댄 물고기를 버리고 웅장을 취하겠다. 삶도 내가 원하는 바요 의(義)도 내가 원하는 바이지만 이 두 가지를 겸하여 얻을 수 없을진댄 삶을 버리고 의를 취하겠다.〔魚我所欲也, 熊掌亦我所欲也, 二者不可得兼, 舍魚而取熊掌者也. 生亦我所欲也, 義亦我所欲也, 二者不可得兼, 舍生而取義者也.〕"라고 보인다.

돌아가는 것처럼 여겨서 한 사람도 구차히 죽음을 피하지 않았다. 이분들의 행위는 천고(千古)의 역사를 두루 살펴보아도 더불어 짝할 만한 경우가 없으니, 어찌 훌륭하지 않은가.

이때를 당하여 은혜를 저버리고 의리를 버려서 나라와 임금을 팔아먹은 자들은 모두 붉은 슬갑과 푸른 패옥을 찬 고관대작(高官大爵) 중에서 나오고, 절개를 지키고 삶을 가볍게 여긴 자들은 바로 자주색 저고리의 내시들과 붉은 소매의 궁녀들 중에서 나온 것은 어째서인가?

이른바 경사(卿士 벼슬아치)들은 이해(利害)가 그 심중을 어지럽히고 화복(禍福)이 그 외면을 빼앗기 때문에 이로움을 좇고 해로움을 피하는 일에 능숙해져서 하늘과 사람을 속이는 것이 이처럼 지극한 지경에까지 이른 것이다. 비자(婢子)와 같은 자들은 이(理)와 의(義)를 따르는 양심을 온전히 하고 해로움을 두려워하지 않아서 이해를 따지지 않는다. 그러므로 위태롭고 긴박한 즈음에 생명을 버리면서도 환난을 피하지 않는 바가 있었던 것이다.

단묘의 성덕(聖德)에 허물이 없어서, 보령(寶齡)이 어린데도 혹 관어(貫魚)의 경계[178]를 소홀히 하지 않았다. 이 때문에 특별히 총애하는 궁녀가 없었으니, 이 사람들은 모두 잠자리에서 임금의 은혜를 입은 사람들이 아니다. 다만 진실한 정성으로 단묘와 환난을 함께 한 것이요 의리상 구차한 삶을 구하지 않은 것일 뿐이다. 어찌 이들이 명의(名義)

178 관어(貫魚)의 경계 : 관어는 원래 임금이 궁인을 물고기를 엮듯이 순서가 있게 거느림을 이르는 말인데, 여기서는 여러 궁인들을 총애하는 것을 가리켰다. 《주역》 박괘(剝卦) 육오(六五) 효사(爻辭)에 "순서를 물고기를 꿰듯이 따라서, 궁인이 총애를 받듯이 하면 이롭지 않음이 없으리라.〔貫魚, 以宮人寵, 無不利.〕"라는 구절에서 유래하였다.

에 목숨을 바친 열사(烈士)들과 함께 청사(靑史)에 길이 전해지기를 다투려고 한 것이겠는가.

옛날 전횡(田橫)의 빈객(賓客) 오백 명과 중봉(重峰)의 의병(義兵) 칠백 명이 모두 같은 날에 목숨을 바쳤는데,[179] 이는 바로 이들이 남자의 몸으로 의관(衣冠)을 정제하는 선비의 부류로서 의기(義氣)로 서로 감응하여 백 번 죽어도 두 마음을 품지 않음에 이른 것이니, 당연한 일이다.

이들처럼 초액(椒掖)[180]의 곁에 붙어서 수건과 신발을 들고 시중을 드는 말직의 사람들이, 어찌 태산과 기러기 털의 경중(輕重)[181]을 알았

179 전횡(田橫)의……바쳤는데 : 전횡은 초(楚)·한(漢)시대 제왕(齊王) 전영(田榮)의 아우인데, 전영이 죽자 그의 아들 전광(田廣)을 왕으로 세웠으나, 전광이 한나라 장군 한신(韓信)에게 잡히자 스스로 왕이 되었다. 그 후 한 고조(漢高祖)가 천하를 통일하자 죽임을 당할까 두려워하여 무리 5백여 명을 거느리고 해도(海島)인 오호도(嗚呼島)로 들어갔다가 고조의 부름을 받고 낙양(洛陽)으로 가던 도중 끝내 굴복하는 것을 싫어하여 자결하였다. 이 소식을 전해들은 그의 무리들도 모두 자결하여 충절을 지켰다. 《史記 田儋列傳》 중봉(重峰)은 조헌(趙憲, 1544~1592)의 호이다. 자는 여식(汝式), 본관은 배천(白川), 시호는 문열(文烈)이다. 율곡(栗谷) 이이(李珥)와 우계(牛溪) 성혼(成渾)의 문인으로, 1567년(명종22) 식년 문과에 급제하고 저작(著作), 종묘서 영(宗廟署令) 등을 역임하였다. 임진왜란이 일어나자 옥천(沃川)에서 의병을 일으켜 영규(靈圭) 등 승병(僧兵)과 합세하여 청주를 탈환하였으며 이어 전라도로 향하는 왜군을 막기 위해 금산(錦山)으로 향했으나, 전공을 시기하는 관군의 방해로 의병이 대부분 해산되자 칠백 명의 의병을 이끌고 금산전투에서 왜적의 대군과 싸우다가 칠백 명 전원이 장렬하게 함께 전사하였다.

180 초액(椒掖) : 왕비나 후궁이 거처하는 궁전이나, 왕비나 후궁을 뜻하는 말이다. 초(椒)는 산초나무로 열매가 많이 달리므로, 후손이 번성하라는 의미로 왕비나 후궁의 거처에 많이 심은 데에서 유래하였다.

181 태산과……경중(輕重) : 이 내용은 한나라 사마천(司馬遷)이 지은 〈보임소경서

겠는가. 그런데도 몸을 죽여 인을 이루기를 능히 이와 같이 할 수 있었으니, 전횡과 중봉의 경우와 견주면 더욱 어려운 것이다. 이는 이른바 "시어(侍御)하는 복종(僕從)들이 올바른 사람 아닌 이가 없다."[182]는 것이 아니겠는가.

아! 천지가 붕괴되고 인물이 다 사라지는 것을 직접 보고도 정호(鼎湖)의 활과 검(劍)을 부여잡아 하늘로 오르지 못하고, 창오(蒼梧)의 순수(巡狩)를 뒤따르지 못하였는데,[183] 겁화(劫火)의 남은 화염이 뜨겁게 타오르며 핍박하니, 또한 어찌 차마 죽지 않을 수 있었겠는가. 이 일이 어찌 그만둘 수 있는 일이었겠는가.

만일 이 사람들이 궁중에서 늙어 죽었다면, 그 순수한 충성과 아름다운 절개가 해와 달과 함께 광명을 다툴 줄을 누가 알겠는가. 그러나 알아주고 알아주지 않는 것이 또한 본인의 분수와 무슨 상관이 있겠는가. 다만 천리(天理) 상 당연한 일이니, 스스로 이렇게 하지 않을 수 없었던 것이다.

(報任少卿書)〉의 "사람은 모두 한 번 죽게 마련인데, 사람의 죽음은 혹 태산보다 무겁기도 하고 혹 기러기 털보다 가볍기도 하다.〔人固有一死, 或重於太山, 或輕於鴻毛, 用之所趨異也.〕"라는 구절을 원용한 것이다. 《文選 卷41》

182 시어(侍御)하는……없다 : 이 내용은 《서경》 〈경명(冏命)〉에 "옛날 문왕(文王)·무왕(武王)은 총명하고 공경하며 성스러우시니, 작고 큰 신하들이 모두 충량(忠良)을 생각하며, 시어(侍御)하는 복종(僕從)들이 올바른 사람이 아닌 이가 없었다.〔昔在文武, 聰明齊聖, 小大之臣, 咸懷忠良, 其侍御僕從, 罔匪正人.〕"라고 보인다.

183 정호(鼎湖)의……못하였는데 : 모두 임금이 승하함을 따라 함께 죽지 못함을 이른 말이다. 정호의 활과 검을 부여잡아 하늘에 오르지 못하였다는 것의 자세한 내용은 386쪽 주125 참조. 창오(蒼梧)는 산 이름인데 순(舜)임금이 남쪽지방을 순행하다가 이 산에서 별세하였으므로 이렇게 말한 것이다. 《史記 卷1 五帝本紀》

아! 하늘의 근심이 무궁하여 가기만 하고 돌아오지 않는 법이 없다. 단묘께서 구오(九五)의 지위를 회복하시어, 천승(千乘)의 예를 갖추어 황류(黃流)와 옥찬(玉瓚)으로 청묘(淸廟)에서 제사를 지내고,[184] 주구(珠丘)[185]의 꽃 난간이 높은 언덕에서 찬란히 빛나게 되었다. 단종을 위해 죽은 종친과 문무의 관원들이 모두 선침(仙寢)의 곁에 배향되었는데, 시녀와 내시들 또한 그 사이에 자리하니, 열성조(列聖朝)의 추원(追遠)하는 정성[186]과 극진히 보답하는 은전(恩典)이 거의 흠결(欠缺)이 없게 되었다. 이에 신명의 이치와 사람의 정이 모두 그 바름에 편안

184 단묘께서……지내고 : 구오(九五)는 제왕(帝王)을 이른다. 구오는 원래 《주역》의 괘에서 육효(六爻) 중의 다섯 번째이며 양(陽)인 효를 이르는 말이다. 건괘(乾卦) 구오 효사에 "구오는 나는 용이 있으니 대인을 봄이 이롭다.〔九五, 飛龍在天, 利見大人.〕" 하였는데, 공영달(孔穎達)의 소(疏)에 "성인이 용덕을 갖춘 경우에 높이 날아올라 천위(제왕의 자리)에 거한다.〔猶若聖人有龍德, 飛騰而居天位.〕"라고 하였는바, 이에 후대에는 구오가 제왕을 가리키게 되었다. 천승(千乘)의 예는 제후 왕에게 갖추는 예를 이른다. 천승은 천 대의 병거(兵車)라는 의미로 옛날 제후 왕을 가리키는 말이고 만승은 만대의 병거라는 의미로 천자를 가리킨다. 황류(黃流)는 색깔이 노란 울창주(鬱鬯酒)이고 옥찬(玉瓚)은 술을 뜨는 옥으로 만든 구기이다. 《시경》 〈대아(大雅) 한록(旱麓)〉에 "치밀한 저 옥찬에 노란 술이 가운데 들어 있도다.〔瑟彼玉瓚, 黃流在中.〕"라고 보인다. 청묘(淸廟)는 제왕의 종묘(宗廟)를 이른다. 하(夏)나라는 세실(世室), 은(殷)나라는 중옥(重屋), 주(周)나라는 명당 또는 청묘라고 불렀다. 《周禮 考工記 匠人》

185 주구(珠丘) : 왕릉을 가리키는 말이다. 자세한 내용은 343쪽 주22 참조.

186 추원(追遠)하는 정성 : 선조를 추모하여 제사에 그 정성을 다하는 것을 이른다. 《논어집주》 〈학이(學而)〉에 증자(曾子)가 "종(終)을 신중히 행하고 먼 조상들을 추모하면 백성들의 덕이 돈후한 데로 돌아갈 것이다.〔愼終追遠, 民德歸厚矣.〕" 하였는데, 이에 대한 주자의 주(註)에 "신종(愼終)이란 초상에 그 예(禮)를 다하는 것이요, 추원이란 제사(祭祀)에 그 정성을 다하는 것이다."라고 하였다.

하게 되었으니, 강에 빠져 죽은 뒤에 푸르게 변한 피[187]가 장차 흔쾌히 풀리며 유감이 없게 될 것인가? 아니면 또한 풀리지 않고 응결된 채로 우산(盂山)이 무너지고 금수(錦水)가 끊길 때까지 계속될 것인가?[188] 이것을 나는 알 수가 없다. 그러므로 글을 지어 기록하는 것이다.

187 푸르게 변한 피 : 억울하게 죽은 충신의 푸른 피를 뜻한다. 주(周)나라 영왕(靈王) 때에 장홍(萇弘)이 참소를 당하여 촉(蜀)으로 쫓겨나 자살하였는데, 그 피가 3년 만에 푸르게 변했다고 하며, 일설에는 푸른 옥으로 변했다고도 한다. 《莊子 外物篇》

188 우산(盂山)이……것인가 : 이 내용은 "주변의 자연과 더불어 영원할 것인가?"라는 의미이다. 우산은 화산(華山)의 전사의 오류로 보이고 금수(錦水)는 금강(錦江)을 이른 것으로 보인다. 화산과 금강은 영월에 있는 산과 강으로 화산은 대화산(大華山), 금강은 금장강(錦障江)을 이른다. 《신증동국여지승람 제46권 강원도 영월군》

창해역사[189] 유허기 신사년[190]

滄海力士遺墟記 辛巳

경(經)이란 상(常)이란 뜻이니, 사람에게는 오상(五常)의 도가 있어 일상생활에서 행해진다. 그러므로 시(詩)·서(書)·예(禮)·악(樂)·춘추(春秋)의 책들을 모두 경이라고 이름한다. 경이란 천지를 날줄로 삼고 음양을 씨줄로 삼는 것으로, 인의(仁義)를 다스리는 도균(陶匀)이요 도덕(道德)을 흥성시키는 탁약(橐籥)이다.[191] 선비 된 자가 이 책들의 말을 외우고 본받아서 천하에 흩어져 사방에 나라를 세워서 영세(永世)의 표준으로 삼는다. 이 때문에 나라를 다스리는 자가 이를 잘 따르면 흥성하고 이를 어기면 멸망하니, 이것이 바로 고금(古今)의 상경(常經)[192]이 되는 것이다.

저 영씨(嬴氏)의 진(秦)나라는 본래 호랑이와 이리처럼 사나운 서쪽

189 창해역사(滄海力士) : 천하를 통일하고 순수(巡狩) 중인 진시황(秦始皇)을 하남성(河南省) 박랑사(博浪沙)에서 철퇴로 저격한 인물이다. 한(韓)나라의 세가(世家) 출신인 장량(張良)이 진나라에 멸망한 나라의 원수를 갚기 위하여 창해군(滄海君)을 통해 역사(力士)를 얻자 진시황을 철퇴로 저격하여 시해하려고 하였으나, 진시황의 부거(副車)만 부순 채 실패하였다. 《史記 卷55 留侯世家》

190 신사년(辛巳年) : 1821년(순조21)으로, 매산의 나이 46세 되던 해이다.

191 인의(仁義)를……탁약(橐籥)이다 : 도균(陶匀)은 질그릇을 만들 때 쓰는 돌림판인 녹로(轆轤)로 도균(陶均) 또는 도균(陶鈞)으로 쓰기도 하는데, 나라를 다스리는 대도(大道)를 비유하기도 하며 천지의 조화를 가리키기도 한다. 탁약은 대장간에서 불을 피울 적에 바람을 일으키는 풀무이다

192 상경(常經) : 천지간에 변하지 않는 불변의 법령(法令)과 규장(規章)을 이른다.

오랑캐의 한 무리였을 뿐이다. 예(禮)와 의(義)를 무시하고 인(仁)과 신(信)을 버리며 오로지 강포(強暴)한 성정(性情)을 제멋대로 부려서 속임수와 폭력으로 중국을 무찔렀는데, 여정(呂政)[193]에 이르러 악을 쌓은 것이 더욱 혹독해져서 사나운 화염(火焰)이 하늘을 불사르고 하(夏)·은(殷)·주(周) 삼대(三代)의 제후들을 삶아 죽였으며 원성(元聖 주공(周公))이 만든 정전법(井田法)을 파괴시켰으니, 진실로 이미 그 죄가 하늘에 닿았고, 육경(六經)을 태워 없애고 학사(學士)들을 묻어 죽임에 이르러서는 그 죄가 극에 이르렀다.

이에 성신(聖神)[194]의 심법(心法)과 천지의 원기(元氣)가 땅을 깎아 내듯 다 사라졌으니, 만세를 억누르고 정체시킨 죄는 후예(后羿)나 왕망(王莽)[195]보다도 더 심함이 있다. 죄악을 저지른 후예를 멸망시키

193 여정(呂政) : 진시황인 영정(嬴政)을 낮춰 부른 것으로, 진시황의 생부(生父)가 여불위(呂不韋)라는 설이 있으므로 이렇게 말한 것이다. 《사기》 권6 〈진시황본기(秦始皇本紀)〉에 보인다.

194 성신(聖神) : 여러 가지 뜻이 있는데 여기서는 고대의 성인(聖人)을 범칭한 것으로 보인다. 이러한 용례는 주자가 지은 〈중용장구서(中庸章句序)〉에 "상고시대에 성신들이 하늘의 뜻을 이어 극을 세움으로부터 도통의 전함이 유래(由來)가 있게 되었다. 〔蓋自上古聖神, 繼天立極, 而道統之傳有自來矣.〕"라고 보인다.

195 후예(后羿)나 왕망(王莽) : 후예는 고대 하(夏)나라 임금 태강(太康)의 신하로 당대에 가장 뛰어났던 명궁(名弓)인데, 태강이 즉위하여 국정을 돌보지 않고 사냥과 유람에만 몰두하자, 태강을 폐위시키고 나라를 빼앗아 유궁(有窮) 나라를 세웠으나 가신(家臣)인 한착(寒浞)에게 살해당한 인물이다. 한착은 태강의 아들인 하후상(夏后相)에게 멸망당하였다. 왕망(기원전45~기원후 23)은 신(新)나라를 세운 군주로 전한(前漢) 말기에 평제(平帝)를 시해하고 유자(孺子) 유영(劉嬰)을 세워 섭정을 하다가 황위를 찬탈하였으나 의병을 일으킨 광무제(光武帝) 유수(劉秀)에게 죽임을 당하고 살점이 저며졌다.

는 일은 굳이 하(夏)나라 왕가(王家)만이 할 수 있는 것이 아니요 왕망의 살점을 저며 내는 일은 굳이 유씨(劉氏)만이 할 수 있는 것이 아니어서 모든 사람이 주벌할 수 있으니, 이것이 바로 《춘추》의 법이다.[196]

장자방(張子房)[197]은 그 선조가 한(韓)나라에서 5대에 걸쳐 재상을 지냈기 때문에, 아우가 죽었는데도 장례를 치르지 않고 재물을 흩어 자객을 구하여 진시황을 죽여 한나라의 원수를 갚고자 하였다. 비록 잘못하여 부거(副車)를 저격하여 이루고자 한 뜻을 완수하지 못하였으나, 그 기절(氣節)과 의리가 강대(剛大)하여 천지를 채우고 삼광(三光 해와 달과 별)과 밝음을 다툴 만하였다.

그러나 이때 진나라는 매우 혹독한 형벌(刑罰)[198]로 천하 사람들을 대하여, 손가락 하나를 까딱하고 터럭 한 올을 움직여도 모두 죄에

196 죄악을……법이다 : 이 내용은 《맹자집주(孟子集註)》 〈등문공 하(滕文公下) 호변장(好辯章)〉에 "부정한 학설이 정도를 해침은 사람마다 공격할 수 있고 굳이 성현만이 하는 것이 아니니, 이는 《춘추》의 법에 난신적자를 사람마다 죽일 수 있고 굳이 사사(법관)만이 하는 것이 아닌 것과 같다.〔蓋邪說害正, 人人得而攻之, 不必聖賢, 如春秋之法, 亂臣賊子, 人人得而誅之, 不必士師也.〕"라고 한 주자의 주석을 원용하였다.

197 장자방(張子房) : 한(漢)나라의 개국공신 장량(張良)으로, 자방(子房)은 그의 자이다. 대대로 한(韓)나라에서 재상을 지낸 집안 출신으로, 뛰어난 지모를 갖춰 한고조(漢高祖)가 천하를 통일하는 데에 큰 공을 세웠는데, 천하가 평정된 뒤에 고조가 제(齊)나라 땅 3만 호(戶)를 봉해 주려고 하자, 이를 사양하고 유후(留侯)에 봉해지는 것에 만족하였다. 《史記 卷55 留侯世家》

198 혹독한 형벌(刑罰) : 원문의 '도거정확(刀鋸鼎鑊)'은 형벌에 쓰이는 도구들로, 도는 궁형(宮刑)에 쓰는 칼, 거는 월형(刖刑)에 쓰는 톱, 정과 확은 사람을 삶는 가마솥이다. 북송(北宋)의 문장가 동파(東坡) 소식(蘇軾)의 〈유후론(留侯論)〉에 "진나라는 도거정확으로 천하의 선비를 대했다.〔以刀鋸鼎鑊, 待天下之士.〕"라고 보인다. 《東破全集 卷43》

걸려서, 아무 잘못이 없었는데도 멸족(滅族)을 당하는 일이 이루 헤아릴 수 없이 많았다. 설령 맹분(孟賁)과 하육(夏育)[199]과 같은 역사들이 있더라도 그 힘을 펼칠 곳이 없었으니, 이는 그 예기(銳氣)를 범할 수 없어서 그 형세를 탈 수 없었기 때문이다.

저 이른바 창해역사라는 사람은 예국(濊國)[200]의 한 필부였으나, 피부가 찔려도 움츠리지 않고 눈동자가 찔려도 피하지 않았으며[201] 만 명의 사람으로도 그 뜻을 빼앗을 수 없는 용기를 갈고 닦아서 용맹하게 장자방의 부름에 달려가 박랑사(博浪沙)[202]에서 철퇴(鐵槌)를 휘둘러 곧바로 조룡(祖龍)[203]의 위엄을 범하였으니, 어찌 장하지 않은가.

철퇴가 잘못 적중된 것은 천명(天命)이니 어찌 성패(成敗)를 논할 것이 있겠는가. 일이 성공하지 못했으나, 여정(呂政)이 혼백(魂魄)을

199 맹분(孟賁)과 하육(夏育) : 고대에 유명한 역사(力士)들로, 맹분은 전국 시대 제(齊)나라의 용사로 맨손으로 쇠뿔을 뽑았고 하육은 춘추 시대 위(衛)나라의 역사로 천균(千鈞)의 무게를 들어 올렸다고 한다.

200 예국(濊國) : 고구려의 전신(前身)인 부족국가의 이름으로, 지금의 강릉(江陵)에 있었다.

201 피부가……않았으며 : 원문의 '불요불도(不撓不逃)'는 《맹자》 〈공손추 상(公孫丑上)〉의 "북궁유가 용(勇)을 기른 것은 피부가 찔려도 움츠리지 않고 눈동자가 찔려도 피하지 않았다.〔北宮黝之養勇也, 不膚撓, 不目逃.〕"는 구절의 불부요(不膚撓), 불목도(不目逃)를 줄여 원용한 것인데, 주자는 《집주(集註)》에서 "부요(膚撓)는 피부가 찔림을 당하여 흔들리고 움츠러드는 것이고, 목도(目逃)는 눈이 찔림을 당하여 눈동자를 굴려 피하는 것이다."라고 주하였다.

202 박랑사(博浪沙) : 옛 지명으로 지금의 하남성(河南省) 원양현(原陽縣) 동쪽에 있는 고박랑사(古博浪沙)이다.

203 조룡(祖龍) : 진시황(秦始皇)의 별칭이다. 조(祖)는 시(始)를, 용(龍)은 황(皇)을 뜻하는데 《사기》 권6 〈진시황본기(秦始皇本紀)〉에 보인다.

이미 빼앗겼으니, 진시황이 사구평대(沙丘平臺)에서 죽은 것[204]이 어찌 이날의 일이 조짐이 되어서 그런 것이 아니겠는가. 또 풍성(風聲 들려오는 소식)에 감동되어 여러 영웅들이 축록(逐鹿)[205]의 마음을 격발하여, 이로써 불과 얼마 되지 않아 진나라가 멸망하였으니, 하필 당장에 철퇴로 때려 부순 뒤에야 통쾌하겠는가.

아마도 창해역사는 동해(東海)의 은군자(隱君子)였을 것이다. 천하 사람들과 함께 진나라를 원수로 여겨 한번 거사(擧事)할 것을 생각하였으나 방법이 없었는데, 장자방을 얻어 그 뜻을 펼쳤으니, 어찌 다만 장자방의 의기(義氣)를 사모하여 이 일을 한 것이겠는가.

창해역사가 없었다면 장자방의 충정(忠情)을 이룰 수가 없었고 자방이 없었다면 창해역사의 열렬(烈烈)함을 이룰 수 없었을 것이다. 일을 독실하게 논하는 자들이 다만 장자방이 한나라의 원수를 갚은 것만을 인정하여, 만세(萬世)의 원수를 갚은 것이 장자방이 5대의 은혜에 보답한 것보다 더 크다는 사실을 알지 못한다. 그리하여 다만 장자방의 지기(志氣)만을 칭찬하고 창해역사가 진정한 대 영웅임을 알지 못하니, 나는 너무도 의혹스럽다.

능히 양주(楊朱)와 묵적(墨翟)의 이단의 도를 막을 것을 말하는 자들을, 맹자께서 이들 또한 성인(聖人)의 무리라고 말씀하셨는데,[206]

204 진시황이……것 : 이 내용은 《사기》 권6 〈진시황본기(秦始皇本紀)〉에 보인다. 사구평대(沙丘平臺)는 지금의 하북성(河北省) 형태시(邢台市) 광종현(廣宗縣) 일대이다. 진시황은 동쪽 지방을 순수(巡狩)하다가 이곳에서 병을 얻어 곧바로 죽었다.

205 축록(逐鹿) : 사슴을 쫓는다는 말로, 천하에 주인이 없어 군웅이 패권을 쟁탈한다는 뜻이다. 《사기》 권92 〈회음후열전(淮陰侯列傳)〉에, "진나라가 사슴을 잃자 천하가 함께 이를 쫓았다.〔秦失其鹿, 天下共逐之.〕"라고 한 구절에서 유래하였다.

하물며 이제(二帝)·삼왕(三王)[207]과 여러 성인들의 큰 도적을 주벌하고자 한 사람에 있어서이겠는가. 이 사람이 사문(斯文 유교)에 세운 공이 어떠한가. 나는 이 때문에 이 사람을 표창하는 것이다. 어찌 다만 우리 동방 출신이라고 하여 사적(私的)인 감정으로 이러는 것이겠는가. 이 사람이 우리 동방에서 나온 것이 어찌 또 우리나라의 영광이 아니겠는가.

강릉 성 동문 밖 대창역(大昌驛)[208] 마을에 창해역사의 유허가 여전히 전해지는데, 내가 읍지(邑誌)에서 찾고 고을의 선비들에게 질정하여 이 기문(記文)을 지어서, 여정이 지은 분서갱유(焚書坑儒)의 죄가 만겁의 세월이 지나도 고칠 수 없는 것임을 드러내노라.

206 능히……말씀하셨는데 : 이 내용은 《맹자》 〈등문공 하(滕文公下)〉에 보인다.

207 이제(二帝)·삼왕(三王) : 중국 고대의 성왕(聖王)들로, 이제는 요제(堯帝)와 순제(舜帝)이고, 삼왕은 하(夏)나라의 우왕(禹王)과 상(商)나라의 탕왕(湯王)과 주(周)나라의 문왕(文王)과 무왕(武王)을 이른다.

208 대창역(大昌驛) : 조선조 때 강릉에 있던 역(驛)으로 《신증동국여지승람》 제44권 〈강원도 강릉대도호부〉에 "대창역은 부의 동쪽 5리에 있다."라고 보인다.

선죽교기 갑신년[209]

善竹橋記 甲申

선죽교(善竹橋)는 고려의 시중(侍中) 포은(圃隱) 정(鄭) 선생[210]이 순절(殉節)한 곳이다. 고려의 국운(國運)이 끝나가는 즈음에, 우리 태조(太祖)의 위엄과 덕이 날로 치성해져, 천명과 인심이 모두 참다운 주인에게 돌아갔는데, 선생은 홀로 떳떳한 의리를 지킬 것을 마음에 맹세하였다. 태조께서 노래를 지어 뜻을 보이시자, 선생 또한 노래로 화답하여 백번 죽어도 뜻을 변치 않을 것임을 밝혔는데,[211] 이 때문에

209 갑신년(甲申年) : 1824년(순조24)으로, 매산의 나이 49세 되던 해이다.

210 포은(圃隱) 정(鄭) 선생 : 정몽주(鄭夢周, 1337~1392)로 포은은 그의 호이고 자는 달가(達可), 본관은 영일(迎日), 시호는 문충(文忠)이다. 1360년(공민왕9) 문과에 장원하고 벼슬이 문하시중(門下侍中)에 이르렀다. 이성계(李成桂 태조)의 위망(威望)이 날로 높아지자 기회를 보아 이들을 제거하려 하였으나, 도리어 선죽교(善竹橋)에서 이방원(李芳遠 태종)의 부하인 조영규(趙英珪) 등에게 격살되었다. 1517년(중종12) 문묘에 종향되었다.

211 태조께서……밝혔는데 : 태종 이방원이 정몽주의 진심을 떠보고 회유하기 위하여 〈하여가(何如歌)〉를 지어 읊자 정몽주가 〈단심가(丹心歌)〉로 답하여 자신의 굳은 충절(忠節)을 말한 일을 이른다. 매산이 태조가 지었다고 한 것은 전사의 오류로 보인다. 이 노래들은《해동악부(海東樂府)》에 "이런들 어떠하리. 저런들 어떠하리. 성황당 뒷담이 다 무너진들 어떠하리. 우리도 이같이 하여 아니 죽으면 또 어떠리.〔此亦何如. 彼亦何如. 城隍堂後垣, 頹落亦何如. 我輩若此爲, 不死亦何如.〕, 이 몸이 죽고 죽어 일백 번 고쳐 죽어, 백골이 진토되어 넋이라도 있고 없고, 임 향한 일편단심이야, 가실 줄이 있으랴.〔此身死了死了, 一百番更死了, 白骨爲塵土, 魂魄有也無, 向主一片丹心, 寧有改理也歟.〕"라고 보인다.

이 다리에서 화를 당한 것이다.

다리 위에 물방울처럼 맺혀 있는 혈흔(血痕)이 있는데 돌 가운데로 스며들어가 돌 틈새에 모인 것이다. 그 색이 검붉은데 물을 떠서 적시면 더욱 분명하게 드러난다. 고로(故老)들이 전하기를 이것이 시중 정몽주의 피라고 하였다. 혹자는 여지(輿誌 지리서(地理書))에 기재되어 있지 않다고 하여 이 일에 대해 반신반의하는 자가 있으며, 심지어는 돌의 무늬가 본래 붉은 것이지 피가 아니라고 하는 자도 있는데, 이러한 자들은 유(幽)·명(明)의 연고[212]를 알지 못하는 자들이다.

옛날 장홍(萇弘)이 촉(蜀)에서 죽어 그의 피를 보관하였는데 3년 만에 푸르게 변하였고,[213] 순우백(淳于伯)이 피살되었을 적에 기둥에 있는 피를 닦자 피가 역류하였고,[214] 곡율광(斛律光)이 화(禍)를 입었

212 유(幽)·명(明)의 연고 : 유는 귀신 세계를 명은 인간 세계를 이른다. 《주역》 〈계사전 상(繫辭傳上)〉에 "우러러 천문을 관찰하고 굽어 지리를 살핀다. 그러므로 유명(幽明)의 연고(緣故)를 안다.〔仰以觀於天文, 俯以察於地理, 是故知幽明之故.〕" 라고 보이는데, 이천 정이는 《역전(易傳)》에서 "역(易)은 음(陰)·양(陽)일 뿐이니, 유(幽)·명(明), 사(死)·생(生), 귀(鬼)·신(神)은 모두 음·양의 변화이고 천(天)·지(地)의 도(道)이다."라고 주하였다.

213 장홍(萇弘)이……변하였고 : 장홍은 춘추시대 주(周)나라 경왕(敬王)의 대부이다. 참소를 당하여 촉(蜀)으로 쫓겨나 자살하였는데, 그 피가 맺혀 3년 만에 벽옥(碧玉)으로 변했다고 한다. 《莊子 外物篇》

214 순우백(淳于伯)이……역류하였고 : 순우백은 진(晉)나라 민제(愍帝) 때의 관리이다. 이 내용은 《진서(晉書)》 권28 〈지(志) 제(第)18 오행 중(五行中)〉에 "민제 건흥(建興) 4년 12월 경인(景寅) 일에 승상부에서 독운 영사(督運令史) 순우백을 참하였는데, 피가 역류하여 기둥을 타고 2장 3척을 올라갔다.〔四年十二月, 丞相府斬督運令史淳于伯, 血逆流上柱二丈三尺.〕"라고 보인다. 경인은 병인(丙寅)으로 병(丙) 자를 휘(諱)한 것이다.

을 적에 흘려 땅에 떨어진 피를 제거하려고 하여도 없어지지 않았고,[215] 연자령(練子寧)이 궁궐 바닥 벽돌에 쓴 피가 닦아도 지워지지 않았고,[216] 황부인(黃夫人)의 그림자 돌의 피는 사람들의 이목에 밝게 드러났는데,[217] 하물며 우리 정 선생의 가슴에 가득 찬 뜨거운 피가 이 다리에 다 뿌려져 비바람 속에서도 다 씻겨 지워지지 않은 것을 어찌 괴이한 일로 돌려서 사실이 아니라고 여긴단 말인가.

선죽교는 고도(故都)인 개성(開城)의 동북쪽 사통팔달의 대로(大路)에 있는데, 선생의 후손인 정호인(鄭好仁)이 개성부의 유수(留守)로 있으면서,[218] 수레바퀴와 말 발자국이 다리를 밟아 마모시키는 것을

215 곡율광(斛律光)이……않았고 : 곡율광(515~572)은 북제(北齊)의 명장(名將)으로 자는 명월(明月)이다. 북주(北周)와의 전투에서 큰 공을 세워 대장군이 되었으며 왕실과도 인척이 되었다가, 북주의 반간계(反間計)에 속아 죽임을 낭하였는데, 이후 북제는 북주의 무제(武帝)에게 멸망을 당하였다. 《北齊書 卷17 斛律光列傳》

216 연자령(練子寧)이……않았고 : 연자령(?~1402)은 명나라 건문제(建文帝)의 충신으로, 자령은 자이고 이름은 안(安)이다. 홍무(洪武) 18년(1385) 진사가 되고, 벼슬이 어사대부에 이르렀다. 연왕(燕王) 주체(朱棣)가 반역하여 성조(成祖)로 즉위하자 대역무도(大逆無道)라고 비난하다가 멸족을 당하였다. 연왕이 처음에 자신은 주(周)나라의 성왕(成王)을 보필한 주공(周公)을 본받고자 한다고 말하였는데, 끝내 반역을 일으키자 궁궐의 바닥 벽돌에 "성왕은 어디에 계시는가?〔成王安在.〕"라고 피로 썼기 때문에 이렇게 말한 것이다.

217 황부인(黃夫人)의……드러났는데 : 황부인은 명나라 건문제(建文帝) 때 순국한 충신 시중(侍中) 황관(黃觀 1364~1402)의 부인인 옹씨(翁氏)이다. 황관이 죽자 물에 투신하여 자진하였는데. 이 때 토한 피가 돌 위에 작은 그림자를 이루어, 뒤에 장맛비가 내리면 드러나곤 하였다고 하는바, 이를 '옹부인혈영석(翁夫人血影石)'이라고 불렀다고 한다. 《明史 卷143 列傳第31 黃觀》

218 선생의……있으면서 : 정호인(鄭好仁. 1728~?)은 자가 중유(仲孺)로 1766(영조42) 정시 문과에 급제하고 벼슬이 판의금부사에 이르렀는데, 1780년(정조4)에 개성

차마 그대로 볼 수가 없어서 특별히 다리의 사방에 돌난간을 설치하고, 별도로 다리를 그 왼쪽에 축조해서 사람들이 통행할 수 있도록 하였다.

다리 동쪽에 오래 된 비(碑)가 있는데 바로 한호(韓濩)[219]의 필적이다. 영조께서 직접 글을 짓고 직접 쓰신 "도덕과 충정이 만고에 뻗어갈 것이니 태산과 같이 높은 절개의 포은공이로다.〔道德精忠亘萬古 泰山高節圃隱公〕"라는 14자를 새겨 비를 세우고 아울러 비각을 세웠으며 그 옆에 있는 성인비(成仁碑)에는 '일대충의 만고강상(一代忠義萬古綱常)'의 여덟 자가 음각되어 있는데 비가 오지 않을 때에도 항상 젖어 있어서 읍비(泣碑)라고 부른다.

선생께서 목숨을 바쳐 평소의 뜻을 이루신 것은 바로 이른바 '인(仁)을 구하여 인을 얻었으니, 무슨 후회함이 있었겠는가.'[220]라는 것인데, 어찌 눈물을 흘림에 이른단 말인가. 이는 다리의 돌의 피와 그 의리가

유수에 제수되었다.

219 한호(韓濩) : 1543~1605. 자는 경홍(景洪), 호는 석봉(石峰), 본관은 삼화(三和)로 개성 출신이다. 1567년(명종22) 진사시에 합격하고 글씨로 출세하여 사자관(寫字官)으로 국가의 여러 문서와 명나라에 보내는 외교문서를 도맡아 썼으며, 중국에 사절(使節)이 갈 때에도 서사관(書寫官)으로 파견되었다. 벼슬은 가평 군수(加平郡守)를 역임하였다. 그의 서법은 조선 초기부터 성행하던 조맹부(趙孟頫)의 서체를 따르지 않고 왕희지(王羲之)와 안진경(顔眞卿)의 서체를 익혀 독자적인 서체를 확보한 것으로 평가된다. 사자관은 조선 시대 승문원과 규장각에서 문서를 정서(正書)하는 일을 맡아 보던 벼슬이다.

220 선생께서……있었겠는가 : 이 내용은 자공(子貢)이 공자에게 백이(伯夷)와 숙제(叔齊)의 일을 들어 이들이 후회했겠는가를 묻자 공자께서 "인을 구하여 인을 얻었으니 또 어찌 후회하였겠는가.〔求仁而得仁, 又何怨.〕"라고 대답하신 일을 원용한 것이다. 《論語 述而》

같지 않으니, 이 말을 한 자는 선생을 제대로 아는 자가 아니다.

아! 선생의 한 몸은 종묘사직의 안위와 관계되어 몸이 하루 더 보존되면 나라가 하루 더 보존되고 하루 먼저 몸이 죽으면 나라가 하루 먼저 망했을 것이니, 임금을 세우고 폐하는 즈음에 은인자중하여 죽지 않고, 심지어 아홉 공신(功臣)의 반열[221]에 들면서도 사양하지 않은 것은 바로 이 때문이었다. 이 어찌 사직이 중요하고 군주는 가벼운 의리[222]에서 전수(傳授) 받음이 있는 것이 아니겠는가.

하늘을 떠받들다가 버티지 못함에 이르면 몸을 죽여 정헌(靖獻)[223]하는 자가 진실로 사직(社稷)의 신하[224]이다. 만일 선생께서 죽지 않았다면 왕위를 선양(禪讓)하는 일이 이루어지지 못 했을 것이니, 선생이

221 아홉 공신(功臣)의 반열 : 고려 말기에 정창군 왕요(定昌君王瑤, 공양왕(恭讓王))를 왕으로 세우는 데 공이 있었던 아홉 공신. 즉 이성계(李成桂)·정몽주(鄭夢周)·심덕부(沈德符)·지용기(池湧奇)·설장수(偰長壽)·성석린(成石璘)·박위(朴葳)·조준(趙浚)·정도전(鄭道傳)의 9명의 신하를 이른다. 이들은 우왕(禑王)과 창왕(昌王)을 신돈의 자식이라 하여 폐위시키고 공양왕을 옹립하였는데, 이성계 일파는 공양왕에게 선양을 받아 조선을 개국하였다.

222 사직이……의리 : 《맹자》 〈진심 하(盡心下)〉에 "백성이 가장 귀중하고 사직이 그 다음이고 군주는 가벼움이 된다.〔民爲貴, 社稷次之, 君爲輕.〕"라고 보이는 맹자의 말씀을 원용한 것이다.

223 정헌(靖獻) : 옛 임금에게 충성을 다한다는 뜻으로, 《서경(書經)》 〈상서(商書) 미자(微子)〉에 "스스로 마음을 깨끗이 하여 사람마다 스스로 선왕에게 충정을 바쳐야 한다.〔自靖, 人自獻于先王.〕"라고 한 데에서 온 말이다.

224 사직(社稷)의 신하 : 국가의 안위(安危)가 달려 있는 중신(重臣)이란 뜻으로, 곧 국가와 사생(死生)을 같이하는 신하를 말한다. 《맹자》 〈진심 상(盡心上)〉에 "사직을 편안히 하려는 신하가 있으니, 사직을 편안히 함을 기쁨으로 삼는 자이다.〔有安社稷臣者, 以安社稷爲悅者也.〕"라고 보인다.

어찌 죽지 않을 수 있었겠는가.

당시에 만일 고려조가 나라의 운명을 계속 이어갈 수 있어서, 공양왕(恭讓王)이 나라가 어지러워지는 것을 염려하고 나라를 보존하기를 도모해서[225] 폐립(廢立)에 참여한 죄를 물었다면, 선생은 마땅히 종묘사직의 제사가 끊어지지 않은 것을 다행으로 여기면서 법의 주벌(誅罰)을 받더라도 후회하지 않았을 것이다. 만약 또 불행히 나라가 망하기 전에 먼저 운명하셨다면 이는 자신이 어떻게 할 수 있는 바가 아니니, 오직 마땅히 신명(身命)을 다하여 순국할 뿐이다.

선생이 만났던 시대와 처지를 보면, 의리가 정밀하고 인(仁)이 완숙한 군자가 아니라면 진실로 도로써 주선함에 있어 그 중도(中道)를 잃지 않기가 힘들었을 것인데, 선생은 편안하나 험난하나 절개를 한결같이 지켜서 모든 행위가 지성(至誠)과 측은지심(惻隱之心)에서 나왔으니, 은(殷)나라의 세 인자(仁者)[226]와 짝하더라도 부끄러움이 없을 것이다.

225 공양왕(恭讓王)이……도모해서 : 이 내용은 당나라의 문장가 유종원(柳宗元)이 지은 〈기자비(箕子碑)〉의 "만약 주왕(紂王)이 죄악이 쌓이기 전에 스스로 죽고 주왕(紂王)의 아들 무경(武庚)이 나라가 어지러워지는 것을 염려하고 나라를 보존하기를 도모할 경우, 이에 훌륭한 인물이 없으면 누구와 더불어 나라를 일으켜 다스리겠는가.〔向使紂惡未稔而自斃, 武庚念亂以圖存國, 無其人誰與興理.〕"라는 구절을 원용한 것이다. 《柳河東集 卷5 碑九首》

226 은(殷)나라의 세 인자(仁者) : 주왕(紂王)의 서형(庶兄)인 미자(微子)와 숙부인 기자(箕子)와 비간(比干)을 이른다. 주왕이 무도하여 백성들이 폭정(暴政)에 시달리자, 미자는 나라를 떠나서 종사(宗祀)를 보존하였고 비간은 간하다가 죽임을 당했고 기자는 감옥에 갇혀 노예가 되었는데, 공자는 "은나라에 세 인자가 있었다.〔殷有三仁焉.〕"라고 하였다. 《論語 微子》

선현이 이르기를 "하늘과 땅의 변화에서 그 바른 이치를 얻는다."라고 하였으니,[227] 선생과 같은 분은 바로 이러한 분이 아니겠는가. 고려조에서 선비를 양성한 5백 년 동안 다만 선생 한 분을 얻어 삼강(三綱)과 오상(五常)[228]의 중임(重任)을 책임져서, 길이 만세(萬世)가 힘입을 것이니, 선생은 천지와 더불어 유구할 것이다. 이 다리의 돌이 갈라지지 않고 피가 변하지 않는다면 선생은 죽지 않은 것이다.

갑신년(甲申年) 맹하(孟夏)에 내가 노주(老州) 어른과 함께 송도(松都)를 유람하였는데, 이 다리에 올라 감히 다리를 밟지 못하고 돌의 피를 어루만지고는 혀로 핥고자 하였다. 아! 이 다리를 지나면서 충의의 마음이 생기지 않는 자는 참으로 사람의 도리가 없는 자이다. 돌아와 〈선죽교기〉를 지었다.

227 선현이……하였으니 : 선현은 당나라의 문장가 유종원(柳宗元)을 이른다. 이 구절은 〈기자비(箕子碑)〉에 보인다.

228 삼강(三綱)과 오상(五常) : 삼강은 유교에 있어 윤리의 기본이 되는 세 가지 강령으로, 군신 간의 도리를 말하는 군위신강(君爲臣綱)의 충(忠), 부자(父子) 간의 도리를 말하는 부위자강(父爲子綱)의 효(孝), 부부(夫婦) 간의 도리를 말하는 부위부강(夫爲婦綱)의 열(烈)을 이르고, 오상은 사람이 지켜야 할 다섯 가지 도리로 군신유의(君臣有義), 부자유친(父子有親), 부부유별(夫婦有別), 장유유서(長幼有序), 붕우유신(朋友有信)을 이른다.

괘관현기

掛冠峴記

사군자(士君子)가 불행히 혁명의 즈음을 만나게 되면 죽지 않으면 떠날 갈 뿐이다. 공자께서 '일어나 은둔한 자가 일곱 사람이다.〔作者七人〕'라고 하셨는데,[229] 지금은 이러한 사람을 찾을 수 없지만, 노(魯)나라 태사(太師)와 제공(諸公)들이 또한 황하를 건너고 바다를 건너 어지러운 나라를 떠나갔으며,[230] 제(齊)나라의 왕촉(王蠋)[231]과 전한(前

229 공자께서……하셨는데 : 이 내용은 《논어》 〈헌문(憲問)〉에 보이는데, 주자는 《집주(集註)》에서 "작(作)은 일어남이니, 일어나 은둔하려고 떠나간 자가 지금 일곱 사람임을 말씀한 것이다."라고 한 이욱(李郁)의 말을 주(註)로 달고 누구인지는 자세하지 않다고 하였다.

230 노(魯)나라……떠나갔으며 : 이 내용은 《논어》 〈미자(微子)〉에 "태사 지(摯)는 제나라로 가고, 아반 간은 초나라로 가고, 삼반 료는 채나라로 가고, 사반 결은 진나라로 가고, 북을 치는 방숙은 하내로 들어가고, 소고를 흔드는 무는 한중으로 들어가고, 소사 양과 경쇠를 치는 양은 해도로 들어갔다.〔大師摯適齊, 亞飯干適楚, 三飯繚適蔡,四飯缺適秦, 鼓方叔入於河, 播鼗武入於漢, 少師陽擊磬襄入於海.〕" 하였는데, 주자는 《집주(集註)》에서 "태사로부터 이하의 사람들이 모두 사방으로 흩어져 가서 황하를 건너고 바다를 건너 어지러운 나라를 떠날 줄을 알았다.〔自大師以下, 皆知散之四方, 逾河蹈海以去亂.〕"라는 장자(張子)의 말을 장하주(章下註)로 달았는바, 이를 원용한 것이다.

231 왕촉(王蠋) : 전국 시대 제(齊)나라의 충신이다. 연(燕)나라 장군 악의(樂毅)가 제나라를 공격할 적에 획읍(畫邑) 사람 왕촉이 어질다는 말을 듣고 사람을 시켜 그에게 자기의 장수가 되어주면 만가(萬家)를 봉해 줄 것이고 만일 말을 듣지 않으면 획읍을 도륙하겠다고 협박하자 왕촉은 "충신은 두 임금을 섬기지 않고 열녀는 두 남편을 섬기지 않는다.〔忠臣不事二君, 烈女不更二夫.〕"라는 말을 남기고, 목을 매어 죽었다. 《史記 卷82 田單列傳》

漢)의 공수(龔遂), 매복(梅福), 방맹(逢萌) 등과, 후한(後漢)의 주협(周勰), 신도반(申屠蟠), 관녕(管寧)[232] 등과 같은 인물들이 있어 하나 둘로 헤아리기 어려우니, 이들은 기미를 보고 하루를 기다리지 않고 떠나간 분들이다.

232 전한(前漢)의……관녕(管寧) : 공수(龔遂)는 《한서(漢書)》 권89 〈순리전(循吏傳)〉에 수록된 인물로, 선제(宣帝) 때의 유명한 지방 수령인데 여기서는 공승(龔勝)의 전사의 오류로 보인다. 공승은 자가 군실(君實)로 애제(哀帝) 때 간대부(諫大夫)와 광록대부(光祿大夫)를 지냈으나 왕망(王莽)이 정권을 잡자 벼슬을 버리고 향리로 물러났다. 왕망이 왕위를 찬탈한 다음 상경(上卿)으로 부르자, "내 어찌 한 몸으로 두 임금을 섬겨 죽은 뒤에 옛 임금을 보겠는가." 하고, 단식(斷食)하여 14일 만에 죽었다. 《漢書 卷72 龔勝傳》 매복(梅福)은 전한의 은사(隱士)로, 경학(經學)에 밝아 군(郡)의 문학(文學)이 되고 남창위(南昌尉)가 되었으나 곧 벼슬을 버리고 수양에 전념하였으며, 한나라 말기 왕망이 정권을 독단하자, 처자를 버리고 정해현(定海縣) 농북부에 위치한 매잠(梅岑)이라는 산에 은둔하였다. 《漢書 卷67 楊胡朱梅云傳》 방맹(逄萌)은 봉맹(逢萌)으로 표기하기도 하는데, 전한의 은사이다. 왕망(王莽)이 간언하는 자신의 아들 왕우(王宇)를 죽이자 "삼강이 끊어졌다. 떠나지 않으면 화가 곧 다른 사람에게 미칠 것이다.〔三綱絶矣. 不去禍將及人.〕"라고 말하고 곧장 관을 벗어 동도(東都)의 성문에 걸어둔 채 집으로 돌아가 가솔을 데리고 동해로 가서 은거하였다. 《後漢書 卷83 逸民列傳 逢萌》 주협(周勰)은 후한의 은사로, 순제(順帝) 때의 명상(名相) 주거(周擧)의 아들이다. 여러 번 천거를 받았으나 평생을 벼슬하지 않고 은거한 채로 노자를 흠모하며 청정무위(淸靜無爲)를 지키며 살았다. 《後漢書 卷91 左周黃列傳》 신도반(申屠蟠)은 후한의 은사로 한나라가 쇠퇴해지는 것을 보고 양탕(梁碭) 지역에 자취를 숨기고 은둔하여, 나무를 얽어 집을 만들어 살면서 스스로 품팔이꾼으로 행세하였다. 천거를 받아 누차 조정의 소명(召命)이 있었으나 끝내 나가지 않았었다. 《後漢書 卷53 申屠蟠列傳》 관녕(管寧)은 삼국 시대 위(魏)나라의 학자로 자가 유안(幼安)인데, 일찍이 황건적(黃巾賊)의 난리를 피하여 요동(遼東)으로 건너가 40년 동안 생도들을 가르쳤으며, 국가에서 예우하여 불러도 응하지 않고, 지조를 지키며 청빈을 달게 여겨 항상 무명옷에 검은 모자만 착용하고 지냈다 한다. 《三國志 卷11 魏書 管寧傳》

혹 기미를 보고도 일어나 떠나가지 않은 자들은 하루아침에 천지가 뒤집어지고 상전(桑田)이 벽해(碧海)가 됨을 보게 되면 마땅히 생명을 다하여 사직(社稷)을 보위하고 이어서 목숨을 버려야 한다. 목숨을 버릴 수 없다면 몸을 정결하게 하고 자정(自靖)하여 자신의 마음을 다하기를 구할 뿐이다. 죽음과 떠나감이 일이 비록 다르나 그 법도는 똑같다.

우리 태조(太祖)께서 천명에 응하고 인심에 순응하여 구오(九五 제왕의 지위)에 바르게 자리하시고, 송경(松京 개성)의 경덕궁(敬德宮)에서 과거를 열어 선비를 선발하였는데, 선비들이 한 사람도 과거에 응시하지 않고 모두 재를 넘어 떠나가니, 이 재가 바로 이른바 부조현(不朝峴)이다. 재의 북쪽에 산이 있는데, 부조현을 넘은 선비들이 이곳에 관을 걸어 놓고 두문동(杜門洞)으로 들어가니, 이 때문에 이 언덕을 괘관현(掛冠峴)이라고 이름하였다고 한다.

아! 군신간의 대의(大義)는 죽음이 있을 뿐 두 마음이 없다. 우리 조정에서 벼슬하여 관직의 책임을 맡은 자들이야 목숨을 버려 뜻을 이루고 죽기를 맹세하여 다른 마음이 없는 것이 마땅하고, 비록 출사(出仕)하지 않았더라도 이곳에서 태어나 백성이 된 자는, 자신의 배를 채우는 곡식과 몸에 두르는 옷이 모두 우리 임금께서 주신 것이니, 또한 마땅히 두 성씨를 섬기지 않는 의리를 보존해야 한다. 하필 한 번 시집가서 남편과 한 그릇에 음식을 함께 먹은 뒤에야 절개를 바꾸지 않는단 말인가.[233]

233 하필……말인가 : 원문은 "하필일여지제연후불개재(何必一與之齊然後不改哉)"로 《예기》 〈교특생(郊特牲)〉의 "한 번 남편과 한 그릇에 음식을 함께 먹으면 종신토록

이 때문에 동호(東湖)의 초부(樵夫)[234]와 장주(長洲)의 생원(生員)[235] 등의 부류(部類)는 군주와 일면식(一面識)도 없고 한 푼의 녹봉을 받는 은택을 누린 적이 없는데도 또한 군주를 위하여 목숨을 바쳤으니, 이와 같은 분들은 십족(十族)[236]이 멸족되더라도 후회하지 않을 것인데, 하물며 과거에 응시하여 영화를 꾀하겠는가.

관(冠)을 걸어 놓은 승국(勝國)[237]의 선비들이 천명과 민심이 머무는

변치 않는다.〔壹與之齊, 終身不改.〕"라는 구절을 원용한 것이다.

234 동호(東湖)의 초부(樵夫) : 초부는 나무꾼으로, 명나라 영락제(永樂帝)가 황위를 찬탈할 때 건문제(建文帝)를 위해 순절한 초부이다. 《명사기사본말(明史紀事本末)》 권18 〈임오순난(壬午殉難)〉에 "동호의 초부는 어떠한 사람인지 알지 못한다. 절동(浙東) 임해(臨海) 동호 가에서 나무하여 날마다 섶나무를 시장 입구로 지고 와서 항상 같은 가격으로 팔았다. 건문제 임오년 가을 조칙이 임해 호숫가에 이르렀는데, 사람들이 서로 따라 현의 뜰에 가서 조칙을 들었다. 어떤 사람이 집으로 돌아가면서 초부에게 이르기를 '새로운 황제가 등극하였다.'라고 하니, 초부가 놀라 '황제는 어디 계십니까?'라고 물었다. 대답하기를 '황궁을 불사르고 스스로 불타 죽었다.'라고 하니, 초부가 대성통곡하더니, 마침내 호수에 몸을 던져 죽었다.〔東湖樵夫, 不知何許人. 樵浙東臨海東湖上, 日負柴, 入市口, 不二價. 建文壬午秋 詔至臨海湖上, 人相率縣庭聽詔, 或歸語樵夫曰 "新皇帝登極", 樵夫愕然曰 "皇帝安在?" 答曰 "燒宮自焚", 樵夫大哭, 遂投湖中死.〕"라고 보인다.

235 장주(長洲)의 생원(生員) : 명나라가 멸망하자 숭정제(崇禎帝)를 따라 순국한 생원으로, 《명사기사본말》 권80 〈갑신순난(甲申殉難)〉에 "장주의 생원 허염이 경사의 변란을 듣고 슬피 부르짖으며 목숨을 끊고자 하여 온몸에 숭정성상 네 글자를 쓰고 곡기를 끊고 7일 만에 죽었다.〔長洲生員許琰, 聞京師之變, 悲號欲絶, 遍體書崇禎聖上四字, 絶粒七日而死.〕"라고 보인다.

236 십족(十族) : 구족(九族)에 문인(門人)까지 더하여 하는 말이다. 본래 멸족(滅族)은 구족까지였는데, 제위를 찬탈한 명나라 성조(成祖)가 자신을 황제로 인정하지 않고 명을 거역한 손지(遜志) 방효유(方孝孺, 1357~1402)를 주벌하면서 구족 외에 그 문인까지 아울러서 죽이면서 생긴 말이다.

바를 알지 못한 것이 아니요, 스스로 이 의리를 다하여 천하의 대방(大防)[238]을 세우고자 하였을 뿐이다.

고려가 건국한 이래 인문(人文)이 창달하지 못하여 오랑캐의 누추한 풍속이 아직 바뀌지 않았고, 선비를 기르는 일이 후손을 위해 편안함을 물려주는 계책[239]이 됨을 알지 못하였는데도, 이분들의 경우 보답하는 예를 중하게 여긴 것이 아니요, 하늘에 근원한 떳떳한 본성(本性)이 절로 그칠 수가 없어서 수립(樹立)한 바가 이와 같았던 것이니, 천경지의(天經地義)[240]가 이에 힘입어 실추되지 않았다.

저 삼강(三綱)과 오상(五常)의 몸과 군부(君父)의 나라를 들어 남에게 던져 주고 구차히 살아가면서, 한 때의 부귀를 요행으로 여기며 또 스스로 좋은 계책으로 삼는 자들을 이분들과 견줘보면 어떠한가. 송(宋)나라의 거자(擧子)로서 뻔뻔하게 오랑캐 원(元)나라에 붙어 몸의 지조를 잃은 오징(吳澄)의 무리들로 말하면[241] 진실로 개나 돼지조

237 승국(勝國) : 고려를 이른다. 멸망당한 국가라는 뜻이다.

238 대방(大防) : 큰 제방이라는 말로, 매우 중요하고 원칙적인 한계를 뜻하는데, 주로 사회를 유지하는 예법(禮法)을 일컫는다.

239 후손을……계책 : 원문은 '이연지모(貽燕之謨)'로, 《시경》 〈대아(大雅) 문왕유성(文王有聲)〉의 "후손에게 좋은 계책을 남겨 주사 공경하는 아들을 편안하게 하시니 무왕은 훌륭한 군주시도다.〔詒厥孫謀, 以燕翼子, 武王烝哉.〕"라는 구절을 원용한 것이다.

240 천경지의(天經地義) : 천지간의 변경할 수 없는 당연한 도리를 이른다. 《춘추좌씨전》 소공(昭公) 25년 조에 "예는 하늘의 법칙이고 땅의 도리이고 사람들이 본받아 이행하는 것이다.〔夫禮, 天之經也, 地之義也, 民之行也.〕"라고 하였으며 《효경》 〈삼재(三才)〉에 "효는 하늘의 법칙이고 땅의 도리이다.〔夫孝, 天之經也, 地之義也.〕"라고 하였다.

차도 저들이 먹다 남긴 것을 먹지 않는다.

혹자들은 이분들의 이름이 후세에 모두 전하지 못하는 것을 한스러워 하는데, 이는 이분들의 마음을 알지 못하여 그런 것이다. 제공(諸公)들은 한 몸으로 오백 년 강상(綱常)을 지키는 중임을 맡고자 하였으니, 이분들의 자취는 동해(東海)에 뛰어들려는 기개요,[242] 이분들의 통한은 서대(西臺)의 통곡[243]이요, 이분들의 뜻은 장자방이 조국 한(韓)

241 송(宋)나라의……말하면 : 오징(吳澄, 1249~1333)은 원나라 초기의 학자이자 문신으로, 자는 유청(幼淸), 시호는 문정(文正)이다. 송나라 때 과거에 낙방한 이래 벼슬하지 않다가, 원나라 무종(武宗)의 명으로 국자감 승(國子監丞)이 되고, 이후 한림학사(翰林學士) 등의 벼슬을 역임하였다. 허형(許衡), 유인(劉因)과 더불어 원나라의 3대 학자로 꼽힌다. 오징이 송나라 때 벼슬하기 위해 과거에 응시한 적이 있는데도 원나라에서 벼슬하였기 때문에 이렇게 말한 것이다. 거자(擧子)는 과거(科擧)를 보는 선비를 이른다.

242 동해(東海)에 뛰어들려는 기개요 : 전국 시대 제(齊)나라의 고사(高士)인 노중련(魯仲連)의 기개를 이르는 말이다. 노중련이 조(趙)나라에 있을 때 진(秦)나라 군대가 조나라의 수도인 한단(邯鄲)을 포위하였는데, 이때 위나라가 장군 신원연(新垣衍)을 보내 진나라 임금을 황제로 섬기면 포위를 풀 것이라고 조언하였다. 이에 노중련이 "서 신나라가 방자하게 황제를 칭하고 죄악으로 천하에 정사를 한다면, 나는 동해에 뛰어들어 죽을 뿐이요, 내 차마 그의 백성이 될 수는 없다.〔彼卽肆然而爲帝, 過而爲政於天下, 則連有蹈東海而死耳, 吾不忍爲之民也.〕"라고 하자, 제후들이 이 말에 감복하여 연합군을 편성하려고 하니, 진나라 군대가 50리 뒤로 물러났다고 한다.《史記 卷83 魯仲連列傳》

243 서대(西臺)의 통곡 : 서대는 지금의 절강성(浙江省) 동려현(桐廬縣)남쪽 부춘산(富春山)에 있었던 대의 이름이다. 송나라 말기의 의사(義士)로 문천상(文天祥)을 따라 원군(元軍)과 싸웠던 사고(謝翶, 1249~1295)가 문천상의 처형 소식을 듣고는 서대에 올라 신주를 마련하고 잔을 올려 호곡(號哭)하였는데, 이때 죽여의(竹如意)로 돌을 치며 초혼(招魂)의 노래를 부르자, 대나무와 돌이 모두 부서졌다. 이에 〈서대통곡기(西臺慟哭記)〉를 짓고 사방을 떠돌다가 생을 마친 고사가 있으므로 이렇게 말한 것이다.

나라에 보답하려는 뜻이요, 원량(元亮)이 조국 진(晉)나라를 보존하려는 뜻이다.[244]

천경지의가 이에 보존된 것은, 바로 이분들이 오직 평소에 이 마음을 저버리지 않았기 때문이니, 어찌 남들이 알아주고 알아주지 않는 것을 상관하겠는가. 그렇다면 민연(泯然)히 자취를 남기지 않고 평소 사변(事變)에 편안하게 대처하여, 천리(天理)의 가운데에서 따라 행하는 것이 바로 소원(所願)했던 것이니, 어찌 성명(姓名)이 전해지고 전해지지 않는 것을 경중(輕重)으로 삼았겠는가.

자신의 지조를 훼손시키려 들지 않아 때에 따르지 않는 자는 진실로 시퍼런 칼날에 나아가는 것을 사양하지 않는다. 우리 성조(聖祖)께서 천승(千乘)의 존귀함을 굽혀 필부들의 신의를 온전히 하신 것은 바로 나라를 창업하여 대통(大統)을 물려줌에 대경(大經)[245]을 붙들어 지켜서 이로써 자손과 신민(臣民)들에게 보여주어 만세의 법으로 삼으신 것이다. 이는 이른바 계천입극(繼天立極)[246]이니, 아! 훌륭하다.

《宋元學案 56》

244 원량(元亮)이……뜻이다 : 원량은 동진(東晉)의 시인이자 고사인 도잠(陶潛, 365~427)의 자이다. 도잠은 자가 연명(淵明)이라 하기도 하고, 혹은 처음에는 이름이 연명, 자가 원량(元亮)이었는데, 뒤에 은둔하고는 은둔의 의미를 써서 잠으로 개명하였다고 하기도 한다. 동진의 재상이었던 도간(陶侃, 259~334)의 증손(曾孫)으로, 동진이 망하고 남조(南朝) 송(宋)나라가 건국되자 다시는 벼슬에 나가지 않고 은둔하였으므로 이렇게 말한 것이다. 《晉書 卷94 隱逸列傳 陶潛》

245 대경(大經) : 크고 떳떳한 도리를 이른다. 《중용》에, "오직 천하에 지극히 성실한 분이어야 천하의 대경을 경륜할 수 있다.〔唯天下至誠, 爲能經綸天下之大經.〕"라고 하였는데, 주자가 "대경이란 다섯 가지의 인륜이다.〔大經者, 五品之人倫.〕"라고 주하였다. 《中庸章句》

영조(英祖)께서 이분들이 예(禮)와 의(義)를 지키고 옛 군주에게 직분을 다하였다고 하여 비(碑)를 세워 고려충신(高麗忠臣)이라고 정표(旌表)하신 것은 진실로 계술(繼述)[247]의 효성에서 나온 것이다.

저 백이(伯夷)와 숙제(叔齊)는 주(周)나라를 부끄럽게 여기고 상(商)나라를 보존하려 하였으나, 상나라의 멸망이 문제될 것이 없어서 주나라의 천명(天命)이 새로워졌다. 백이와 숙제 두 사람은 굶어 죽으면서까지 굽히려고 하지 않았으나, 끝내 천하가 주나라를 높였고 한편 굶어 죽은 자들도 인(仁)을 얻어서, 이 두 가지가 나란히 행해져서 서로 모순되지 않았으니, 고려의 선비들은 바로 백이와 숙제의 부류이다.

성조(聖朝)께서 이를 관대(寬大)하게 용납한 것은 바로 태공(太公)이 백이와 숙제를 부축하여 보내준 의리[248]이다. 그 뒤에 송도에서 백년 동안 과거를 보이지 않은 것은 바로 정도전(鄭道傳)의 무리들이 절의를 배격하고 헐뜯어서 나라와 임금을 팔아먹은 자신들의 행위를

246 계천입극(繼天立極) : 성인(聖人)이 하늘의 뜻을 이어 법을 세운다는 의미로, 주자의 〈중용장구 서(中庸章句序)〉와 〈대학장구 서(大學章句序)〉에 보인다.

247 계술(繼述) : 선조의 뜻을 잘 계승하고 선조의 일을 잘 따르는 것으로, 《중용(中庸)》의 "효도란 남(부모나 선조)의 일을 잘 계승하고 남의 일을 잘 따르는 것이다.〔夫孝者, 善繼人之志, 善述人之事.〕"라는 구절을 축약한 것이다.

248 태공(太公)이……의리 : 태공은 강태공(姜太公) 여상(呂尙)으로 주(周)나라의 문왕과 무왕을 보필하여 천하를 통일하여 제(齊)나라에 봉해진 인물이다. 원문은 '부이거지지의(扶而去之之義)'인데, 주나라의 무왕이 무도한 주왕(紂王)을 토벌하는 군대를 일으키자, 백이와 숙제가 무왕의 말고삐를 붙잡으며 간(諫)하였다. 이에 주위의 사람들이 이들을 창으로 찔러 죽이려고 하자 강태공이 이들은 의인(義人)이니 죽이면 안 된다고 하며 부축하여 보내준〔扶而去之〕 고사를 쓴 것이다. 《史記 卷61 伯夷列傳》

가리고자 했던 것이니, 어찌 성조의 본의(本意)였겠는가.

갑신년(甲申年)[249] 여름에 내가 송경(松京 송도)을 유람하면서 임학경(林學卿)[250]의 임소에서 숙식하였는데, 집 바로 남쪽에 뛰어나게 수려한 산봉우리가 있었다. 산세(山勢)가 단정하고 장중하여 그 이름을 물으니, 학경이 이르기를 이 산봉우리가 바로 계관현이라고 하였다. 나는 벌떡 일어나 마음을 집중하여 주목하였다. 마치 관을 훼손하고 면류관을 찢는 모습을 직접 보는 듯하니, 늠름하게 생기가 있어서 종유하려고 하였으나, 할 수가 없었다. 이에 구천(九泉)에 계신 여러 분들과 정신적인 교유를 서로 맺기 위해, 마침내 붓을 당겨 기문을 짓노라.

249 갑신년(甲申年) : 1824년(순조24)으로, 매산의 나이 49세 되던 해이다.

250 임학경(林學卿) : 임효헌(林孝憲, 1784~?)으로 학경은 그의 자이다. 본관은 옥야(沃野)이며, 1816년(순조16) 정시 문과에 급제하고 장령(掌令), 돈녕부 도정(敦寧府都正) 등의 벼슬을 역임하였다. 임효헌은 이 기문이 쓰이기 한 해 전인 1823년(순조23) 6월에 연서 찰방(延曙察訪)에 제수되었는데 개성에 있는 청교역(靑郊驛)을 또한 관장하였는바, 여기에 임소가 있었던 것으로 보인다. 《承政院日記 純祖 23年 6月 24日》

숭인사기
崇仁祠記

황주(黃州)의 치소 서쪽 30리 지점에 있는 철도(鐵島)의 정족산(鼎足山) 아래에 이른바 숭인사(崇仁祠)가 있으니, 바로 은나라 태사(太師)[251]의 영령(英靈)을 공경히 모신 곳이다. 철도는 제량해(濟良海) 가운데에 있는데, 지세가 평탄하고 넓어서 경관이 좋다.

세상에 전하기를 은나라가 멸망한 뒤에 기자(箕子)가 바다를 건너 동쪽으로 와서 처음 이곳에 자리를 잡았다가 뒤에 평양으로 옮기니, 무왕(武王)이 이어서 봉해 주고 나라 이름을 조선이라고 하였다고 한다.

섬의 가운데에 여전히 궁진의 유허(遺墟)가 남아 있어서 완연히 볼 수가 있고 주춧돌과 기와와 벽돌들이 왕왕 밭을 가는 중에 출토되곤 하는데 글씨를 조각하거나 주조한 것이 있으나, 자획(字畫)이 깎이고 떨어져서 알아보기가 어렵다.

궁전 터 동쪽과 서쪽에 문정(文井)과 무정(武井)이 있는데 문무라는 이름은 무슨 뜻을 취한 것인가? 문정은 흙으로 막혀 있으나 무정은 여전히 물이 깊고 차가우며, 네모난 벽돌담과 원형의 계단이 평양 고궁에 있는 것과 동일하니, 이는 이른바 '고을은 바꾸어도 우물은 바꿀 수 없다.〔改邑 不改井〕'[252]는 것일 것이다. 옛날 성탕(成湯)이 박읍(亳

251 은나라 태사(太師) : 은(殷)나라의 마지막 왕인 주왕(紂王)의 숙부인 기자(箕子)로 은나라에서 태사 벼슬을 지냈으므로 이렇게 칭한다.

252 고을은……없다 : 이 내용은 《주역》 정괘(井卦) 단사(彖辭)에 그대로 보인다.

邑)에 도읍하여 처음에는 남쪽에 있다가 끝내는 서쪽으로 갔는데,[253] 태사가 도읍을 섬에서 패수(浿水 대동강) 가로 옮긴 것은 또한 성조(聖祖 성탕)를 계술(繼述)한 것일 것이다.

처음에 철도의 선비 김훈(金勳)이 정사(精舍)를 짓고 진영(眞影)을 봉안하고 철마다 제사를 올렸는데, 이것이 수백 년이 되었다. 세월이 오래되어 정사는 거의 허물어졌으나 그의 고상한 뜻은 원대하다. 헌종(憲宗) 을사년(乙巳年 1845, 헌종11)에 철도의 장보(章甫 유생)들과 황주(黃州)의 훌륭한 선비들이 마음을 합하고 힘을 다하여 사당을 개축하고, 봄과 가을의 맹삭(孟朔)[254] 상순(上旬)의 갑일(甲日)에 희생과 예물을 갖춰 예법대로 받들어 제사하였다. 강당을 세우고 주자(朱子)의 백록동서원(白鹿洞書院) 학규(學規)[255]를 게시하여 사원(祠院)의 체(體)를 대략 갖추었으니, 이는 참으로 훌륭한 일이다.

읍에 사는 유생(儒生)인 박이창(朴履昌)이 제수(祭需)가 넉넉하지 못한 것을 염려하였으나 힘을 쓰기가 매우 어려웠다. 이에 안중현(安重賢), 황륜(黃崙), 김해(金海), 김종점(金宗點) 등 여러 사람과 함께 문성공(文成公) 안향(安珦)의 옛 뜻[256]을 따라서 집안의 재산을 털어

253 성탕(成湯)이……갔는데 : 성탕은 상(商)나라의 탕왕으로 개국하고 황하(黃河) 남쪽에 있는 박읍(亳邑)에 도읍하였는데, 중간에 여러 곳으로 천도하였다가, 반경(盤庚) 때에 서쪽의 은허(殷墟)로 천도하였기 때문에 이렇게 말한 것이다. 은허로 천도한 내용은 《서경》 〈반경(盤庚)〉에 보인다.

254 맹삭(孟朔) : 춘(春)·하(夏)·추(秋)·동(冬)의 첫 번째 달을 이른다.

255 주자(朱子)의 백록동서원(白鹿洞書院) 학규(學規) : 주자가 지남강군(知南康軍)으로 있던 1179년에, 백록동서원(白鹿洞書院)의 유지를 찾아 이를 복원하고, 여기에서 강학을 행하면서 만든 서원의 규칙을 이른다.

제전(祭田)을 장만하여 매년 여기에서 나오는 곡식을 헤아려 제사에 쓰는 제수를 장만하고 현송(絃誦)[257]의 밑천으로 삼아 거의 영원토록 폐하지 않게 되었다.

아! 은나라의 세 인자(仁者)의 행실이 똑같지 않으나 모두 지성(至誠)과 측달(惻怛 측은지심)에서 나왔으니, 미자(微子)가 떠나간 것은 종사(宗祀)를 보존하기 위해서요, 비간(比干)이 죽은 것은 주왕의 행실을 고치고자 해서이니, 여기에서 모두 그 지성과 측달을 볼 수 있는데, 기자의 지성과 측달은 어디에서 볼 수 있는가?

아마도 기자와 비간은 동일한 간담(肝膽 심정)이었으나, 기자는 주왕의 분노에 저촉되지 않았기 때문에 살해되지 않았는데, 다시 죽음으로써 간하는 것은 유익함이 없고, 한갓 주왕으로 하여금 간신(諫臣)을 죽였다는 말만 듣게 할 뿐이니, 기자의 처신(處身)이 가장 어려웠다. 이 때문에 미친 척하고 노예가 되어서 모욕을 감수하고 살아남은 것이다.

《주역》에 특별히 기자의 명이(明夷)를 말하였는데,[258] 그 효사(爻

256 문성공(文成公)……뜻 : 안향(安珦 1243~1306)은 자가 사온(士蘊), 호가 회헌(晦軒)으로 문성은 그의 시호이다. 고려시대의 명신(名臣)이자 학자로 주자학을 처음 고려에 도입하였으며, 학교의 건립과 인재양성을 통해 주자학을 적극 수용하고 이로써 고려를 쇄신시키고자 하였다. 옛 뜻은 안향이 유학의 진흥을 위한 일종의 장학기금인 섬학전(贍學錢)을 마련하여 국자감 운영에 필요한 재정을 확보한 것을 이른다.

257 현송(絃誦) : 고대에 시(詩)를 수업할 때에 현악(絃樂)에 맞추어 노래하는 것을 현가(絃歌)라 하고, 음악 없이 낭독하는 것을 송(誦)이라 하는데, 합칭하여 수업하고 송독(誦讀)하는 일을 가리켰다. 《禮記 文王世子》

258 주역에……말하였는데 : 《주역》 명이괘(明夷卦) 육오(六五) 효사에, "기자의 명이이니, 바르게 함이 이롭다.〔箕子之明夷, 利貞.〕"라고 한 것을 가리킨다. 명이괘는

辭) 〈상전(象傳)〉에 "기자(箕子)의 정(貞)함은 밝음이 종식될 수 없는 것이다.〔箕子之貞 明不可息也〕" 하였으니, 이는 그 밝음을 감추는 것이 다만 그 덕을 수렴하여 이로써 화를 피할 뿐인 것이다. 그 본체(本體)의 밝음으로 말하면 찬란하여 종식시킬 수가 없어서 밖으로 감추더라도 안으로는 더욱 밝아지니, 이는 그 뜻을 바르게 하여 기자의 바름이 되는 것이다.

옛 사람이 '정도(正道)를 행하다가 난을 입은 것〔正蒙難〕', '성인에게 법을 전수한 것〔法授聖〕', '교화가 백성들에게 미친 것〔化及民〕'의 세 가지로 태사의 지극한 덕을 찬양하였는데,[259] 주나라에서 종이 되지 않고 우리 동방에 은둔해서 도를 미루어 풍속을 훈도하여 오랑캐 지역을 중화(中華)로 변화시키고 천황(天荒)을 처음으로 깨뜨려서 인문(人文)이 점차 열렸으니, 우리 부사(父師)[260]가 아니었다면 우리 동방은 끝까

땅을 상징하는 곤(坤)과 불을 상징하는 이(离)가 합쳐져 밝음이 상실된다는 의미를 가지고 있는데, '기자의 명이'란 우매한 자가 임금으로 있을 적에 현자가 자신의 밝음을 숨기지 않고 드러내면 해침을 받는다는 뜻이다.《史記 卷38 宋微子世家》

259 옛……찬양하였는데 : 옛 사람은 당나라의 문장가 유종원(柳宗元, 773~819)을 이른다. 유종원은 〈기자비(箕子碑)〉에서 "대체로 대인의 도가 세 가지가 있으니, 첫 번째는 정도를 행하다가 난을 입는 것이요 두 번째는 성인에게 법을 전수해 주는 것이요 세 번째는 교화를 백성들에게 미치게 하는 것이다. 은나라에 인인이 있었으니, 기자인데 실로 이 도를 갖추어 세상에 세웠다.〔凡大人之道有三, 一曰正蒙難, 二曰法授聖, 三曰化及民. 殷有仁人, 曰箕子, 實具玆道, 以立於世.〕"라고 말하고, 이어서 기자가 감옥에 갇혀 노예가 된 것은 정도를 행하다가 난을 입은 것이요 주나라 무왕에게 홍범을 전해 준 것은 법을 성인에게 전수한 것이요 조선에 봉해지자 오랑캐로 하여금 중화가 되게 한 것은 교화가 백성들에게 미친 것이라고 서술하였다.《柳河東集 卷5》

260 부사(父師) : 은나라 삼공(三公)의 하나인 태사(太師)와 같은 말로, 《서경》 〈미자(微子)〉에 보인다.

지 머리를 풀어헤치고 옷깃을 왼쪽으로 여미는 오랑캐였을 것이다.

인현(仁賢)의 교화가 하늘과 더불어 무궁하니, 제사를 지내 높이 받드는 것이 마땅히 공자(孔子)와 일체가 되어야 한다. 공자께서 구이(九夷)에 살고자 하시어 뗏목을 타고 바다를 건너고자 하신 것[261]은 구이가 성인(聖人)인 기자의 나라였기 때문이다. 공자는 천하의 대성인(大聖人)이시고 기자는 동방의 대성인이시니, 어찌 조금이라도 다르게 볼 수 있겠는가.

계인(桂人)이 순임금을 제사 지낸 일[262]과 초(楚)나라 백성들이 소왕(昭王)을 제사지낸 일[263]과 같은 것은 모두 옛 임금의 덕을 차마 잊지

261 공자께서……것 : 구이(九夷)는 동쪽의 오랑캐 지역으로 아홉 종류의 이족이 있어 이름한 것인데 조선도 이 중에 하나라고 한다. 이 내용은 《논어》 〈자한(子罕)〉의 "공자께서 구이에 살려고 하시니, 혹자가 말하기를 '그곳은 누추하니, 어떻게 하시렵니까?' 하였다. 공자께서 대답하시기를 '군자가 거처한다면 무슨 누추함이 있겠는가.' 하셨다.〔子欲居九夷, 或曰: "陋, 如之何?" 子曰: "君子居之 何陋之有."〕"라는 구절과 《논어》 〈공야장(公冶長)〉의, "나의 도가 행해지지 않으니, 뗏목을 타고 바다를 항해하려고 한다.〔道不行, 乘桴浮于海.〕"라는 구절을 합쳐 말한 것이다.

262 계인(桂人)이……일 : 계인은 계림(桂林) 사람을 이른다. 남헌(南軒) 장식(張栻)이 계림의 태수가 되어 순임금의 사당을 세우자, 주자가 〈정강부우제묘비(靜江府虞帝廟碑)〉를 지었다. 《朱子大全 卷88 靜江府虞帝廟碑》 정강은 송대의 부명(府名)으로 지금의 광서성(廣西省) 계림현이다.

263 초(楚)나라……일 : 소왕(昭王)은 초(楚)나라 평양(平王)의 아들로 이름이 진(軫)이며 노(魯)나라 소공(昭公) 27년에 즉위하고 애공(哀公) 6년에 졸하여 27년 간 재위하였다. 이 내용은 송나라 위중거(魏仲擧)가 편찬한 《오백가주창려문집(五百家注昌黎文集)》 권9 〈율시(律詩)〉에 실린 '제초소왕묘(題楚昭王廟)'의 주석에 "소왕의 묘는 양주(襄州) 의성현(宜城縣)에 있는데, 창려(昌黎) 한유(韓愈) 공이 지은 〈현역기(縣驛記)〉에 '역 동북쪽에 우물이 있는데 이는 소왕의 우물이라고 전해진다. 우물 동북쪽으로 수십 보 거리에 소왕의 사당이 있는데, 옛 날 사당은 지극히 크고 훌륭하였으나,

못해서이다. 황해도의 선비들이 특별히 철도에서 제사하는 것은 이 의리를 따른 것이니, 어찌 근거가 없다고 할 수 있겠는가.

또 사당을 새로 개축하고 밝게 제사를 올리니, 연사(年事)가 크게 조화를 이루어 오곡(五穀)이 모두 성숙하였다. 철도의 땅에 평소 마름이 없었는데 홀연히 검실(芡實 가시연밥)이 생산되어 이로써 변두(籩豆 제사)에 올리니, 또한 기이하게 여길 만한 일이다. 성령(聖靈)이 천하에 있는 것은 물이 땅 속에 있는 것과 같으니, 어디를 간들 감통(感通)하지 않겠는가. 하물며 기자께서 주필(駐蹕)[264]하셨던 곳임에랴.

박이창이 더위와 비를 무릅쓰고 산과 바다를 건너와서, 나에게 기문을 지어 사당을 세운 전말을 기술해 줄 것을 청하였다. 못나고 어리석은 이 몸은 늙고 병들어 글을 짓지 않은 지가 오래되었으나, 성현을 사모하는 간절한 열성(熱誠)에 감동되어 병을 무릅쓰고 그의 뜻에 부응하여 말하노라.

서토(西土)의 선비들이 홍범구주(洪範九疇)[265]의 서술에 감복하고 팔조(八條)의 가르침[266]을 체행하여 계책도 있고 지조도 있으며 이를

지금은 초옥 한 칸만이 있을 뿐이다. 매년 10월에 백성들이 함께 제사지낸다.' 하였다. 〔廟在襄州宜城縣, 公縣驛記云: "驛東北有井, 傳是昭王井, 井東北數十步, 有楚王廟, 舊廟屋極宏盛, 今惟草屋一區, 每歲十月, 民相率祭."〕"라고 보인다.

264 주필(駐蹕) : 임금이 행차하는 도중에 거가(車駕)를 잠시 멈추고 머무르거나 묵는 일을 이른다.

265 홍범구주(洪範九疇) : 천하를 다스리는 아홉 가지의 큰 법으로 기자가 주(周)나라 무왕(武王)의 물음에 답한 내용인바, 오행(五行)·오사(五事)·팔정(八政)·오기(五紀)·황극(皇極)·삼덕(三德)·계의(稽疑)·서징(庶徵)·오복(五福)을 이른다. 《書經 洪範》

266 팔조(八條)의 가르침 : 기자의 팔조금법(八條禁法)을 이르는데, 이 중에서 현재

교훈으로 삼고 이를 행하여[267] 이로써 평안함을 드러내니, 이는 바로 만대의 망극한 은혜에 보답하는 것이다. 아름다운 선비들이여 공경히 생각할지어다. 이에 기문을 짓는다.

는 "살인자는 사형에 처하고, 남을 다치게 한 자는 곡식으로 갚고, 도둑질한 자는 그 집의 노비로 삼는다."는 등의 세 조목만 전한다. 《增補文獻備考 卷127 刑考 刑制》

267 이를……행하여 : 《서경》〈홍범(洪範)〉의 "무릇 서민들이 극(極)으로 부연한 말씀을 교훈으로 삼고 이를 행하면, 천자의 빛을 가까이하여 말하기를, '천자가 우리들의 부모가 되시어 천하의 왕이 된다.'라고 할 것이다.〔凡厥庶民, 極之敷言, 是訓是行, 以近天子之光曰: "天子作民父母 以爲天下王."〕"라는 구절을 원용한 것이다.

지은이 **홍직필(洪直弼)**

1776년(영조52) 6월 13일 신시(申時)에 한성의 주자동(鑄字洞)에서 태어나 1852년(철종3) 7월 17일 유시(酉時)에 노호(鷺湖)의 노의정사(蘆漪精舍)에서 향년 77세로 세상을 떠났다. 초명은 긍필(兢弼), 자는 백응(伯應)·백림(伯臨), 호는 매산(梅山), 본관은 남양(南陽)이며, 시호는 문경(文敬)이다. 평생 출사하지 않고 학문 강학에 힘써 근재(近齋) 박윤원(朴胤源) 문하에서 그 학맥을 계승하고 이를 후대에 전한 노론(老論) 낙론(洛論)의 핵심 사상가이자 문인 교육자이다. 학문은 박윤원 외에도 노주(老洲) 오희상(吳熙常)의 영향을 많이 받았으며 문하의 제자로 전재(全齋) 임헌회(任憲晦), 중암(重菴) 김평묵(金平默) 등이 있다.

옮긴이

연석환(延錫煥)

1977년 경북 봉화에서 태어났다. 계명대학교 한문교육과를 졸업하고 고려대학교 대학원 고전번역협동과정학과에서 석사학위와 박사학위를 취득하였다. 한국고전번역원 부설 고전번역교육원의 연수과정과 전문과정 제1과정을 마쳤다. 현재 해동경사연구소 연구원으로 재직하고 있다. 논문으로는 〈회은 남학명의 잡설 연구〉, 〈남학명의 회은집 역주〉가 있다.

김창효(金昌孝)

1956년 전남 장흥에서 태어났다. 고려대학교 행정학과를 졸업하였다. 민족문화추진회 국역연수원 연수부 및 일반연구부를 졸업하였으며, 현재 해동경사연구소 선임연구원으로 재직하고 있다. 번역서로는 《도곡집》(공역)이 있다.

※ 각 권별 옮긴이는 권26·27 연석환, 권28 김창효이다.

권역별거점연구소협동번역사업 연구진

연구책임자 신영주(성신여자대학교 한문교육과 교수)
공동연구원 김여주(성신여자대학교 한문교육과 교수)
김용재(성신여자대학교 한문교육과 교수)
류준경(성신여자대학교 한문교육과 교수)
이종덕(한국고전번역원 부설 고전번역교육원 강사)
책임연구원 성백효
연 구 원 김창효 김형석
연석환 사경화
신상후 이영준
이정은 김성은
박희정
윤 문 윤은숙

매산집 10

홍직필 지음 | 연석환 · 김창효 옮김
2019년 12월 31일 초판 1쇄 발행
편집 · 발행 학자원
등록 2011.4.6 제2011-14호
주소 (05355) 서울시 강동구 천호대로 1121
전화 02-6403-1000 | 팩스 02-6338-1001 | 이메일 hakjaone@daum.net

값 30,000원

ISBN 979-11-6247-153-1 94810
979-11-87806-00-4 (세트)